V. S. NAIPAUL

LAND DER FINSTERNIS

FREMDE HEIMAT INDIEN

Aus dem Englischen von
Dirk van Gunsteren

HOFFMANN UND CAMPE

Die Originalausgabe erschien unter dem Titel
»An Area of Darkness« bei Penguin Books

Die Deutsche Bibliothek – CIP-Einheitsaufnahme

Naipaul, Vidiadhar S.:
Land der Finsternis: fremde Heimat Indien / V. S. Naipaul.
Aus dem Engl. von Dirk van Gunsteren. – 1. Aufl. – Hamburg:
Hoffmann und Campe, 1997
Einheitssacht.: An area of darkness ⟨dt.⟩
ISBN 3-455-05374-2

Copyright © 1964 by V. S. Naipaul
Copyright der deutschen Ausgabe
© 1997 by Hoffmann und Campe Verlag, Hamburg
Lektorat: Nikolaus Stingl
Schutzumschlaggestaltung: Büro X unter Verwendung
einer Illustration von Francesca Pelizzolí
Satz: Dörlemann Satz, Lemförde
Druck und Bindung: Clausen & Bosse, Leck
Printed in Germany

Für Francis Wyndham

INHALT

Vorspiel zur Reise: Nur ein paar Formulare   9

TEIL I

1	Ein Ruhepunkt für die Phantasie	31
2	Unterteilungen	55
3	Der koloniale Blick	88
4	Romantik	108

TEIL II

5	Ein Puppenhaus auf dem Dal-See	131
6	Die mittelalterliche Stadt	158
7	Pilgerfahrt	201

TEIL III

8	Phantasie und Ruinen	243
9	Der Blumenkranz auf meinem Kissen	285
10	Ausnahmezustand	307
11	Das Dorf der Dubes	331

Flucht   347

VORSPIEL ZUR REISE:
NUR EIN PAAR FORMULARE

Sobald unsere Quarantäneflagge eingeholt war und der letzte der barfüßigen, blau uniformierten Polizisten der Bombay Port Health Authority das Schiff verlassen hatte, kam Coelho, der Mann aus Goa, an Bord, winkte mich mit einem langen, gekrümmten Finger in den Salon und flüsterte: »Haben Sie *chee*?«

Coelho war vom Reisebüro geschickt worden, um mir bei der Zollformalitäten behilflich zu sein. Er war groß und dünn und abgerissen und nervös, und ich dachte, er frage nach Schmuggelware. So war es auch. Er meinte Käse. Käse war in Indien nämlich eine Delikatesse. Der Import war beschränkt, und die Inder hatten noch nicht gelernt, wie man ihn herstellt, so wie sie noch nicht gelernt hatten, Zeitungspapier zu bleichen. Doch ich konnte Coelho nicht helfen. Der Käse auf diesem griechischen Frachter war nicht gut. Während der dreiwöchigen Fahrt von Alexandria nach Bombay hatte ich mich bei dem gleichmütigen Chefsteward immer wieder darüber beschwert, und ich hatte das Gefühl, daß ich ihn nun, da ich das Schiff verließ, nicht gut um ein Stück davon bitten konnte.

»Na gut, na gut«, sagte Coelho, der mir nicht glaubte und keine Zeit damit verschwenden wollte, sich Entschuldigungen anzuhören. Er verließ den Salon, schlenderte leichtfüßig den Gang entlang und musterte die Namen über den Türen.

Ich begab mich in meine Kabine. Dort öffnete ich eine noch unberührte Flasche Scotch und nahm einen Schluck. Dann öffnete ich eine Flasche Metaxa und nahm auch davon einen Schluck. Diese beiden Flaschen hoffte ich nach Bombay, wo Prohibition herrschte, mitnehmen zu können. Ein Freund im indischen Fremdenverkehrsamt hatte mir zu dieser Vorsichtsmaßregel geraten: Nicht angebrochene Flaschen würden konfisziert werden.

Coelho und ich trafen uns später im Speisesaal. Er war etwas weniger nervös und hatte eine sehr große griechische Puppe im Arm, deren buntes, landestypisches Kostüm grell von seiner abgetragenen Hose und dem schäbigen Hemd abstach und deren rosige Wangen und ungerührt blickende blaue Augen neben der rastlosen Melancholie seines langen, schmalen Gesichts unbeschwert und gelassen wirkten. Er sah die geöffneten Flaschen und wurde wieder nervös.

»Die sind ja offen. Warum?«

»Ist das denn nicht Vorschrift?«

»Sie müssen sie verstecken.«

»Die Metaxa-Flasche ist zu groß, um sie zu verstecken.«

»Dann legen Sie sie doch flach hin.«

»Ich traue dem Korken nicht. Außerdem dachte ich, zwei Flaschen sind erlaubt.«

»Ich weiß nicht, ich weiß nicht. Nehmen Sie die Puppe. Nehmen Sie sie in die Hand. Sagen Sie Souvenir. Haben Sie Ihre Tourist Introduction Card? Gut. Sehr wichtiges Dokument. Wenn Sie das vorzeigen, werden die Sie nicht durchsuchen. Warum verstecken Sie die Flaschen nicht?«

Er klatschte in die Hände, und sogleich erschien ein barfüßiger, gebeugter, knochiger Mann und nahm unsere Koffer. Er hatte still und unbemerkt gewartet, seit Coelho an Bord gekommen war. Als wir in die Barkasse stiegen, hatte ich nur die Puppe und die Plastiktüte mit den beiden Flaschen in der Hand. Coelhos Mann verstaute die Koffer. Dann hockte er sich auf den Boden, als wollte er sich so klein wie möglich machen, als wollte er sich sogar im offenen Heck des Bootes, in dem sein Herr fuhr, für seine Anwesenheit entschuldigen.

Und sein Herr, der nur hin und wieder die Puppe auf meinem Schoß musterte, starrte düster und besorgt geradeaus.

Für mich hatte der Orient vor Wochen begonnen. Schon in Griechenland hatte ich gespürt, daß ich Europa hinter mir ließ. Der Orient war im Essen gegenwärtig, in der Leidenschaft für Süßigkeiten, von denen ich einige aus meiner Kindheit kannte, in den Plakaten indischer Filme mit der Schauspielerin Nargis, die, wie man mir sagte, ein besonderer Liebling des griechischen Publikums war, in den spontan geschlossenen Freundschaften, den Einladungen zu einem Essen im Familienkreis. Griechenland war eine Vorbereitung auf Ägypten: Alexandria bei Sonnenuntergang, ein weiter, schimmernder Bogen am Rand des winterlichen Meeres; jenseits der Wellenbrecher durch feinen Regen ein kurzer Blick auf die Yacht des entthronten Königs; die Maschine des Schiffs wurde gestoppt, und dann erscholl abrupt, wie auf ein Zeichen, vom Kai her ein Gebrüll – ein Schreien und Streiten und Schnattern von Männern in schmuddeligen Dschibbahs, die das ohnehin überfüllte Schiff im Handumdrehen enterten und an Bord durch die Gänge rannten. Und es war deutlich, daß hier und nicht in Griechenland der Orient begann: in diesem Chaos aus unökonomischen Bewegungen und hysterischem Lärm, in dem plötzlichen Gefühl der Unsicherheit, in der Überzeugung, daß die Menschen keine Brüder und die Koffer in Gefahr waren.
Und hier erwies sich, wie wichtig ein Führer war – ein Mann, der die örtlichen Sitten und Gebräuche kannte, der alles regelte und für den fehlerhafte und schlecht gedruckte Formulare keine Geheimnisse bargen. »Schreiben Sie hier«, sagte mein Führer im Zollgebäude, in dem Gepäckträger, Führer, Beamte, Müßiggänger und Reisende herumwimmelten und ein griechischer Flüchtling in mein Ohr flüsterte: »Ich muß Sie warnen. Heute abend wird gestohlen.« – »Schreiben Sie hier. Eine Kodak.« Der Führer zeigte auf eine gepunktete Linie hinter dem Wort *Datum*. »Und hier« – er wies auf *Unterschrift* – »schreiben Sie: Kein Gold, Schmuck oder Edel-

steine.« Ich widersprach. Er sagte: »Schreiben Sie.« Er sprach
die Wörter aus, als wären sie Arabisch. Er war groß und
ernst und wirkte wie ein Filmschurke; er trug einen Fes und
klopfte mit einem Stock leicht gegen sein Bein. Ich schrieb.
Und es funktionierte. »Und jetzt«, sagte mein Führer und
vertauschte den Fes mit der Aufschrift *Travel Agent* gegen einen, auf dem *Hotel X* stand, »gehen wir zum Hotel.«
Von da an gab sich der Orient, den ich nur aus Büchern
kannte, Stück für Stück zu erkennen, und jedes Erkennen
war eine Offenbarung, so wie es eine Offenbarung gewesen
war zu sehen, daß die Dschibbah, jenes durch zahllose Fotografien und Beschreibungen beinahe mythische Gewand,
wirklichen Menschen als Kleidungsstück diente. In dem heruntergekommenen Hotel, das, wie mir schien, voller Erinnerungen an das britische Empire war, bekam ich einen Vorge-
schmack auf das Kastenwesen. Der alte französische Ober
legte nur vor; die Laufarbeit erledigten traurig blickende,
stumme Neger mit Fes und Kummerbund, die Speisen her-
beitrugen und Tische abräumten. In der Halle gab es unzählige schwarze Pagen in pittoresken Uniformen. Und auf den
Straßen schlug der Orient, den man erwartet hatte, über einem zusammen: die Kinder, der Schmutz, die Krankheiten,
die Unterernährung, die *Bakschisch*-Rufe, die Händler, die
Marktschreier, die kurzen Ausblicke auf Minarette. Es gab
die Mementos eines Imperialismus, der sich zurückgezogen
hatte – man fand sie in den dunklen, mit Vitrinen ausgestatteten Geschäften im europäischen Stil, die mangels Kundschaft vor sich hin kümmerten, im melancholischen Flüstern
des französischen Friseurs, der bedauerte, daß französisches
Parfüm nicht mehr erhältlich sei und man sich mit schweren
ägyptischen Düften behelfen müsse, in den verächtlichen
Bemerkungen eines libanesischen Geschäftsmanns über die
»Eingeborenen«, denen er samt und sonders mißtraute, mit
Ausnahme seines Assistenten, der mir unter vier Augen von
dem Tag erzählte, an dem alle Libanesen und Europäer aus
dem Land geworfen werden würden.
Stück für Stück der Orient, von dem man gelesen hatte. Im

Zug nach Kairo räusperte sich ein Mann auf der anderen Seite des Mittelganges zweimal, rollte den Schleim mit geübter Zunge zu einem Klumpen, den er mit Daumen und Zeigefinger aus dem Mund fischte, um ihn zu begutachten und dann zwischen den Handflächen zu verreiben. Er trug einen Anzug mit Weste, und sein Transistorradio spielte laut. Kairo enthüllte mir die Bedeutung des Wortes »Basar«: enge, vor Schmutz starrende Straßen, die selbst an diesem Wintertag stanken; winzige Läden voller billigem Kram, Menschenmassen, ein an sich schon kaum erträglicher Lärm, der durch das unablässige Hupen der Autos noch schlimmer wurde, mittelalterliche, teilweise eingestürzte Gebäude und andere, die auf dem Schutt ihrer Vorgänger errichtet waren, und hier und da Bruchstücke von Kacheln in Türkis und Königsblau, die an eine geordnete, schöne Vergangenheit, an kristallklare Brunnen und amouröse Abenteuer denken ließen, wie sie es vielleicht schon in der nicht weniger chaotischen Vergangenheit getan hatten.

Und in diesem Basar ein Schuster. Mit seinem weißen Käppchen, den tiefen Falten, der stahlgefaßten Brille und dem weißen Bart hätte er für ein Foto im *National Geographic Magazine* posieren können: der geduldige, kunstfertige orientalische Handwerker. Meine Schuhsohle hatte sich gelöst. Konnte er das reparieren? Er saß, über seine Arbeit gebeugt, fast direkt auf dem Pflaster und musterte blinzelnd meine Schuhe, meine Hose, meinen Regenmantel. »Fünfzig Piaster«, sagte er. »Vier«, sagte ich. Er nickte, zog mir den Schuh aus und machte sich daran, mit einem Zimmermannshammer einen zweieinhalb Zentimeter langen Nagel hineinzuhämmern. Ich versuchte ihm den Schuh zu entreißen; er hatte den Hammer erhoben, lächelte und hielt fest. Ich zog; er ließ los.

Die Pyramiden, deren Funktion als öffentliche Latrinen in keinem Reiseführer erwähnt wird, wurden mir durch Führer, »Wachmänner«, Kameltreiber und Jungen verleidet, deren Esel allesamt »Whisky-and-soda« hießen. *Bakschisch! Bakschisch!* »Kommen Sie herein und trinken Sie eine Tasse Kaffee! Sie brauchen nichts zu kaufen. Ich möchte mich nur mit einem intelligenten Menschen unterhalten. Mr. Nehru ist ein großer Mann. Lassen Sie uns Gedanken austauschen. Ich habe an der Universität studiert.« Ich fuhr mit dem Bus durch die Wüste zurück nach Alexandria und zog mich, zwei Tage bevor wir ablegten, auf den griechischen Frachter zurück.

Es folgte die Monotonie der afrikanischen Häfen. Sie vermittelten den Eindruck kleiner Rodungen am Rand eines gewaltigen Kontinents, und hier wurde einem auch bewußt, daß Ägypten trotz all der Schwarzen nicht Afrika und trotz all seiner Minarette und Dschibbahs nicht der Orient war: Es war der letzte Außenposten Europas. In Dschiddah waren die Dschibbahs sauberer, und die amerikanischen Autos waren neu und zahlreich und wurden mit viel Würde gefahren. Wir durften nicht von Bord gehen und konnten nur das Treiben im Hafen betrachten. Kamele und Ziegen wurden mittels Kränen und Schlingen aus rostigen Trampschiffen geladen; sie sollten zu den Feiern am Ende des Ramadan geschlachtet werden. Die Kamele schwebten durch die Luft und spreizten ihre plötzlich nutzlosen Beine; wenn sie sanft oder unsanft abgesetzt wurden, kauerten sie sich zunächst hin, liefen dann zu ihren Artgenossen und rieben sich an ihnen. In einer Barkasse brach ein Feuer aus; unser Frachter ließ ein Alarmsignal ertönen, und innerhalb weniger Minuten war die Feuerwehr zur Stelle. »Eine Diktatur hat auch ihre Vorzüge«, sagte der junge pakistanische Student.

Wir hatten in afrikanischen Häfen angelegt, und vier der Passagiere waren nicht gegen Gelbfieber geimpft. In England wütete eine aus Pakistan eingeschleppte Pockenepidemie, und wir befürchteten strenge Sicherheitsmaßnahmen in Karatschi. Die Beamten der pakistanischen Gesundheitsbehörde kamen an Bord, tranken erhebliche Mengen Alkohol und hoben die Quarantäne auf. In Bombay dagegen lehnten die indischen Beamten jeden Alkohol ab und tranken nicht einmal die Coca-Cola aus, die man ihnen angeboten hatte. Es tue ihnen leid, aber die vier Passagiere müßten sich in

Quarantäne begeben, und zwar im Krankenhaus in Santa Cruz, andernfalls müsse das Schiff auf Reede liegen bleiben. Zwei der nicht geimpften Passagiere waren die Eltern des Kapitäns. Wir blieben auf Reede liegen.

Die Reise war langsam vonstatten gegangen, mit unterschiedlichen, oberflächlichen Eindrücken. Aber sie war eine Vorbereitung auf den Orient gewesen. Nach dem Basar von Kairo war der Basar von Karatschi keine Überraschung mehr. Das Wort *Bakschisch* gab es ohnehin in beiden Sprachen. Der Wechsel vom Mittelmeerwinter zum stickigen Hochsommer über dem Roten Meer war schnell gewesen. Andere Veränderungen dagegen waren langsamer eingetreten. Auf der Reise von Athen nach Bombay hatte nach und nach ein neues Bild vom Menschen Gestalt angenommen, eine neue Art von Herrschaftsgebaren und Unterwürfigkeit. Die europäische Physiognomie war zunächst der Afrikas gewichen, die dann über die des semitischen Arabiens in die des arischen Asiens übergegangen war. Die Menschen waren zu Herabgewürdigten und innerlich Deformierten geworden, sie winselten und bettelten. Ich hatte mit Hysterie reagiert, mit einer Brutalität, die mir von dem neuen Bewußtsein diktiert wurde, daß ich ein unversehrter Mensch sei, mit einer von Furcht beeinflußten Entschlossenheit, zu bleiben, was ich war. Wer der Mensch war, der seinen Blick auf den Orient richtete, spielte kaum eine Rolle; für diese Art von Selbsteinschätzung hatte ich noch keine Zeit gefunden.

Oberflächliche Eindrücke, heftige Reaktionen. Doch eine Erinnerung war präsent geblieben, und an jenem Tag, als wir vor Bombay auf Reede lagen und ich die Sonne hinter dem Hotel Taj Mahal untergehen sah und mir wünschte, Bombay möge nur ein weiterer Hafen sein, in dem wir während der Reise anlegten, eine Hafenstadt, die der Passagier an Bord des Frachters erkunden oder ignorieren konnte, hatte ich versucht, sie festzuhalten.

Es war in Alexandria. Hier hatten uns die Droschkenfahrer
am schlimmsten zugesetzt. Die Pferde waren mager und die
Karossen so mitgenommen wie die Kleider der Kutscher.
Die Kutscher machten rufend auf sich aufmerksam; sie fuhren neben einem her und ließen einen erst in Ruhe, wenn sie
einen anderen potentiellen Fahrgast erspäht hatten. Ich war
froh gewesen, ihnen zu entkommen und vom sicheren Schiff
aus zusehen zu können, wie sie sich an andere heranmach-
ten. Es war wie ein Stummfilm: Ein Opfer wurde gesichtet,
die Droschke setzte sich geschwind in Bewegung, das Opfer
wurde angesprochen, man gestikulierte, die Droschke blieb
neben dem Opfer, paßte sich seinem Tempo an – erst zügig,
dann betont langsam, dann gleichmäßig.
Eines Morgens war die öde Weite der Hafenanlage von ge-
schäftigem Treiben erfüllt, und es war, als wäre aus dem
Stummfilm ein stummes Epos geworden. Hinter dem Zollgebäude sah ich lange Reihen von zweifarbig lackierten Taxis; überall verstreut standen schwarze Grüppchen von
Droschken, als warteten sie auf einen Befehl des Regisseurs,
sich in Bewegung zu setzen, und durch die Zufahrtstore
ganz rechts im Bild strömten ständig weitere Droschken und
Taxis. Die Pferde galoppierten, die Kutscher schwangen die
Peitschen. Die Erregung währte nicht lange. Schon bald
fand jede Droschke, jedes Taxi einen Platz am Rand eines
Grüppchens. Der Grund für die Betriebsamkeit kam bald
darauf in Sicht: ein großes, weißes Passagierschiff, das vielleicht Touristen, vielleicht aber auch arme Auswanderer auf
dem Weg nach Australien brachte. Langsam, lautlos glitt es
in den Hafen. Und immer noch drängten Taxis durch die
Tore, und es rasten in hysterischem Tempo Droschken herbei, einem unvermittelten Stillstand und Futtersäcken und
Heu entgegen.
Das Passagierschiff legte frühmorgens an. Doch erst gegen
Mittag traten die ersten Passagiere aus dem Zollgebäude auf
den freien Platz der Hafenanlage. Es war, als hätte der Regisseur ein Kommando gegeben. Heu wurde vom Asphalt ge-
rafft und in Kisten unter dem Kutschbock gestopft, und je-

der Passagier wurde zum Ziel verschiedener, von mehreren Seiten geführter Angriffe. Diese Passagiere muteten uns rosig, unerfahren, schüchtern und verletzlich an. Sie hatten geflochtene Taschen und Kameras umgehängt, sie trugen Strohhüte und bunte Baumwollhemden, wegen des milden ägyptischen Winters (vom Meer wehte ein bitterkalter Wind). Doch unsere Sympathien hatten sich verschoben – wir waren auf seiten der Alexandriner. Sie hatten den ganzen Morgen gewartet, sie hatten sich mit Eifer und großer Gebärde eingefunden, und wir wünschten ihnen, daß sie ein Opfer in ein Gespräch verwickeln, es umgarnen und mit ihm durch die Hafentore davonfahren würden.

Aber es sollte nicht sein. Gerade als die Passagiere von Taxis und Droschken umzingelt und die abwehrenden Gesten erlahmt waren, so daß es schien, als sei ein Entkommen unmöglich und die Gefangennahme sicher, schoben sich zwei blitzende Busse durch die Hafentore. Vom Schiff aus wirkten sie wie teure Spielzeugbusse. Sie bahnten sich einen Weg durch das Meer der Droschken und Taxis, das sich hinter ihnen schloß und abermals teilte, damit die Busse in einem langsamen, großen Bogen wenden und davonfahren konnten, und wo zuvor Touristen in bunten Baumwollhemden gestanden hatten, war nun nur noch Asphalt. Die Droschken wendeten und setzten sich in Bewegung, als könnten sich die Kutscher nicht mit der Endgültigkeit dieses Verschwindens abfinden. Dann fuhren sie gemächlich wieder zurück zu ihrem vorherigen Warteplatz, wo die Pferde die Halme vom Asphalt klaubten, die den flinken Händen der Kutscher entgangen waren.

Den ganzen Nachmittag warteten die Taxis und Droschken auf Passagiere, die nicht mit den Bussen gefahren waren, doch davon gab es nur wenige. Sie traten einzeln oder zu zweit aus dem Gebäude und schienen Taxis zu bevorzugen. Dennoch ließ der Eifer der Droschkenkutscher nicht nach. Wenn ein Passagier erschien, sprangen sie auf die Kutschböcke, setzten ihre mageren Pferde in Bewegung und rasselten los, und Müßiggänger in Schals und alten Mänteln verwandelten sich in gewiefte, zielstrebige Männer. Manchmal gelang es ihnen, ein Opfer anzusprechen; oft gab es Streitigkeiten zwischen den Kutschern, und der Passagier wandte sich ab. Manchmal begleitete eine Droschke einen Passagier bis zu den Hafentoren. Manchmal hielt der winzige Fußgänger dann an und wir sahen mit einer Mischung aus Triumph und Erleichterung, daß er einstieg. Doch das geschah nur selten.

Dämmerung senkte sich herab. Die Droschken kamen nicht mehr herbeigaloppiert, um einen Fahrgast zu ergattern. Sie bewegten sich im Schrittempo. Der Wind frischte auf; es wurde dunkel im Hafen; Lichter wurden angezündet. Doch die Droschken blieben. Erst später, als die Hoffnung erloschen und der Dampfer hell erleuchtet war – sogar der Schornstein wurde angestrahlt –, fuhren sie eine nach der anderen davon und ließen, wo sie gestanden hatten, Heuhalme und Pferdeäpfel zurück.

Später am Abend ging ich an Deck. Nicht weit entfernt unter einer Laterne stand eine einsame Droschke. Sie hatte seit dem späten Nachmittag dort gestanden; sie hatte sich früh aus dem Gewimmel am Zollgebäude zurückgezogen. Der Kutscher hatte keinen Fahrgast gefunden, und er würde jetzt auch keinen mehr finden. Die Laterne der Droschke war abgeblendet; das Pferd fraß Heu, das in einem flachen Haufen auf dem Boden lag. Der Kutscher, der sich zum Schutz vor dem Wind in eine Decke gewickelt hatte, polierte das stumpf glänzende Verdeck seiner Droschke mit einem großen Lappen. Anschließend wischte er den Staub von den Sitzen und rieb rasch und energisch sein Pferd ab. Nicht einmal eine Minute später sprang er wieder aus seiner Droschke und polierte, wischte und rieb. Er kletterte hinein, er kletterte hinaus – sein Verhalten war zwanghaft. Das Pferd fraß, sein Fell glänzte, die Droschke blitzte. Und es gab keine Fahrgäste. Am nächsten Morgen war das Passagierschiff verschwunden, und das Hafengelände lag wieder verlassen da.

Jetzt, da ich in der Barkasse saß, die im Begriff war, am Kai von Bombay anzulegen, wo die Namen an den Kränen und

Gebäuden so merkwürdig englisch waren; jetzt, da ich mich angesichts der stummen Kreatur, die hinter dem Rücken ihres Herrn auf dem Boden kauerte, unwohl fühlte, ähnlich unwohl wie beim Anblick der Gestalten auf dem Kai, die nichts von der Romantik hatten, welche man bei den ersten Menschen, die man an einem fremden Ufer sieht, eigentlich erwartet, und deren zerlumpte Kleider und schwächliche Körper in scharfem Kontrast zu den steinernen Gebäuden und stählernen Kränen standen – jetzt versuchte ich mir ins Gedächtnis zu rufen, daß es in Bombay ebensowenig wie in Alexandria einen Grund gab, sich etwas auf seine Macht einzubilden, und daß man, wenn man seinem Zorn und seiner Verachtung nachgab, später Ekel vor sich selbst empfinden würde.

Und natürlich hatte Coelho, der Führer, der Mann, der alles regelte und sich mit amtlichen Formularen auskannte, recht. In Bombay herrschte absolutes Alkoholverbot, und meine beiden geöffneten Flaschen wurden von den weiß uniformierten Zollbeamten konfisziert, die einen deprimiert wirkenden Mann in Blau herbeiriefen, damit er sie »in meiner Gegenwart« versiegelte. Der Mann in Blau widmete sich dieser handwerklichen und darum niederen Tätigkeit mit bedächtigem Genuß; sein Verhalten bezeugte, daß er ein wenn auch kleiner, so doch altgedienter Beamter war. Ich erhielt eine Quittung und die Auskunft, ich könne die Flaschen bei Vorlage einer Genehmigung abholen. Coelho war sich da nicht so sicher; beschlagnahmte Flaschen, sagte er, hätten die Angewohnheit zu zerbrechen. Seine eigenen Sorgen hatten sich jedoch als unbegründet erwiesen: Es hatte keine gründliche Durchsuchung gegeben, und seine griechische Puppe hatte problemlos den Zoll passiert. Er nahm sie und seinen Lohn und verschwand in den Straßen von Bombay; ich habe ihn nie wieder gesehen.
Bombay war strapaziös. Die feuchte Hitze lähmte den Willen und die Energie, und so vergingen einige Tag, bis ich beschloß, mir meine Flaschen zurückzuholen. Ich traf diesen

Entschluß an einem Morgen, und am Nachmittag begann ich, ihn in die Tat umzusetzen. Ich stand im Schatten der Churchgate Station und fragte mich, ob ich genug Kraft besaß, um die in der prallen Sonne liegende Straße zu überqueren und zum Tourist Office zu gehen. Das Nachdenken über diese Frage verlor sich in einem Tagtraum; es dauerte Minuten, bis ich die Straße schließlich überquerte. Nun war noch eine Treppe zu bewältigen. Ich setzte mich unter einen Ventilator und ruhte aus. Eine größere Verlockung als die Alkoholgenehmigung trieb mich schließlich weiter: Das Büro dort oben war klimatisiert. In dieser Hinsicht war Indien ein geordnetes, ja geradezu luxuriöses Land. Die Ausstattung des Tourist Office war modern, an den Wänden hingen Karten und Farbfotografien, und es gab kleine Holzregale mit Faltblättern und Broschüren. Viel zu schnell war es vorbei mit der müßigen Betrachtung, denn ich wurde aufgerufen. Ich füllte ein Formular aus. Der Beamte füllte drei Formulare aus, machte Einträge in verschiedenen Büchern und überreichte mir ein Bündel Papier: meine Alkoholgenehmigung. Er hatte meine Bitte höflich und prompt erfüllt. Ich bedankte mich bei ihm. Keine Ursache, sagte er, es seien ja nur ein paar Formulare gewesen.

Meine Regel lautete: Jeden Tag ein Schritt. Erst am nächsten Nachmittag nahm ich mir ein Taxi und fuhr zum Hafen. Die Zollbeamten in Weiß und der Mann für die niederen Arbeiten in Blau waren erstaunt, mich zu sehen.

»Haben Sie etwas vergessen?«

»Ja, ich habe zwei Flaschen Alkohol hiergelassen.«

»Nein, wir haben sie konfisziert. Sie sind in Ihrer Gegenwart versiegelt worden.«

»Das habe ich ja gemeint. Jedenfalls bin ich gekommen, um sie abzuholen.«

»Aber wir bewahren konfiszierten Alkohol nicht hier auf. Alles, was beschlagnahmt und versiegelt worden ist, wird sofort zum New Customs House gebracht.«

Auf dem Weg aus dem Hafen wurde das Taxi angehalten und durchsucht.

Das New Customs House war ein großer, zweistöckiger Verwaltungsbau, düster wie alle Behörden und bevölkert wie ein Gerichtsgebäude. In der Auffahrt, in den Galerien, auf den Treppen, in den Korridoren – überall waren Menschen. »Alkohol, Alkohol«, sagte ich und wurde von einem Büro zum anderen geführt, und in allen saßen kraftlose, bebrillte junge Männer in weißen Hemden an Schreibtischen, auf denen unordentliche Papierstapel lagen. Jemand schickte mich nach oben. Auf dem Treppenabsatz stieß ich auf eine Gruppe Barfüßiger, die auf dem Steinboden saßen. Zunächst dachte ich, sie spielten Karten – auf den Straßen von Bombay war das ein beliebter Zeitvertreib –, doch dann sah ich, daß sie Päckchen sortierten. Ihr Anführer sagte mir, man habe mich falsch informiert; ich müsse in das Gebäude hinter dem New Customs House gehen. Der Menge der zerschlissenen Kleider nach zu urteilen, die ich in einem der Räume im Erdgeschoß sah, mußte es sich um ein Mietshaus handeln, während die Menge der kaputten Stühle und verstaubten, nutzlosen Möbelstücke, die ich in einem anderen Raum entdeckte, eher auf einen Trödelladen hindeutete. Wie sich herausstellte, war es jedoch der Lagerraum für nicht abgeholte Gepäckstücke und daher genau das, was ich gesucht hatte. Ich stellte mich im ersten Stock in eine lange Schlange, an deren Kopf ich nur einen einzigen Beamten entdeckte.
»Bei mir sind Sie falsch. Sie müssen sich an den Beamten in der weißen Hose wenden. Da drüben. Ein freundlicher Mensch.«
Ich ging zu ihm.
»Haben Sie die Alkoholgenehmigung?«
Ich zeigte ihm das unterschriebene und gestempelte Bündel Papier.
»Haben Sie die Transportgenehmigung?«
Von dieser Genehmigung hatte ich noch nie etwas gehört.
»Sie brauchen eine Transportgenehmigung.«
Ich war erschöpft, ich schwitzte, und als ich den Mund öffnete, um etwas zu sagen, stellte ich fest, daß ich den Tränen nahe war. »Aber die haben es mir so gesagt.«

Er war voller Mitgefühl. »Das haben wir denen schon so oft erklärt.«

Ich schob ihm alle meine Papiere hin: meine Alkoholgenehmigung, meine Quittung von der Zollbehörde, meinen Paß, meine Quittung über die Lagerkosten, meine Tourist Introduction Card.

Pflichtbewußt sah er sich an, was ich ihm vorlegte. »Nein. Wenn Sie eine Transportgenehmigung hätten, hätte ich das sofort gesehen. An der Farbe des Papiers. So eine Art bräunliches Gelb.«

»Aber was ist eine Transportgenehmigung? Warum haben die sie mir nicht gleich gegeben? Wozu brauche ich die?«

»Ohne diese Genehmigung kann ich Ihnen nichts aushändigen.«

»Bitte!«

»Tut mir leid.«

»Ich werde in der Zeitung darüber schreiben.«

»Damit würden Sie mir einen großen Gefallen tun. Ich sage denen immer wieder, daß sie die Leute auf die Transportgenehmigung hinweisen sollen. Sie sind ja nicht der einzige. Gestern war ein Amerikaner hier, der gesagt hat, sobald er seine Flasche in die Hände bekommt, schlägt er sie kaputt.«

»Helfen Sie mir. Wo bekomme ich diese Transportgenehmigung?«

»Die Leute, die Ihnen diese Quittung ausgestellt haben, hätten Ihnen auch die Transportgenehmigung geben müssen.«

»Aber ich komme gerade von dort.«

»Ich weiß auch nicht. Wir haben es denen schon so oft erklärt.«

»Zurück zum Zollhaus«, sagte ich zu dem Taxifahrer.

Diesmal erkannten die Polizisten am Hafentor uns wieder und verzichteten auf eine Durchsuchung des Wagens. Dieser Kai war mein Tor zu Indien gewesen. Vor ein paar Tagen noch war alles in diesem abgeschlossenen Hafengebiet neu gewesen – der klebrige schwarze Asphalt, die Buden der Geldwechsler, die Verkaufsstände, die Menschen in Khaki, Weiß oder Blau –, und alles war nach Hinweisen auf das Indien jenseits der Hafenmauer untersucht worden. Inzwischen hatte ich bereits aufgehört, das alles wahrzunehmen oder zu beachten. Meine Abgestumpftheit wurde jedoch gemildert durch den Gedanken an den kleinen Triumph, der mich erwartete: Ich hatte diese Zollbeamten in Weiß und den Mann für die niederen Arbeiten in Blau in der Falle.

Sie machten nicht den Eindruck, als säßen sie in der Falle.

»Transportgenehmigung?« sagte einer. »Sind Sie sicher?«

»Haben Sie denen gesagt, daß Sie Bombay verlassen wollen?« fragte ein anderer.

»Transportgenehmigung?« wollte ein dritter wissen und ging zu einem vierten, den er fragte: »Hast du jemals was von einer Transportgenehmigung gehört?«

Ja, er hatte. »Die haben uns was davon geschrieben.«

Man brauchte eine Transportgenehmigung, um Alkohol vom Zollgebäude zum Hotel zu transportieren.

»Bitte geben Sie mir die Transportgenehmigung.«

»Die wird nicht von uns ausgestellt. Sie müssen nach ...« Er sah mich an, und seine Miene wurde sanfter. »Warten Sie, ich schreibe es Ihnen auf. Und daneben schreibe ich Ihre Code-Nummer. Das wird den Kollegen im New Customs House helfen.«

Der Taxifahrer war bis jetzt gelassen geblieben, und meine Fahrten schienen langsam einem Muster zu gehorchen, das ihm vertraut war. Ich wollte ihm die Adresse vorlesen, die man mir gegeben hatte, doch er bedeutete mir, daß das nicht nötig sei, und fuhr mich ohne ein weiteres Wort durch den dichter werdenden Nachmittagsverkehr zu einem großen Backsteingebäude, an dem schwarz-weiße Anschlagbretter befestigt waren.

»Sie gehen«, sagte er mitfühlend. »Ich warte.«

Vor jedem Büro wartete eine kleine Ansammlung von Menschen.

»Transportgenehmigung, Transportgenehmigung.«

Einige Sikhs verwiesen mich hinter das Gebäude, zu einem flachen Schuppen neben einem Tor mit der Aufschrift *Kein Zutritt*, durch das im Gänsemarsch Arbeiter kamen, die die

Hände hoben und von bewaffneten Soldaten durchsucht wurden.

»Transportgenehmigung, Transportgenehmigung.«

Ich trat in einen langen Gang und stieß auf eine Gruppe Sikhs. Sie waren Lastwagenfahrer.

»Alkoholgenehmigung, Alkoholgenehmigung.«

Und endlich war ich im richtigen Büro. Es war ein langer, niedriger Raum im Erdgeschoß, vor der Sonne geschützt und so dunkel wie ein Londoner Keller, aber warm und staubig und erfüllt vom Geruch nach altem Papier, das überall war: auf den Regalen, die bis zu der grauen Decke reichten, auf Schreibtischen, auf Stühlen, in den Händen der Beamten, in den Händen der khakifarben gekleideten Büroboten. Die Aktendeckel hatten Eselsohren bekommen, ihre Kanten waren abgegriffen von unzähligen ehrfurchtsvollen Berührungen, und an vielen waren rosafarbene, gleichermaßen verblaßte, gleichermaßen abgegriffene Zettel befestigt, auf denen DRINGEND, SEHR DRINGEND oder SOFORT stand. Zwischen diesen Bergen, Säulen und Strebepfeilern aus Papier wirkten die Beamten unbedeutend: Männer und Frauen mit sanften, blassen indischen Gesichtern und hochgezogenen Schultern; diese Papierwelt bot eine perfekte Tarnung für sie. Ein älterer Mann mit Brille und einem leicht aufgedunsenen, mürrischen Gesicht saß an einem Tisch in einer Ecke. Die nie ganz gesicherte Herrschaft über diesen Raum voll Papier lag in seinen Händen: Wäre er nicht gewesen, so wären die Beamten vermutlich unter der Flut begraben worden.

»Transportgenehmigung?«

Er sah langsam auf. Er schien weder überrascht noch ungehalten über die Störung. Überall auf dem Tisch lagen mit rosafarbenen Zetteln versehene Papiere. Ein Tischventilator war so geschickt plaziert, daß sein Luftzug sie nicht durcheinanderwirbelte.

»Transportgenehmigung.« Er sprach das Wort weich aus, als wäre es ein seltenes Wort, das er aber nach nur einer Sekunde Suche in der Registratur seines Gedächtnisses bereits gefunden hatte. »Sie müssen einen Antrag stellen. Es reicht einer.«

»Haben Sie ein Formular?«

»Für diesen Vorgang sind keine Formulare vorgesehen. Schreiben Sie einen Brief. Hier ist Papier. Setzen Sie sich und schreiben Sie: An den Leiter der Finanzabteilung für indirekte Steuern und Prohibition. Haben Sie Ihren Paß dabei? Schreiben Sie die Nummer auf. Ach ja, und Ihre Tourist Introduction Card – schreiben Sie die Nummer auch auf. Das wird den Vorgang beschleunigen.«

Und während ich die Nummer meiner Tourist Introduction Card aufschrieb – TIO (L) 156 –, beschleunigte er den Vorgang, indem er meine Papiere an eine Frau weiterreichte und sagte: »Miss Desai, würden Sie bitte schon einmal anfangen, eine Transportgenehmigung auszustellen?« Ich glaubte in seiner Stimme einen leisen Stolz zu hören. Er glich einem Menschen, der auch nach vielen Jahren noch den Reichtum und die Vielfalt seiner Aufgaben zu würdigen wußte und seine Erregung zwar unterdrückte, sie aber dennoch seinen Untergebenen mitteilen wollte.

Es fiel mir schwer, einfache Sätze ohne orthographische Fehler niederzuschreiben. Ich knüllte das Blatt zusammen.

Der Bürovorsteher sah mich mit sanftem Tadel an. »Es ist nur *ein* Antrag erforderlich.«

Hinter mir füllte Miss Desai Formulare aus, mit jenem stumpfen, unauslöschbaren, unleserlichen Kopierstift, mit dem in allen Bürostuben im ganzen ehemaligen britischen Empire geschrieben wird, wobei es nicht so sehr auf den Inhalt des Geschriebenen ankommt, sondern darauf, daß die erforderlichen Kopien vorliegen.

Ich schaffte es, meinen Antrag zu Ende zu schreiben.

In diesem Augenblick sackte meine Begleiterin auf ihrem Stuhl zusammen. Ihr Kopf sank zwischen die Knie. Sie wurde ohnmächtig.

»Wasser«, sagte ich zu Miss Desai.

Sie hielt kurz inne und zeigte auf ein leeres, verstaubtes Glas auf einem Wandbord.

Der Bürovorsteher, der sich bereits mit gerunzelter Stirn über andere Papiere gebeugt hatte, musterte die zusammengesunkene Gestalt vor seinem Schreibtisch.

»Fühlen Sie sich nicht wohl?« Seine Stimme war so weich und sanft wie zuvor. »Sie sollte sich ausruhen.« Er drehte den Tischventilator herum.

»Wo bleibt das Wasser?«

Die Frauen kicherten und versteckten sich hinter Papier.

»Wasser!« schrie ich einen Beamten an.

Er stand wortlos auf, ging quer durch den Raum und verschwand auf dem Korridor.

Miss Desai hatte die Formulare ausgefüllt. In dem Blick, den sie mir zuwarf, als sie dem Bürovorsteher den großen, dikken Block vorlegte, lag etwas wie Entsetzen.

»Die Transportgenehmigung ist ausgestellt«, sagte er. »Sobald Sie soweit sind, können Sie sie unterschreiben.«

Der Beamte, der hinausgegangen war, kehrte ohne Wasser zurück und setzte sich an seinen Platz.

»Wo bleibt das Wasser?«

Sein mißbilligender Blick strafte mich für meine Ungeduld. Er würdigte mich keiner Antwort und zuckte nicht einmal die Schultern; er widmete sich wieder seinen Akten.

Es war schlimmer als Ungeduld. Es zeugte von Undankbarkeit und schlechter Erziehung. Denn gleich darauf trat ein Bürobote ein, der seine Uniform so stolz trug wie ein Offizier. Er hielt ein Tablett in den Händen, und darauf stand ein Glas Wasser. Ich hätte es wissen sollen. Ein Beamter war ein Beamter, und ein Bürobote war ein Bürobote.

Die Krise war überstanden.

Ich unterschrieb dreimal und erhielt meine Genehmigung. Der Bürovorsteher schlug eine neue Akte auf.

»Nadkarni«, rief er einen seiner Untergebenen mit leiser, weicher Stimme zu sich. »Erklären Sie mir diese Aktennotiz.«

Ich war bereits vergessen.

Im Taxi war es drückend heiß, die Sitze glühten. Wir fuhren zur Wohnung eines Freundes und blieben dort, bis es dunkel wurde.

Ein Freund unseres Freundes kam vorbei.

»Was ist los?«

»Sie ist ohnmächtig geworden, als wir eine Transportgenehmigung eingeholt haben.« Ich wollte nicht so kritisch klingen, darum fügte ich hinzu: »Vielleicht lag es an der Hitze.«

»Es lag überhaupt nicht an der Hitze. Ihr Ausländer schiebt es immer auf die Hitze oder das Wasser. Nein, ihr fehlt überhaupt nichts. Ihr habt euch schon ein Bild von Indien gemacht, bevor ihr überhaupt hierhergefahren seid. Ihr habt die falschen Bücher gelesen.«

Der Beamte, der mich auf die Jagd nach der Transportgenehmigung geschickt hatte, freute sich, mich wiederzusehen. Aber die Transportgenehmigung reichte nicht aus. Ich mußte noch zu Mr. Kulkarni gehen und die Höhe der Lagergebühren erfragen. Wenn ich die herausgefunden hatte, mußte ich zu dem Beamten mit dem blauen Hemd dort drüben gehen und anschließend beim Kassierer die Lagergebühren bezahlen, und dann endlich würde ich meine Flaschen bei Mr. Kulkarni abholen können.

Ich konnte Mr. Kulkarni nicht finden. Ich hatte die Papiere in der Hand. Jemand wollte sie mir abnehmen. Ich wußte, daß er bloß neugierig war und nur freundlich sein wollte. Ich drückte die Papiere an mich. Er sah mich an, ich sah ihn an. Ich gab nach. Er sah die Papiere durch und sagte mit amtlicher Bestimmtheit, ich sei im falschen Gebäude.

Ich schrie: »*Mr. Kulkarni!*«

Ringsum zuckten alle zusammen. Jemand trat zu mir, sprach beruhigend auf mich ein und führte mich in einen angrenzenden Raum: Mr. Kulkarnis Büro. Ich ging an der Schlange vorbei zu Mr. Kulkarnis Schreibtisch, sprach erregt auf ihn ein und wedelte mit den Papieren. Er nahm sie mir ab und begann darin zu blättern. Einige Sikhs in der Schlange beschwerten sich. Mr. Kulkarni erwiderte, ich sei eine bedeutende Person und in Eile, und obendrein sei ich jünger als sie. Eigenartigerweise schien sie das zu überzeugen.

Mr. Kulkarni rief nach den Hauptbüchern. Sie wurden gebracht. Er blätterte raschelnd die Seiten um und machte, ohne aufzusehen, mit seinem gelben Bleistift aus dem Handgelenk eine Bewegung von unbestimmter Eleganz. Sogleich teilte sich die Reihe der Sikhs. Mr. Kulkarni setzte seine Brille auf, studierte den Kalender an der gegenüberliegenden Wand, zählte etwas an den Fingern ab, legte die Brille beiseite und wandte sich wieder den Hauptbüchern zu. Eine zweite zerstreute Bewegung, und die Reihe der Sikhs schloß sich wieder und verdeckte den Kalender.

Wieder oben. Der Beamte mit dem blauen Hemd stempelte Mr. Kulkarnis Formular ab und machte Einträge in zwei Hauptbücher. Der Kassierer stempelte ebenfalls. Ich bezahlte, und er machte ebenfalls Einträge in zwei Hauptbüchern.

»Alles in Ordnung«, sagte der Zollbeamte und überflog das zweimal gestempelte und dreimal unterschriebene Formular. Dann setzte er seine eigene Unterschrift darunter. »Sie haben es geschafft. Gehen Sie hinunter zu Mr. Kulkarni. Aber beeilen Sie sich. Die Bürozeit ist gleich zu Ende.«

TEIL I

1

EIN RUHEPUNKT FÜR DIE PHANTASIE

> Diese Antipoden rufen alte Erinnerungen an die Zwei-
> fel und die Verwunderung der Kindheit wach. Vor kur-
> zem noch habe ich mich auf diese ungreifbare Grenze
> als einen klar definierten Punkt auf unserer Heimfahrt
> gefreut; doch nun muß ich feststellen, daß er, wie alle
> Ruhepunkte für die Phantasie, einem Schatten gleicht,
> den man voranschreitend nicht erreichen kann.
>
> Charles Darwin: *Voyage of the Beagle*

Ihr habt die falschen Bücher gelesen, hatte der Geschäftsmann gesagt. Doch er hatte mir Unrecht getan. Ich hatte
viele Bücher gelesen, die er gutgeheißen hätte. Und Indien
war auf ganz besondere Art der Hintergrund meiner Kindheit gewesen. Es war das Land, aus dem mein Großvater
stammte, ein Land, das mir nie beschrieben wurde und das
daher auch nicht real war, ein Land irgendwo draußen im
Nichts, jenseits des Pünktchens, das Trinidad war, ein Land,
in das wir nie zurückkehren würden und in dem die Zeit
stillstand; ich konnte keine Verbindung zwischen ihm und
dem Land herstellen, das ich später entdeckte, dem Land,
das Gegenstand zahlreicher untadeliger Bücher aus den Ver-
lagen Gollancz und Allen and Unwin war, Ursprungsort
von Agenturmeldungen, die in der Redaktion des *Trinidad
Guardian* eingingen. Es blieb ein besonderes, gesondertes
Land, das meinen Großvater und andere, die ich kannte,
hervorgebracht hatte. Sie hatten sich in Indien verdingt und
waren als Kontraktarbeiter nach Trinidad gekommen – obgleich diese Vergangenheit in dasselbe Nichts gefallen war
wie Indien, denn man sah es ihnen nicht an, daß sie sich hatten verdingen müssen, ja man sah es ihnen nicht einmal an,
daß sie jemals Arbeiter gewesen waren.
Es gab eine alte Dame, eine Freundin der Familie meiner
Mutter. Sie trug Schmuck und hatte helle Haut und weiße
Haare. Sie war sehr imposant. Sie sprach nur Hindi. Ihr ele-

gantes, würdevolles Auftreten und die ernste Stattlichkeit
ihres Mannes mit seinem dicken weißen Schnurrbart, seiner
makellosen indischen Kleidung und seinem Schweigen, mit
dem er ein Gegengewicht zu der beredsamen Bestimmtheit
seiner Frau schuf, beeindruckten mich schon früh und machten die beiden für mich zu Menschen, die mir immer fremd
blieben, obgleich sie so freundlich waren und uns so nahe
standen – sie hatten einen winzigen Laden ganz in der Nähe
des Hauses meiner Großmutter –, daß man sie fast als Verwandte hätte betrachten können. Sie stammten aus Indien;
das verlieh ihnen einen gewissen Glanz, doch gerade dieser
Glanz bildete ein Hindernis. Sie ignorierten Trinidad nicht,
sondern leugneten es nachgerade; sie unternahmen nicht
einmal den Versuch, Englisch zu lernen, die Sprache, die wir
Kinder sprachen. Diese Dame hatte zwei oder drei Gold-
zähne und wurde von allen Gold Teeth Nanee – »Großmutter Goldzahn« – genannt. Die Mischung aus Englisch und
Hindi zeigte, in welchem Maß die Welt, zu der sie gehörte,
in den Hintergrund trat. Gold Teeth Nanee hatte keine Kinder, daher vermutlich ihre Frische und ihr Drang, dieselbe
Autorität über uns Kinder auszuüben wie meine Großmutter. Das machte sie nicht beliebter. Doch sie hatte einen
schwachen Punkt: Sie war gierig wie ein Kind, ein häufiger
ungeladener Essensgast, und es war nicht schwer, ihr mit
einem Riegel Abführschokolade einen Streich zu spielen. Eines Tages entdeckte sie einen Krug mit etwas, das wie Ko-
kosmilch aussah. Sie probierte und trank den ganzen Krug
aus. Dann wurde ihr übel. In ihrer Not legte sie ein Geständ-
nis ab, das mehr wie ein Vorwurf klang. Sie hatte einen Krug
Färbemittel für Gamaschen getrunken. Es war erstaunlich,
daß sie ihn ausgetrunken hatte, doch was Nahrungsmittel
anging, war sie – ganz untypisch für eine Inderin – experi-
mentierfreudig und beharrlich. Die Schande dieses Fehl-
griffs mußte sie bis an ihr Lebensende tragen. So zerbrach
ein Indien; als wir älter waren und in der Stadt wohnten,
schrumpfte Gold Teeth Nanee zu einem ländlichen Ori-
ginal, einem Menschen, mit dem uns nichts verband. Ihre

32

Welt erschien uns so weit entrückt, so tot – und doch: Wie wenig Zeit lag zwischen ihr und uns!

Und es gab Babu. Er war so ernst und schweigsam wie Gold Teeth Nanees Mann und hatte ebenfalls einen Schnurrbart, und er bekleidete im Haushalt meiner Großmutter eine eigenartige Stellung. Auch er war in Indien geboren; ich verstand nie, warum er allein in einem Zimmer hinter der Küche wohnte. Es ist ein Indiz für die Beschränktheit der Welt, in der wir Kinder lebten, daß ich von Babu nur eines wußte: Dieser einsame Mann, der abends in seinem dunklen Zimmer kauerte und seine einfachen Mahlzeiten zubereitete, Teig knetete, Gemüse schnitt und andere Dinge tat, die ich immer für Frauenarbeit gehalten hatte, war ein *kshatriya*, ein Angehöriger der Kriegerkaste. Konnte dieser Krieger wirklich ein Arbeiter sein? Es erschien mir unvorstellbar, doch später, als der Verlust solcher Illusionen keine große Rolle mehr spielte, erwies es sich als wahr. Wir waren umgezogen. Meine Großmutter brauchte jemanden, der einen Brunnen grub. Es war Babu, der aus dem Hinterzimmer, in dem er noch immer lebte, kam und sich an die Arbeit machte. Das Loch wurde immer tiefer; Babu wurde in einer Hängematte hinabgelassen, mit der auch die Erde nach oben befördert wurde. Dann kam keine Erde mehr. Babu war auf Fels gestoßen. Er ließ sich ein letztes Mal mit der Hängematte hinaufziehen und verschwand wieder in dem Nichts, aus dem er gekommen war. Ich habe ihn nie wiedergesehen, und das einzige Andenken an ihn war das tiefe Loch am Rand des Kricketfeldes. Es war mit Brettern abgedeckt, doch in meiner Vorstellung blieb es eine ständige alptraumhafte Gefahr für eifrige Fänger, die einem Außenlinienball nachjagten.

Indien war für uns nicht so sehr in Menschen als vielmehr in Dingen gegenwärtig: in den mit Schnüren bespannten Bettgestellen, schmutzig und beschädigt, die keinem Zweck mehr dienten und, weil es in Trinidad niemanden gab, der diese besondere, einer bestimmten Kaste eigene Fertigkeit besaß, nicht repariert wurden und dennoch ihren Platz einnahmen; in geflochtenen Strohmatten; in unzähligen Messinggefäßen; in hölzernen Druckmodeln, die nie benutzt wurden, weil das Angebot an billigen, bedruckten Stoffen groß und das Geheimnis der Farbmischungen verlorengegangen war, denn es gab keine Färber mehr; in Büchern, deren Seiten groß, rauh und spröde waren, beschrieben mit dicker, öliger Tinte; in Trommeln und einem kaputten Harmonium; in grellen Bildern von Gottheiten, die in rosafarbenen Lotosblüten thronten oder in einem Strahlenkranz vor dem weißen Schnee des Himalaya schwebten; und in den Gerätschaften, die es im Gebetsraum gab: den Messingglöckchen und -gongs, den Räucherwerkhaltern, die aussahen wie römische Lampen, dem langen, schlanken Löffel, mit dem der heilige »Nektar« ausgeteilt wurde (ein bäuerlicher Nektar: an gewöhnlichen Tagen bestand er aus braunem Zucker, Wasser und ein paar *Tulsi*-Blättchen, an Feiertagen war es süße Milch), den Bildern, den glatten Kieselsteinen, den Sandelholzräucherstäbchen.

Es war ein Land, in das wir nie zurückkehren würden. Und erst auf dieser Reise nach Indien sollte ich erkennen, wie vollständig die Verpflanzung vom Osten des Bundesstaates Uttar Pradesh nach Trinidad gelungen war, und das zu einer Zeit, in der die nächste Bahnstation einen stundenlangen Fußmarsch entfernt lag, in der man mit dem Zug mehr als einen Tag lang fahren mußte, bis man in einer Hafenstadt war, und in der eine Schiffsreise nach Trinidad bis zu drei Monaten dauern konnte. In seinen Artefakten war Indien in Trinidad intakt. Es war unsere scheinbar so geschlossene Gemeinschaft, die unvollkommen war. Wir hatten schnell gelernt, ohne Putzer auszukommen. Es gab Zimmerer, Maurer, Schuster, doch wir hatten keine Weber und Färber, keine Messingschmiede, keine Schnurbettenmacher. Darum waren viele Dinge im Haus meiner Großmutter unersetzlich. Sie wurden mit Sorgfalt behandelt, weil sie aus Indien stammten, aber sie waren weiter in Gebrauch, und wenn etwas kaputtging, nahm man es ohne großes Bedauern zur Kenntnis. Das war, wie ich später feststellen würde, eine sehr indische Einstellung. Bräuche müssen eingehalten werden, weil man spürt, daß sie uralt sind. Das ist Kontinuität genug; dazu bedarf es keines Vergangenheitskults. Das Alte, sei es nun ein Schnurbett oder ein Bild aus der Guptazeit, muß benutzt werden, bis man es nicht mehr benutzen kann.

Das Indien, das so viele der Menschen und Dinge in meiner Umgebung hervorgebracht hatte, erschien mir als Kind formlos, und ich stellte mir die Zeit, in der die Verpflanzung unserer Vorfahren stattgefunden hatte, als eine Zeit der Dunkelheit vor, einer Dunkelheit, die sich über das Land gelegt hatte, wie die Abenddämmerung sich über eine Hütte senkt, bis nur noch ein schmaler Streifen ringsherum beleuchtet ist. Dieser schmale Streifen war meine Erfahrung in Zeit und Raum. Und selbst jetzt, da die Zeit sich gedehnt und der Raum sich verengt hat und ich in hellem Licht durch das Land gereist bin, das für mich ein dunkles Land war, bleibt in diesen Einstellungen, diesen Denk- und Sichtweisen, die nicht mehr die meinen sind, etwas von der Dunkelheit. Mein Großvater hatte eine schwierige und gefahrvolle Reise gemacht. Sie mußte ihn mit erstaunlichen Dingen konfrontiert haben, nicht weniger erstaunlich als das Meer, von dem sein Heimatdorf einige hundert Meilen entfernt lag; dennoch habe ich das Gefühl, daß er aufhörte, etwas wahrzunehmen, sobald er sein Dorf verlassen hatte. Er fuhr noch einmal nach Indien und kehrte mit mehr indischen Dingen zurück. Er baute sich ein Haus, ignorierte aber alles, was er an kolonialem Baustil in Trinidad hätte finden können, und stellte sich ein eigenartig plumpes Ding mit flachem Dach hin, dessen Vorbild ich in den kleinen, ärmlichen Dörfern in Uttar Pradesh immer wieder begegnete. Er hatte Indien verlassen und dann, wie Gold Teeth Nanee, Trinidad geleugnet. Dennoch stand er auf festem Boden. Nichts, das außerhalb seines Dorfes lag, hatte ihn berührt, nichts hatte ihn gezwungen, aus sich herauszugehen; er hatte sein Dorf mit sich genommen. Ein paar beruhigende Verwandtschaftsbeziehungen, ein bißchen Land, und er konnte ein Dorf im Osten von Uttar Pradesh wiedererschaffen, als läge es nicht mitten in Trinidad, sondern in der Weite Indiens.

Wir, die wir nach ihm kamen, konnten Trinidad nicht leugnen. Das Haus, in dem wir lebten, war eigenartig, aber nicht eigenartiger als viele andere. Wir fanden uns leicht damit ab, daß wir auf einer Insel lebten, auf der es alle möglichen Menschen und alle möglichen Häuser gab. Zweifellos hatten auch die anderen ihre eigenen Dinge. Wir aßen bestimmte Speisen, nahmen bestimmte zeremonielle Handlungen vor und beachteten bestimmte Tabus, und wir nahmen an, daß das bei allen so war. Wir wollten nicht daran teilhaben und erwarteten nicht, daß andere Leute an diesem Bereich unseres Lebens teilhaben wollten. Sie waren, was sie waren, und wir waren, was wir waren – auch wenn uns das nie ausdrücklich gesagt wurde. Über unsere Stellung als Inder in einer aus vielen Rassen zusammengesetzten Gesellschaft machten wir uns keine Gedanken. Heute weiß ich, daß andere Kritik äußerten, doch sie drang nie durch die Wände unseres Hauses, und ich kann mich nicht erinnern, als Kind je eine Diskussion über Rassenfragen gehört zu haben. Obgleich ich also mit dem Gefühl rassischer Andersartigkeit aufgewachsen war, bewahrte ich mir in dieser Hinsicht seltsamerweise lange meine Unschuld. In der Schule wunderte ich mich über das krause Haar eines Lehrers, den ich mochte, und kam zu dem Schluß, daß er, wie ich, noch wuchs, und daß seine Haare, wenn er erst ausgewachsen wäre, glatter und länger sein würden. Über Rasse wurde nie gesprochen, doch von klein auf hatte ich den Eindruck, daß Moslems irgendwie noch andersartiger waren als andere. Man durfte ihnen nicht trauen, sie versuchten immer, einen übers Ohr zu hauen, und als Beweis diente ein Moslem, der in der Nähe des Hauses meiner Großmutter wohnte und dessen Käppchen und grauer Bart – Insignien seiner besonderen Andersartigkeit – ihm das Aussehen eines Mannes verliehen, dem alles zuzutrauen war. Denn die Andersartigkeiten, die wir in jeder Gruppierung außerhalb unserer Familie wahrnahmen, waren bei Indern leichter zu erkennen, am leichtesten aber bei Hindus. Ein Rassenbewußtsein gab es noch nicht, und bis eines entstand – also bis vor ganz kurzer

Zeit –, griffen wir für jene gesellschaftlichen Antagonismen, die das Leben würzen, auf die althergebrachten indischen Unterscheidungen zurück, auch wenn diese inzwischen bedeutungslos geworden waren.

Alles, was außerhalb unserer Familie lag, besaß diese Andersartigkeit. Das mußte man hinnehmen, wenn man ins Ausland reiste, und vielleicht konnte man es auch einmal vergessen, zum Beispiel in der Schule. Doch sobald ein engerer Kontakt drohte, fürchteten wir eine Regelverletzung und zogen uns zurück. Ich kann mich erinnern, daß ich später, als es ein Familienleben in dieser Form nicht mehr gab, auf einen Besuch bei einer anderen Familie mitgenommen wurde. Sie war nicht mit uns verwandt, und das machte diesen Besuch so ungewöhnlich; und weil sich, zweifellos aufgrund irgendeiner Bemerkung, die ich gehört hatte, in meinem Kopf der Gedanke festgesetzt hatte, daß sie Moslems waren, bekam alles an ihnen eine Aura der Andersartigkeit. Ich sah es in ihrer Erscheinung, in der Einrichtung ihres Hauses, in ihrer Art sich zu kleiden und schließlich, wie ich befürchtet hatte, in dem, was diese Leute aßen. Man bot uns in Milch gekochte Fadennudeln an. Ich verband mit dieser Speise ein unbekanntes und widerwärtiges Ritual und wollte nichts davon essen. In Wirklichkeit waren sie Hindus; unsere Familien waren später durch Heirat verbunden.

Es war unvermeidlich, daß unser Familienleben schrumpfte, und unser Umzug in die Hauptstadt, wo nur wenige Inder lebten, beschleunigte diese Entwicklung. Die Außenwelt wurde aufdringlicher. Wir wurden noch verschlossener. Nur einmal unternahmen wir einen offenen Angriff auf die Stadt. Meine Großmutter wollte eine *kattha*, eine Schriftlesung, und zwar unter einem Bobaum. Auf der ganzen Insel gab es nur einen einzigen Bobaum, und der stand im Botanischen Garten. Wir beantragten eine Genehmigung. Zu meiner Verwunderung wurde sie erteilt, und so saßen wir eines Sonntagmorgens alle unter einem mit seinem botanischen Namen versehenen Bobaum. Der Pandit las aus der Schrift, das heilige Feuer knisterte und wurde mit Pech, braunem Zucker und Butterfett genährt, Glocken und Gongs wurden angeschlagen, Muschelhörner erklangen. Wir erregten die stumme Neugier einer kleinen, gemischten Gruppe von morgendlichen Spaziergängern und den missionarischen Eifer eines Adventisten vom Siebenten Tag. Es war eine durch und durch pastorale Szene: ein arisches Ritual, das einem anderen Kontinent, einem anderen Zeitalter entstammte, und das alles nur ein paar hundert Meter von der Residenz des Gouverneurs entfernt. Zu diesem Urteil kam ich allerdings erst später. Für diejenigen von uns, die damals noch in die Schule gingen, war dieses öffentliche Ritual eine ziemliche Last. Wir wurden befangen und selbstkritisch; unsere geheime Welt schrumpfte schnell. Andererseits äußerte gelegentlich einer der wenigen frommen Hindus in Port of Spain den Wunsch, Brahmanen zu bewirten – und wir waren zur Stelle. Wir gingen hin, wir wurden bewirtet, wir empfingen Stoff und Geld als Geschenke. Wir stellten unser Glück nie in Frage. Und es schien wirklich ein Glück zu sein, denn gleich darauf, wenn wir in Hemd und Hose nach Hause gingen, waren wir wieder ganz normale Jungen.

Für mich war dieses Glück mit einem Hauch von Betrug behaftet. Ich kam aus einer Familie, in der es von Pandits nur so wimmelte, doch ich war von klein auf ein Ungläubiger. Ich mochte die religiösen Zeremonien nicht. Sie waren zu lang, und das Essen kam immer erst zum Schluß. Ich verstand die Sprache nicht – es war, als erwarteten unsere Eltern und Großeltern, daß wir sie intuitiv beherrschten –, und niemand erklärte mir die Bedeutung der Gebete oder den Ablauf des Rituals. Eine Zeremonie war wie die andere. Die Bilder interessierten mich nicht, und ich versuchte auch nicht, ihre Bedeutung herauszufinden. Zu meinem Mangel an Glauben und meiner Abneigung gegen Rituale trat noch eine Unfähigkeit zur Metaphysik hinzu, auch sie ein Verrat an meinem Erbe, denn mein Vater hatte eine Leidenschaft für hinduistische Spekulationen. So kam es, daß ich, obwohl ich in einer orthodoxen Familie aufwuchs, so gut wie nichts über den Hinduismus wußte. Wieviel Hinduismus hatte sich

in mir festgesetzt? Vielleicht war es nur ein gewisser philo-
sophischer Hintergrund. Ich weiß es nicht. Mein Onkel
pflegte zu sagen, meine Ablehnung des Hinduismus sei eine
zulässige Variante des Hinduismus. Ich prüfte mich und
fand nur jenes Gefühl für die Andersartigkeit anderer Menschen, das ich bereits beschrieben habe, ein noch unbe-
stimmteres Kastenbewußtsein und einen Abscheu vor allem
Unreinen.
Es entsetzt mich noch immer, wenn Menschen ihren Tieren
auf Tellern, von denen sie selbst essen, etwas zu fressen geben; wie es mich in der Schule entsetzte, daß Jungen sich ein
»Popsicle« oder ein »Palate« – das waren zwei Eissorten – teilten; wie es mich entsetzt, wenn Frauen von demselben Löffel
probieren, mit dem sie im Essen rühren. Das war mehr als
Andersartigkeit, das war die Unreinheit, vor der wir uns hüten mußten. Seltsamerweise waren Süßigkeiten von den Er-
nährungsregeln ausgenommen. Wir kauften Maniokbrot an
Straßenständen, aber Blutwurst und Sülze, ein beliebter Im-
biß der schwarzen Arbeiter, den sie auf der Straße oder bei
Sportveranstaltungen aßen, erfüllte uns nur mit fasziniertem
Entsetzen. Daraus könnte man schließen, daß unser Speise-
plan so blieb, wie er immer gewesen war, doch das war nicht
der Fall. Es ist schwer zu sagen, wie die Kommunikation zu-
stande kam, aber wir übernahmen ständig fremde Gerichte:
den portugiesischen Eintopf aus Zwiebeln und Tomaten, in
den man fast alle anderen Gemüse geben kann, oder verschiedene Negergerichte mit Süßkartoffeln, Kochbananen
und Brotfrüchten. Alles, was wir uns aneigneten, wurde zu
einem Teil von uns; vor der Außenwelt mußte man sich
dennoch hüten, und meine Vorurteile waren so groß, daß
ich, als ich kurz vor meinem achtzehnten Geburtstag Trinidad verließ, erst dreimal in einem Restaurant gegessen hatte.
Der Tag meiner schnellen Reise nach New York war ein un-
glückseliger Tag für mich. Ich verbrachte ihn verängstigt und
hungrig in dieser großen Stadt, und auf dem Schiff nach
Southampton aß ich hauptsächlich Süßspeisen, was den Ste-
ward, als ich ihm bei der Ankunft ein Trinkgeld gab, zu der

Bemerkung veranlaßte: »Die anderen haben sich benommen wie Schweine. Und Sie haben wirklich eine Schwäche für Eiscreme.«

Eine Sache war das Essen, eine andere die Kastenzugehörigkeit. Obwohl ich schnell begriffen hatte, daß die Beschäftigung damit nur Teil unseres privaten Spiels war, beeinflußte sie hin und wieder mein Verhältnis zu anderen. Eine entfernte Verwandte heiratete, und man munkelte, ihr Bräutigam gehöre zur Kaste der *chamar*, der Lederverarbeiter. Dieser Mann war reich und weitgereist, er hatte Erfolg im Beruf und stieg später zu einer verantwortlichen Position auf. Aber er war ein *chamar*. Das Gerücht war vielleicht unbegründet – es gibt nur wenige Hochzeiten, bei denen kein bösartiges Getuschel zu hören ist –, aber immer, wenn wir uns begegnen, schießt mir der Gedanke an seine Kastenzugehörigkeit durch den Kopf, und ich wittere mittlerweile unwillkürlich nach Anzeichen für seine Andersartigkeit. Er ist der einzige Mensch, der für mich auf diese Weise gezeichnet ist; die Hochzeit fand statt, als ich noch sehr jung war. Auch in Indien waren die Menschen durch ihre Kastenzugehörigkeit gezeichnet, besonders wenn diese vor ihrem Eintreffen lobend oder abfällig erwähnt wurde. Doch in Indien war das Kastenwesen nicht, was es in Trinidad für mich gewesen war. In Trinidad hatte die Kastenzugehörigkeit keinerlei Bedeutung für unser tägliches Leben; das Kastenspiel, das wir gelegentlich spielten, war nicht mehr als eine Bezugnahme auf latente Eigenschaften, und es bot nicht mehr Sicherheit als die Auskunft eines Handlesers oder Graphologen. In Indien gehörte zum Kastenwesen eine brutale Trennung und Teilung der Arbeit, und es gründete sich – das war mir nie bewußt gewesen – auf die Herabwürdigung des Latrinenreinigers. In Indien war der Begriff »Kaste« etwas Unangenehmes; ich wollte nie wissen, welcher Kaste ein Mann angehörte.

Ich hatte keinen Glauben. Ich mochte keine religiösen Rituale und fand sie lächerlich. Ich weigerte mich, am *janayawa* einiger Cousins teilzunehmen. Diese Zeremonie endet damit, daß der Initiierte, dessen Schädel geschoren ist und dem man soeben die neue, ins Auge springende Brahmanenschnur angelegt hat, Stab und Bündel nimmt – wie er es vielleicht vor zweitausend Jahren in einem indischen Dorf getan hätte – und verkündet, er wolle in Kasi-Varanasi studieren. Seine Mutter weint und bittet ihn, nicht zu gehen; der Initiierte beharrt darauf, daß er gehen muß; ein älteres Familienmitglied wird geholt, um den jungen Mann umzustimmen, der schließlich nachgibt und Stab und Bündel niederlegt. Es war ein hübsches Stück Theater. Doch ich wußte, daß wir in Trinidad waren, einer Insel fünfzehn Kilometer vor der südamerikanischen Küste, und daß ein Erscheinen meines Cousins, der vielleicht keine großen akademischen Ehren erworben hatte und als hinduistischer Scholar auf dem Weg nach Varanasi verkleidet war, auf den Straßen von Port of Spain ein völlig unerwünschtes Aufsehen erregen würde. Also weigerte ich mich, auch wenn dieses uralte Drama, das in einem Garten in Trinidad so absurd am Leben erhalten wurde, mir heute anrührend und schön erscheint.

Ich hatte mich davon losgesagt. Doch diese Erinnerung hat auch ein Gegenstück: Eines Tages machten wir im Physikunterricht einen Versuch mit Saughebern. Ich weiß nicht mehr, was damit veranschaulicht werden sollte. Irgendwann wurden ein Becher und ein Schlauch herumgereicht. Wir sollten an dem Schlauch saugen und sehen, was dann geschah. Ich ließ den Becher an mir vorbeigehen und dachte, niemand hätte es gesehen, aber ein indischer Junge aus Port of Spain, der in der Reihe hinter mir saß und einer der unbestrittenen Anführer war, flüsterte: »Ein echter Brahmane.« Es klang anerkennend. Mich überraschte, daß er über so etwas Bescheid wußte, denn ich hatte angenommen, daß er, der Junge aus Port of Spain, in diesen Dingen vollkommen unwissend war. Mich überraschte die unerwartete Zartheit in seiner Stimme, und daß er ein Stück dieses anderen, geheimen Lebens in die Öffentlichkeit brachte. Aber ich freute mich auch. Und mit dieser Freude kam ein neues, zärtliches Gefühl für diesen Jungen und eine Trauer über unseren gemeinsamen Verlust: mein Verlust, von dem mein Mitschüler nichts ahnte, war die Folge meiner Entscheidung oder eine Auswirkung meines Temperaments, und sein Verlust, den er freimütig offenbarte, war das Ergebnis von Geschichte und Milieu. Es war ein Gefühl, das mich noch einmal stärker befiel, viel später, in London, in gänzlich anderen Lebensumständen, als der Verlust vollständig geworden war.

Andere westindische Schriftsteller, insbesondere George Lamming, haben mir vorgeworfen, ich sei in meinen Büchern nicht genügend auf die Situation nicht-indischer Gruppen eingegangen. Die Konfrontation mit verschiedenen Volksgruppen, schrieb Lamming, sei eine der fundamentalen Erfahrungen des westindischen Lebens. Das stimmt allerdings, und diese Gegensätze werden immer größer. Es wäre jedoch eine Verfälschung der Tatsachen, das Schwinden der überlieferten Kultur meiner Kindheit als Folge einer dramatischen Konfrontation gegensätzlicher Welten zu interpretieren. Für mich standen diese Welten nebeneinander und schlossen sich gegenseitig aus. Die eine schrumpfte immer mehr, und das ganz zwangsläufig; sie nährte sich bloß noch von Erinnerungen und war nur scheinbar unversehrt. Sie unterlag nicht einem Ansturm, sondern wurde von der anderen Welt gleichsam leergesogen. Ich kann nur von meiner eigenen Erfahrung sprechen. Das Familienleben, das ich beschrieben habe, begann zu zerfallen, als ich sechs oder sieben Jahre alt war; als ich vierzehn war, hatte es aufgehört zu bestehen. Zwischen meinem zwölf Jahre jüngeren Bruder und mir liegt mehr als eine Generation. Er hat keine Erinnerung an diese private Welt, die noch bis Mitte der dreißiger Jahre so scheinbar festgefügt existierte, eine Welt, deren Beharrungsvermögen immer mehr geschwunden war und deren Fäden sich von Indien, diesem formlosen, dunklen Land, bis zu uns spannten.

Daß diese Welt überhaupt existiert hat, und sei es nur im Bewußtsein eines Kindes, erscheint mir wie ein Wunder. Und ein Wunder ist auch, daß wir die Trennung unserer beiden Welten akzeptierten und in ihrem Nebeneinander nichts Widersprüchliches entdecken konnten. In der einen Welt lebten wir wie mit Scheuklappen, und unser Horizont schien nicht größer als das Dorf meines Großvaters zu sein; draußen dagegen, in der anderen Welt, waren wir uns unserer selbst überaus bewußt. Und in Indien sollte ich feststellen, daß vieles von dem, worauf ich dort traf und wogegen sich die neuere und nunmehr vielleicht aufrichtigere Seite meines Wesens wehrte – die scheinbare Selbstgefälligkeit, die Unempfindlichkeit gegen Kritik, die Weigerung, etwas Offensichtliches zu *sehen*, die Doppelzüngigkeit und die Doppelmoral –, Teile meines Wesens ansprachen, die ich längst begraben wähnte und die von Indien in Form leiser Erinnerungen zum Leben erweckt wurden. Ich verstand es besser, als ich mir eingestehen wollte. Und ein weiteres Wunder ist für mich, daß eine Welt, wie ich sie beschrieben habe, eine Welt, die so bald zugrundeging und zu Nichts wurde, einen so tiefen Eindruck hinterlassen hat. Die Inder sind ein altes Volk, und vielleicht fahren sie einfach fort, zur alten Welt zu gehören. So unangemessen, unhaltbar und schwer begreiflich die indische Verehrung alles Alten, Etablierten auch ist – sie entspricht der ernstgemeinten Schmierenkomödie, die man im alten Rom gab, und ist ein Aspekt der römischen *pietas*. Ich hatte der Tradition den Rücken gekehrt – doch wie soll ich die Empörung erklären, die mich überkam, als ich erfuhr, daß man in Bombay beim Diwali-Fest Kerzen und Glühbirnen benutzte und nicht die althergebrachten einfachen Öllampen, wie sie in Trinidad immer noch üblich waren? Ich war als Ungläubiger geboren. Doch der Gedanke an den Verfall der alten Sitten und Gebräuche hatte mich traurig gemacht, als der Junge geflüstert hatte: »Ein echter Brahmane«, und noch einmal, als ich viele Jahre später in London erfuhr, daß Ramon tot war.

Er war etwa vierundzwanzig gewesen. Er war bei einem Autounfall ums Leben gekommen. Das paßte. Automobile waren das einzige, was ihn begeistern konnte, und er hatte Vater und Mutter, Frau und Kinder verlassen und war nach

London gekommen, um mehr mit Autos zu tun zu haben. Ich lernte ihn kurz nach seiner Ankunft kennen, in einer schmuddeligen Pension in Chelsea, die nach außen wie alle anderen Häuser in dieser anständigen, abschüssigen Straße aussah: weiß, die Gartenzäune schwarz, die Türen ein Rechteck in kräftigen Farben. Nur die Milchflaschen und die Qualität des Vorhangstoffs verrieten das Haus, in dessen Flur, im trüben, dunstigen Schein einer 40-Watt-Birne, ich Ramon zum erstenmal zu Gesicht bekam. Er war klein, sein dichtes Haar wellte sich an den Spitzen, und seine groben Gesichtszüge paßten zu den kräftigen, kurzen Fingern. Er trug einen Schnurrbart und hatte sich nicht rasiert. Er wirkte schäbig und ungewaschen in seinem Pullover, der, wie ich sah, einem anderen gehört hatte, einem Mann, der die Pilgerfahrt von Trinidad nach London unternommen und den Pullover als Kennzeichen eines Reisenden in gemäßigtere Zonen mitgebracht hatte.

Damit fügte er sich in seine Umgebung ein: die grau-grüne Schäbigkeit der Wände, das Linoleum, die Schmutzringe um die Türgriffe, den verschossenen Bezug der billigen Sessel, die fleckigen Tapeten; in all die Spuren zahlloser Durchreisender, die nie auf den Gedanken gekommen waren, diese Räume könnten dazu bestimmt sein, mit persönlichen Dingen gefüllt zu werden; den Rußrand unter dem Fensterbrett, die verrauchte Decke, den leeren Kamin, der eher an einen Campingplatz erinnerte und in dem sich die uralten Reste eines kurzen Feuers fanden; die muffigen, zerschlissenen Teppiche. Er fügte sich ein und war doch ein Fremder. Seine Welt waren Schuppen und uneingezäunte Gärten, wo er, umgeben vom leuchtenden Grün der Pflanzen, ohne Pullover und ohne Hemd in der abendlichen Kühle umhergegangen war, wo sich Hühner zum Schlafen niedergehockt hatten und im Nachbarhof der dünne Rauch eines Holzkohlenfeuers in den Himmel gestiegen war. Jetzt, zu einer ähnlichen Tageszeit, saß er im trüben Licht eines möblierten Zimmers in Chelsea, eingezwängt in den Pullover eines anderen, auf einem niedrigen, oft benutzten, aber selten gereinigten

Bett, und der elektrische Heizofen, dessen stumpfer Reflektor anscheinend mit Spucke und Schleifpapier behandelt worden war, konnte Feuchtigkeit und Kälte nicht vertreiben. Ramons Mitreisende waren ausgegangen. Er war nicht so intelligent wie sie; er machte sich wenig Gedanken über seine Kleidung; er konnte ihre Begeisterung weder teilen noch gutheißen.

Er war schüchtern und machte den Mund nur auf, wenn er angesprochen wurde, und er antwortete auf Fragen wie jemand, der nichts zu verbergen hat und für den die Zukunft, über die er übrigens nie nachdachte, keine Gefahr und vielleicht auch kein Ziel barg. Er hatte Trinidad verlassen, weil man ihm den Führerschein abgenommen hatte. Seine Karriere als Krimineller hatte begonnen, als er, damals noch ein Junge, wegen Fahrens ohne Führerschein verhaftet worden war; später wurde er verhaftet, weil er Auto fuhr, obwohl sein Führerschein noch gesperrt war. Ein Vergehen kam zum anderen, bis er nicht mehr in Trinidad bleiben konnte; er *mußte* einfach am Steuer eines Autos sitzen. Seine Eltern kratzten alles Geld zusammen und schickten ihn nach England. Das hatten sie getan, weil sie ihn, ihren Sohn, liebten, und doch sprach er ohne erkennbare Gemütsregung von dem Opfer, das sie gebracht hatten.

Er war unfähig, seine Taten moralisch einzuordnen; er war ein Mensch, dem alles einfach nur zustieß. Er hatte seine Frau und zwei Kinder zurückgelassen. »Und ich glaube, sie brütet gerade ein drittes aus.« Das sagte er ohne den gockelhaften Stolz, der in Trinidad bei solchen Bemerkungen mitschwang. Es war eine Feststellung die kein Urteil über seine Männlichkeit oder seine Desertion enthielt.

Er trug einen spanischen Namen, weil seine Mutter zum Teil venezolanischer Abstammung war, und hatte eine Weile in Venezuela gelebt, bis man ihn abgeschoben hatte. Aber er war ein Hindu, und seine Ehe war nach hinduistischem Ritus geschlossen worden. Dieser hatte für ihn wohl ebensowenig Bedeutung wie für mich, ja vielleicht sogar weniger, denn er war allein aufgewachsen, hatte nie den Schutz einer Familie

wie der meinen genossen und war in jungen Jahren in eine
Kultur verpflanzt worden, die ihm so rätselhaft war wie sein
neuer Wohnort Chelsea.

Er war ein Unschuldiger, eine verlorene Seele, den nur seine
alles beherrschende Leidenschaft davor bewahrte, das Leben
eines Tieres zu führen. Bei ihm war der Teil des Geistes, der
empfindet und urteilt – wenn es einen solchen abgegrenz-
ten Teil überhaupt gibt –, eine leere Fläche, auf der andere
schreiben konnten. Er wollte Auto fahren, also fuhr er. Ein
Wagen gefiel ihm, also setzte er seine Fähigkeiten ein und
fuhr mit ihm davon. Irgendwann würde man ihn schnappen,
daran zweifelte er nicht, und dagegen wehrte er sich nicht.
Man brauchte bloß zu sagen: »Ich brauche eine neue Rad-
kappe für meinen Wagen. Kannst du mir eine besorgen?«,
und schon ging er los und stahl die erstbeste passende Rad-
kappe. Man schnappte ihn, aber er gab niemandem die
Schuld. So etwas stieß ihm eben einfach zu. Seine Unschuld,
die mehr war als bloße Einfalt, war beängstigend. Er war
so unschuldig wie eine komplizierte Maschine. Manchmal
wurde er von seinem Bedürfnis getrieben, es anderen recht
zu machen. Im selben Haus lebte eine alleinstehende Mutter;
ihr und ihrem Kind gegenüber verhielt er sich, wann immer
es von ihm erwartet wurde, stets wie ein sanfter Beschützer.
Aber er hatte eine alles beherrschende Leidenschaft, und mit
Autos war er ein Genie. Das sprach sich schnell herum. Ein
paar Wochen später konnte man ihn in ölverschmierten
Kleidern an einem arg mitgenommenen Wagen arbeiten sehen, während neben ihm ein Mann in einem Anzug aus
doppelt gezwirntem Tuch stand und von Geld sprach. Er
hätte viel Geld verdienen können, aber es ging alles für immer neue Wagen und die Geldstrafen drauf, die er bekam,
weil er, um einen Auftrag zu erfüllen, einen Scheinwerfer
oder ein anderes Teil gestohlen hatte. Er hätte nicht zu steh-
len brauchen, aber er tat es trotzdem. Doch seine Fähigkeiten sprachen sich herum, und er hatte viel zu tun.

Dann erfuhr ich, daß er in ernsten Schwierigkeiten war. Ein
Freund, der in derselben Pension wohnte, hatte ihn gebeten,

einen Motorroller loszuwerden. Wenn man in Trinidad ein
Auto loswerden wollte, setzte man es am schlammigen Ufer
des Caroni in Brand und ließ es ins Wasser rollen. In London gab es ebenfalls einen Fluß. Ramon lud den Motorroller
eines Abends in den Lieferwagen, den er damals hatte, und
fuhr zum Embankment, doch bevor er ihn ausladen konnte,
tauchte ein Polizist auf, wie Polizisten eben immer in Ramons Leben aufgetaucht waren.
Da er den Motorroller ja schließlich nicht angezündet hatte,
dachte ich, die Sache könne nicht so schlimm sein.
»Nein, nein«, sagte einer in der Pension. »Hier geht's ja um
eine krimi-*nelle* Ver-*ei*-nigung.« Er sagte das mit Ehrfurcht.
Auch ihm warf man Mitgliedschaft in dieser kriminellen
Vereinigung vor.
Ramon mußte sich also vor einer Strafkammer verantworten, und ich ging hin, um zu sehen, wie die Verhandlung lief.
Ich hatte Schwierigkeiten, den richtigen Gerichtssaal zu finden – »Sind Sie wegen einer Vorladung in eigener Sache gekommen, Sir?« fragte ein Polizist, und ich fand seine Höflichkeit so verblüffend wie die Frage selbst –, und als ich
ihn schließlich gefunden hatte, kam ich mir vor wie in der
St. Vincent Street in Port of Spain. Die Mitglieder der kriminellen Vereinigung waren alle versammelt und sahen aus
wie verängstigte Schüler. Sie steckten in Anzügen, als wäre
dies ein Vorstellungsgespräch. Es gelang ihnen, die sonst so
großspurig waren und die Nachbarn in ihrer Straße in Chelsea provozierten – sie pflegten sich Sonntag morgens, während die anderen Anwohner ihre Wagen wuschen, auf dem
Bürgersteig vor dem Haus gegenseitig die Haare zu schnei-
den, als wären sie in Port of Spain –, ein vollkommen anderes Bild ihrer selbst zu präsentieren.
Ramon stand abseits. Auch er trug einen Anzug, aber weder
sein Gesicht noch sein Gruß ließen erkennen, daß wir uns
hier unter anderen Umständen begegneten als in der Pension. Das Mädchen neben ihm wirkte schlicht und war gekleidet, als wollte es tanzen gehen. Sie erschienen mir nicht
angespannt, sondern stumpf. Auch sie war ein Mensch, dem

ständig schwierige oder verwirrende Dinge zustießen. Besorgter als die beiden war Ramons Chef, ein Werkstattbesitzer. Er war erschienen, um eine Aussage über Ramons »Charakter« zu machen, und auch er trug einen Anzug, aus steifem, braunem Tweed. Sein Gesicht war gerötet und aufgeschwemmt, was auf eine Herzkrankheit hindeutete, und die Augen hinter der rosa gefaßten Brille zwinkerten unaufhörlich. Er stand neben Ramon.

»Er ist ein guter Junge, ein guter Junge«, sagte der Werkstattbesitzer mit Tränen in den Augen. »Er ist nur in schlechte Gesellschaft geraten.« Es war eigenartig, daß diese schlichte Einschätzung der Beziehungen zwischen schlichten Menschen so überzeugend und rührend sein konnte.

Die Gerichtsverhandlung verlief wenig dramatisch. Anfangs ging es recht feierlich zu. Die Polizisten machten ihre Aussagen und wurden ins Kreuzverhör genommen. (Einer behauptete, Ramon habe bei seiner Verhaftung gesagt: »Tja, Bulle, jetzt hast du mich erwischt.« Ich bezweifelte das sehr.) Ramon wurde von einem jungen Pflichtverteidiger vertreten, einem sehr flotten, eleganten Mann, der sich mächtig ins Zeug legte. Ihm schien an dieser Sache mehr zu liegen als Ramon, den er unnötigerweise aufforderte, den Kopf nicht hängen zu lassen. Einmal ertappte er den Richter bei einem Verfahrensfehler, sprang sogleich auf und erhob streng und empört Einspruch. Der Richter lauschte ihm mit offensichtlichem Vergnügen und entschuldigte sich. Es war, als wäre dies eine Übungsverhandlung: Ramons Anwalt war der Einserstudent, der Richter war der Professor, und wir auf der Empore waren die stolzen Eltern. Als der Richter schließlich mit wohltönender, verhandlungsgeübter Stimme alle Aspekte des Falls zusammenfaßte, war von der anfänglichen Feierlichkeit nichts mehr zu spüren. Es war deutlich, daß er von den Sitten in Trinidad nichts wußte. Er sagte, es falle ihm schwer, in der versuchten Verbrennung eines Motorrollers am Embankment mehr zu sehen als einen Dummejungenstreich; andererseits aber sei versuchter Versicherungsbetrug eine ernste Sache ... Auf der Empore saß eine

48

sehr schöne Inderin, die oft lächelte und bei jeder geistreichen Bemerkung und eleganten Wendung ein Lachen unterdrücken mußte. Der Richter war sich ihrer bewußt, und seine Zusammenfassung war wie ein Zwiegespräch zwischen den beiden: dem älteren Mann, der sich seines Könnens sicher war, und der schönen, bewundernden Frau. Die Anspannung der Geschworenen – eine Frau, die Brille und Hut trug, hatte sich vorgebeugt und klammerte sich wie eine Schiffbrüchige an die Brüstung – fiel nicht ins Gewicht, und niemand, nicht einmal die Polizisten, war überrascht über den Freispruch. Ramons Anwalt frohlockte. Ramon war so heiter gelassen wie zuvor, die anderen Mitglieder der kriminellen Vereinigung jedoch wirkten mit einemmal völlig erschöpft.

Kurz darauf geriet Ramon allerdings abermals in Schwierigkeiten, und diesmal gab es keinen Werkstattbesitzer, der ein gutes Wort für ihn einlegte. Ich glaube, er hatte einen Wagen gestohlen oder den Motor eines Wagens zuschanden gefahren, und diesmal mußte er für einige Zeit ins Gefängnis. Als er wieder draußen war, sagte er, er habe ein paar Wochen in Brixton verbracht. »Dann haben sie mich nach irgendwo in Kent verlegt.« Ich erfuhr das alles von einem seiner früheren Mitangeklagten aus der Pension. Im Gefängnis war Ramon eine allgemeine Witzfigur gewesen. Als ich das nächste Mal von ihm hörte, war er tot, bei einem Autounfall ums Leben gekommen.

Er war ein Kind, ein Unschuldiger, ein impulsiv Handelnder, ein Mensch, dessen Welt weder Ruhm noch Pathos gekannt hatte, jemand, für den es nirgends einen Platz gab. »Dann haben sie mich nach irgendwo in Kent verlegt.« Das war weder ein Witz noch eine Pose. Für ihn war ein Ort wie der andere; die Welt war voller Orte, wo man, ohne etwas wahrzunehmen, die Zeit herumbrachte. Nun war er tot, und ich wollte ihm meine Reverenz erweisen. Er gehörte zur selben Religion wie meine Familie; wir waren mißratene Söhne dieser Religion, und eben diese Abkehr von den überlieferten Werten erschien mir wie eine Verbindung zwischen uns beiden. Wir waren ein winziger, spezieller Teil jenes formlosen, unbekannten Landes, das uns bei genauerer Betrachtung nur insofern etwas bedeutete, als wir seine entfernten Nachkommen waren. Ich wollte, daß Ramons Leichnam mit Ehrerbietung behandelt wurde und daß man sich dabei an die alten Rituale hielt. Nur dann bliebe es ihm erspart, auch im Tod ein Niemand zu sein. So hat vielleicht ein Römer in Kappadokien oder Britannien empfunden; und vom Zentrum unserer Welt nach London war es weit, so weit, wie man sich in den Ruinen einer römischen Villa in Gloucestershire auch heute noch von der Heimat entfernt fühlen kann, in diesem Land, das auf einer emblematischen, sich an den Ecken aufrollenden Karte teilweise unter von einem Cherub geblasenen Wolken verborgen liegt, einem Land voller Nebel, Regen und Wald, aus dem der Reisende bald und eilends in ein wärmeres, vertrauteres Land zurückkehren wird. Eine solche Heimat aber gab es für uns nicht.

Ich nahm nicht an Ramons Beerdigung teil. Er wurde nicht eingeäschert, sondern beerdigt, und ein Student aus Trinidad vollzog das Ritual, zu dessen Durchführung seine Kastenzugehörigkeit ihn berechtigte. Er hatte meine Bücher gelesen und war gegen meine Anwesenheit. Da man mir die so sehr erwünschte Teilnahme verweigerte, blieb mir nichts anderes übrig als mir die Szene vorzustellen: ein Mann in einem weißen *dhoti*, der neben Ramons Leichnam stand, unverständliches Zeug sagte und zwischen den Grabsteinen und Kreuzen einer jüngeren Religion die vorgeschriebenen Rituale vornahm, während sich im Hintergrund die schäbigen Häuser eines Londoner Vororts vom industriegrauen Himmel abhoben.

Doch gab es einen Grund zur Trauer? Ramon hatte einen ihm gemäßen Tod gefunden und bekam eine ihm gemäße Beerdigung. Und obendrein wurde er umsonst beerdigt, und zwar von dem Bestattungsinstitut, dessen liegengebliebenen Leichenwagen, an dem er ein paar Tage vor seinem Tod zufällig vorbeigekommen war, er wieder flottgemacht hatte.

Das Indien, das den Hintergrund meiner Kindheit gebildet hatte, war also nur eine Vorstellung gewesen. Es war nicht das wirkliche Land, über das ich nun Bücher las und dessen Karte ich mir einprägte. Ich wurde zum Nationalisten; selbst ein Buch wie Beverley Nichols' *Verdict on India* brachte mich auf. So weit kam es allerdings erst zum Ende hin. Im Jahr darauf wurde Indien unabhängig, und ich stellte fest, daß mein Interesse nachließ. Ich konnte so gut wie kein Hindi, doch trennte mich von dem, was ich von Indien wußte, mehr als die Sprache. Indische Filme waren sowohl ermüdend als auch beunruhigend. Sie verherrlichten Verfall, Schmerz und Tod – ein Grablied oder der Klagegesang eines Blinden konnten Hits werden. Und dann war da die Religion, von der die Inder, wie einer von Mr. Gollanczs Mitarbeitern lobend bemerkte, regelrecht besessen waren. Ich dagegen besaß keinen Glauben, nicht einmal ein intellektuelles Interesse für Glaubensfragen. Zu religiöser Verehrung, ob sie nun Gott oder heiligen Männern galt, war ich unfähig, und so blieb mir dieser ganze Aspekt Indiens verschlossen.

Und dann gab es die Menschen aus Indien, und das war ein vollkommen anderes Indien als das von Gold Teeth Nanee oder Babu. Ich erkannte, daß mich mit diesem Land ganz und gar nichts verband. Die Kaufleute aus Gujarat und Sindh waren mir so fremd wie die aus Syrien. Ihr Leben war von einer Abgeschlossenheit und Verengtheit, die mir erstickend erschien. Sie widmeten sich ganz ihrer Arbeit, dem Erwerb von Geld, sie gingen selten aus, ihre blassen Frauen ließen sich so gut wie nie in der Öffentlichkeit sehen, und in ihren Häusern ertönte von morgens bis abends grausige indische Filmmusik. Sie leisteten keinerlei Beitrag zur Gesellschaft, nicht einmal zur indischen Gemeinschaft. Sie standen in dem Ruf, gerissene Geschäftsleute zu sein. Heute sehe ich, daß sie für uns das waren, was wir in den Augen der übrigen Gesellschaft waren. Doch es stand nicht fest, daß sie nicht zurückkehren würden; ihre private Welt schrumpfte nicht. Sie reisten regelmäßig nach Indien, um zu kaufen und zu verkaufen, um zu heiraten und Angestellte anzuwerben. Die Kluft zwischen uns vergrößerte sich.

Ich war nach London gekommen. Es war zum Zentrum meines Lebens geworden, und ich hatte hart gearbeitet, um diese Reise machen zu können. Doch zugleich fühlte ich mich verloren. London war nicht das Zentrum meiner Welt. Ich war getäuscht worden, aber es gab nichts, wohin ich mich sonst hätte wenden können. London war eine gute Stadt, um darin zu verschwinden, eine Stadt, die niemand ganz kannte, eine Stadt, von deren neutralem Herzen aus ich Erkundungsreisen zu ihren Rändern unternahm, bis sie nach Jahren aus einer Reihe von Lichtungen inmitten unerforschter Gebiete bestand, durch die ich mir verschwindend schmale Pfade gebahnt hatte. Hier war ich nichts weiter als der Bewohner einer großen Stadt, der aller Bindungen beraubt war. Die Zeit verging und entrückte mich dem, was ich war. Ich wurde mehr und mehr auf mich selbst zurückgeworfen und rang darum, mein Gleichgewicht zu bewahren und die Gedanken an die saubere Welt jenseits der Backsteine, des Asphalts und des Chaos der Schienen lebendig zu erhalten. Alle mythischen Länder verblaßten, und ich war in dieser großen Stadt in eine Welt gesperrt, die kleiner war als alle, die ich kannte. Ich war auf meine Wohnung, meinen Schreibtisch, meinen Namen reduziert.

Als ich mich Indien näherte, empfand ich mehr Angst vor der Ankunft als gewöhnlich. Trotz meiner Gegenwehr, trotz aller geistigen Klarheit, trotz meines Alters und des Lebens in London, trotz all meiner Ängste und der Erinnerung an den Droschkenkutscher in Alexandria regte sich ein schwaches Gefühl für Indien, eine Erinnerung an das mythische Land meiner Kindheit. Ich wußte, daß das töricht war. Die Barkasse war solide genug und schäbig genug; es gab einen Tarif für schönes und einen für schlechtes Wetter; die Hitze war wirklich und quälend; die Stadt, die sich im Hitzedunst zeigte, war groß und geschäftig, und ihre Einwohner, die ich in anderen Booten sehen konnte, waren klein und erschienen wie Vorzeichen alles Beängstigenden, dem ich mich bald würde stellen müssen. Die Gebäude wurden größer. Die Gestalten auf dem Kai waren deutlicher zu erkennen. Die Gebäude erinnerten an London und englische Industrieanlagen. Und wie gewöhnlich und angemessen erschien mir das, trotz allen Wissens! Vielleicht waren alle mythischen Länder so: in blendendes Licht getaucht, vertraut bis zur Langeweile, der Küstensaum unauffällig verschmutzt – bis zum Augenblick der Abreise.

Und zum erstenmal in meinem Leben konnte ich in der Menge untertauchen. In meiner Erscheinung oder Kleidung unterschied mich nichts von den Menschen, die unablässig zur Churchgate Station eilten. In Trinidad stach man als Inder aus der Menge heraus. Jeder stach aus der Menge heraus; Andersartigkeit war eine Eigenschaft, die jeder besaß. In England stach man als Inder ebenfalls aus der Menge heraus, in Ägypten sogar noch mehr. Jetzt, in Bombay, betrat ich ein Geschäft oder Restaurant und erwartete eine besondere Reaktion, doch nichts geschah. Es war, als hätte man mir einen Teil meiner Realität genommen. Wieder und wieder fing ich mich in dieser Falle. Ich hatte kein Gesicht mehr. Ich hätte spurlos in dieser indischen Masse untergehen können. Trinidad und England hatten mich hervorgebracht, und ich brauchte es, in meiner Andersartigkeit erkannt zu werden. Ich verspürte das Bedürfnis, mich hervorzuheben, und wußte nicht, wie.
›Sie wünschen eine Sonnenbrille? Aus Ihrem Akzent schließe ich, daß Sie vielleicht ein Student sind, Sir, der aus Europa zurückgekehrt ist, und als solcher können Sie verstehen, was ich Ihnen über diese Gläser sagen werde. Sehen Sie, wie sie das Licht dämpfen und die Farben leuchtender machen. Ich kann Ihnen versichern: Mit der Herstellung dieser Gläser hat ein neues Kapitel in der Geschichte der Optik begonnen.«
Ich war also Student, vielleicht aus Europa zurückgekehrt. Dieses Verkaufsgespräch war besser, als ich erwartet hatte. Doch ich kaufte nicht die Gläser, die der Mann mir ange-

priesen hatte, sondern sündhaft teure Crookes in einem indischen Aufsteckrahmen, der kaputtging, kaum daß ich den Laden verlassen hatte. Ich war zu erschöpft, um zurückzugehen und mit einer Stimme zu sprechen, deren Absurdität ich spürte, sobald ich den Mund aufmachte. Ich fühlte mich hinter den dunklen Gläsern, die in ihrem zerbrochenen Rahmen klirrten, weniger wirklich als zuvor; die Straßen von Bombay zersplitterten bei jedem Schritt in gleißende Bruchstücke, und ich ging unerkannt zurück zum Hotel, vorbei an dem dicken, unverschämten anglo-indischen Mädchen am Empfang und dem anglo-indischen Direktor mit seinem Rattengesicht und seinem rehbraunen Seidenanzug, und legte mich auf das Bett unter dem Deckenventilator.

2

UNTERTEILUNGEN

Es gibt die Geschichte von dem Sikh, der nach Jahren im Ausland nach Indien zurückkehrt und sich im Hafen von Bombay auf seine Koffer setzt und weint: Er hat vergessen, wie schlimm die Armut hier ist. Es ist eine indische Geschichte – man merkt das an der Art, wie die Personen und Eigenschaften dargestellt sind, an der Melodramatik, am Pathos. Sie ist indisch vor allem in ihrer Einstellung zur Armut als einer Erscheinung, über die man hin und wieder beiläufig nachdenkt und die dann sentimentale Gefühle hervorruft. Dies ist Armut, unsere ureigene Armut – und wie traurig ist sie! Armut nicht als Auslöser für Zorn oder Anstrengungen, die Lage zu verbessern, sondern als eine nie versiegende Quelle der Tränen, als eine Übung in reinster Empfindsamkeit. »In jenem Jahr wurden sie so arm«, schreibt der gefeierte Hindi-Romancier Premchand, »daß selbst die Bettler ihr Haus mit leeren Händen verließen.« Genau das ist unsere Armut: nicht die Tatsache, daß es Bettler gibt, sondern daß sie unser Haus mit leeren Händen verlassen. Das ist unsere Armut, die in Hunderten von Kurzgeschichten in allen indischen Sprachen das hübsche Mädchen in die Prostitution treibt, damit sie die Arztrechnungen ihrer Familie bezahlen kann.
Indien ist das ärmste Land der Welt. Seine Armut wahrzunehmen erfordert daher keinen besonderen Scharfblick; Tausende, die zum erstenmal in dieses Land gekommen sind

– aber auch die, die es schon kennen –, haben dasselbe gesehen und dasselbe gesagt wie Sie. Unsere eigenen Söhne und Töchter haben bei ihrer Rückkehr aus Europa und Amerika dieselben Worte gesagt wie Sie. Aber glauben Sie nur nicht, daß Ihr Zorn und Ihre Verachtung ein Beweis für Ihre Empfindsamkeit sind. Sie hätten auch anderes sehen können. Das Lächeln auf den Gesichtern bettelnder Kinder, die traute Szene unter den erwachenden Obdachlosen auf dem Bürgersteig an einem kühlen Morgen in Bombay: ein Vater, eine Mutter und ein Baby in einer Dreieinigkeit der Liebe, so selbstgenügsam, daß sie wie durch eine Wand von Ihnen abgeschirmt sind. Es ist Ihr Blick, der sie verletzt, es ist Ihre Empörung, die sie empört. Sie könnten den Jungen sehen, der sein Stück Bürgersteig fegt, bevor er seine Matte ausbreitet und sich darauf legt. Sein kleiner Körper und das eingefallene Gesicht verraten Erschöpfung und Unterernährung, aber er liegt flach auf dem Rücken und hat Sie und die Tausenden vergessen, die auf dem Pfad zwischen den Matten der Obdachlosen und den mit bunten Reklameplakaten und Wahlkampfslogans bedeckten Fassaden vorbeigehen, ebenso wie er die warme, verbrauchte Luft vergessen hat. Er spielt in müder Versunkenheit mit einer winzigen blauen Plastikpistole. Ihre Überraschung, Ihr Zorn berauben ihn seiner Würde. Doch warten Sie. Bleiben Sie sechs Monate. Im Winter kommen neue Besucher. Auch sie werden über die Armut sprechen, auch sie werden ihren Zorn zeigen. Und Sie werden diesen Besuchern zustimmen, doch tief im Innern werden Sie Ärger spüren. Es wird Ihnen so vorkommen, als würden diese Leute nur das Offensichtliche wahrnehmen, und es wird Sie unangenehm berühren, Ihre eigene Empfindsamkeit so treffend parodiert zu sehen.

Als ich zehn Monate später nach Bombay zurückkehrte, wunderte ich mich über meine damalige Hysterie. Es war kühler, und über den wimmelnden Höfen von Colaba hingen Weihnachtsdekorationen, leuchtende Sterne, die vor den Fenstern befestigt waren und sich vom schwarzen Himmel abhoben. Meine Sichtweise hatte sich verändert. Ich

hatte indische Dörfer gesehen: die schmalen, unebenen Straßen mit dem grünen Schleim an den Rändern, die geduckten
Lehmhütten, die Rücken an Rücken standen, das Durcheinander aus Schmutz, Lebensmitteln, Tieren und Menschen,
das Baby im Staub, mit aufgetriebenem Bauch und schwarz
von Fliegen, aber mit seinem Glücksamulett. Ich hatte das
halbverhungerte Kind am Straßenrand defäkieren sehen
und daneben den räudigen Hund, der darauf wartete, daß er
den Kot fressen konnte. Ich hatte die Körperbeschaffenheit
der Menschen in Andhra Pradesh gesehen, die auf die Möglichkeit einer umgekehrten Evolution hinzudeuten schien,
auf eine zunehmende Schwäche der Körper – als wollte eine
zur Remission unfähige Natur sich über sich selbst lustig
machen. In mir regte sich weder Bedauern noch Mitgefühl –
beide waren Derivate der Hoffnung. Was ich empfand, war
Angst. Was ich niederkämpfen mußte, war Verachtung –
hätte ich ihr nachgegeben, so wäre ich nicht mehr der gewesen, den ich kannte. Vielleicht war es letztlich Erschöpfung,
die mich überfiel. Plötzlich, mitten in der Hysterie, gab es
nämlich Zeiten der Ruhe, und ich stellte fest, daß ich mich
von dem, was ich sah, distanzieren konnte, daß ich das An-
genehme vom Unangenehmen trennen konnte, den weiten
Himmel, der im Sonnenuntergang erglühte, von den Bauern, die unter dieser Herrlichkeit noch kleiner wirkten, die
Schönheit der Seidenstoffe und Messinggerätschaften von
den dünnen Handgelenken, die sie mir entgegenstreckten,
die Ruinen von dem Kind, das zwischen ihnen seine Notdurft verrichtete – ich konnte die Dinge von den Menschen
trennen. Auch hatte ich gelernt, daß jederzeit eine Flucht
möglich war, daß es in jeder indischen Stadt ein relativ or-
dentliches und sauberes Viertel gab, in dem man sich erho-
len und seine Selbstachtung wiedergewinnen konnte. Am
leichtesten und unerläßlichsten war es, das Offensichtlichste
zu ignorieren. Und das war zweifellos der Grund, warum all
die Bücher, die ich über Indien gelesen hatte, mich nicht auf
dieses Land vorbereitet hatten.
Anfangs war das Offensichtliche übermächtig, und hinzu

kam der Gedanke, daß es kein Schiff mehr gab, auf das ich wie in Alexandria, Port Sudan, Dschibuti, Karatschi hätte fliehen können. Damals wußte ich noch nicht, daß man das Offensichtliche vom Schönen, von den Bereichen der Selbstachtung und der Selbstliebe, trennen kann. Der Marine Drive, Malabar Hill, der Anblick der nächtlichen Lichter der Stadt vom Kamala Nehru Park, die Türme des Schweigens, in denen die Parsen ihre Toten bestatten – das war es, was die Touristenbroschüren als Bombay präsentierten, und das war es auch, was uns an drei aufeinanderfolgenden Tagen von drei freundlichen Menschen gezeigt wurde. Sie bauten eine große Angst vor dem auf, was sie uns nicht zeigten, vor dieser anderen Stadt, in der die Hunderttausende lebten, die in einem weißen Strom in die Churchgate Station hineindrängten oder aus ihr herausquollen, als wäre es ein Fußballstadion. Es war die Stadt, die sich nach und nach offenbarte: in den breiten, verstopften, endlos langen Hauptstraßen, die in die Vororte führten, in dem Chaos aus Geschäften, großen Mietskasernen, baufälligen Balkonen, elektrischen Leitungen und Reklameslogans, in den Filmplakaten, die aus einer kühleren, luxuriöseren Welt zu stammen schienen – jedenfalls wirkten sie kühler und luxuriöser als die Filmplakate in England und Amerika und versprachen größere Vergnügungen, üppigere Brüste und Hüften und einen fruchtbareren Schoß. Und es waren die Innenhöfe abseits der Hauptstraßen, in denen die Hitze noch größer war und man nachts nicht den Eindruck hatte, sich unter freiem Himmel aufzuhalten, und in denen die unbewegte Luft die verschiedenen Schmutzgerüche festhielt und die Fenster sich nicht als Rechtecke aus Licht präsentierten, sondern Leinen, Kleider, Möbel und Kisten zeigten und den Gedanken nahelegten, daß in diesen Wohnungen mehr als nur die Grundfläche genutzt wurde. Auf dem Weg nach Norden die kühlen, von Gärten umgebenen Fabriken aus rotem Backstein: Sie hätten auch in Middlesex stehen können, doch schlossen sich hier an die Fabriken keine Reihenhaussiedlungen an, sondern Slums und Müllhalden. Und die unvermeidlichen

Prostituierten, die »lebenslustigen Mädchen« der indischen
Illustrierten. Doch wo war in diesen Siedlungen, in denen
ein Gebäude drei Bordelle beherbergte und alle Sandelholz-
essenzen von Lucknow den Gestank der Rinnsteine und Latrinen nicht hätte überdecken können, die Lebenslust? Wie
das Mitgefühl war auch die Lust ein Derivat der Hoffnung.
Wenn man hier damit konfrontiert wurde, spürte man nur
die Mattigkeit der eigenen sexuellen Impulse. Man zögerte,
sie zu erkunden, sie zu einer Vorstellung werden zu lassen;
man konzentrierte sich auf den Abscheu, den man empfand.
Männer mit Knüppeln bewachten die Eingänge. Wen be-
schützten sie vor was? In den halbdunklen, stinkenden Korridoren saßen Frauen mit ausdruckslosen Gesichtern, sehr
alt, sehr schmutzig, fast bis zur Hinfälligkeit verschrumpelt,
und schon hatte man wieder das Gefühl, daß Menschen bedeutungslos waren. Dies waren die Putzfrauen, die Diene-
rinnen der lebenslustigen Mädchen von Bombay, und sie
hatten zweifellos Glück gehabt, überhaupt eine Stelle gefunden zu haben – ein beängstigender Einblick in Indiens
schwer zu durchschauende Unterteilungen von Herabwürdigung.
Unterteilungen von Herabwürdigung, denn trotz des
scheinbaren Chaos, trotz der weiß gekleideten, geschäftig
dahineilenden Menschen, die schon durch ihre schiere
Masse vermutlich jeden Versuch der Kategorisierung verei-
teln oder in die Irre führen würden, entdeckt man nach und
nach, daß diese Herabwürdigung kartographiert ist wie die
Landschaften Indiens, die sich vom Zug aus als ein Durcheinander aus winzigen, unregelmäßig geformten Feldern
präsentieren, aus privaten, sinnlosen Torheiten, von denen
keine offizielle Stelle Kenntnis nehmen dürfte, und die dennoch vermessen und auf Urkunden verzeichnet sind, welche
trotz ihrer offenkundigen Absurdität in den verschiedenen
Grundbuchämtern verwahrt werden, wo die in rotes oder
gelbes Tuch eingeschlagenen Grundeigentumsurkunden gebündelt bis zur Decke gestapelt sind. Das ist die Folge einer
englischen Bemühung, ein indisches Bedürfnis zu befriedi-

gen: das Bedürfnis, sich genau zu bezeichnen, sich zu unterscheiden. Sich zu bezeichnen bedeutet den Beginn einer Abgrenzung – man versichert sich seiner Position, man zieht sich von dem Chaos zurück, das in Indien allenthalben droht, von dem Abgrund, an dessen Rand die Putzfrau eines der lebenslustigen Mädchen sitzt. Eine besondere Art von Kappe oder Turban, eine bestimmte Art, sich den Bart zu stutzen oder ihn nicht zu stutzen, ein europäisch geschnittener Anzug oder das grobe, handgewebte Tuch des korrupten Politikers, das Kastenzeichen des Hindus aus Kaschmir oder das des Brahmanen aus Madras – all das gibt Auskunft darüber, welcher Gemeinschaft man angehört, wieviel man wert ist und welche Funktion man erfüllt, so wie die Grundeigentumsurkunden in den Grundbuchämtern über die Besitzrechte an einem Teil der Erde Auskunft geben.

Dieser Drang ist universell, doch die Art, wie er in Indien befriedigt wird, ist ganz und gar indisch. »Und tu deine Pflicht, und sei sie auch noch so niedrig und gering, und nicht die eines anderen, und sei sie auch noch so groß und hoch. In seiner eigenen Pflicht zu sterben ist Leben, doch in der Pflicht eines anderen zu leben ist der Tod.« So die *Bhagavadgita*, die fünfzehnhundert Jahre vor Shakespeares Ulysses die Notwendigkeit von Unterteilungen predigte und es auch heute noch tut. Der Mann, der im Hotelzimmer das wackelige Bett macht, ist beleidigt, wenn man ihn bittet, den schmutzigen Boden zu fegen. Ein Beamter wird Ihnen nicht einmal dann ein Glas Wasser bringen, wenn Sie ohnmächtig werden. Der Architekturstudent empfindet es als Herabwürdigung, Pläne anfertigen und die Arbeit eines Technischen Zeichners tun zu müssen. Und Ramnath, der nach Auskunft des dreieckigen Holzschildes auf seinem Schreibtisch Stenograph ist, weigert sich, das, was er stenographiert hat, mit der Schreibmaschine abzuschreiben.

Ramnath war bei einer Regierungsbehörde angestellt. Er verdiente 110 Rupien im Monat und war zufrieden, bis Malhotra, ein Beamter mit 600 Rupien im Monat, in seine Abteilung versetzt wurde. Malhotra war ein Inder aus Ostafrika; er hatte an einer englischen Universität studiert und war gerade von einem Posten in Europa zurückgekehrt. Ramnath und seine 110-Rupien-im-Monat-Kollegen spotteten heimlich über Inder, die aus Europa zurückgekehrt waren, doch sie hatten alle ein wenig Angst vor Malhotra, dem ein Ruf wie Donnerhall vorauseilte. Angeblich kannte er jeden einzelnen Paragraphen des Beamtenrechts; er wußte genau, worin seine Rechte und Pflichten bestanden.

Schon bald wurde Ramnath in Malhotras Zimmer gerufen und bekam einen Brief diktiert, so schnell, daß Ramnath froh war, alles mitbekommen zu haben. Mit einem Gefühl der Zufriedenheit kehrte er an seinen Schreibtisch mit dem Schild »Stenograph« zurück. An diesem Tag wurde er nicht mehr in Anspruch genommen, doch früh am nächsten Morgen wurde er wieder zu Malhotra gerufen, der bleich vor Wut war: Sein säuberlich gestutzter Schnurrbart war gesträubt, sein Blick hart. Er war frisch gebadet und rasiert, und Ramnath spürte sehr deutlich den Unterschied zwischen seiner eigenen weiten, weißen Hose und seinem langen, blauen, am Hals offenen Hemd und Malhotras europäisch geschnittenem grauen Anzug, dessen Eleganz von der Universitätskrawatte unterstrichen wurde. Ramnath blieb ruhig. Der durch wer weiß was hervorgerufene Zorn eines Vorgesetzten war so natürlich wie Ramnaths eigener Zorn auf den Putzer, der zweimal täglich seine Wohnung in einer der Mietskasernen von Mahim ausfegte. In einer solchen Beziehung waren Zorn und Beschimpfungen fast bedeutungslos; sie steckten lediglich die Grenzen ab.

»Der Brief, den ich Ihnen gestern diktiert habe«, sagte Malhotra. »Warum ist er mir nicht gestern nachmittag zur Unterschrift vorgelegt worden?«

»Er ist Ihnen nicht vorgelegt worden? Das tut mir leid, Sir. Ich werde mich sofort darum kümmern.« Ramnath ging hinaus und war wenig später wieder da. »Ich habe mit dem Maschineschreiber gesprochen, Sir, aber Hiralal hat in den letzten Tagen sehr viel zu tun gehabt.«

»Hiralal? Maschineschreiber? Schreiben Sie denn nicht Maschine?«

»O nein, Sir, ich bin Stenograph.«

»Und was, glauben Sie, hat ein Stenograph zu tun? In Zukunft werden Sie die Briefe, die ich Ihnen diktiere, mit der Maschine abschreiben, haben Sie verstanden?«

Ramnath machte ein ausdrucksloses Gesicht.

»Ob Sie verstanden haben!«

»Das gehört nicht zu meinen Aufgaben, Sir.«

»Das werden wir ja sehen. Ich habe noch einen Brief für Sie. Schreiben Sie. Und diesen Brief will ich vor Mittag auf meinem Schreibtisch haben.«

Malhotra diktierte. Ramnath machte mit fliegendem Kopierstift seine Kringel und Punkte, verbeugte sich nach dem Diktat und verließ den Raum. Am Nachmittag ließ Malhotra ihn kommen.

»Wo ist der Brief, den ich Ihnen heute morgen diktiert habe?«

»Bei Hiralal, Sir.«

»Und der von gestern liegt ebenfalls bei Hiralal. Habe ich Ihnen nicht gesagt, daß *Sie* die Briefe schreiben sollen, die ich Ihnen diktiere?«

Schweigen.

»Wo ist der Brief?«

»Das gehört nicht zu meinen Aufgaben, Sir.«

Malhotra schlug mit der Faust auf den Tisch. »Das haben wir doch heute morgen schon besprochen.«

Das fand Ramnath auch. »Ich bin Stenograph, Sir. Ich bin kein Maschineschreiber.«

»Ich werde disziplinarisch gegen Sie vorgehen, Ramnath, wegen Arbeitsverweigerung.«

»Das ist Ihr Recht, Sir.«

»Werden Sie nicht frech! Sie weigern sich, meine Briefe zu schreiben. Dann sagen Sie's auch. Sagen Sie: ›Ich weigere mich, Ihre Briefe zu schreiben.‹«

»Ich bin Stenograph, Sir.«

Malhotra entließ Ramnath und ging zum Amtsleiter. Er mußte eine Weile im Vorzimmer warten, bis er vorgelassen wurde. Der Amtsleiter war müde und langmütig. Er verstand die Ungeduld eines Mannes wie Malhotra, der eben erst aus Europa zurückgekehrt war. Aber noch nie hatte jemand von einem Stenographen verlangt, er solle maschineschreiben. Natürlich konnte man behaupten, daß es möglicherweise zu den Aufgaben eines Stenographen gehörte, maschinezuschreiben, aber das hieße, die Definition des Wortes »Stenograph« ziemlich stark erweitern. Außerdem war man in Indien, und in Indien mußte man Rücksicht auf die Gefühle der Menschen nehmen.

»Wenn Sie so darüber denken, Sir, sehe ich mich gezwungen, die Angelegenheit vor die Bundesverwaltungskommission zu bringen. Ich werde eine dienstliche Beschwerde über Ramnaths Arbeitsverweigerung formulieren und Ihnen zur Weiterleitung an die übergeordneten Stellen einen Antrag auf eine Untersuchung über den Aufgabenbereich von Stenographen vorlegen.«

Der Amtsleiter seufzte. In der Verwaltung würde Malhotra es nicht weit bringen, soviel war sicher. Aber er war im Recht, und ein Antrag auf eine Untersuchung würde zwar nicht sogleich, aber im Lauf der Zeit eine Menge Ärger machen: Papierkrieg, Fragen, Berichte.

»Versuchen Sie's doch mal mit Überredung, Malhotra.«

»Ist das Ihr letztes Wort in dieser Sache, Sir?«

»Mein letztes Wort?« Der Amtsleiter blieb vage. »Mein letztes Wort ...«

Das Telefon klingelte. Der Amtsleiter nahm den Hörer ab und lächelte Malhotra zu. Malhotra erhob sich und ging hinaus.

Auf seinem Tisch lag kein Brief zur Unterschrift. Er ließ Ramnath kommen, der sogleich erschien. Trotz seines betonten Ernstes, seiner hängenden Schultern, des Stenoblocks, den er an die blaue Hemdbrust drückte, des auf seine Schuhe gesenkten Blicks konnte Ramnath sein Gefühl des Triumphes kaum verbergen. Er wußte, daß Malhotra sich beim Amtsleiter beschwert hatte und daß nicht einmal ein Verweis dabei herausgekommen war.

»Schreiben Sie, Ramnath.«

Der Stenoblock wurde aufgeklappt, der Stift hüpfte über die Zeilen. Doch während er hüpfte, verwandelte sich Ramnaths Zuversicht in Entsetzen. Was er da aufschrieb, war Malhotras Antrag auf Ramnaths Entlassung – wegen ungebührlichen Betragens, Arbeitsverweigerung und Unfähigkeit als Stenograph. Daß all dies zu Papier gebracht wurde, war schon bedrohlich genug. Schlimmer aber war, daß dieser Brief von Hiralal geschrieben werden würde. Ramnath blieb nur die Wahl zwischen zwei Demütigungen. Er beherrschte sein Entsetzen, nahm das Diktat auf, wartete mit gebeugtem Kopf darauf, gehen zu dürfen, und eilte, als die Erlaubnis kam, auf dem kürzesten Weg zum Amtsleiter. Er mußte lange im Vorzimmer warten, dann durfte er hineingehen und kam gleich darauf wieder heraus.

Am Nachmittag um fünf Uhr klopfte Ramnath an Malhotras Tür, trat ein und blieb stehen. In der zitternden Hand hielt er einige mit der Schreibmaschine beschriebene Blätter Papier; und als Malhotra aufsah, füllten sich Ramnaths Augen mit Tränen.

»Ah«, sagte Malhotra. »Wie ich sehe, hat Hiralal seinen Rückstand aufgeholt.«

Ohne etwas zu sagen, eilte Ramnath zu Malhotras Schreibtisch, legte die Blätter auf die mit grünem Löschpapier bezogene Schreibunterlage und setzte die damit verbundene Abwärtsbewegung bis zum Boden fort, wo er die gefalteten Hände auf Malhotras glänzende Schuhe legte.

»Stehen Sie auf! Stehen Sie auf! Hat Hiralal das geschrieben?«

»Ich habe es geschrieben! Ich!« Ramnaths Tränen tropften auf die abgewetzte Fußmatte.

»Wenn man euch wie Menschen behandelt, werdet ihr aufsässig. Wenn man euch wie Tiere behandelt, benehmt ihr euch wie Sie jetzt.«

Schluchzend stimmte Ramnath ihm zu, umfaßte die Schuhe, streichelte sie mit den Händen.

»Werden Sie also von jetzt an meine Briefe schreiben?«

Ramnath schlug die Stirn auf Malhotras Schuhe.

»Na gut. Wir werden diesen Brief zerreißen. So werden wir also in Zukunft die Arbeit in dieser Abteilung erledigen.« Schluchzend und den Kopf auf Malhotras Schuhe schlagend wartete Ramnath, bis die Fetzen der Reinschrift und des Durchschlags in den Papierkorb fielen. Dann stand er auf, mit trockenen Augen, und rannte hinaus. Es war Feierabend; jetzt würde er, ein Teil der großen, wimmelnden Masse, nach Hause, hinaus nach Mahim, fahren. Er mußte sich erst noch an die Demütigungen der neuen Welt gewöhnen. Er war im empfindlichsten Punkt seines Selbstwertgefühls verletzt worden, und nur die Angst vor dem Abgrund hatte ihm die Kraft gegeben, diese Verletzung zu ertragen. Es war eine kleine Tragödie. Er hatte gelernt zu gehorchen; er würde es überleben.

Zahllose solcher Tragödien sind in die Herzen derer geschrieben, die man in der wimmelnden, weiß gekleideten Masse sieht, wenn sie zur Arbeit oder nach Hause eilen wie andere Arbeiter in irgendeiner anderen Stadt der Welt. Auf sie zielt die Reklame ab, für sie fahren die Vorortzüge, sie sind es, die von den Filmplakaten angesprochen werden sollen, von den grellbunt gekleideten Frauen mit großem Busen und breiten Hüften, von diesen Abkömmlingen der altindischen Skulpturen, die eine unerfüllte kollektive Sehnsucht verkörperten, bis sie von den Menschen, die sie hervorgebracht hatten, getrennt wurden.

Auch für Malhotra mit seinem italienischen Anzug und seiner englischen Universitätskrawatte waren diese Gesellschaft und die Verletzungen, die sie zufügte, neu. Das Leben in Ostafrika, die englische Universität und die Jahre in Europa hatten ihm gerade soviel kolonialistische Färbung gegeben, daß er in Indien fehl am Platz war. Er stammte nicht aus einer guten Familie. Er war bloß ein 600-Rupien-im-Monat-Beamter, und darum war sein Platz bei den anderen 600-Rupien-im-Monat-Männern. Doch auf dieser Ebene gab es keine Außenseiter, keinen, der wie Malhotra die Erkennungszeichen des Essens, der Kaste, der Kleidung abgelegt hatte. Er wollte heiraten; auch seine Eltern hätten ihn gerne verheiratet gesehen. Aber sein Kolonialistenauge ließ ihn zu hoch greifen. »Rufen Sie uns nicht an – wir werden uns bei Ihnen melden.« – »Wir danken Ihnen für Ihr Interesse und werden uns mit Ihnen in Verbindung setzen, sobald wir die zahlreichen Bewerbungen gesichtet haben.« – »Uns erscheinen 600 Rupien im Monat nicht angemessen.« Letzteres sagte der Sohn der Familie. Doch unterhalb davon bewegte sich die Kultur in Malhotras Augen auf kaum mehr als Dorfniveau. Also keine Heirat; und die Jahre gingen dahin, und seinen Eltern brach das Herz. Er konnte seine Bitterkeit nur mit ein paar Freunden teilen.

Einer von ihnen war Malik. Auch er war ein »neuer Mann«. Die einzige Verbindung zwischen Malhotra und ihm war ihre Bitterkeit, denn Malik war Ingenieur und verdiente 1200 Rupien im Monat. Er lebte in einer gepflegten Wohnung in einem der besseren Viertel von Bombay. In London hätte man ihn als wohlhabend bezeichnet. In Bombay bezeichnete man ihn als überprivilegiert. Doch er war unglücklich. Europäische Ingenieure, die weniger qualifiziert waren als er, verdienten als Sachverständige und Berater dreimal soviel wie er; die bloße Tatsache, daß sie Europäer waren, stellte für indische Firmen eine Empfehlung dar. Das war seine Geschichte. Er war ein neuer Mann und blieb in Bombay fremd, fremder als ein europäischer Techniker, dem viele Türen offen standen. Malik schien perfekt in die Gesellschaft der jungen leitenden Angestellten, die »Box-Wallah«-Gesellschaft, zu passen, doch bei unserer ersten Begegnung erzählte er mir von den prüfenden Fragen und den anschließenden Zurückweisungen. Er war Ingenieur; das war gut. Er war aus Skandinavien zurückgekehrt; das war beeindruckend. Daß er für eine alteingesessene Firma mit Verbindungen nach Europa arbeitete, machte ihn zu einem mehr als vielversprechenden Mann. Aber dann: »Haben Sie ein Auto?« Malik hatte keines. Die Prüfung wurde abgebrochen; niemand interessierte sich mehr für seine Familie.

Das alles erzählte Malik mit trauriger Stimme in seiner veraltet modernistischen Wohnung, die er zu vernachlässigen begann: die unregelmäßig geformten Bücherregale, die unregelmäßig geformten Keramiken, den unregelmäßig geformten Couchtisch. Für all dies gab es kein Publikum – es glich einem sorgfältig geplanten Rendezvous mit einem Mädchen, das von keinem Menschen beachtet wird. Mit modernen Möbeln verhält es sich wie mit modernen Kleidern: Sie wirken traurig, wenn sie niemandem auffallen und niemand ihnen Aufmerksamkeit schenkt. Auf dem unregelmäßig geformten Couchtisch stand ein großes Foto in einem vergoldeten Rahmen: eine hübsche weiße Frau mit dunklen Haaren und hohen Backenknochen. Ich stellte keine Fragen, doch später erzählte mir Malhotra, sie sei vor einigen Jahren in ihrer Heimat im hohen Norden gestorben. Während wir uns unterhielten und etwas tranken, spielte der Kassettenrecorder Musik, die Malik in seiner Studentenzeit in Europa aufgenommen hatte. Es waren Stücke, die sogar mir alt vorkamen. Und in dieser Wohnung in Bombay, umgeben von den dramatischen Vierecken aus Licht und Dunkel in den anderen Apartmenthäusern hier in der Innenstadt, unter uns den glitzernden Bogen des Marine Drive, in jenem Raum mit dem zentral plazierten Foto des toten Mädchens vor einem bitteren Hintergrund aus toten Songs, blätterten wir in abgegriffenen Fotoalben: Malik im Mantel, Malik und seine Freunde, Malik und die junge Frau vor Schnee oder bewaldeten Bergen oder Straßencafés. Malik und Malhotra teilten eine Vergangenheit (die Originalausgabe von Ibsen im unregelmäßig geformten Bücherregal): der 600-Rupien-im-Monat-Mann und der 1200-Rupien-im-Monat-Mann. Sie vergaßen für eine Weile ihre Herabwürdigungen und schwelgten in Erinnerungen an vergangene Anerkennung, als es noch genügt hatte, ein Mann, ein Student zu sein, und die Tatsache, daß man Inder war, einen besonderen Reiz dargestellt hatte.

Jivan war dreizehn oder vierzehn, als er sein Dorf verließ, um in Bombay Arbeit zu suchen. Er hatte in der Stadt keine Freunde, niemanden, den er um Hilfe hätte bitten können. Er schlief auf dem Bürgersteig. Schließlich fand er einen Job in einer Druckerei in der Gegend des Forts. Er verdiente fünfzig Rupien im Monat. Er sah sich nicht nach einer Wohnung um, sondern schlief weiterhin auf dem Stück Bürgersteig, das durch Gewohnheitsrecht seines geworden war. Jivan konnte lesen und schreiben, er war intelligent und beflissen, und nach einigen Monaten akquirierte er zusätzlich Anzeigen für eine Zeitschrift, die seine Firma druckte. Sein Lohn stieg beständig, und sein beruflicher Erfolg und der Aufstieg zu einer verantwortungsvolleren Position in der Druckerei schienen nur eine Frage der Zeit. Doch eines Tages und ohne jede Vorwarnung ging er zu seinem Chef und kündigte.

»Immer habe ich so ein Pech«, sagte der Chef. »Ich kann keine guten Leute halten. Kaum habe ich sie angelernt, da gehen sie auch schon wieder. Was für eine neue Arbeit hast du?«

»Ich habe keine, Sir. Ich hatte gehofft, daß Sie eine für mich finden würden.«

»Oho! Du willst also noch eine Lohnerhöhung?«

»Nein, Sir. Ich will nicht mehr Geld. Ich will bloß nicht mehr mit dem Fahrrad herumfahren. Als ich jünger war, hat mir das nichts ausgemacht, aber jetzt möchte ich eine Büroarbeit. Ich will einen eigenen Schreibtisch. Auch wenn ich dabei weniger verdiene. Ich habe gehofft, daß Sie mir helfen würden, eine Büroarbeit zu finden.«

Jivan war fest entschlossen. Sein Chef war ein gutherziger Mensch und empfahl ihn für eine Bürotätigkeit in einer anderen Firma. Hier stieg Jivan schnell auf. Er war so fleißig und loyal, wie er es in der Druckerei gewesen war, und er hatte eine glückliche Hand. Bald ging fast nichts mehr ohne ihn. Nach einiger Zeit hatte er achttausend Rupien gespart, etwas mehr als sechshundert Pfund. Er kaufte ein Taxi, das er für zwanzig Rupien am Tag – Malhotras Gehalt – vermietete. Dennoch arbeitete er weiterhin in der Firma. Er schlief weiterhin auf dem Bürgersteig. Er war fünfundzwanzig Jahre alt.

Vasant war in einem Slum von Bombay aufgewachsen. Als er die Schule verließ, um sich nach einer Arbeit umzusehen, war er noch sehr jung. Er hielt sich oft in der Nähe der Börse auf. Man gewöhnte sich an sein Gesicht, und die Börsenmakler ließen ihn kleine Botengänge machen. Sie benutzten ihn als Telegrammboten. Eines Tages gab ein Börsenmakler Vasant eine Botschaft, aber kein Geld. »Das geht schon in Ordnung«, sagte der Makler, »die Post schickt mir am Ende des Monats eine Rechnung.« So entdeckte Vasant, daß man vom Telegrafenamt einen Monat lang Kredit bekam, wenn man eine gewisse Anzahl von Telegrammen verschickte. Er bot den Maklern einen Service an: Er würde ihre Telegramme in ihren Büros abholen, sie aufgeben und das Geld erst am Ende des Monats kassieren. Dafür verlangte er ein kleines Honorar. Er verdiente etwas Geld; er schaffte es sogar, ein winziges Kabuff als »Telegrafenbüro« anzumieten. Er las die Telegramme der Börsenmakler, und sein Wissen über die Mechanismen des Marktes wuchs. Er begann, selbst Geschäfte zu machen. Er wurde reich. Nun war er alt und etabliert. Er hatte ein schön eingerichtetes Büro in einer guten Gegend. Er hatte eine Empfangsdame, Sekretärinnen, Angestellte. Aber das war nur Fassade. Die wichtigen Arbeiten erledigte er weiterhin in seinem engen, kleinen »Telegrafenbüro«; anderswo konnte er nicht denken. Als er arm gewesen war, hatte er tagsüber nie etwas gegessen. Diese Angewohnheit behielt er bei. Wenn er tagsüber etwas aß, wurde er träge.

Wer mit Leder arbeitet, gehört zu den Niedrigsten der Niedrigen, zu den Schmutzigsten der Schmutzigen, und besonders im tiefen Süden, wo die Trennung zwischen den Kasten so streng gehandhabt wurde, war es ungewöhnlich, daß zwei Brüder aus einer Brahmanenfamilie Leder verarbeiteten. Ihre Firma war klein und unabhängig: Sie besaßen ein nicht ganz zwei Hektar großes Stück Land mit einem Haus, einer Werkstatt und einem Gemüsegarten. Der eine Bruder war mager und nervös und akquirierte in der Stadt die Aufträge. Er hatte ein gutes Auge für neue, europäische Designs von Aktenkoffern, Kalendereinbänden und Kamerataschen. Der andere Bruder war rundlich und gesetzt und überwachte die Arbeiten. Das höchste Lob, das man ihnen zollen konnte und das sie grinsen und sich vor Freude winden ließ, war: »Aber das ist doch bestimmt nicht in Indien hergestellt. Es sieht ausländisch aus, amerikanisch, würde ich sagen.« Beide hatten progressive Ansichten über das, was der magere Bruder, der an diesem Sonntag morgen Khakishorts und ein Unterhemd trug, als das »Verhältnis zwischen Arbeitgebern und Arbeitnehmern« bezeichnete. »Man muß dafür sorgen, daß sie zufrieden sind. Ich kann diese Arbeit nicht tun. Ich kann meine Kinder nicht dazu bringen, sie zu tun. Man muß dafür sorgen, daß sie zufrieden sind.« Ein Junge, den man von der Straße aufgelesen hatte, bekam eine Rupie am Tag; mit vierzehn oder fünfzehn konnte er vier Rupien verdienen. Der »Meister« bekam 120 Rupien im Monat und einen jährlichen Bonus von etwa 240 Rupien. »Ja«, sagte der andere Bruder, »man muß dafür sorgen, daß sie zufrieden sind.« Sie waren stolz darauf, daß in ihrer Werkstatt alles handgemacht war, aber sie hatten den Ehrgeiz, einen »Industriebetrieb« zu gründen, der ihren Namen tragen würde. Sie stammten aus einer armen Familie. Anfangs hatten sie Briefumschläge hergestellt, und das taten sie immer noch. In einem Winkel der Werkstatt stand ein Junge auf einem ordentlich aufgeschichteten Stoß Briefumschlagpapier; ein »Meister« schnitt das Papier mit einer breiten, scharfen Klinge dicht an den Zehen des Jungen ab; ringsum falteten andere Jungen das so zugeschnittene Papier zu Umschlägen. Die Brüder verdienten im Jahr siebzigtausend Pfund.

Abenteuer sind möglich. Aber das Wissen um die Unterteilungen steckt jedem Inder in den Knochen, und keiner entfernt sich weit von seinen Wurzeln. Es ist wie ein körperliches Bedürfnis: der Börsenmagnat in seinem winzigen Kabuff, der Unternehmer, der auf dem Bürgersteig schläft, die brahmanischen Lederfabrikanten, die ängstlich darauf bedacht sind, ihre Kinder vor einem Makel zu bewahren. Die importierten Mechanismen der neuen Welt – Börsenmakler, Telegramme, Reklame, das Verhältnis zwischen Arbeitgebern und Arbeitnehmern – sind, so unübertragbar sie auch erscheinen mögen, in das System der Unterteilungen integriert worden. Nur wenige Inder stehen außerhalb dieses Systems. Malik und Malhotra sind Ausnahmen. Sie interessieren sich nicht für die Art von Abenteuern, die diese Gesellschaft zu bieten hat; ihr Ehrgeiz ist fremdartig und störend. Sie weisen die Erkennungszeichen des Essens, der Kleidung, der Funktion, des Rangs zurück und sehen sich ihrerseits zurückgewiesen. Sie suchen nach balzacschen Abenteuern in einer Gesellschaft, in der für Rastignacs kein Platz ist.

»Wenn sündige Unordnung herrscht, werden die Frauen unkeusch und unrein; und wenn die Frauen unrein sind, Krishna, dann gerät das Kastenwesen in Unordnung, und es herrscht Wirrnis im Volk.« Wieder die *Gita*. Und in Indien gibt es keine Wirrnis im Volk, keine Unordnung im Kastenwesen, keine Abenteuer – trotz der Bingospiele am Sonntagmorgen in den alten englischen Clubs, trotz der Auslandsausgaben des *Daily Mirror* mit vergilbten Titelblättern, nach denen die Damen der Gesellschaft in ihren eleganten Saris mit erwartungsvollen, maniküten Händen greifen, trotz des *Woman's Own*, das die wählerische Kundin, deren Dienerin mit ihrem Korb sich respektvoll im Hintergrund hält, wie ein Kastenabzeichen an den Busen drückt, trotz der Tanzflächen in Bombay, Delhi und Kalkutta: diese traurigen Orchester, diese traurigen anglo-indischen Mädchen an den Mikrophonen, die Luft erfüllt von längst überholtem Jargon. »Mach's dir bequem, alter Junge.« – »Alle Wetter, ich muß schon sagen.« Und Namen fliegen hin und her: Bunty, Andy, Freddy, Jimmy, Bunny. Es gibt sie wirklich, die Männer, die auf diese Namen hören, und sie passen gut zu ihnen: Ihre Jackets und Krawatten und Kragen und Akzente machen sie tatsächlich zu Bunty und Andy und Freddy. Und doch sind diese Menschen nicht ganz das, was sie zu sein scheinen. Andy ist auch Anand, Danny ist auch Dhandeva. Ihre Ehen sind selbstverständlich arrangiert worden, wie es die ihrer Kinder sein werden; man wird in allem Ernst einen Astrologen konsultieren, der ein Horoskop stellen wird. Denn jeder Mann, jede Frau auf der Tanzfläche ist dem Schicksal unterworfen, jeden hat es im Griff. Die Parsen auf den engen Zwischendecks des Urlaubsdampfers von Goa nach Bombay – vielleicht Freddys ärmere Freunde oder Verwandte – singen lauthals *Barbara Allen* und *The Ash Grove* und *I Don't Have a Wooden Heart*, und ihre Freude wird durch das Befremden der Einheimischen noch gesteigert. Doch dieser Winkel von Merry England, den sie sich in Bombay geschaffen haben, hat auch etwas vom Druidentum. Man betet Feuer an, die Wege sind schmal und geschützt, und sie enden an den Türmen des Schweigens und den grimmigen Ritualen hinter den Mauern, deren Haupttore mit Symbolen einer uralten Vergangenheit verziert sind.

Die äußeren und inneren Welten sind räumlich nicht so getrennt wie sie es in Trinidad waren. Sie existieren nebeneinander; diese Gesellschaft gibt bloß vor, kolonial zu sein, und darum springen ihre Absurditäten sogleich ins Auge. Die Mimikry dieser Gesellschaft ist weniger und zugleich mehr als eine koloniale Mimikry. Es ist die Mimikry eines alten Landes, das tausend Jahre lang keine eigene Aristokratie besaß und deshalb gelernt hat, Fremden Platz zu machen, wenn auch nur an der Spitze. Die Mimikry verändert sich, die innere Welt jedoch bleibt konstant: Das ist das Geheimnis des Überlebens. Und so kommt es, daß der Reisebericht eines Engländers wie Ovington, verfaßt im späten 17. Jahrhundert, in vieler Hinsicht noch heute ein zuverlässiger Führer durch eine ganze Region Indiens sein kann. Gestern orientierte sich die Mimikry an den Mogul-Herrschern, morgen könnten es die Russen oder die Amerikaner sein, im Augenblick aber sind es die Engländer.

Mimikry ist eine vielleicht zu strenge Bezeichnung für etwas, das so umfassend und gründlich ist: Gebäude, Eisenbahnen, das Verwaltungssystem, die intellektuelle Disziplin des Staatsbediensteten und des Wirtschaftsfachmanns. Vielleicht wäre ein Wissenschaftler, der vor Antritt einer neuen Stelle einen Astrologen befragt, besser mit dem Begriff »schizophren« charakterisiert. Doch die Mimikry muß eingesetzt werden, weil man sich schon so viel angeeignet hat, daß die Schizophrenie häufig verborgen bleibt, weil so vieles von dem, was man sieht, schlichte, widersinnige, absurde Mimikry ist und weil – aufgrund seines vielfältigen Erscheinungsbildes – kein Volk derart zur Mimikry befähigt ist wie das indische. Bei der ersten Begegnung erscheint der indische Armeeoffizier wie ein typischer englischer Armeeoffizier. Es gelingt ihm sogar, englisch auszusehen. Sein Gang und seine Haltung sind englisch, sein Gebaren, sein Trinkgeschmack ist englisch, sein Jargon ist englisch. In dieser indischen Umgebung wirkt seine indisch-englische Mimikry wie eine Ausgeburt der Phantasie. Sie ist eine Absurdität, an die man sich nie gewöhnt, und erst nach und nach kann man formulieren, was man vom ersten Augenblick an gespürt hat: daß diese Mimikry nicht England, ein wirklich existierendes Land, imitiert, sondern das Märchenreich Britisch Indien mit seinen Clubs und Sahibs und Pferdeknechten und Trägern. Es ist, als wäre eine ganze Gesellschaft auf einen gelangweilten Trickbetrüger hereingefallen. Gelangweilt, weil der Betrüger nicht geblieben ist, weil er das Interesse an seinem kleinen Scherz verloren hat. Zurückgeblieben sind Anglo-Inder, die sich sonntags morgens in den Kirchen Kalkuttas versammeln, um einem fremden Glauben zu huldigen, der in seinem Herkunftsland mehr oder weniger aufgegeben worden ist; zurückgeblieben ist Freddy mit seinem »Mach's dir gemütlich, alter Junge«; zurückgeblieben ist der Offizier mit seinem Ausruf: »Alle Wetter, ich muß schon sagen«; zurückgeblieben sind Bezirke und Cantonments, wo Menschen wohnen, die »in die Berge« fahren. Es sind magische Worte, die benutzt werden, als wären sie wirklich die eige-

nen, als gehörten sie rechtmäßig diesem Land, das nun endlich das indische Britisch Indien ist, wo man die anheimelnd
proletarischen Trivialitäten von *Woman's Own* und dem *Daily
Mirror* schmissig findet und Mrs. Hauksbee, eine *Millamant*
der Vororte, die letzte Instanz in Fragen des Stils ist.
Doch an der Spitze ist Platz gelassen, und aus dieser Mimikry wird eine neue Aristokratie geboren, die nicht aus Politikern oder Beamten besteht, sondern aus Geschäftsleuten
im Dienst ausländischer, meist britischer Firmen. Ihnen, die
man »Box-Wallahs« nennt, sind all die Privilegien zugefallen,
die Indien den Fremden, den Eroberern, einräumt, und dieser neuen Kaste der Geschäftsleute eifern der Ingenieur Malik, der 1200 Rupien im Monat »bezieht«, und der Staats-
bedienstete Malhotra, der 600 Rupien verdient, verzweifelt
nach – und da sie in ihrem Streben verzweifeln, versuchen
sie sie lächerlich zu machen. Wir stehen mittlerweile so weit
über ihnen wie sie über Ramnath mit seiner weißen, flatternden indischen Baumwollhose, der sich gerade in den überfüllten Vorortzug zwängt, um zu seinem Ein-Zimmer-Apart-
ment in einer Mietskaserne in Mahim zu fahren; wir stehen
so weit über ihnen wie Ramnath über der Putzfrau des »lebenslustigen Mädchens« in der Forras Road. Selbst die Un-
terschicht-Parsen haben wir weit unter uns gelassen: Auf
dem Urlaubsdampfer von Goa nach Bombay singen sie *Flow
Gently, Sweet Afton*, doch wir können sie kaum hören.
Bunty, der Box-Wallah. Er wird in ganz Indien beneidet und
belächelt. Über den Ursprung dieser Bezeichnung ist viel
spekuliert worden, und da seine Position innerhalb der Aristokratie unangefochten ist, tut selbst Bunty manchmal so,
als sei sie von der Box, der Kiste des Straßenhändlers abge-
leitet, obgleich es wahrscheinlicher ist, daß sie auf die Kiste
mit den Dokumenten und Dienstsiegeln zurückgeht, die in
vergangenen Tagen für die höheren Beamten eine solche
Last war und von der Kipling in *Something of Myself* so ge-
fühlvoll spricht. Man beneidet Bunty um seine luxuriöse Fir-
menwohnung, sein großzügig bemessenes Gehalt und seine
konsequente Fähigkeit, sich in einem nun unabhängigen In-

dien ohne irgendwelche Schuldgefühle von Indien zurückzuziehen. Auch für diesen Rückzug wird er belächelt. Er gibt
ein leichtes Ziel ab. Er ist ein neuer Angehöriger der Kaste,
doch die Kaste ist alt und, obwohl eigentlich im Handel en-
gagiert, durch den Nimbus der Eroberer, den Ertrag des
Handels und nun auch durch Bunty selbst geadelt, den die
Kombination dieser beiden Elemente gereizt hat.

Bunty stammt aus einer »guten Familie« – lauter Armeeoffiziere und Staatsbeamte; er könnte sogar königliche Vorfahren haben –, die schon seit zwei oder drei Generationen
nicht mehr zum rein indischen Indien gehört. Bunty war
wahrscheinlich, wie sein Vater, auf einer indischen oder englischen Privatschule und einer der beiden englischen Universitäten, deren Akzent er sich, den überall lauernden Gefahren der indischen Intonation zum Trotz, hartnäckig bewahrt
hat. Er ist eine Mischung aus Orient und Okzident, er ist
»tolerant«. Er läßt es zu, daß sein Name zu einem ähnlich
klingenden englischen Namen verballhornt wird, so wie
Ortsnamen von einem Eroberer verballhornt werden. Aus
Firdaus wird Freddy, aus Jamshed wird Jimmy, und aus
Chandrashekhar, das natürlich unmöglich angeglichen werden kann, wird das fast allgegenwärtige Bunty oder Bunny.
Bunty weiß, daß eine Mischehe als Zeichen seiner Toleranz
für ihn spricht, obgleich es an diesem Punkt seiner Karriere
ein Minimum an Heldenmut erfordert, wenn er beispielsweise als Hindu aus dem Pandschab eine Muslimin aus Bengalen oder eine Parsin aus Bombay heiratet. Befreit von den
Regeln der einen Kaste gehorcht er denen einer anderen,
und diese sind ebenso kompliziert: Jimmy, der sich sein mit
ungepolsterten Stühlen ausgestattetes, klimatisiertes Büro
mit einem anderen teilt, zu einem Besuch in Andys Wohnung mitzubringen, der ein mit Polstermöbeln eingerichtetes Büro für sich allein hat, ist ein schwerer Fauxpas.

Buntys Großvater hat seine Geschäfte vielleicht bei einer
Wasserpfeife oder zurückgelehnt auf dem Diwan eines gräß-
lich möblierten Zimmers abgeschlossen. Bunty dagegen be-
spricht seine Geschäfte bei einem Drink im Club oder auf

dem Golfplatz. Der Golfplatz ist eigentlich unnötig, denn der Kreis der Box-Wallahs ist winzig. Aber in Buntys Position ist es unerläßlich, Golf zu spielen, denn so kann man die richtigen »Kontakte« knüpfen. Überall in Indien kann man einen unglücklichen Bunty auf den Golfplätzen der Clubs in Begleitung des gleichermaßen unglücklichen Andy sehen, der beim Verlassen des Clubhauses vielleicht bemerkt, daß der Nieselregen von Bangalore große Ähnlichkeit mit dem Regen in England hat. Es gibt noch andere Traditionen – sie wechseln von Stadt zu Stadt. In Kalkutta gibt es freitags nachmittags die Geselligkeit in Firpo's Restaurant an der Chowringhee. In den Tagen der britischen Herrschaft feierte man damit die Abfahrt des Postschiffes nach England und das Ende der Viereinhalb-Tage-Woche. Briefe nach England werden heutzutage per Luftpost befördert, doch Buntys Denken ist kastenorientiert: Er hält an der Tradition fest, deren Ursprung ihm keineswegs peinlich ist.

Für Inder ist es leicht, sich über Bunty lustig zu machen, weil er sich von seinen englisch sprechenden Kindern »Daddy« nennen läßt, weil sein Benehmen eine Imitation ist (er steht auf, wenn eine Dame den Raum betritt), weil er dieses exotische Interesse für Inneneinrichtung an den Tag legt, weil er ein blitzblankes Badezimmer hat und für seine Gäste saubere Handtücher in ausreichender Zahl bereithält (und um so etwas kümmert sich in Indien allenfalls der Latrinenreiniger: Indische Toiletten und indische Küchen sind für den Fremden ein Alptraum). Aber Bunty ist kein Dummkopf. Er hat sich von Indien zurückgezogen, doch er will kein Europäer sein. Er sieht den Glanz Europas, doch da er fast täglich mit Europäern zu tun hat, zwingt ihn sein Stolz, Inder zu sein. Vielleicht bemüht er sich zu sehr, Orient und Okzident miteinander zu verschmelzen. Sein Faible für indische Kunst und indisches Kunstgewerbe hat ein wenig Ähnlichkeit mit dem eines Fremden. In seinem Wohnzimmer, das mit modernen indischen Stoffen dekoriert ist, hängt eine Skizze aus Kangra, Basohli oder Rajasthan oder ein Stück von Jamini Roys bunter Basarkunst neben der Picasso-Lithografie oder dem Sisley-Druck. Sein Essen ist eine Mischung aus indischer und europäischer Küche, seine Drinks sind ganz und gar europäisch.

Doch wie es sich wirklich mit Bunty verhält, darüber verrät diese west-östlich Mischung in seiner Wohnung mehr, als seine Freunde oder Feinde glauben. Bunty tut nämlich nur so, als sei er Kolonialist. Er betrachtet sich als allen Menschen gleichgestellt und den meisten Menschen überlegen, und in ihm wie in jedem anderen Inder besteht die innere Welt intakt und unangetastet fort. Vielleicht gefällt ihm die helle, attraktive Hautfarbe seiner Frau und seiner Kinder. Er wird sich vielleicht bemühen, die Aufmerksamkeit des Besuchers auf die Hautfarbe seiner Kinder zu lenken, etwa durch eine beiläufige, scherzhaft abfällige Bemerkung. Doch ihre Blässe ist nicht die europäische Blässe, die Bunty eher an indische Albinos erinnert, und tatsächlich liegt auf dem Europäer, den man imitieren, umschmeicheln und hassen muß, noch immer das Stigma des *mleccha*, des Unreinen. Buntys Kaste ist die der Europäer, doch ihn bestimmt zugleich ein starkes Gefühl der exklusiven Zugehörigkeit zur arischen Rasse und zu einer uralten Geschichte. Darum kann der anglo-indische Mischling, ganz gleich, wie anglisiert und hellhäutig er ist, kein geachtetes Mitglied von Buntys Gesellschaft sein, sofern er nicht aus einer bedeutenden Familie stammt; für diese Leute hält Indien nur einen Platz als Außenseiter bereit, und keinesfalls an der Spitze. (Sie würden auch gar keinen anderen Platz beanspruchen wollen. Sie träumen von England, und nach England fahren sie dann auch – die hellhäutigeren gehen nach Australien –, wo sie sich in Orten wie Forest Hill in traurigen kleinen Kolonien zusammenfinden: eifrige Kirchgänger in kurzen Kleidern, Menschen, die in Indien anti-indisch und in London unenglisch und kolonial wirken; und sie lesen *Woman's Own* und den *Daily Mirror* am Erscheinungstag, womit sich ein romantischer Traum erfüllt.) Europa gegenüber fühlt sich Bunty wie ein puritanischer Verführer: Schon während er sündigt, verachtet er.

Sonntags morgens lädt Bunty Freunde auf ein paar Drinks
in seine Wohnung ein. In Bombay könnte diese Wohnung in
Malabar Hills liegen. In Kalkutta wäre sie gut verborgen
vor der Masse der *Bustees*, aus der man die Fabrikarbeiter
rekrutiert.
»Ich habe gestern mit dem stellvertretenden Vorstandsvor-
sitzenden eine Runde Golf gespielt ...« Das kommt von
Andy.
»Tja, der Vorstandsvorsitzende hat mir gesagt ...«
Bunty und Andy sprechen nicht über Geschäfte. Sie sprechen über die drohende chinesische Invasion. Selbst jetzt
scheinen sie jedoch ihre neue Nähe zur Macht zu genießen.
Das ist nicht der einzige Grund, warum man ihre Unterhaltung beunruhigend findet. Es ist eine einzigartige Unterhaltung. Wie soll man sie beschreiben? Sie ist neutral, sie führt
Tatsachen an, ohne Schlüsse zu ziehen. Man verspürt das
starke Bedürfnis, die beiden an den Schultern zu packen, sie
zu rütteln und zu sagen: »Steht doch zu euren Vorurteilen.
Sagt doch wenigstens: ›Wenn ich Macht hätte, würde ich
dies oder das tun.‹ Sagt, daß ihr für dies und gegen das seid.
Zählt nicht einfach ungerührt lauter kleine Katastrophen auf,
die nichts miteinander zu tun haben. Werdet wütend. Erregt
euch. Seid besorgt. Versucht, all das, was ihr gesagt habt,
miteinander zu verknüpfen. Webt ein Muster daraus, ganz
gleich, wie viele Vorurteile es verrät. Dann werde ich euch
wenigstens verstehen können. Im Augenblick verhaltet ihr
euch, als würdet ihr über allgemein bekannte historische Ereignisse sprechen.«
Eben diese Unterhaltung bewirkt, daß man an dem, was
Bunty und Andy von sich zeigen, zu zweifeln beginnt. Man
bekommt das Gefühl, daß sie nicht sind, was sie zu sein
scheinen, und daß sie Rückzugsräume haben, in denen sie
schwer zu fassen sind. Die Wohnung scheint mit einemmal
im leeren Raum zu existieren. Indien ist nur einen Steinwurf
entfernt, doch hier wird es verleugnet – die Bettler, die Rinnsteine, die Hungernden, das weinende Kind mit dem aufge-
triebenen Bauch, das schwarz von Fliegen inmitten von

Schmutz, Kuhfladen und menschlichen Exkrementen in einer Gasse im Basar sitzt, die mageren, räudigen, geduckten, feigen Hunde, die wie die Menschen ringsum ihre Wut für ihresgleichen aufsparen. Die Wohnung ist im zeitgenössischen Geschmack eingerichtet, viele Gegenstände in ihr sind indisch, doch sie scheint in der Luft zu hängen. Im Bücherregal stehen Romane, die man in Regalen in einem Dutzend anderer Länder finden könnte – heutzutage ist schlechter Geschmack international und verbreitet sich rasch. Romane deuten auf ein Interesse an Menschen hin, doch diese Wohnung vermittelt die Weigerung, sich Sorgen zu machen. Und hat nicht auch der gelehrte Brahmane die Romane von Denise Robins gelesen, die neben den dicken, von der Regierung von Tamil Nadu herausgegebenen Bänden mit uralten astrologischen Prophezeiungen lagen? Hat nicht der junge Mann. Student an der Punjab University, gesagt, er lese zur Entspannung die Taschenbuchausgabe der Reihe *Schoolgirl's Own Library?* Stürzt sich Buntys Frau im Club nicht auf *Woman's Own* und den *Daily Mirror?* Befragt sie nicht ihren Astrologen?

Irgendwo ist es zu einem Zusammenbruch der Kommunikation gekommen, der unbemerkt geblieben ist, weil Kommunikation auch weiterhin scheinbar stattfindet. In den Cafés sitzen Gruppen von ernsthaften jungen Menschen, die über »das Theater« sprechen und über die Notwendigkeit, es »zu den Leuten« zu bringen. Sie ähneln ihren Pendants in England, denen sie, wie die Armeeoffiziere, sogar äußerlich gleichen, und wie ihre Pendants in England meinen sie mit »Theater« *Blick zurück im Zorn*, unter Eingeweihten abgekürzt zu *Blick zurück*. Eine Bereitschaft, etwas zu übernehmen, und gleichzeitig eine unterschwellige, unwillkürliche Ablehnung der damit verbundenen Werte: In Buntys Wohnung werden die irritierenden Unterhaltungen fortgesetzt, die Chinesen sind kurz davor, in Assam einzumarschieren, die Mimikry ist nicht mehr so komisch wie an jenem ersten Tag in Bombay, nach der Erschöpfung und der Hysterie, als über der heißen, schmutzigen Straße ein Transparent hing, das eine

Produktion der *Oxford and Cambridge Players* ankündigte:
Ernst sein ist alles!

Rückzug, Verleugnung, Verwirrung der Werte – das sind
verschwommene Begriffe. Wir brauchen stichhaltigere Be-
weise, und ich glaube, einige finden sich in dem kürzlich erschienenen indischen Roman *The Princes* von Manohar Malgonkar, 1963 in London bei Hamish Hamilton erschienen.
The Princes ist eine altmodische Tragödie um einen kleinen
Feudalfürsten, der mit der Unabhängigkeit des Landes seine
Macht verliert und über diese Demütigung so erbittert ist,
daß er unbewaffnet einen verwundeten Tiger verfolgt und
von diesem getötet wird. Es ist ein ehrliches Buch und nicht
schlecht geschrieben. Malgonkar hat ein Gespür für das Leben in der freien Natur, und seine Schilderungen vermitteln
die Faszination der Jagd auch denen, die diesen Sport nicht
betreiben.
Der Fürst stammt von kastenlosen Banditen aus dem Dek-
kan ab, die nach ihrem Aufstieg zu politischer Macht den
Pandits einhunderttausend Rupien bezahlten und als Gegenleistung Kastenprivilegien erhielten. Die Reichtümer, die
sie zusammengerafft haben, sind Gegenstand fast religiöser
Verehrung und werden in der Schatzkammer aufbewahrt,
wo sie von der Palastgarde bewacht werden. Für das Herr-
scherhaus sind diese Schätze ein privater Genuß, eine Erinnerung an die Vergangenheit – daß man sie zur Verbesserung der Lage des verarmten Landes einsetzen könnte, ist
völlig undenkbar. Der Fürst hält nichts von Fortschritt und
macht kein Hehl daraus. Als die Engländer beschließen, in
einem Nachbarstaat einen Staudamm zu bauen, überredet
er seine eingeborenen Untertanen in dem betroffenen Gebiet, gegen das Projekt zu stimmen. Der Fürst vergibt fünf
Jahresstipendien im Wert von je siebzig Pfund an bedürftige
Jungen. Er selbst lebt üppiger. Er verfügt über zwei Paläste,
dreißig Automobile und ein jährliches Taschengeld von
siebzigtausend Pfund. Ohne mit der Wimper zu zucken,
gibt er eintausendfünfhundert Pfund aus, um eine Kurti-

sane aus Simla in seinen Palast bringen zu lassen. Er hat viel Zeit für seine Hobbies. Er ist ein ausgezeichneter Schütze und furchtlos, wenn es darum geht, einen verwundeten Tiger zu verfolgen. »Ich bin reich und aus edler Familie«, zitiert er die *Gita*. »Wer kommt mir gleich?« Auf seine Worte läßt er Taten folgen. Als die Nationalisten in seinem Staat 1947 das Verwaltungsgebäude besetzen, geht er, ohne die erregte Menge zu beachten, allein hinein und reißt die indische Fahne herunter. Er bringt es nicht über sich, das großzügige Angebot des Innenministeriums in Delhi anzunehmen, und als er erkennt, daß es zu spät ist, seinen Staat und seine Macht zu retten, bricht es ihm das Herz. Doch er weint nicht, er gerät nicht in Raserei. Er zitiert die obige Zeile aus der *Gita*, verfolgt unbewaffnet einen verwundeten Tiger und wird getötet. Er war reich und mächtig; er ist gefallen.

Es ist ein altmodisches, mittelalterliches Konzept der Tragödie.

> Denn alle Lehren fußen auf der einen:
> Um aufzusteigen, guter Spenser, sind wir hier.
> Wir steigen vor dem Fall, zum Tode leben wir.

Verwirrend ist allerdings, daß uns diese Geschichte vom Sohn des Fürsten erzählt wird. Er ist 1920 geboren, wurde auf einer Privatschule für Fürstensöhne im englischen Stil und von englischen Lehrern erzogen und diente im Krieg als Offizier in der Armee. »Mir scheint«, sagt er, »daß ich mich im Lauf der Jahre immer mehr mit den Werten [meines Vaters] identifiziere.« Nach der Privatschule, wo man sich bemühte, keinen Dünkel zwischen den Fürsten großer und kleiner Staaten aufkommen zu lassen, nach dem Armeedienst, nach der Liebesaffäre mit einer anglo-indischen Frau, die er in Simla kennengelernt hat:

Die Briten wußten sehr gut, wie man sich Veränderungen widersetzte. Es war Frühling im Himalaya, und Simla war genau so, wie es vor fünfzig oder hundert Jahren gewesen war, und Mrs. Hauksbee lebte vielleicht gleich hier um die Ecke.

»Ich mag Ihr Parfüm, auch wenn ich es nicht kenne.«
»Chanel Nr. 5. Ich hatte nur noch einen Tropfen, aber ich mußte es einfach anlegen – schließlich gehe ich mit einem Fürsten aus.«
»Ich fühle mich geehrt! Ich werde Ihnen mehr davon besorgen lassen.«

Nach den Clubs in Delhi:

»Trubel?« rief ich. »Warum nicht? Selbstverständlich werden wir uns in den Trubel stürzen. Man wird doch nicht jeden Tag Vater, verdammt! An was für einen Trubel hattest du gedacht?« Nachdem ich fast zwei Jahre in Delhi zugebracht hatte, beherrschte ich die Kunst der Konversation sehr gut: Man sagte Belangloses, man war unaufrichtig, aber heiter. Das Wichtigste war, immer heiter zu sein.

So weit also werden wir uns schließlich von dem Fürsten, seinem verarmten Fürstentum und der Grundschule entfernen, in die der Erzähler Abhayraj und sein Halbbruder Charudutt zu Beginn der Geschichte gehen. Sie sind von den Unberührbaren getrennt, die auf dem Boden am hinteren Ende des Schulzimmers sitzen. Eines Morgens spielen die höhergestellten Jungen während der Pause mit einem Mangokern Fußball auf der Veranda. Die Unberührbaren sehen zu. Einer von ihnen macht mit, und Charudutt stolpert über seinen Fuß. Die Jungen aus den edlen Familien, darunter auch Abhayraj, beschimpfen die Unberührbaren: »Kuhfresser, Stinker, Kuhhäuter!« Sie werfen den vorwitzigen Unberührbaren mitsamt seinem Schulbündel in den Teich. »Du Bastard!« schreit der Junge im Teich Charudutt an. »Du bist kein Prinz. Du bist der Sohn einer Hure!«
Dieses Wort »Bastard« interessiert Abhayraj. Er fragt seinen Englischlehrer Mr. Moreton, was es bedeutet. Mr. Moreton zögert mit der Antwort. »Ich verstand seine peinliche Lage. Er war ein taktvoller Mensch und wußte um Charudutt und

die zahlreichen *uprajas* – die unehelichen Söhne eines Herrschers.« Mr. Moreton beweist also Taktgefühl. Weder Lehrer noch Schüler erwähnen den Zwischenfall vor dem Schulgebäude.

Am nächsten Tag hat Kanakchand, der unberührbare Junge, keine Bücher. Er muß das Schulzimmer verlassen, und am Nachmittag sieht Abhayraj ihn »unglücklich und niedergeschlagen auf der Mauer hocken«. Am nächsten Morgen ist er immer noch da. Abhayraj spricht mit ihm und erfährt, daß Kanakchand nicht nach Hause kann, weil sein Vater ihn verprügeln wird, wenn er erfährt, daß sein Sohn seine Bücher verloren hat; und am Unterricht kann er nicht teilnehmen, weil er keine Bücher mehr hat und auch kein Geld, um neue zu kaufen. Abhayraj gibt Kanakchand alle Bücher, die er in seiner Schultasche hat, darunter auch *Highroads Treasury*, das kein Schulbuch, sondern ein Geschenk von Mr. Moreton ist. Zufällig fragt Mr. Moreton an diesem Tag nach dem Buch; Abhayraj erzählt ihm die Wahrheit; Mr. Moreton versteht. Am nächsten Morgen gibt Kanakchand Abhayraj das Buch zurück: »Es war ein Geschenk an Euch. Ich habe es Euch wieder mitgebracht.«

Es ist eine brutale, aber rührende Episode, die glaubwürdig erzählt wird: die Verspottung, die Gedankenlosigkeit, der Impuls von Mitleid und Großzügigkeit. Doch nun kommt ein Satz, der alles entstellt, der uns den Teppich unter den Füßen wegzieht. »Anfangs war er so redlich wie eine Silberrupie«, sagt Abhayraj. »Wie kommt es, daß er später in seinem Leben so bitter und verschlagen wurde?« Kanakchand so redlich wie eine Silberrupie! Kanakchand, der Unberührbare, der Kuhfresser, der Stinker, der auf dem Boden am hinteren Ende des Schulzimmers hocken muß, der zwei Tage auf der Mauer um den Teich sitzt, weil er keine Bücher mehr hat! War die Tatsache, daß er die Unterteilungen der Gesellschaft anerkannte, der Ausdruck seiner Redlichkeit? Daß er jemanden, der ihm ein wertvolles Geschenk gemacht hatte, nicht bestehlen wollte?

Es entwickelt sich eine Freundschaft. Eines Tages schenkt Kanakchand Abhayraj ein paar riesige Bohnensamen, mit denen man nichts weiter machen kann als sie zu betrachten und mit ihnen zu spielen. Abhayraj ist »irgendwie befremdet bei meinem ersten Kontakt mit dem Spielzeug der Armen: Bohnensamen, die man im Wald gefunden hat«. Und es kommt noch mehr. »Damals war es mir noch nicht bewußt, aber Kanakchand war mein erster direkter Kontakt mit der bebenden Armut Indiens.« Ein außergewöhnliches Wort, dieses »bebend«. Zunächst erscheint es überflüssig, dann kommt es einem theatralisch und doch eigenartig sachlich vor, und dann ist es wie ein Zugeständnis an eine Gefühlskonvention.

Kanakchands Armut ist tatsächlich theatralisch. Sein Mittagessen besteht aus einem verkohlten *roti*, Chillies und einer Zwiebel.

Anscheinend war diese gewöhnliche Zwiebel so etwas wie ein Leckerbissen, und dies war Kanakchands Hauptmahlzeit: Hirsebrot und gemahlene Chilischoten, vermischt mit Erdnußöl. Ich sah fasziniert zu, wie er hungrig und mit Genuß aß ... Er schlang alles bis auf den letzten Krümel hinunter und biß abwechselnd in das verkohlte Fladenbrot und die Zwiebel. Und als er den letzten Bissen hinuntergeschluckt hatte, leckte er sich die Finger ab.

Das liest sich wie die Beschreibung der Ernährungsgewohnheiten eines seltenen Tieres. Armut als gelegentliches Schauspiel: Das also ist unsere Armut. Abhayraj bietet Kanakchand ein Stück Schokolade an, und der stopft es sich mitsamt dem Papier in den Mund. Abhayraj schreit auf, und Kanakchand spuckt es wieder aus und sagt – redlich wie eine Silberrupie, wie wir wissen – folgenden eigenartigen Satz: »Ach, das wußte ich nicht – ich dachte, der Bal-raje wollte einen Scherz mit mir machen und sehen, wie ich grünes Papier esse.«

Kanakchand ist intelligent, aber sein Englisch ist schlecht. Um eines der fünf Stipendien zu erringen, muß er einen englischen Aufsatz schreiben. Abhayraj schreibt den Aufsatz für ihn, Kanakchand erhält das Stipendium, und es kommt der Tag, an dem der Fürst die Stipendien überreicht. Kanakchands Eltern sind anwesend, »außer sich vor Glück«. – »Wahrheitsliebe, Aufrichtigkeit, Gottvertrauen und vor allem Treue«, beginnt der Fürst seine Rede, »bergen weit mehr als weltlichen Lohn.« Mit diesen Worten hebt er die Reitpeitsche und schlägt Kanakchand nieder, schlägt ihn noch zweimal und »wischte sich die Hände sorgfältig mit einem Taschentuch ab«. Abhayraj ist entsetzt. Er überredet seine Mutter, Kanakchands schulische Ausbildung zu finanzieren, doch er bemerkt, daß Kanakchand nie ein Zeichen von »Dankbarkeit« zeigt. Was Abhayraj quält, ist nicht Kanakchands Demütigung, sondern »das Gefühl der Schuld, einen lebhaften, ehrgeizigen Jungen zu einem bösartigen Revolutionär gemacht zu haben«. Da ist er wieder, dieser entstellende, beschönigende Glanz, der uns den Teppich unter den Füßen wegzieht.

Jahre vergehen. Kanakchand wird ein wichtiger Mann in der Unabhängigkeitsbewegung. Er will sich rächen, und mit der Unabhängigkeit wird seine Rache wahr. Er wird jetzt als verachtenswerter, abstoßender Mensch geschildert, der anmaßend und arrogant auftritt und sich im nächsten Augenblick instinktiv duckt. Das kleine Fürstentum wird aufgelöst. Kanakchand, der dem Schaden noch den Spott hinzufügen will, führt einen Demonstrationszug durch die Straßen an und ruft: »Die Fürstenherrschaft ist tot!«

Ich glaube, das ist es, was ich Kanakchand nie vergeben werde. Er schlug einen Mann, der bereits am Boden lag und nur versuchte, tapfer seine Würde zu bewahren. Er demütigte einen, der noch immer von sich sagte, daß ihm keiner gleichkomme. Es war wahrlich die Rache der Schafe, die mein Vater prophezeit hatte.

Die eisern bewahrte Haltung, die ein mittelalterliches Konzept von Rangordnung festigt, und das auf Privatschulen vermittelte Fair play, das konträre Leidenschaften entfacht: Die Verwirrung ist offensichtlich. Abhayraj tut einen

Schwur, und sein Motiv ist mehr als Privatschulen-Selbstgerechtigkeit, auch wenn es so aussehen mag, als wäre es allein diese Haltung, die dahintersteckt: Er wird seinen Vater rächen. Er wird Kanakchand eine vor langer Zeit schon einmal erlittene Demütigung zufügen – und wie verdient sie sich rückblickend ausnimmt, was für ein profundes Urteil über die Gerechtigkeit der Unterteilungen sie damals offenbart hat! Er wird Kanakchand öffentlich schlagen, er wird ihn mit einer Reitpeitsche schlagen. »Er war einer von denen, die immer winseln würden, einer jener Unglücklichen, die nicht gelernt hatten, eine Strafe hinzunehmen, ohne ihren Schmerz zu zeigen.« Mit dieser Tat endet das Buch. Dies ist es, was unseren Beifall finden soll, dies ist es, was nach dem Sturz des Fürsten den Seelenfrieden des Erzählers wiederherstellt und auch den unseren wiederherstellen soll.

Die Armut Indiens ist eine »bebende« Armut. Die Schuld, die Abhayraj nach der Züchtigung Kanakchands empfindet, der sich der Ausbildung auf einer Privatschule als unwürdig erwiesen hat, ist bloß die Schuld, einen lebhaften, ehrgeizigen Jungen zu einem Revolutionär gemacht zu haben. Und alle Grausamkeit Indiens wird mit westlichen Phrasen weggezaubert, die so hohl sind wie dieses »bebend«: Der Erzähler sieht, daß sein Vater »dem Volk die Grundrechte vorenthält«, und spricht vom »kollektiven Willen des Volkes«. Ich kann nirgends das Indien entdecken, das ich kennenlerne: die armseligen Felder, die dreibeinigen Hunde, die schwitzenden Gepäckträger in ihren roten Jacken, die schwere Blechkisten auf dem Kopf tragen. »Der Regen hatte die Berge reingewaschen, der Himmel war hellblau, und ein schwerer Duft von Tannennadeln und Blumen lag in der Luft. Es herrschte eine geradezu knisternde Stille, die nur von den scharfen Warnrufen der Rikschakulis durchbrochen wurde.« So also tritt der Rikschakuli auf, das nicht so sehr herabgewürdigte als vielmehr herabwürdigende Lasttier: als unsichtbare Ursache eines Urlaubsgeräusches, als Teil des atmosphärischen Hintergrundes für eine Liebesromanze in

Simla. Das ist der indische Rückzug, die indische Verleugnung – und es ist ein Teil des Durcheinanders im indischen Anglo-Indien.

Auch dem Fremden ergeht es nicht anders. Die Armen werden gesichtslos. Der ganze Rest – die Tanzflächen, die westliche Mimikry – kann dann als Zielscheibe für eine milde Satire herhalten. Doch zuvor muß der Hintergrund, das Offensichtliche, ignoriert werden.

3

DER KOLONIALE BLICK

Indien ist nun mal das Land des Unsinns.
M.K. Gandhi

Der Mann drängt sich geschäftig zwischen den Fahrgästen
des überfüllten Vorortzuges hindurch und verteilt Handzettel. Sie sind schmutzig und zerknittert und erzählen in drei
Sprachen von dem Unglück, das einer Flüchtlingsfamilie wi-
derfahren ist. Einige Fahrgäste lesen die Zettel, die meisten
tun es nicht. Der Zug fährt in einen Bahnhof ein. Der Mann,
der die Handzettel verteilt hat, geht durch die eine Tür hinaus, und durch die andere treten ein Junge und eine Frau ein.
Davon stand nichts auf dem Zettel. Der Zettel hat eine verarmte Frau aus Bengalen und sechs hungernde Kinder ange-
kündigt, nicht diesen kleinen, blinden Jungen, halbnackt
und dünn und schmutzverkrustet, der leise und stetig greint.
Die Tränen strömen aus rot entzündeten Augen, die Arme
sind flehend erhoben. Der Junge wird von der Frau durch
den Wagen geschoben. Sie weint und schluchzt und sam-
melt rasch und ohne Dank die kleinen Münzen ein, welche
die Fahrgäste ihr, fast ohne aufzusehen, reichen. Sie bleibt
nicht stehen, um die anzubetteln, die nichts geben. Als der
Zug das nächstemal hält, stehen der Junge und sie schon an
der Tür, bereit zum Umsteigen in den nächsten Wagen. Sie
gehen hinaus. Ein anderer Mann kommt herein. Auch er ist
in Eile. Er drängt sich durch den Wagen und versucht, vor
der Einfahrt in die nächste Station so viele Handzettel wie
möglich einzusammeln.
Es ist schnell gegangen. Alle, einschließlich der Fahrgäste

wußten, was sie zu tun hatten; es hat nur wenig Unruhe gegeben. Auf dem schmutzigen Holz der Innenverkleidung steht, in drei Sprachen und mit Schablone geschrieben, daß Betteln nicht erwünscht ist. Außerdem werden die Fahrgäste davor gewarnt, von Fremden Zigaretten anzunehmen, »da diese ein Betäubungsmittel enthalten könnten«. Aber es ist gut, einem Bettler etwas zu geben. Er folgt einer göttlichen Berufung, er verkörpert den Jammer und die Würde, die selbst der Arme besitzt. Möglicherweise ist der Junge geblendet worden, damit er diese Vorortstrecke machen kann, und sicher war es die Organisation, die sich geirrt und die falschen Handzettel ausgegeben hat. Doch das ist unwichtig. Wichtig ist das Geben, der automatische Akt der Mildtätigkeit, der eine ebenso automatische Verehrung Gottes ist wie das Entzünden einer Opferkerze oder das Anstoßen der Gebetsmühle. Gleich dem Priester hat auch der Bettler eine Funktion; gleich dem Priester braucht auch er vielleicht eine Organisation.

Doch hören wir einen Beobachter, der anderer Meinung ist:

Wenn es in meiner Macht stünde, würde ich alle sadavratas, bei denen Essen ausgegeben wird, verbieten. Diese Sitte hat die Nation herabgewürdigt und leistet Faulheit, Müßiggang, Heuchelei und sogar Verbrechen Vorschub. Eine solche fehlgeleitete Mildtätigkeit fügt dem Reichtum einer Nation nichts hinzu, weder materiell noch ideell. [...] Ich weiß, daß es [...] weit schwieriger ist, eine Institution zu organisieren, bei der ehrliche Arbeit geleistet werden muß, bevor das Essen auf den Tisch kommt. [...] Doch ich bin davon überzeugt, daß dies letztlich der billigere Weg wäre, wenn wir nicht wollen, daß die Zahl der Müßiggänger, von denen es in diesem Land wimmelt, geometrisch ansteigt.

Das ist die Einstellung eines Fremden, der die Funktion des Bettlers in Indien nicht kennt und Indien mit europäischen Maßstäben mißt. Er ist zu radikal, um zum Ziel zu gelangen, und folgerichtig ist er in diesem Punkt – der Bettlerfrage – gescheitert.

Shankaracharya Hill, der Hügel, der sich über dem Dal-See erhebt, ist eines der Schmuckstücke von Srinagar. Beim Aufstieg muß man sich vorsehen, denn seine mittleren Hänge werden von indischen Touristen weiträumig als Latrine benutzt. Sollte man eine Gruppe von drei Damen überraschen, die einträchtig nebeneinander hocken und ihren Darm entleeren, so würden sie kichern: Die Peinlichkeit fällt auf den Betrachter zurück, der sich einem solchen Anblick aussetzt. In Madras ist die Busstation in der Nähe des Obersten Zivilgerichts eine beliebte Latrine. Ein Fahrgast trifft ein, und um sich die Zeit zu vertreiben, hockt er sich hin, hebt den *dhoti* und defäkiert in den Rinnstein. Der Bus kommt, der Fahrgast steigt ein, eine Putzfrau macht sauber. Noch immer in Madras: Ein Patriarch mit Brille schlendert auf der Marina an der Universität vorbei. Ohne Vorwarnung hebt er den *dhoti* und enthüllt seinen Hintern, der bis auf eine Art Schnur nackt ist. Er hockt sich hin, pinkelt auf den Bürgersteig, erhebt sich mit noch immer gerafftem *dhoti*, rückt die Schnur zurecht, läßt den *dhoti* fallen und setzt seinen Spaziergang fort. Die Marina ist eine beliebte Abendpromenade, doch niemand sieht hin, niemand wendet peinlich berührt den Blick ab.

In Goa könnte man auf den Gedanken kommen, frühmorgens einen Spaziergang entlang der mit einem Geländer versehenen Straße am Mandovi zu machen. Zwei Meter tiefer, am Flußufer und so weit das Auge reicht, zieht sich wie eine gewundene Hochwassermarke eine Linie aus Hockenden hin. Für die Menschen in Goa ist das Defäkieren, wie für die alten Römer, eine gesellige Tätigkeit. Sie hocken sich dicht nebeneinander, sie unterhalten sich. Wenn sie fertig sind, gehen sie mit nackten Hintern und heruntergelassenen Hosen ins Wasser, um sich zu waschen. Dann steigen sie hinauf zur Straße, setzen sich auf ihr Fahrrad oder in ihr Auto und fahren weiter. Überall am Ufer liegen Kothaufen, und zwischen diesen Haufen wird Fisch verkauft, der von den Booten gebracht wird, und etwa alle hundert Meter steht auf einem blau-weißen, emaillierten Schild in portugiesischer Sprache, daß es bei Strafe verboten ist, das Ufer zu verschmutzen. Niemand nimmt es zur Kenntnis.

Inder defäkieren überall. Meist tun sie es an den Bahngleisen. Aber sie defäkieren auch an Stränden, auf Hügeln, an Flußufern, auf der Straße; sie suchen sich nicht zu verbergen. Moslems mit ihrer Tradition der *purdah* können in dieser Hinsicht diskret sein, doch ist dies dann mehr ein religiöser Akt der Selbstverleugnung, denn es heißt, ein Bauer, ganz gleich ob Hindu oder Moslem, bekomme in einer engen Latrine Platzangst. Ein gutaussehender junger Moslem, Student einer lachhaften Lehranstalt in einer Weberstadt in Uttar Pradesh, der, durch und durch elegant und im Stil von Mr. Nehru gekleidet, durch die Stadt stolzierte, hatte eine andere Erklärung. Die Inder seien ein poetisches Volk, sagte er. Auch er selbst wolle immer ins Freie, denn er sei ein Dichter, der die Natur liebe – die übrigens auch der Gegenstand seiner auf Urdu geschriebenen Gedichte sei –, und nichts sei poetischer, als abends am Fluß zu hocken.

Über diese hockenden Gestalten – die dem Fremden nach einer Weile so zeitlos und symbolisch erscheinen wie Rodins *Denker* – spricht niemand, man schreibt nicht über sie, sie werden weder in Erzählungen und Romanen erwähnt noch erscheinen sie in Dokumentarfilmen. Man könnte das für einen ehrenwerten Versuch der Beschönigung halten, doch die Wahrheit ist: *Inder nehmen diese Hockenden nicht wahr* und könnten sich allen Ernstes zu der Behauptung versteigen, es gebe sie gar nicht; es ist eine kollektive Blindheit, die aus der indischen Angst vor Unreinheit entstanden ist und zu der Selbsteinschätzung führt, die Inder seien das reinlichste Volk der Welt. Ihre Religion verpflichtet sie, sich täglich zu waschen. Das ist ein wichtiges Gebot, und man hat äußerst genaue Regeln ersonnen, um jede denkbare Art der Verschmutzung zu verhindern. Es gibt nur *eine* zulässige Art zu defäkieren; beim Geschlechtsverkehr darf nur die linke Hand benutzt werden, beim Essen nur die rechte. Alles ist geregelt und gereinigt. Darum sieht man, wenn man die Hockenden betrachtet, nur ein Zerrbild – man ist nicht imstande, die Wahrheit unter der Oberfläche zu sehen. Und so werden die Damen im Lucknow Club zunächst leugnen, daß Inder in der Öffentlichkeit defäkieren, und einen dann mit vor Abscheu verzogenen Gesichtern an die Sitten und Gebräuche in Europa erinnern: Dort benutzt man beim Geschlechtsverkehr, auf der Toilette und beim Essen die rechte Hand, man badet einmal wöchentlich in einer Wanne voll Wasser, das durch den Körper des Badenden verschmutzt wird, und wäscht sich in einem Waschbecken, in das man gespuckt hat. Diese farbige Schilderung soll nicht illustrieren, wie schmutzig Europa ist, sondern wie sicher man in Indien lebt. Es ist eine indische Argumentation, eine indische Sichtweise: Die Hockenden und der Schmutz am Straßenrand beginnen zu verschwinden.

Doch hier ist wieder der oben zitierte Beobachter:

Anstatt hübscher kleiner Weiler, die über das Land verstreut sind, finden wir Misthaufen. Es ist kein erhebendes Erlebnis, sich diesen Dörfern zu nähern. Der Schmutz und die üblen Gerüche sind so schlimm, daß man oft die Augen schließen und sich die Nase zuhalten möchte.

Eines können und müssen wir vom Westen lernen, und zwar die Wissenschaft von der Hygiene.

Durch unsere schlechten Angewohnheiten verschmutzen wir unsere heiligen Flußufer und schaffen hervorragende Fortpflanzungsbedingungen für Fliegen. [...] Ein kleiner Spaten ist das Mittel gegen eine große Plage. Wer auf der Straße seinen Kot löst, seine Nase putzt oder ausspuckt, versündigt sich gegen Gott und die Menschheit und beweist einen beklagenswerten Mangel an Rücksicht. Jemand, der seinen Abfall nicht vergräbt, verdient eine schwere Strafe, selbst wenn er mitten im Wald lebt.

Der Beobachter sieht, was kein Inder sieht. Doch nun hat er enthüllt, daß seine Idee aus dem Ausland stammt. Die berühmte tägliche Waschung bezeichnet er häufig als »eine Art Waschung«. Er ist nicht willens, die Absicht hinter der rituellen Handlung und in der Absicht die Wirklichkeit zu sehen. Er ist besessen von sanitären Einrichtungen. Und wie er in London Bücher über vegetarische Ernährung und verschiedene Methoden des Wäschewaschens und in Südafrika Bücher über Buchführung gelesen hat, liest er jetzt Bücher über dieses Thema.

In seinem Buch über ländliche Hygienemaßnahmen schreibt Dr. Poore, daß Exkremente nicht tiefer als zwanzig bis dreißig Zentimeter tief vergraben werden sollten. Der Autor erklärt, daß die oberste Erdschicht von Kleinstlebewesen bevölkert ist, die zusammen mit dem Licht und der Luft, die leicht zu diesen Schichten durchdringt, diese Exkremente innerhalb einer Woche in gute, wohlriechende Erde verwandeln. Davon kann sich jeder Dorfbewohner selbst überzeugen.

Wir bemerken den charakteristischen Unterton dieses Beobachters. Sein Interesse gilt sanitären Einrichtungen, und um die kümmert sich der Latrinenreiniger. Es gibt nicht viele, die sein Interesse teilen. Ein kurzer Blick in die Toiletten im internationalen Flughafen von Delhi genügt. Inder defäkieren überallhin: auf den Boden, in die Urinale (vermutlich unter yogischen Verrenkungen, über die man nur Mutmaßungen anstellen kann). Sie fürchten sich zu beschmutzen und hokken lieber, anstatt sich zu setzen, und in jeder Kabine kann man sehen, wo sie das Ziel verfehlt haben. Niemand nimmt es zur Kenntnis.

In Europa und anderswo bevorzugen Schlafwagenpassagiere das obere Bett. Man ist dort ungestörter und muß sich nicht vor baumelnden Beinen und sich öffnenden Türen in acht nehmen. In Indien jedoch, wo das obere Bett den zusätzlichen Vorteil hat, weniger staubig zu sein, bevorzugt man das untere Bett, und zwar nicht, weil man dort sein Bettzeug leichter ausbreiten kann – dafür gibt es ja Träger und Diener –, sondern weil es körperliche Anstrengung erfordert, zum oberen Bett hinaufzusteigen, und jede körperliche Anstrengung ist eine Herabwürdigung und daher zu vermeiden. Mein Schlafwagenplatz im Expreß nach Delhi war von ei-

nem hohen Beamten der Eisenbahngesellschaft reserviert
worden, und darum hatte ich das untere Bett. Ich teilte das
Abteil mit einem etwa vierzigjährigen Mann. Er trug einen
Anzug und hätte Bürovorsteher oder Universitätsdozent
sein können. Er war nicht zufrieden mit seinem oberen Bett.
Erst beschwerte er sich beim Gepäckträger und schimpfte,
als der Zug sich in Bewegung gesetzt hatte, vor sich hin. Ich
bot ihm einen Tausch an. Seine schlechte Laune verschwand,
doch er stand einfach nur tatenlos da. Der Gepäckträger
hatte sein Bettzeug auf dem oberen Bett ausgebreitet, und
nun wartete mein Mitreisender auf den nächsten Halt – der
noch zwei Stunden entfernt war –, wo er einen Gepäckträger
rufen würde, damit der ihm das untere Bett bereitete. Ich
aber wollte mich hinlegen und begann, die Arbeit des Ge-
päckträgers zu tun. Mein Mitreisender lächelte, bot jedoch
keine Hilfe an. Ich wurde ungehalten. Er machte jenes aus-
druckslose indische Gesicht, das anzeigt, daß die Kommunikation zum Erliegen gekommen ist und sich der Inder aus
einer Situation zurückgezogen hat, die er nicht versteht.
Körperliche Arbeit ist eine Herabwürdigung. Nur ein Fremder kann das anders sehen:

Die Trennung zwischen geistiger und körperlicher Arbeit hat uns zur
kurzlebigsten, schwerfälligsten und am stärksten ausgebeuteten Nation
der Welt werden lassen.

Der Beobachter, der gescheiterte Reformer, ist natürlich Mo-
handas Gandhi, der Mahatma, die »Große Seele«, der wie ein
Gott verehrte Vater der Nation, der Namenspatron von Straßen, Plätzen und Parks. Überall sind ihm zu Ehren Denkmä-
ler und *mandaps* errichtet worden, und in Delhi steht das
Rajghat, dem sich der Besucher nur barfuß über glühend
heißen Sand nähern darf. Sein mit Girlanden geschmücktes
Porträt hängt in jedem *pan*-Laden und in Hunderten von Büros: ein Mann mit Brille und nacktem Oberkörper, der Licht
und Güte verströmt. Das Bild ist so vertraut, daß es, auf eine
Karikatur reduziert und von elektrischen Lampen ange-

strahlt, inzwischen zur allgemein akzeptierten Dekoration eines Hauses gehört, in dem man eine Hochzeit feiert. Dennoch ist dieser Mann von allen politischen Führern Indiens der am wenigsten indische. Er sah Indien, wie ein Inder es nicht sehen konnte; sein Blick war unverstellt, und diese Unverstelltheit war und ist revolutionär. Er sieht genau das, was der Fremde sieht, er ignoriert nicht das Offensichtliche. Er sieht die Bettler und die schamlosen Pandits und den Schmutz von Benares, er sieht die abstoßenden hygienischen Gewohnheiten von Ärzten, Rechtsanwälten und Journalisten. Er sieht die indische Abgestumpftheit, die indische Weigerung zu sehen. Ihm entgeht keine indische Einstellung, kein indisches Problem, sein Blick dringt bis zu den Wurzeln dieser statischen, faulenden Gesellschaft. Und das Bild von Indien, das seine in über dreißig Jahren entstandenen Schriften und Ermahnungen zeichnen, stimmt noch immer. Daran läßt sich sein Scheitern ermessen.

Sein Bild von Indien war deshalb so klar, weil er teilweise von den Wertvorstellungen des Kolonialismus geprägt war. Nachdem er zwanzig Jahre in Südafrika gelebt hatte, ließ er sich mit sechsundvierzig schließlich in Indien nieder. In Südafrika hatte er eine indische Gemeinschaft gesehen, die dem indischen Leben entrückt war; der Kontrast ermöglichte die Klarheit, Kritik und Urteilskraft, die eine Selbstanalyse erfordert. Er war eine koloniale Mischung aus Ost und West, aus Hindu und Christ. Nehru ist indischer: Er besitzt ein romantisches Gefühl für das Land und seine Vergangenheit, er drückt es ans Herz, und das Indien, das er beschreibt, ist nicht leicht wiederzuerkennen. Gandhi verliert nie seinen kritischen, vergleichenden, südafrikanischen Blick, er preist allenfalls auf unbestimmte indische Art den Glanz des alten Indiens. Doch es war Gandhi und nicht Nehru, der den auf Versammlungen des Nationalkongresses verabschiedeten Resolutionen ebensoviel Aufmerksamkeit schenkte wie der Tatsache, daß die tamilischen Delegierten sich zum Essen zurückzogen, weil der Anblick von Nicht-Tamilen sie beschmutzt hätte, und daß gewisse Delegierte, die vergessen hatten, daß keine Putzer zur Verfügung standen, die Veranda als Latrine benutzten.

Er tat gut daran, sein Augenmerk auch auf diese Dinge zu richten, denn hier geht es um mehr als um ein Problem der Hygiene. Ausgehend vom beiläufigen Akt des Defäkierens auf einer Veranda vor einer wichtigen Versammlung kann man die ganze kranke Gesellschaft analysieren. Die mangelnde Hygiene ist eine Folge des Kastenwesens, das Kastenwesen führt zu Abgestumpftheit, Ineffizienz und einer hoffnungslosen Spaltung des Landes, aus Spaltung resultiert Schwäche, und Schwäche ermöglicht die Fremdherrschaft. Das war es, was Gandhi erkannte, und niemand, der in Indien verwurzelt war, hätte das erkennen können. Dazu brauchte es den klaren, unverstellten Blick des Westens, und es ist bezeichnend, daß Gandhi diese schlichten, christlichen, westlichen Wahrheiten kurz nach seiner Rückkehr aus Südafrika mit dem unverbrauchten Eifer des Entdeckers predigte: »Vor dem Thron des Allmächtigen werden wir uns nicht dafür verantworten müssen, was wir gegessen oder wen wir berührt haben, sondern wem wir wie gedient haben. Nur insofern wir einem Menschen in Not geholfen haben, werden wir Gnade vor Gott finden.« Der neutestamentarische Ton ist nicht unangebracht. In Indien und mit Gandhi kann man eine Ahnung davon bekommen, wie revolutionär die heute so vertraute christliche Ethik einst gewesen sein muß. Manche Hindus bemühen sich, dieses Ideal des Dienens im »selbstlosen Handeln« zu finden, von dem in der *Bhagavadgita* die Rede ist, doch das ist nur die indische Verzerrung, der fortwährende indische Versuch, etwas aufzusaugen und zu neutralisieren. Das selbstlose Handeln der *Gita* ist ein Streben nach Selbstverwirklichung und zugleich eine Bekräftigung der Abstufungen. Es ist das Gegenteil des Dienens, das Gandhi, der indische Revolutionär, als praktikables Ideal für das tägliche Leben predigte.

Der Geist des Dienens, Exkremente, Arbeit für den Lebensunterhalt, der moralische Wert der Abfallbeseitigung und noch einmal Exkremente – wenn wir seine Gewaltlosigkeit und alles, was er für sich persönlich zu verwirklichen suchte, außer acht lassen und uns nur auf seine Analyse Indiens konzentrieren, erscheinen die von Gandhi immer wieder aufgegriffenen Themen unzusammenhängend und manchmal unappetitlich. Und doch gibt es einen Zusammenhang. Sie bilden ein logisches Ganzes. Sie sind eine Folge der Unverstelltheit seines kolonialen Blickes.

Betrachten wir die vier Männer, die die Treppe in diesem unappetitlichen Hotel in Bombay reinigen: Der erste gießt Wasser aus einem Eimer, der zweite kratzt mit einem Reisigbesen über die Fliesen, der dritte wischt das schmutzige Wasser mit einem Lappen die Stufen hinunter in einen anderen Eimer, den der vierte hält. Die Treppe ist so schmutzig wie zuvor, doch die Wand über den schwarz verkrusteten Fußleisten hat nun ein paar neue Dreckspritzer. Die Bäder und Toiletten sind schmutzig, das feuchte Holz ist infolge der täglichen Behandlung mit Wasser verfault, die Betonwände sind mit einer grünen und schwarzen Schleimschicht überzogen. Man kann sich nicht beschweren, das Hotel sei schmutzig. Kein Inder würde einem zustimmen. Jeden Tag kommen vier Putzer, und in Indien genügt es, daß sie kommen. Man erwartet nicht, daß sie auch *putzen*. Das Putzen ist ihrer eigentlichen Funktion untergeordnet, und die besteht darin, Putzer zu *sein*, herabgewürdigte Wesen, die entsprechend herabwürdigende Handlungen vornehmen. Sie müssen sich bücken, wenn sie kehren, und wenn sie den Boden eines schicken Cafés in Delhi reinigen, kriechen sie hockend, wie Krabben, zwischen den Gästen umher, sehen nie auf, erheben sich nie und achten darauf, niemanden zu berühren. In Jammu kann man sehen, wie sie mit bloßen Händen den Abfall von der Straße sammeln. Das ist die Herabwürdigung, die die Gesellschaft von ihnen verlangt und der sie sich willig unterwerfen. Sie sind Schmutz, sie wollen wie Schmutz erscheinen.

Das Klassensystem arbeitet mit Belohnungen. Das Kastenwesen dagegen hält den Menschen in seiner Funktion gefangen. Da es keine Belohnungen gibt, sind Pflichten und Verantwortlichkeiten unabhängig von der Position. Ein Mensch ist definiert durch seine Funktion. In Indien gibt es wenig Zwischentöne. Die Armen sind dünn, die Reichen sind dick. Der Kleinhändler aus der Kaste der Marwari in Kalkutta ißt große Mengen Süßigkeiten, um sich die Fettschichten zuzulegen, die von seinem Wohlstand künden. »Du siehst dick und gesund aus«, ist im Pandschab ein Kompliment. Und in jeder Stadt in Uttar Pradesh kann man einen sehr dicken, reichen Mann in kühler, sauberer, weißer Baumwollkleidung in einer Fahrradriksha sitzen sehen, die von einem sehr dünnen, armen und vorzeitig gealterten Mann in Lumpen gefahren wird. Bettler klagen. Heilige Männer entsagen. Politiker sind würdevoll und lächeln nie. Und der junge Mann, der in den Indian Administrative Service, den Verwaltungsdienst, eingetreten ist, antwortet auf die Frage, warum er sich für diese Laufbahn entschieden hat, nach einigem Nachdenken: »Sie gibt mir Prestige.« Seine anwesenden Kollegen widersprechen nicht. Es ist eine ehrliche Antwort. Sie erklärt, warum die Verwaltung in Assam beim Einmarsch der Chinesen zusammenbrechen wird.

Das Dienen ist keine indische Konzeption, und die Bereitstellung von Dienstleistungen bezeichnet schon seit langem nicht mehr die Funktion einer Kaste. Die Funktion des Geschäftsmannes ist es, Geld zu verdienen. Vielleicht möchte er Schuhe nach Rußland verkaufen. Also verschickt er einwandfreie Muster; sobald er den Auftrag hat, liefert er eine Schiffsladung Schuhe mit Pappsohlen. Es gelingt ihm, das ausländische Mißtrauen gegenüber indischem Geschäftsgebaren zu besiegen und eine malayische Order für Arzneimittel zu bekommen. Doch dann liefert er gefärbtes Wasser. Es ist nicht seine Pflicht als Geschäftsmann, wirksame Arzneimittel oder gute Schuhe oder überhaupt *irgendwelche* Arzneimittel oder Schuhe zu liefern. Nein, es ist seine Pflicht, Geld zu verdienen, ganz gleich wie. Die Schuhe werden zurückgeschickt, man beschwert sich über das gefärbte Wasser.

Das ist das Pech des Kaufmanns, das sind die Widrigkeiten, mit denen er zu kämpfen hat. Er wechselt von einer Branche zur anderen, von Schuhen zu Arzneimitteln zu Tee. Der Betrieb einer Teeplantage erfordert viel Fingerspitzengefühl; er hat sie bald heruntergewirtschaftet. Das hat nichts mit Kurzsichtigkeit und Unredlichkeit zu tun. Der Kaufmann erfüllt nur seine Funktion. Später erfüllt er vielleicht einen anderen Aspekt seiner Funktion, entsagt allem Geld und beschließt sein Leben als wandernder Bettelmönch.

Der Schneider in Madras fertigt Hosen mit falschem Saum. Wenn die Hose nach dem ersten Waschen eingelaufen ist, kann man sie wegwerfen. Doch das Etikett des Schneiders ist im Hosenbund eingenäht, und er hat seinen Kunden gebeten, ihn weiterzuempfehlen. Nur wenn er Kunden bekommt, verdient er Geld, und Kunden bekommt er nicht, indem er gute Hosen schneidert, sondern indem er dafür sorgt, daß sein Name bekannt wird. Ein Hemdenschneider verteilt Handzettel, auf denen er die Eröffnung seines Geschäfts bekanntgibt. Die Japaner haben ihn aus Westafrika vertrieben. »Ihre Verarbeitung war besser.« Er spricht ohne Bitterkeit; diese geschäftliche Niederlage war einfach Pech. Er verbessert nicht die Verarbeitung seiner Hemden, sondern überläßt »diese afrikanischen Wilden« sich selbst und beginnt in seiner indischen Heimatstadt noch einmal von vorn. Das Hemd, das er einem schneidert, ist miserabel: Die Manschetten sind zwei bis drei Zentimeter zu eng, die Schöße sind ein paar Zentimeter zu kurz, und nach dem ersten Waschen ist das Hemd auch noch eingelaufen. Er hat am Material gespart und dadurch einen kleinen Extragewinn gemacht – darum begegnet er einem weiterhin freundlich und nötigt einen bei jeder Gelegenheit, sich noch ein Hemd anfertigen zu lassen. (Wäre man aufgrund einer Empfehlung zu ihm gekommen und ihm daher als jemand erschienen, der imstande wäre, ihm zu schaden, so hätte es in seinem Interesse gelegen, überschwenglich großzügig zu sein: Das Hemd wäre dann vielleicht etwas zu groß ausgefallen.) Jeden Morgen hält er an der Tür zu seinem Laden inne, beugt sich nieder und berührt mit den Fingern erst den Staub auf der Schwelle und dann seine Stirn. So bewahrt er sich sein Glück; sein Geschäft ist ein Vertrag zwischen Gott und ihm allein.

»Wenn sie seine Gunst gewonnen hat, soll sie ihm Freude bereiten; wenn er ganz betört ist, soll sie all sein Geld aus ihm herauspressen und ihn schließlich verlassen. Das ist die Pflicht eines Freudenmädchens.« Das *Kamasutra* zeigt uns die Gesellschaft sozusagen im Zustand der Nacktheit, und kein indisches Lehrbuch ist so alt, daß es nicht mehr gültig wäre. Vielleicht fördert eine Religion, die lehrt, daß alles Leben Illusion ist, ganz zwangsläufig einen ausgleichenden Pragmatismus in irdischen, also illusorischen Beziehungen. Die Pflicht eines Freudenmädchens – und man beachte das Wort »Pflicht« – gleicht der Pflicht des Geschäftsmanns: Wenn man Gerissenheit und die Ausnutzung einer Monopolstellung als hohe Tugenden gepriesen sehen will, liest man am besten einige der Geschichten aus Indiens klassischer Zeit. Die Kuh ist heilig. Man bezeugt seine Ehrfurcht vor ihr, indem man sie leben läßt, selbst wenn sie durch die Straßen der Städte ziehen muß, wo es kein Gras gibt; und selbst wenn sie auf der Straße von Delhi nach Chandigarh von einem Lastwagen angefahren wird, den ganzen Nachmittag in ihrem Blut auf der Straße liegt und langsam stirbt, bleibt sie heilig: Die Dorfbewohner stehen da und passen auf, daß niemand versucht, das Tier zu töten. Der schwarze Büffel dagegen, ein Wesen der Dunkelheit, ist stets gut genährt. Sein Fell glänzt, er ist gepflegt. Er ist nicht heilig, nur teurer. Das *Kamasutra* führt fünfzehn Situationen an, in denen Ehebruch erlaubt ist; die fünfte Situation ist gegeben, wenn »eine heimliche Beziehung unentdeckt bleiben wird und eine sichere Methode darstellt, um Geld zu verdienen«, und am Ende der Liste steht die Warnung, daß »er [der Ehebruch] ausschließlich aus diesen angeführten Gründen erlaubt ist, keinesfalls aber zur Befriedigung gewöhnlicher Lust«. Diese Doppelmoral steht im Einklang mit dem, was das *Kamasutra*, wie auch andere indische Lehrbücher, als die Pflichten des

kultivierten Mannes beschreibt: »Er soll so handeln, daß sein Handeln seine Aussichten auf die andere Welt nicht schmälert, seinen Reichtum erhält und insgesamt lustvoll ist.«
In seiner Einführung zu *Tales of Ancient India*, einer 1959 in Chicago erschienenen Auswahl von Übersetzungen aus dem Sanskrit, schreibt J.A.B. Van Buitenen:

Wenn ich das »spirituelle Element« zurückgenommen habe, so deshalb, weil man – hier wie in Indien – manchmal gegen das Bild von der indischen Spiritualität protestieren möchte. Die klassische Kultur war nicht übermäßig spirituell. Selbst die mit Totenschädeln geschmückten Einsiedler und Wandermönche besaßen so viel inneres Feuer, daß sie sich über einen Scheiterhaufen lustig machen konnten. Der bescheidene historische Buddha wird zu einem ganzen Pantheon, bevölkert von zahlreichen, in Schichten angeordneten Wesen, die unaufhörlich eine Herrlichkeit verströmen, welche zum kleinsten Teil aus Entsagung entstanden ist. Kurze Zeit wurde sogar der freie Wille diskutiert. Es kursierte eine Geisteshaltung, die sich einen flüchtigen Augenblick lang an einer lebendigen Form festmachen ließ, ehe sie sich in formloser Spiritualität auflöste. Es fällt schwer zu glauben, daß ein so pralles Leben nicht auch tausend Jahre überdauern sollte.

Man könnte das von der *Bhagavadgita* mit fast propagandistischem Eifer verfochtene Kastenwesen als einen Teil des alten indischen Pragmatismus, als Teil des »Lebens« im klassischen Indien betrachten. Wie die Gesellschaft hat es einen Niedergang, eine Verknöcherung erfahren, und seine nachgeordnete Aufgabe – die Zuweisung von Funktionen – ist zum alles beherrschenden Faktor geworden: die Unfähigkeit des Putzers und die kurzsichtige Skrupellosigkeit des Kaufmanns sind unvermeidlich. Es ist nicht leicht, Kandidaten für die kürzlich geschaffene Auszeichnung für mutige Kinder zu finden. Kinder verheimlichen ihren Eltern lieber, daß sie ihr Leben für einen anderen aufs Spiel gesetzt haben. Nicht daß Inder besonders feige wären oder Mut nicht bewunderten. Vielmehr sind Mut und die Bereitschaft, sein Leben zu riskieren, Funktionen, die allein dem Krieger zukommen. Es gibt Geschichten von Indern, die am Flußufer ein Picknick veranstalteten, während vor ihren Augen jemand ertrank. Jeder Mensch ist eine Insel, jeder Mensch hat seine Funktion und seinen persönlichen Vertrag mit Gott. Das ist die Verwirklichung des selbstlosen Handelns, von dem in der *Gita* die Rede ist. Das ist das Kastenwesen. Anfangs war es ein zweifellos nützliches Instrument zur Organisation der Arbeitsteilung in einer bäuerlichen Gesellschaft, doch inzwischen hat es die Funktion von der gesellschaftlichen Verpflichtung getrennt und die Position von der Verantwortung entbunden. Es ist ineffizient und zerstörerisch und hat eine psychologische Disposition hervorgebracht, die alle Reformpläne zunichte macht. Es hat zu der indischen Leidenschaft für große Reden, große Gesten und symbolische Handlungen geführt.

Symbolische Handlungen: die Baumwoche (siebzig Prozent der gepflanzten Bäume sterben, nachdem die Reden gehalten worden sind, weil sich niemand mehr um sie kümmert), die Woche des Kampfes gegen die Pocken (einer der Minister der Zentralregierung weigert sich aus religiösen Gründen, sich gegen Pocken impfen zu lassen, und Impfbescheinigungen können bei vielen Ärzten für wenig Geld gekauft werden), die Anti-Fliegen-Woche (die in einem Bundesstaat ausgerufen wurde, bevor die Fliegen überhaupt geschlüpft waren), der Tag des Kindes (Mr. Nehrus korrekte Rede über Kinder auf der ersten Seite der Zeitung, und auf der letzten Seite ein Bericht darüber, daß eine für bedürftige Kinder bestimmte Lieferung Gratismilch in Kalkutta auf dem schwarzen Markt gelandet ist), die Woche der Malariaausrottung (HELFT MALARIA AUSZUROTTEN steht auf englisch an den Häuserwänden von Dörfern, in denen Hindi sprechende Analphabeten leben).

Wenn das Handeln so symbolisch ist, werden die Etiketten, die man Dingen, Orten und Menschen anheftet, bedeutsam. An einem umzäunten Platz, dessen Ausstattung seinen Zweck bereits verrät, steht dennoch ein großes Schild: KINDERSPIELPLATZ. Ein anderer Platz, an dessen Ende man eine

Bühne errichtet hat, ist ein FREILUFTTHEATER. Auf dem Jeep, der die Wagenkolonne des Gouverneurs anführt, steht in weißen Buchstaben: VORAUSFAHRZEUG. Neu Delhi ist ein Durcheinander von Etiketten – man hat den Eindruck, die Stadt sei ein Basar von Behörden. Selbst uralte, heilige Gebäude werden entstellt. Am Tor des aus dem 8. Jahrhundert stammenden Tempels auf dem Shankaracharya Hill in Srinagar hängt ein buntes Banner, das gut zu einem Kurzwarenladen passen würde. Ein in die uralte Mauer eines Tempels in Mahabalipuram bei Madras eingelassenes Schild erinnert an den Minister, der den Auftrag für die Restaurierung des Gebäudes gegeben hat. Das Gandhi Mandap in Madras ist ein kleines Bauwerk mit einem Säulengang und einer in Stein gemeißelten Liste der Mitglieder der Komitees, die dieses Denkmal haben errichten lassen; die Liste ist mehr als mannshoch.

Es gibt einen modernen Staatsapparat. Es gibt die Gebäude, sie sind etikettiert. Manchmal nehmen sie ein Bedürfnis vorweg, und eine solche Vorwegnahme trägt oft ihre eigene Rechtfertigung in sich. Man beachte das Impressum eines Faltblattes des Ministeriums für Tourismus: *Entworfen und herausgegeben vom Direktorat für Werbung und visuelle Aufklärung im Ministerium für Information und Rundfunk, im Auftrag des Ministeriums für Tourismus und des Ministeriums für Transportwesen und Kommunikation.* Die Struktur ist zu perfekt, zu ausführlich etikettiert. Es überrascht nicht, daß dabei manchmal nicht mehr als gute Absichten herauskommen. Das Faltblatt *Familienplanung*, das ich kürzlich in der Hand hatte, enthielt wenig Informationen über geplante Familien, dafür aber viele Fotos von charmanten Frauen in wunderschönen Saris, die Familienplanung planten. Verkehrsampeln gehören zur Ausstattung moderner Städte. Darum gibt es sie auch in Lucknow, doch dienen sie dort nur zur Dekoration und sind obendrein gefährlich, denn Minister sind es sich schuldig, niemals an einer Ampel zu halten, und in diesem Bundesstaat gibt es sechsunddreißig Minister. Die Süßwarenläden in Gorakhpur müssen mit Vitrinen ausgestattet sein, also stehen die leeren Vitrinen neben den Haufen ungeschützter Süßigkeiten. In Chandigarh gibt es ein schönes, neues Theater – aber wer schreibt die Stücke?

Wenn, wie bei der drohenden chinesischen Invasion, eine Krise eintritt, wird das symbolische Wesen dieser Struktur deutlich. Reden werden gehalten und ausführlich wiedergegeben. Viele Gesten – die Gesundheitsministerin spendet Blut, jemand anders spendet Schmuck – werden öffentlich gemacht. Verschiedene Dienstleistungen werden eingestellt. Doch darüber hinaus scheint niemand zu wissen, was als nächstes zu tun ist. Sollte man vielleicht ein *Defence of the Realm Act*, ein Gesetz zur Landesverteidigung, verabschieden? Jeder spricht davon und nennt es DORA, womit dieses korrekte Etikett eine beruhigende Vertrautheit bekommt. Ein paar Tage lang wird diese Bezeichnung benutzt wie ein Zauberwort. Die Engländer haben 1939 ein DORA erlassen, jetzt tut die indische Regierung dasselbe. Die Engländer haben damals Gräben ausgehoben. Also hebt man in Delhi Gräben aus, allerdings nur symbolisch, hier und da, und an gefährlichen Stellen, nämlich in öffentlichen Parks, unter Bäumen. Diese Gräben stillen das allgegenwärtige indische Bedürfnis nach Freiluftlatrinen. Und es erübrigt sich zu sagen, daß Nachschublieferungen für die symbolisch bewaffnete indische Armee in Kalkutta auf dem schwarzen Markt landen.

Eine östliche Vorstellung von Würde und Funktion, die auf symbolischem Handeln fußt – das ist der gefährliche, heruntergekommene Pragmatismus des Kastenwesens. Symbolhafte Kleidung, symbolhafte Nahrung, symbolhafte Gebete: Indiens Grundzug ist die Symbolik, die Untätigkeit. Die Untätigkeit entsteht aus der gegebenen Funktion und diese aus dem Kastenwesen. Die Unberührbarkeit ist nicht die bedeutsamste Auswirkung des Systems; nur der westliche Begriff von Würde hat sie dazu gemacht. Doch der Kern des Systems ist die Herabwürdigung des Latrinenreinigers und die ungenierte Darmentleerung auf einer Veranda, die Gandhi 1901 beobachtete.

»Wenn die Unberührbarkeit nicht mehr existiert, ist das Kastensystem geläutert.« Das klingt nach indischer, Gandhischer Doppelmoral. Man könnte den Satz sogar als Anerkennung der Naturgegebenheit des Kastenwesens verstehen. Und doch handelt es sich dabei um eine revolutionäre Aussage. Die Landreform allein überzeugt den Brahmanen nicht davon, daß er die Hand an den Pflug legen kann, ohne sich herabzuwürdigen. Auszeichnungen für mutige Kinder ändern nichts an der Ansicht, daß es unverzeihlich ist, das eigene Leben zu riskieren, um das eines anderen zu retten. Und daß ein bestimmter Prozentsatz von Verwaltungsposten mit Unberührbaren besetzt werden muß, hilft niemandem. Man legt dadurch lediglich die Verantwortung in die Hände von Unqualifizierten, und ein Unberührbarer im Staatsdienst – also unter Menschen, denen Reputation über alles geht – steht auf verlorenem Posten. Man muß das System umgestalten und die psychologischen Bedingungen, die das Kastenwesen möglich machen, beseitigen. Darum kommt Gandhi immer wieder auf den Schmutz und Kot Indiens und die Würde des Latrinenreinigers zurück, auf den Geist des Dienens, auf Arbeit für Brot. Aus westlicher Sicht wirkt seine Botschaft beschränkt und verschroben, doch in Wirklichkeit verbindet er nur einen besorgten kolonialen Blick auf Indien mit schlichten westlichen Wahrheiten.

Indien war sein Verhängnis. Er wurde zum Mahatma. Man mußte ihn für das verehren, was er war – seine Botschaft war unwichtig. Er rüttelte Indien aus seiner »formlosen Spiritualität« auf; er weckte die indische Leidenschaft für Selbsterniedrigung angesichts von Tugend, für eine Selbsterniedrigung, die im Einklang mit dem *Kamasutra* stand, denn sie schmälerte nicht die Aussichten auf die andere Welt, erforderte keine lange, schwere Arbeit und war insgesamt lustvoll. Symbolisches Handeln war Indiens Fluch. Dennoch war Gandhi Inder genug, um auf Symbole zurückzugreifen. So wurde das Latrinenreinigen zu einem gelegentlichen Ritual, einer verdienstvollen Handlung, die vom Mahatma,

der »großen Seele«, gutgeheißen wurde. An der Herabwürdigung des Latrinenreinigers änderte das nichts. Das Spinn-
rad bewirkte nicht eine Würdigung der Handarbeit, sondern
ging in der Masse der indischen Symbole auf, wo seine
Bedeutung rapide schwand. Gandhi bleibt ein tragisches Pa-
radox. Der indische Nationalismus entstand aus einer Rück-
besinnung auf die hinduistische Kultur, und diese Rückbesin-
nung, die Gandhi so stark unterstützte, besiegelte schließlich
seine Niederlage. Daß er verehrt wurde, sicherte ihm den
politischen Erfolg und ließ ihn letztlich dennoch scheitern. In
seinen Schriften wird sein Scheitern offenbar: Er ist noch immer der beste Führer durch Indien. Es ist, als wäre Florence
Nightingale in England zur Heiligen erklärt worden, die mit
Denkmälern geehrt würde und deren Name in aller Munde
wäre, während in den Krankenhäusern noch immer die Zu-
stände herrschten, die sie beschrieben hat.
Gandhis Scheitern reicht noch tiefer. Nichts treibt einen Inder zuverlässiger dazu, einen unverrückbaren Standpunkt
einzunehmen, nichts macht ihn so störrisch und beraubt ihn
schneller seiner natürlichen Eleganz als der Besitz eines heiligen Mannes.
»Ist das der Zug nach Delhi?« fragte ich eine Gruppe von
Bauern, als ich im Bahnhof von Moradabad Sekunden vor
der Abfahrt in einen der Wagen stieg.
»Was glauben Sie eigentlich, wo Sie hier sind? Sprechen Sie
gefälligst Hindi, wenn Sie eine Antwort wollen. Hier spricht
man nur Hindi.«
Das war der Anführer der Gruppe. Er war kein Nationalist,
der sich für die Nationalsprache stark machte. In irgendeiner
anderen Situation wäre er höflich, vielleicht sogar unterwür-
fig gewesen. Doch hier war er der Besitzer eines safranrot
gekleideten, fetten, geleckten, öligen Mannes – in Indien hat
man wenig Sinn für Subtilitäten –, dem die Frauen und Kinder der Gruppe mit Verehrung begegneten.
So ist das Verhältnis der Inder zu Gandhi. Er ist der neueste
Beweis für ihre Spiritualität und bestärkt alle, die ihn verehren, in ihrem persönlichen Vertrag mit Gott. Geblieben ist in

Indien nur Gandhis Name und die Verehrung seines Bildes. Geblieben sind Seminare über Gewaltlosigkeit (als wäre das alles, was er gelehrt hat), geblieben ist eine Prohibition, die viel Raum für Selbstgerechtigkeit und Symbolik bietet und selbst auf dem Höhepunkt der Assamkrise als hehre Aufgabe gepriesen wird, geblieben ist der Stil, in dem sich Politiker kleiden.

Man betrachte nur einmal den schmucklos und korrekt gekleideten Dorfpolitiker, der auf einer Versammlung über den Mahatma und das Mutterland spricht.

»Um gewählt zu werden«, erzählt mir ein Beamter, »hat er siebzehn Menschen umbringen lassen.«

Das ist kein Widerspruch; der Mahatma ist in der formlosen Spiritualität und dem heruntergekommenen Pragmatismus Indiens aufgegangen. Der Revolutionär wurde zu einem Gott, und dadurch ging seine Botschaft verloren. Es ist ihm nicht gelungen, Indien seine eigene direkte Sichtweise zu vermitteln. Und eigenartig: In zwölf Monaten konnte ich unter seinen Verehrern keinen finden, der mir hätte sagen können, wie Gandhi eigentlich aussah. Es war eine Frage, die man Angehörigen eines Volkes, das nicht viel Talent für Beschreibungen besitzt, lieber nicht stellen sollte, doch die Antworten waren erstaunlich. Für manche war Gandhi winzig, für einen Mann in Madras jedoch einen Meter achtzig groß gewesen. Manche hatten ihn dunkelhaarig in Erinnerung, andere sagten, er sei ein extrem heller Typ gewesen. Dennoch erinnerten sich alle deutlich an ihn; viele besaßen sogar persönliche Fotos von Gandhi. Auch die waren jedoch keine Hilfe: Der Anblick war zu vertraut. So ist es, wenn Legenden vollendet sind. Nichts kann sie größer oder kleiner machen. Das Bild ist fixiert, vergröbert und unveränderlich, und die Aussagen von Zeitzeugen sind unwichtig. Fast alles, was Gandhi gesagt oder geschrieben hat, ist dokumentiert, die Bibliografie ist gewaltig. Doch in Indien ist er bereits in den Hintergrund getreten; er könnte ebensogut in jener Zeit gelebt haben, als Schreiber auf Blätter und Messingstreifen schrieben und man zu Fuß reiste.

4

ROMANTIK

Die Titel indischer Filme haben nie aufgehört, mich zu faszinieren. Sie waren schlicht, enthielten aber zahllose Anspielungen. *Private Secretary* – in Indien, wo Abenteuer der angedeuteten Art dünn gesät und auf der Leinwand keine Küsse zu sehen waren, regte ein solcher Titel die Phantasie an: Die »progressive« junge Frau, der attraktive Job (Schreibmaschine, weißes Telefon), Männer und Frauen im selben Büro, die verbotene Liebe, die bedrohte Familie, die Tragödie. Ich habe den Film nie gesehen. Ich kenne nur das Plakat: Wenn ich mich recht erinnere, lag jemand auf dem Boden eines Büros. Ein anderer Titel lautete *Junglee* (»Ungezähmt«): eine Frau vor dem Hintergrund des schneebedeckten Himalaya. Auf dem Plakat zu *Maya* (»Leerer Schein« – »Kosmische Illusion«) weinte eine Frau große, bittere Tränen. *Jhoola* (»Die Schaukel«) versprach Ausgelassenheit und viele Lieder und Tänze. Bei *Paying Guest* dagegen schwangen dieselben dunklen Andeutungen mit wie bei *Private Secretary*.
Wir waren zahlende Gäste. Es war in Delhi, der Stadt der Symbole. Erst waren es Symbole der britischen Herrschaft gewesen, jetzt waren es die der indischen Unabhängigkeit: Fieberhafte Verwaltungstätigkeit ließ einen Dschungel aus großen schwarz-weißen Schildern wuchern – die Indische Gesellschaft für dies und die Akademie für das, das Ministerium für dies und das Referat für das –, und die Neubauten wuchsen in den Himmel, gewaltige Vogelnester aus

108

Bambusgerüsten. Es war eine Stadt, die ständig wuchs, wie sie es in den vergangenen vierzig Jahren getan hatte, eine Stadt der Staatsbediensteten und Bauunternehmer. Wir waren zahlende Gäste, und unsere Gastgeberin war Mrs. Mahindra, die Frau eines Bauunternehmers.

Sie hatte uns mit ihrem Wagen vom Bahnhof abholen lassen. Für diesen Gefallen waren wir ihr dankbar. In dem Augenblick, in dem ich aus dem mit Ventilatoren ausgestatteten Wagen der dritten Klasse auf den glatten, heißen Bahnsteig stieg, klebte mir das Hemd am Körper, und ich verlor das Interesse und fragte mich mit einem letzten Aufflackern intellektueller Neugier, warum irgend jemand in Indien sich um irgend etwas kümmerte und warum man sich überhaupt um Indien gekümmert hatte. Obgleich es auf dem Bahnsteig so heiß wie in einem Backofen war, wurden Konkurrenzkämpfe ausgetragen. Gepäckträger mit leuchtend roten Jacken und Turbanen liefen umher und riefen nach Kundschaft. Die erfolgreichen unter ihnen gingen tief gebeugt und schleppten Metallkisten, über die sich während der langen Reise von Bombay hierher ein Staubfilm gelegt hatte – eine Kiste, zwei Kisten, drei Kisten. Die Ventilatoren über uns wirbelten wie rasend. Die Bettler klagten. Der Mann vom Bhagirath Hotel winkte mit seinem abgegriffenen Faltprospekt. Mir fiel ein, daß Antarktisforscher berichteten, das Aufgeben wäre leicht gewesen – die eigentliche Tapferkeit habe darin bestanden, durchzuhalten und nicht stehenzubleiben. Ich griff nach dem Faltprospekt und begann mitten in diesem Getöse und Getümmel, an dem ich das Interesse verloren hatte und das nun in Wellen zurückzuweichen schien, zu lesen, mit bemühter Konzentration, in der alles verzerrt und verschwommen war:

Arrive a Delhi au terme d'un equisant voyage, c'est avec le plus grand plaisir que j'ai pris le meilleur des repos au Bahgirath Hotel, dant les installations permettent de se remettre de ses fetigues dans un cadre agreable. J'ai particulierment apprecie la gentilesse et l'hospitolite de le direction et do personnel. Je ne peploie q'ue chose, c'est de n'avoir pu ar-

roser les excellents repos des baissans alcoolirees aux quelles nous met-
tent le cour en loie.
28. 7. 61   *Fierre Bes Georges, Gareme (Seine), France*

Baissens alcoolirees – das sehnsüchtige Verlangen war zu einem
Delirium geworden. *Et Monsieur, qu'est-ce-qu-il peploie? Je ne pe-*
ploie qu'ue chose? Arrosez les excellents repos. Auf dem schimmernden Betonboden lagen Gestalten: indische Schlafende auf
einem indischen Bahnhof. Die unbeschäftigten Gepäckträger hockten am Boden. Die klagende Bettlerin hockte ebenfalls am Boden. *Arrosez les excellents repos.* Dabei gab es gar
keine Brunnen. Die Straßen waren groß und breit, die Kreis-
verkehre riesig. Es war eine Stadt für Riesen, eine Stadt der
Fluchtpunkte, der Symmetrien, eine Stadt, die Plan geblieben, die nicht zum Leben erweckt und menschlich geworden
war, eine Stadt für Menschen, die vor der Weite des Raumes
und der Grellheit des Lichts geschützt waren und für die die
Bäume wie die Bäume auf dem Plan eines Architekten waren: keine Schattenspender, sondern Dekoration. Es war
eine Stadt wie ein Denkmal. Und alles war bezeichnet, wie
auf dem Plan eines Architekten. Alles, was sich bewegte,
wirkte winzig, wie dieser Mann auf dem Fahrrad und sein
pechschwarzer Schatten. Eine endlose, unaufhörlich sich
ausdehnende Stadt, die nicht zur Rast einlud, sondern die
Menschen durch ihre Straßen und Boulevards jagte, wie
diese Motorroller-Rikschas, die sich zwischen den anderen
Fahrzeugen hindurchwanden und vor dem Hintergrund der
monumentalen Stadt zwergenhaft aussahen.
Das Haus lag in einer von Neu Delhis »Colonies« – Wohn-
siedlungen, in denen man das wilde Durcheinander aus Ver-
spieltheit und ausufernd moderner Linienführung nach der
exponierten Nüchternheit des Zentrums besonders stark
empfindet. Es war, als wäre ein indisches Dorf vergrößert
und in Glas und Beton verwandelt worden. Die Häuser waren noch nicht durchgehend numeriert, und in den schmalen Gassen suchten verwirrte Sikhs Adressen anhand von
Parzellennummern. Diese waren chronologisch geordnet,

woraus sich das Datum des Verkaufs entnehmen ließ. Staub, grauer und weißer Beton, keine Bäume, jeder Sikh verwachsen mit einem lebhaften, schwarzen Schatten.
Wir saßen unter einem Ventilator an einem leeren, unbenutzten Kamin und ruhten uns bei einem Glas Coca-Cola aus.
»Ein Trottel, dieser Bihari«, sagte Mrs. Mahindra, die sich damit für ihren Chauffeur entschuldigte; dann machte sie Konversation.
Sie war dicklich, noch jung und hatte große, starrende Augen. Sie sprach etwas Englisch, und wenn ihr ein Wort nicht einfiel, kicherte sie und schlug die Augen nieder. Sie sagte »Hmm«, ihr Blick wurde abwesend, und sie legte die rechte Hand an das Kinn.
Das Haus war neu und roch hier im Erdgeschoß nach Beton und Farbe. Die Zimmer waren noch nicht ganz eingerichtet und spärlich möbliert. Doch überall gab es Ventilatoren, und die deutschen Armaturen in den Bädern waren luxuriös und teuer. »Ich bin verrückt nach Auslandssachen«, sagte Mrs. Mahindra. »Ganz verrückt nach Auslandssachen.«
Sie bewunderte unsere Koffer und was sie enthielten. Sie strich ehrfürchtig und begeistert mit der Hand darüber. »Verrückt, ganz verrückt nach Auslandssachen.«
Mit vielleicht vor Angst, vielleicht vor Bewunderung geweiteten Augen erzählte sie uns von ihrem Mann, dem Bauunternehmer. Er hatte ein schweres Leben. Ständig mußte er in irgendwelchen Wäldern und Dschungeln herumreisen und im Zelt leben. Sie mußte hierbleiben und sich um den Haushalt kümmern.
»Dreitausend Rupien im Monat für Haushalt. Was heute alles so kostet, ist kein Witz.«
Sie wollte nicht wirklich prahlen. Sie stammte aus einer einfachen Familie und nahm ihren neuen Reichtum hin, wie sie Armut hingenommen hätte. Sie war lernbegierig, sie war darauf bedacht, das Richtige zu tun, und bemühte sich um unsere Anerkennung, eine Anerkennung durch Ausländer. Gefielen uns die Farben der Vorhänge? Die Farben der

Wände? Hier, diese Wandlampe war aus dem Ausland, aus Japan. Der einzige Gegenstand, der nicht aus dem Ausland stammte, war, wie sie uns auf dem Weg zum Eßzimmer im ersten Stock gestand, das Rechaud aus Messing.

Sie setzte sich zu uns, aß aber nichts, sondern starrte, das Kinn in die Hand gestützt, auf unsere Teller. Ihre Augen weiteten sich verträumt, und wenn unsere Blicke sich trafen, lächelte sie. Sie sei neu im Geschäft, sagte sie kichernd. Sie habe noch nie zahlende Gäste gehabt, und wir sollten ihr vergeben, wenn sie uns behandle, als wären wir ihre Kinder. Ihre Söhne erschienen. Sie waren Teenager, groß und uns gegenüber so kühl, wie ihre Mutter betont freundlich war. Sie setzten sich zu uns an den Tisch. Mrs. Mahindra gab ihnen und uns das Essen auf.

Plötzlich kicherte sie und machte eine Kopfbewegung zu ihrem älteren Sohn hin.

»Ich möchte, daß er ausländisch heiratet.«

Der Junge reagierte nicht.

Wir sprachen über das Wetter und die Hitze.

»Die Hitze macht uns nichts aus«, sagte der Junge. »Wir haben Klimaanlagen in den Schlafzimmern.«

Mrs. Mahindra sah uns an und lächelte schelmisch.

Sie bestand darauf, uns am Nachmittag auf einen kleinen Einkaufsbummel mitzunehmen. Sie wolle Vorhänge für eines der Zimmer im Erdgeschoß kaufen. Wir wandten ein, die Vorhänge, die sie uns im Wohnzimmer gezeigt habe, seien ganz neu und sehr elegant. Nein, nein, sagte sie, wir wollten bloß höflich sein. Sie müsse heute nachmittag neue Vorhänge kaufen und wolle unseren ausländischen Rat.

Also fuhren wir wieder ins Stadtzentrum. Sie zeigte uns verschiedene Bauwerke: Humayuns Grabmal, India Gate, Rashtrapati Bhavan.

»Neu Delhi, Neu Delhi«, seufzte sie. »*Hauptstadt* von Indien.«

Wir gingen von einem Geschäft zum anderen, und meine Kräfte ließen nach. Ich begann, mechanisch zu sprechen. »Sieh mal«, sagte ich zu dem Jungen und zeigte auf einen Berg übertrieben orientalischer Pantoffeln mit aufwärts gekrümmten, bestickten Spitzen. »Sieh mal, die sind doch originell.‹

»Für uns sind die zu gewöhnlich.«

Die Verkäufer kannten seine Mutter. Sie unterhielt sich angeregt mit ihnen. Sie boten ihr einen Stuhl an. Sie setzte sich, prüfte mit den Fingern, sprach mit den Verkäufern. Ballen um Ballen wurde herangeschafft und abgewickelt. Mit unbewegtem Gesicht betrachtete sie die Stoffe, und mit unbewegtem Gesicht ging sie hinaus. Niemand schien gekränkt zu sein. Sie wußte, was sie wollte, und schließlich fand sie es.

Am Abend machte sie uns auf den offenen Kamin aufmerksam. Er hatte eine unregelmäßige Form und war von ihrem Mann entworfen worden, dessen Idee auch die für Lampen vorgesehenen, unregelmäßig geformten Nischen in der Grundstücksmauer gewesen waren.

»Modern. Modern. *Alles* modern.«

Am nächsten Morgen kamen die Maler, um den erst kürzlich gestrichenen unbenutzten Raum in einer Farbe zu streichen, die zu den gestern nachmittag gekauften Vorhängen paßte.

Sie kam in unser Zimmer, als wir nach dem Frühstück erschöpft unter dem Deckenventilator lagen. Sie setzte sich auf die Bettkante und unterhielt sich mit uns. Sie untersuchte einen Strumpf, einen Schuh, einen BH und erkundigte sich nach den Preisen. Sie überredete uns, den Malern bei der Arbeit zuzusehen; sie hielt den neuen Vorhangstoff neben die neue Farbe und fragte uns, ob beides zusammenpaßte.

Sie hatte nichts weiter zu tun, als dreitausend Rupien im Monat auszugeben. Sie hatte eine besonders gute Freundin. »Mrs. M. Mehta. Schriftführerin. Bei Frauenliga. Mrs. M. Mehta. Klimaanlagen und andere elektrische Geräte.« Der Name und die Worte waren mir aus Anzeigen vertraut. Mrs. Mahindra besuchte Mrs. Mehta ebenso regelmäßig, wie sie ihren Astrologen konsultierte, einen Einkaufsbummel machte und in den Tempel ging. Ihr Leben war erfüllt und angenehm.

Am Nachmittag läutete ein hochgewachsener Mann um die fünfzig. Er sagte, er komme wegen einer Annonce in der Zeitung und wolle das Erdgeschoß, in dem wir im Augenblick wohnten, mieten. Er trug einen grauen, zweireihigen Anzug und sprach Englisch mit bemühtem Armeeakzent.

»Hmm.« Mrs. Mahindra schlug die Augen nieder.

Der Mann im grauen Anzug fuhr fort, Englisch zu sprechen. Er vertrete eine große Firma, sagte er. Eine Firma mit Verbindungen im Ausland.

»Hmm.« Ihre Augen blickten gedankenverloren, die Hand wanderte zum Kinn.

»Niemand wird hier schlafen.« Er kam ein wenig ins Stokken; vielleicht hatte er den Eindruck, daß seine Firma nicht so prestigeträchtig war wie die Ausländer »im diplomatischen Dienst«, die in so vielen Annoncen gewünscht wurden. »Wir zahlen für ein Jahr im voraus und schließen einen Mietvertrag über drei Jahre ab.«

»Hmm.« Sie antwortete ihm auf Hindi, sie werde mit ihrem Mann sprechen. Und dann gebe es ja noch so viele andere Interessenten.

»Wir werden diese Räumlichkeiten lediglich als Büro nutzen.« Seine gemessene Würde wich einer gewissen Verzweiflung. »Es soll lediglich ein Hausmeister hier schlafen. Im Rest des Hauses werden Sie vollkommen ungestört sein. Wir zahlen Ihnen zwölftausend Rupien in bar.«

Sie starrte geistesabwesend vor sich hin, als rieche sie die frische Farbe und denke über die neuen Vorhänge nach.

»Trottel«, sagte sie, als er gegangen war. »Redet Englisch. *Barra sahib.* Trottel.«

Am nächsten Morgen war sie gedrückter Stimmung.

»*Ein Brief.* Der *Vater* von mein Mann kommt. Heute. Morgen.« Diese Aussicht war offensichtlich deprimierend. »Reden, reden, ist kein Witz.«

Als wir nachmittags zurückkehrten, leistete sie traurig und pflichtbewußt einem weißhaarigen, indisch gekleideten Mann Gesellschaft. Sie schien bereits etwas geschrumpft zu sein und wirkte verschüchtert, ja geradezu verlegen. Als sie uns vorstellte, betonte sie die Tatsache, daß wir Ausländer waren. Dann schlug sie die Augen nieder, hing ihren eigenen Gedanken nach und beteiligte sich nicht mehr an der Unterhaltung.

Der weißhaarige Mann musterte uns mißtrauisch. Doch wie Mrs. Mahindra bereits angedeutet hatte, redete er gern, und er betrachtete sich und sein Alter – er war etwas über sechzig – mit Staunen. Dabei sprach er nicht so sehr über seine Abenteuer, sondern über die Gewohnheiten, die er in diesen sechzig Jahren entwickelt hatte. Er stehe jeden Morgen um vier Uhr auf, sagte er. Dann mache er einen sechs bis acht Kilometer langen Spaziergang, und anschließend lese er einige Kapitel aus der *Gita*. Das tue er nun schon seit vierzig Jahren, und er könne jedem jungen Mann nur empfehlen, seinem Beispiel zu folgen.

Mrs. Mahindra seufzte. Ich hatte den Eindruck, daß sie bereits eine Menge erduldet hatte, und beschloß, ihr die Last abzunehmen. Ich versuchte, den alten Mann dazu zu bewegen, mir etwas von seiner Vergangenheit zu erzählen. Er hatte nichts Aufregendes zu bieten, nur eine Liste der Orte, in denen er gelebt und gearbeitet hatte. Ich stellte genaue Fragen und ließ ihn Landschaften beschreiben. Doch Mrs. Mahindra verstand nicht, welche Absicht ich verfolgte, und nahm die Entlastung, die ich ihr anbot, nicht an, konnte sie vielleicht aus Pflichtgefühl nicht annehmen. Sie saß da und litt. Schließlich hatte der alte Mann genug. Er stand auf und setzte sich allein in den kleinen Vorgarten.

»Sie sind ein Schlimmer!« sagte Mrs. Mahindra und lächelte mir erschöpft zu.

»Es ist Sommer«, sagte der alte Mann nach dem Abendessen. »Seit zwei Wochen schlafe ich im Freien. Ich schlafe immer ein paar Wochen früher im Freien als andere.«

»Wollen Sie auch heute nacht im Freien schlafen?« fragte ich.

»Selbstverständlich.«

Er schlief direkt vor der Tür. Wir konnten ihn sehen, und zweifellos konnte er uns ebenfalls sehen. Um vier Uhr – ich nahm jedenfalls an, daß es vier Uhr war – hörten wir ihn aufstehen und die Vorbereitungen für seinen Spaziergang treffen: die Klospülung, Gurgeln und Spucken, Klappern, Türenschlagen. Wir hörten ihn auch zurückkehren. Und als wir aufstanden, las er in der *Gita*.

»Ich lese immer ein paar Seiten aus der *Gita*, wenn ich von meinem Spaziergang zurück bin«, sagte er.

Danach verbrachte er den Tag müßig im Haus. Er hatte nichts zu tun. Es war schwierig, ihn zu ignorieren; er erwartete, daß man ihn ansprach. Er unterhielt sich mit uns, aber ich hatte das Gefühl, daß er alles wachsam beobachtete.

Als wir am Nachmittag zurückkehrten, wurden wir Zeugen einer peinlichen Szene: der Befragung des nächsten Interessenten für die Räume im Erdgeschoß. Dem Interessenten war unbehaglich; der alte Mann stellte die Fragen zwar höflich, aber mit unterschwelligem Tadel, und sein Tadel galt, wie mir schien, Mrs. Mahindra, deren Gesicht fast ganz hinter dem Zipfel ihres Saris verborgen war.

Mrs. Mahindra begann uns ein wenig zu vernachlässigen. Innerhalb kürzester Zeit war sie zur indischen Schwiegertochter zusammengeschrumpft. Über ihre Vorliebe für Ausländisches hörten wir jetzt nur noch wenig. Wir waren zur Belastung geworden. Und wenn sie bei einer Unterhaltung mit ihrem Schwiegervater unsere Blicke auffing, war ihr Lächeln traurig, nicht verschwörerisch, sondern von pflichtschuldiger Distanz. An unserem ersten Tag hatten wir sie in einem kurzen Augenblick der Lebensfreude erlebt.

Wir hatten verabredet, an jenem Wochenende aufs Land zu fahren, und als wir Mrs. Mahindra sagten, daß wir sie für ein paar Tage mit ihrem Schwiegervater allein lassen würden, kamen wir uns fast wie Deserteure vor. Doch ihr Gesicht hellte sich auf; sie wurde geschäftig. Wir sollten einfach fahren, sagte sie, und uns keine Sorgen machen. Wir bräuchten unsere Sachen nicht wegzupacken – sie werde sich um unser Zimmer kümmern. Sie half uns bei den Vorbereitungen. Sie packte uns ein Lunchpaket und stand in dem unregelmäßig geformten Tor der Einfahrt und winkte, als ihr Bihari-Chauffeur – der Trottel, wie wir uns erinnerten – mit uns davon-

fuhr. Die dickliche, traurige Mrs. Mahindra mit ihren großen Augen!
Ein Wochenende auf dem Land! Man denkt an kühle Baum-
gruppen, grüne Felder, Bäche und Flüsse. Als wir Delhi verließen, dachten wir nur an Wasser. Doch es gab kein Wasser
und nur wenig Schatten. Die Straße war ein schmales Me-
tallband zwischen zwei Streifen aus purem Staub. Die
Bäume und Felder zu beiden Seiten waren staubbedeckt.
Einmal fuhren wir kilometerlang durch flaches, braunes Öd-
land. Am Ende der Reise lagen eine Kleinstadt und ein
Mord. Der Mörder – ein Moslem – war geflohen, der tote
Hindu mußte vor Tagesanbruch diskret betrauert und eilig
eingeäschert werden, und anschließend mußte man ein
wachsames Auge auf Unruhestifter beider Seiten haben. Das
nahm unseren Gastgeber beinahe das ganze Wochenende in
Anspruch. Wir blieben im Gebäude der Bezirksverwaltung
und waren dankbar für die hohe Decke und den Ventilator
darunter. An einer Wand hing ein gerahmter, maschinenge-
schriebener Auszug aus der Dienstordnung. An einer anderen Wand befand sich ein offener Kamin. Die Winter, die er
verhieß, erschienen im Augenblick höchst unwahrscheinlich, und es war, als wäre man dazu verdammt, immer zur
falschen Zeit am jeweiligen Ort zu sein, als tastete man sich
unaufhörlich durch Szenerien, in denen jedes Etikett falsch
war: der seit Jahren defekte Süßwarenautomat auf dem
Bahnsteig, die Reklame für ein Produkt, das gar nicht mehr
hergestellt wurde, der Fahrplan, der nicht mehr gültig war.
Über dem Kamin hing ein Foto: Ein Baum klammerte sich
neben einem schmalen Bach an die verwitterte Erde. In diesem Foto, in der Erschöpfung und Beharrlichkeit, die es ab-
bildete, lag etwas, in dem auch wir bereits etwas von Indien
zu erkennen vermochten.
Unter einem dunkelnden Himmel kehrten wir mit dem Zug
nach Delhi zurück. Wir warteten auf das Gewitter, doch
was wie Regenwolken ausgesehen hatte, war in Wirklichkeit
Staub. Der Tee-Junge betrog uns (einige Monate später betrog uns derselbe Junge auf derselben Strecke noch einmal),

ein Mitreisender beklagte sich über die Korruption. Eine Geschichte führte zur anderen. Der Wind wehte und blies den Staub in alle Winkel, den Staub, der, wie Ingenieure versichern, in Ritzen eindringt, in die Wasser nicht eindringen kann. Wir sehnten uns nach der Stadt, nach einem heißen Bad und Klimaanlagen und Fensterläden.

Im Erdgeschoß des Hauses der Mahindras war es dunkel. Die Tür war verschlossen. Wir hatten keinen Schlüssel. Wir läuteten mehrmals. Nach einigen Minuten ließ uns ein flüsternder, auf Zehenspitzen schleichender Dienstbote ein, als wären wir Freunde des Personals. In unserem Zimmer war alles so, wie wir es zurückgelassen hatten. Das Bett war nicht gemacht, die Koffer standen an ihrem Platz, die Briefe, Faltblätter und vollen Aschenbecher auf dem Nachttisch waren unberührt, und über das statische Durcheinander hatte sich Staub gelegt. Von oben, von dem Raum mit dem indischen Rechaud aus Messing, hörte man gedämpfte Geräusche. Der Sahib, sagte der Dienstbote, sei aus dem Urwald zurückgekehrt. Und der Sahib habe mit der Memsahib gestritten. »Er sagt: ›Du nimmst *zahlende* Gäste? Du nimmst *Geld*?‹« Wir begriffen. Wir waren Mrs. Mahindras erste und letzte zahlende Gäste. Wir waren ein Zeitvertreib gewesen, wie vielleicht auch die Männer, die wegen der Vermietung des Erdgeschosses vorgesprochen hatten. Vielleicht vermietete Mrs. M. Mehta, die Schriftführerin der Frauenliga, ihr Erdgeschoß. Vielleicht gingen bei Mrs. M. Mehta faszinierende zahlende Gäste aus dem Ausland ein und aus.

Die gute Mrs. Mahindra. Sie genoß das Geld und hatte in ihrer Begeisterung wohl ein wenig dazuverdienen wollen. Doch ihre Gastfreundschaft hatte von echter indischer Wärme gezeugt. Wir sahen sie nie wieder, ebensowenig wie ihre Söhne, und ihren Mann lernten wir nie kennen. Wir zogen uns in unser Zimmer zurück und hörten ihren Schwiegervater, als er sich schlafen legte. Wir hörten ihn aufstehen und zu seinem allmorgendlichen Spaziergang aufbrechen. Wir warteten einige Minuten. Dann schlichen wir mit unseren Koffern hinaus und weckten einen der

Taxifahrer am nahegelegenen Standplatz. Durch einen Freund schickten wir Mrs. Mahindra später das Geld, das wir ihr schuldeten.

Die Tage in Delhi waren ein einziges Hitzeflimmern. Die einzigen Augenblicke, die in der Erinnerung haften blieben, waren die der Rast und Erholung: verdunkelte Schlafzimmer, Mittagessen, Clubs mit geschlossenen Fensterläden, eine Fahrt bei Tagesanbruch zu den Ruinen von Tughlakabad, der Anblick einer blühenden Flame-of-the-woods. Die Besichtigung von Sehenswürdigkeiten war nicht einfach. Zu viele Gebäude durften nur barfuß betreten werden. Die Eingänge der Tempel waren naß und matschig, die Innenhöfe der Moscheen waren heißer als tropische Strände kurz nach Mittag. An jedem Tempel und jeder Moschee lauerten Müßiggänger auf jeden, der seine Schuhe nicht auszog. Ihre Faulheit und ihr oberlehrerhaftes Verhalten ärgerten mich ebenso wie das Schild: »Für Besucher, die es als unter ihrer Würde erachten, ihre Schuhe auszuziehen, werden Pantoffeln bereitgehalten.« Angesichts eines unnötig langen Weges über heißen Sand zu der Stätte, an der Gandhi eingeäschert worden war, weigerte ich mich am Rajgat, dem amtlichen Führer zu folgen, und setzte mich – ein ketzerischer Schuhträger – in den Schatten. Schuljungen in blauen Hemden warteten auf amerikanische Touristen. Die Jungen waren gut genährt und wohlbeschuht und trugen ihre Schulbücher wie ein Emblem ihrer Verdienste. Sie rannten zu den alten Damen. Die Damen, die von Indiens Armut gehört hatten, hielten inne, öffneten ihre Portemonnaies und verteilten lächelnd Münzen und Scheine, während von draußen die professionellen Bettler, die keinen Zutritt hatten, neidisch zusahen. Die Hitze machte mich wild. Mit Mordgedanken im Herzen ging ich auf die Jungen zu. Trotz der Hitze rannten sie flink davon. Die Amerikaner musterten mich: Ich war der stolze junge Nationalist. Mir sollte es recht sein. Ich ging zurück zum Bus, wo sich Erschöpfung in Scham und Wut verwandelte.

So war es in Delhi. Ich war jetzt soweit, daß ich laut wurde, kaum daß ich eine Amtsstube betreten hatte. Der Anblick von Reihen junger Männer, die unter Papier begraben an langen Tischen saßen und irgendwelche Formulare sortierten oder Banknoten zählten und bündelten, dieser Anblick indischer Sinnlosigkeit war manchmal schier unerträglich. »Beschweren Sie sich nicht bei mir. Sie müssen Ihre Beschwerde bei der zuständigen Stelle einlegen.« – »So so, bei der zuständigen Stelle also. Bei der zu-stän-digen Stelle.« Doch es war hoffnungslos: Spott und Ironie waren in Indien unmöglich. Und: »Beschweren Sie sich nicht bei mir. Beschweren Sie sich bei meinem Vorgesetzten.« – »Und wer ist Ihr verdammter Vorgesetzter?« Dies mit dem befreienden Gefühl, daß meine Heftigkeit eine heftige Reaktion auslösen würde. Doch oft begegnete man mir dann mit spitzer, kühler Höflichkeit, die mich beschämt und erschöpft verstummen ließ.

In dieser von Lutyens geplanten Stadt sehnte ich mich nach Schutz und Zurückgezogenheit. Nur dann gelang es mir, das Delirium, in dem ich gewisse Aspekte meiner selbst bis zur Unkenntlichkeit vergrößert sah, hinter mir zu lassen. Ich spürte die Eleganz dieser Stadt, ich spürte sie in den hinter Reklametafeln und Bastmatten verborgenen Kollonaden, in den Fluchtpunkten: dem neuen Turm am einen und dem alten Kuppelbau am anderen Ende der Allee. Ich spürte die »Strebsamkeit«, von der man in Bombay gesprochen hatte. Ich spürte die Erregung darüber, daß Delhi nun Hauptstadt war, spürte sie in den Versammlungen im Gymkhana Club am Sonntagmorgen, im prokonsulhaften Ton, in dem ehemalige UN-Mitarbeiter über Greueltaten im Kongo sprachen, in den Zeitungsmeldungen über »kulturelle Veranstaltungen«, die von den Botschaften konkurrierender Staaten angeboten wurden. Delhi war eine Stadt, die erst kürzlich Bedeutung erlangt hatte, der eben erst all das neue Spielzeug der »diplomatischen Welt« zuteil geworden war. Für mich dagegen war es eine Stadt, in der ich nur von einem abgedunkelten Raum in einen anderen fliehen konnte, abgeschirmt gegen die Realität dort draußen, gegen Staub und Licht und die Bauarbeiterinnen aus den niederen Kasten in ihren grellbunten Saris. Grellbunte Saris verrieten die Zugehörigkeit zu einer niederen Kaste. Eine doppelt unwirkliche Stadt, die sich mit einemmal aus der Ebene erhob: erst ausgedehnte Ruinen aus dem 17. und 18. Jahrhundert, dann die ultramodernen Ausstellungsgebäude; eine Stadt, deren emblematische Großartigkeit auf ein reiches, besiedeltes Hinterland hindeutete, nicht auf das verarmte, versengte Land, durch das wir vierundzwanzig Stunden gereist waren.

Doch an dem Abend, an dem ich in meinem Bett in einem mit Aluminium verkleideten Waggon des Srinagar Express lag und auf die Abfahrt des Zuges wartete, stellte ich fest, daß ich begonnen hatte, einen perversen Gefallen an all dieser Heftigkeit zu finden: Gefallen an dem Gedanken an die vierundzwanzigstündige Reise, die mich nach Delhi gebracht hatte, und an die sechsunddreißigstündige Reise nach Norden, die mir bevorstand, durch die Ebene des Pandschab zum gewaltigsten Gebirge der Welt; Gefallen daran, daß ich es geschafft hatte, mir den Luxus dieses privaten Raumes zu reservieren, und daß ich vor der unangenehmen Szenerie geschützt war, die ich gleichwohl durch die leichtgängigen, mit Gummi abgedichteten Fenster sehen konnte: die Träger mit ihren roten Turbanen, die Karren mit Büchern und Zeitschriften, die Straßenhändler, die rasenden Ventilatoren, die so tief hingen, daß es aussah, als wäre der Bahnsteig mit wirbelnden Flügeln überdacht – sie waren nur verhaßte Sinnbilder der Unbehaglichkeit gewesen, doch nun symbolisierten sie mein Drängen und meine Erregung, die ich, obgleich ich um ihre Künstlichkeit wußte, bereits zu verlieren fürchtete, denn zwanzig Grad kühlere Temperaturen würden alles wieder auf ein normales Maß dämpfen.

In der Nacht sah ich hin und wieder hinaus. Der Pandschab war stumm und formlos bis auf die Lichtvierecke, die aus dem Zug auf die Landschaft fielen. Eine Hütte, ein schwärzerer Fleck vor der Schwärze der Ebene, erwartete die Sonnenglut des Tages. Was hatte ich auch erwartet? Morgens

waren wir in Pathankot, dem Kopfbahnhof auf dem Weg
nach Kaschmir – wie eigenartig, in einem in Hindi gespro-
chenen Satz immer wieder das englische Wort »railhead« zu
hören, das mich so technisch, so maschinell und dramatisch
anmutete. Es war früher Morgen, und auf dem Bahnhof war
es kühl. In der Luft lag ein Hauch von Grün und – auch
wenn das eine Täuschung war – von nahen Bergen. Und die
anderen Passagiere trugen plötzlich Wollhemden, Sport-
mützen, Jacketts, Strickjacken, Pullover und sogar Hand-
schuhe, die wollene Garderobe für die indischen Sommer-
ferien, die strenggenommen zwar noch nicht gebraucht
wurde, aber die Vorfreude auf den Urlaub, der schon fast
begonnen hatte, steigerte.
Anfangs sahen wir in diesem flachen Buschland nahe der
pakistanischen Grenze nur die Armee: Kasernen mit Ver-
botsschildern und weißen, säuberlich ausgerichteten Gebäuden, Reihen von Lastwagen und Jeeps und hin und wieder
Manöver mit Panzerwagen. Diese Männer in olivgrünen
Kampfanzügen und Buschhüten hätten aus einem anderen
Land stammen können. Ihr Gang war anders, sie sahen gut
aus. In Jammu hielten wir zum Mittagessen. Danach ging es
in die Berge, hinein nach Kaschmir, auf der Straße, die die
indische Armee 1947, nach der pakistanischen Invasion, gebaut hatte. Es wurde kühler, es gab Hügel und Schluchten
und zerklüftete Panoramen, Hügel hinter Hügeln und blas-
ser werdende Farben. Wir fuhren am Chenab entlang, der,
während wir immer mehr an Höhe gewannen, in eine
Schlucht stürzte, in der sich Baumstämme verkeilt hatten.
»Woher kommen Sie?«
Es war die indische Frage. Ich beantwortete sie fünfmal täglich. Auch jetzt spulte ich wieder meine Geschichte ab.
Er saß auf der anderen Seite des Gangs. Er war korrekt gekleidet und trug einen Anzug. Er war kahl, hatte eine scharf
geschnittene Gujarati-Nase und wirkte verbittert.
»Und was halten Sie von unserem großartigen Land?«
Auch dies war eine indische Frage; den Sarkasmus mußte
man überhören.

»Nehmen Sie kein Blatt vor den Mund. Sagen Sie mir, was Sie denken.«

»Es gefällt mir ganz gut. Es ist interessant.«

»So so, interessant. Sie haben Glück. Sie sollten mal hier leben. Wir sind hier gefangen, müssen Sie wissen. Das sind wir: Gefangene.«

Neben ihm saß seine dickliche, zufriedene Frau. Sie interessierte sich weniger für das Gespräch als für mich. Jedesmal, wenn ich wegsah, musterte sie mich.

»Überall Korruption und Vetternwirtschaft«, sagte er. »Jeder will einen Posten bei den Vereinten Nationen. Ärzte gehen ins Ausland. Wissenschaftler gehen nach Amerika. Ich sehe sehr schwarz für die Zukunft. Zum Beispiel: Wieviel verdienen Sie?«

»Ungefähr fünftausend Rupien im Monat.«

Ein derart harter Schlag war unfair, doch er steckte ihn tapfer weg.

»Und was müssen Sie dafür tun?« wollte er wissen.

»Ich unterrichte.«

»Was unterrichten Sie?«

»Geschichte.«

Er war unbeeindruckt.

»Und ein bißchen Chemie«, fügte ich hinzu.

»Seltsame Kombination. Ich bin auch Chemielehrer.«

Jedem, der Geschichten erfindet, passiert das irgendwann einmal.

»Ich unterrichte an einer Gesamtschule«, sagte ich. »Man muß von allem ein bißchen können.«

»Ich verstehe.« Durch seine Verwunderung schimmerte der Ärger; seine Nase schien zu zucken. »Seltsame Kombination. Chemie.«

Ich ahnte Schlimmes. Vor uns lagen noch mehrere Stunden Fahrt. Ich tat, als störe mich ein weinendes Kind. So konnte es nicht weitergehen. Doch bald entspannte sich die Situation. Wir hielten an einem Rastplatz zwischen Kiefern über einem grünen, bewaldeten Tal und konnten uns die Beine vertreten. Es war kühl. Die Ebene hinter uns war eine Krank-

heit, die man, wenn sie überwunden ist, nicht mehr nach-
empfinden kann. Wollene Kleidungsstücke kamen jetzt gelegen. Die Urlaubsträume begannen in Erfüllung zu gehen.
Und als wir wieder einstiegen, stellte ich fest, daß der Chemielehrer den Platz mit seiner Frau getauscht hatte, um sich
nicht mehr mit mir unterhalten zu müssen.
Wir hielten in Banihal. Es war eine klare, kalte Nacht. Das
Rasthaus lag im Dunkeln – es gab keinen Strom. Die Angestellten hantierten mit Kerzen und kochten Mahlzeiten. Im
Mondlicht sahen die terrassierten Reisfelder aus wie alte,
bleigefaßte Fenster. Am nächsten Morgen waren sie verändert – grün und schlammig. Nach dem Banihal-Tunnel ging
es weiter und weiter hinab, vorbei an Märchendörfern inmitten von Weidenwäldchen und durchflossen von Bächen
mit grasbewachsenen Ufern, hinab ins Kaschmirtal.

Kaschmir war Kühle und Farbe: die gelben Senffelder, die
schneebedeckten Berge, der milchig blaue Himmel, an dem
wir das Drama im Spiel der Wolken wiederentdeckten. Auf
steilen, nassen Felshängen standen Männer, die sich zum
Schutz vor dem morgendlichen Nebel in braune Decken gehüllt hatten, und barfüßige Schäferjungen mit Mützen, die
ihre Ohren bedeckten. In Qazigund, wo wir hielten, hing
Staub in der sonnendurchfluteten Luft: das Durcheinander
eines Basars, eine wartende Menge, und in der kalten Luft
ein Geruch von Holzkohlenfeuern, Tabak, Bratfett, monate-
altem Schmutz und menschlichem Kot. Auf den mit Erde ge-
deckten Hütten wuchs Gras, und endlich wurde mir klar,
warum die dumme Witwe in der Geschichte, die ich als Kind
im *West Indian Reader* gelesen hatte, ihre Kuh auf das Dach
geführt hatte. Busse voller Männer mit rot gefärbten Bärten
fuhren in die Richtung, aus der wir gekommen waren. Ein
neuer Bus traf ein. Die Menge teilte sich, wogte heran und
drängte sich ungestüm um ein Fenster, durch das ein Mann
mit müden Augen segnend eine schmale Hand streckte. Er
fuhr, wie die anderen, nach Mekka; und wie weit entfernt
war inmitten dieser engen Berge der arabische Pilgerhafen

Dschiddah mit seinen vorgelagerten gefährlichen Riffen, über denen sich das blaue Wasser türkis färbt. An den Feuerstellen verrauchter Garküchen saßen Sikhs mit wilden Bärten und hellen Augen, Krieger und Herrscher aus einer Zeit, die noch nicht lange vergangen war. Jede dieser Buden war mit einem ansprechenden Schild versehen. Die schweren, weißen Tassen hatten Sprünge, und die Tische, die vor den Buden unter freiem Himmel aufgestellt waren, hatten Decken aus kariertem Ölpapier; der Boden unter ihnen war zu weichem Schlamm geworden.

Die Berge wichen zurück. Das Tal weitete sich zu sanften, reichlich bewässerten Feldern. Pappeln säumten die Straße, und Weiden ließen ihre Zweige über die Ufer klarer Bäche hängen. Bei Avantipura erhoben sich aus einem Märchendorf mit alten, schiefen Fachwerkhäusern unvermittelt Ruinen aus grauem Stein, deren wuchtige Konstruktion – massive, viereckige Pfeiler auf einer Empore, steile steinerne Giebel auf einem Säulengang um einen zentralen Schrein, der als Ruine massig und plump wirkte – die Gedanken Jahrhunderte zurückwandern ließ, zu uralten Formen des Gottesdienstes. Wie wir später feststellten, waren es hinduistische Ruinen aus dem 8. Jahrhundert. Doch keiner der Passagiere sagte etwas oder zeigte darauf. Sie lebten ja inmitten von Ruinen, die indische Erde war voller altertümlicher Skulpturen. Bei Pandrethan, einem Vorort von Srinagar, war die Kaserne um einen kleineren Tempel im selben Stil errichtet. Die Soldaten exerzierten. Lastwagen und Baracken waren schnurgerade ausgerichtet; am Straßenrand standen Schilder mit den Namen der Einheiten und den Regimentszeichen.

Wir hielten an der Zollstation, einem mittelalterlich wirkenden Relikt, wo sich Tata-Mercedes-Benz-Lastwagen stauten, deren Bordwände mit Blumenmustern verziert waren und auf deren Heckklappe in verschnörkelter Schrift auf gelbem oder rosafarbenem Grund *Bitte hupen* stand. Auf den erhöhten Dielenböden der Läden saßen in Decken gehüllte Männer und rauchten Wasserpfeifen. Wir umfuhren das Stadtzentrum, kamen in eine Allee mit riesigen Platanen, deren Schatten die Kaschmiris heilsame Wirkung zuschreiben, und bogen in den Hof des Tourist Reception Centre ein, eines neuen Gebäudes aus blaßroten Backsteinen. Auf der anderen Straßenseite stand eine große Tafel mit einem Bild von Mr. Nehru und seiner Ermahnung, den Besucher aus dem Ausland wie einen Freund zu empfangen. Unter dem Schild drängten sich bereits Kaschmiris und schrien – wütend, wie mir schien. Polizisten mit Schlagstöcken und eleganten Turbanen konnten sie nur mit Mühe zurückdrängen.

Unter den Schreiern befanden sich die Besitzer von Hausbooten oder die Diener der Besitzer. Sie sahen nicht aus, als besäßen sie irgend etwas oder hätten etwas Lohnendes anzubieten. Doch die Hausboote gab es. Sie lagen in einer weißen Reihe neben schwimmenden grünen Inseln auf dem See, als Gegenstück zu den schneebedeckten Gipfeln der Berge ringsum. In regelmäßigen Abständen führten Betontreppen von der Promenade hinunter zum kristallklaren Wasser. Auf den Stufen saßen und hockten Männer und rauchten Wasserpfeifen. Ihre Boote, die *shikaras*, bildeten Gruppen aus roten und orangefarbenen Baldachinen und Kissen, und in *shikaras* wurden wir zu den Hausbooten übergesetzt, wo wir, nachdem wir längsseits gegangen und schmale Treppchen hinaufgestiegen waren, Räume vorfanden, wie wir sie uns nicht hätten träumen lassen: Teppiche, Messinggerätschaften und gerahmte Bilder, Porzellan, Wandtäfelungen und polierte Möbel aus einer anderen Zeit. Sogleich versank Avantipura und alles, was dazugehörte. Dies war Britisch Indien. Man legte uns Zeugnisse und Empfehlungen vor, die Dutzende Jahre alt waren. Man zeigte uns Einladungen zu Hochzeiten von englischen Armeeoffizieren, die mittlerweile vielleicht schon Großväter waren. Und der Besitzer des Bootes, der vor dem Tourist Reception Centre noch so farblos gewirkt hatte – ein unscheinbarer Mann, der hinter unserer Tonga, einer einspännigen Kutsche, hergeradelt war und uns mit Tränen in den Augen angefleht hatte, sein Boot zu besuchen –, war wie verwandelt: Er schleuderte die Schuhe von den Füßen und kniete auf dem Teppich nieder, und sein Verhalten war mit einemmal so delikat wie das in Indien so selten gewordene Porzellan, in dem er uns Tee servierte. Er zeigte uns noch mehr Fotos von seinem Vater und dessen Gästen, er legte uns weitere Empfehlungen vor, er erzählte uns Geschichten von opulenten englischen Mahlzeiten.

Draußen umringten die schneebedeckten Berge den See, in dessen Mitte Akbars Fort Hari Parbat stand; Pappeln erhoben sich über dem am See gelegenen Städtchen Rainawari, und weit entfernt, jenseits des Wassers, waren auf den saftig grünen unteren Hängen der Berge – es schien, als wäre die Erde im Lauf der Jahrhunderte hinuntergeschwemmt worden, um die Felsspalten zu füllen – die Mogul-Gärten angelegt, mit ihren Terrassen, ihren geraden Linien, ihren zentralen Pavillons, ihren Wasserläufen, die über gezackte Fälle aus Beton stürzten. Moguln und Hindus konnte man hinnehmen, doch mit diesem englischen Geist, auch wenn man ihn aus Büchern und Liedern (».. . die blassen Händen neben dem Shalimar ...«) – kein Fluß, wie ich gedacht hatte, sondern der großartigste dieser Gärten – bestens kannte, mochte man sich am wenigsten abfinden, mit dieser englischen Atmosphäre in dem von Bergen eingekreisten Tal, in dieser Stadt der Wasserpfeifen und »Samawars«, wo in einem staubigen Hof an der Residency Road die Karawanserai der Tibeter war. Sie trugen hohe Stiefel und Hüte, ihre Haare waren geflochten, ihre Kleider so schmutzig-grau wie ihre wettergegerbten Gesichter, und Frauen und Männer sahen gleich aus.

Aber wir nahmen kein Hausboot. Ihre Relikte bargen noch zuviel anrührend Persönliches. Ihre Romantik war nicht die meine, und sie waren von ihrer Romantik nicht zu trennen. Ich hätte mich wie ein Eindringling gefühlt, so fehl am Platz wie in den District Clubs, wo in den Billardzimmern noch immer die gerahmten Karikaturen aus den dreißiger Jahren hingen, wo die Bibliotheken verkamen und im Geschmack einer vergangenen Generation verharrten und wo im Rauchsalon fleckige, durch das verstaubte Glas nur schwer er-

kennbare Stiche hingen, die Angehörige aufständischer Rei-
terstämme zeigten und Bildunterschriften wie »Afridis« oder
»Beluchis« trugen. Inder konnten sich unbefangen zwischen
diesen Relikten bewegen – die Romantik der Engländer war
schon immer teilweise ihre eigene gewesen, und nun hatten
sie sie ganz geerbt. Ich war weder Engländer noch Inder und
konnte weder englische noch indische Siege auskosten.

TEIL II

5

EIN PUPPENHAUS AUF DEM DAL-SEE

Hotel Liward
Eigentümer: *Wasserspülung* M.S. Butt

Dieses Schild kam später, fast am Ende unseres Aufenthaltes. »Ich bin ehrlicher Mann«, hatte der Besitzer des Hausbootes der Kategorie C gesagt, als wir vor dem weißen Eimer in einem der modrigen, heruntergekommenen Zimmer seines modrigen Bootes standen. »Und Wasserspülung ist nicht *ehrlich*.« Doch Mr. Butt hatte uns im Salon des Liward Hotel seine noch dünne Mappe mit Empfehlungen gezeigt, auf die Fotos an der erbsengrünen Wand gedeutet und mit gänzlich anderer Betonung gesagt: »*Vor* Wasserspülung.« Wir betrachteten die lachenden Gesichter. Wenigstens würde man uns nicht mit einem ähnlichen Trick hereinlegen. Das Schild, das allen Spekulationen den Nährboden entziehen sollte, wurde auf dem Dachfirst aufgestellt und von drei Glühbirnen beleuchtet, so daß man es sogar vom Shankaracharya Hill aus sehen konnte.

Dieser Komfort erschien uns unwahrscheinlich. Das Hotel stand im See, am Ende einer fünfundzwanzig Meter langen und zehn Meter breiten Insel. Es war ein plumpes zweistöckiges Haus mit ockerfarbenen Betonmauern, grün und schokoladenbraun gestrichenen Balken und einem Dach aus blankem Wellblech. Es verfügte über insgesamt sieben Zimmer, von denen eines das Speisezimmer war. Eigentlich bestand es aus zwei Gebäuden. Das eine, mit zwei Räumen oben und zwei Räumen unten, stand mit zwei Seiten direkt am Wasser. Eine schmale Galerie aus Holz lief um das ganze obere Stockwerk, und an zwei Seiten des unteren Stockwerks, unmittelbar über dem Wasser, befand sich eine weitere Galerie. Das andere Gebäude verfügte über einen Raum im unteren und zwei Räume im oberen Stockwerk, von denen der zweite ein halbrunder, von hölzernen Pfeilern getragener Vorbau aus Holz war. Von dort führte eine Holztreppe zu dem Gang, der die beiden Gebäude verband. Darüber befand sich ein schräges Wellblechdach mit komplexen Winkelkonstruktionen.

Es machte einen provisorischen Eindruck, der noch verstärkt wurde, als Mr. Butt sich zögernd dem Landungssteg näherte, um uns zu begrüßen. Er trug eine Kaschmirimütze, eine vereinfachte Version der Astrachanmütze. Sein langes indisches Hemd hing über die weite Hose und sah unter dem braunen Jackett hervor. Das ließ auf Unzuverlässigkeit schließen; das massive Gestell seiner Brille ließ auf Zerstreutheit schließen; in einer Hand hielt er einen Hammer. Neben ihm stand ein sehr kleiner, barfüßiger Mann in einem engen, abgetragenen, grauen Pullover über einer weiten, weißen Baumwollhose, die in der Taille von einer Schnur gehalten wurde. Seine wollene Schlafmütze verlieh ihm etwas Altmodisches, etwas von einem Shakespeareschen Mechanikus. So falsch können erste Eindrücke sein. Dies war Aziz. Und die Wasserspülung war noch nicht ganz fertig. Die Rohre und Schüsseln waren installiert, aber die Spülkästen mußten noch ausgepackt werden.

»Ein Tag«, sagte Aziz. »Zwei Tage.«

»Ich mag Wasserspülung«, sagte Mr. Butt.

Wir lasen die Empfehlungen. Zwei Amerikaner hatten sich besonders überschwenglich geäußert; eine indische Dame pries das Hotel für die »Diskretion«, auf die Hochzeitsreisende Wert legten.

»*Vor* Wasserspülung«, sagte Mr. Butt.

Damit waren seine Englischkenntnisse praktisch erschöpft, von da an verhandelten wir durch Aziz mit ihm.

Wir feilschten. Meine Befürchtungen machten mich energisch – sie machten mich, wie mir später bewußt wurde, un-

gewöhnlich überzeugend. Und meine Verärgerung war echt:
Als ich mich zum Gehen wandte, hatte ich wirklich vor zu
gehen, und als man mich überredete zu bleiben – was nicht
schwer war, denn der Fährmann weigerte sich, mich wieder
zum Boulevard überzusetzen –, war mein Verdruß nicht gespielt. So kamen wir zu einer Einigung. Ich sollte das Zim-
mer neben dem halbrunden Salon bekommen, der ebenfalls
ausschließlich zu meiner Verfügung stehen würde. Ich würde
eine Leselampe brauchen.
»Zehn, zwölf Rupien, wie wär's?« fragte Aziz.
Außerdem brauchte ich einen Tisch, an dem ich schreiben
konnte.
Er zeigte auf einen niedrigen Hocker.
Ich deutete durch Gesten an, daß ich etwas Größeres
brauchte.
Er zeigte mir einen alten, verwitterten Tisch, der draußen im
Gras lag.
»Wir malen«, sagte er.
Ich stieß mit einem Finger an den Tisch. Er wackelte.
Aziz skizzierte zwei hölzerne Verstrebungen. Mr. Butt hatte
verstanden und hob lächelnd den Hammer.
»Wir reparieren«, sagte Aziz.
Da beschlich mich das Gefühl, daß sie spielten und daß ich
zu einem Teil ihres Spiels geworden war. Wir befanden uns
mitten im See. Hinter den aufmerksamen Eisvögeln und den
eigenartigen Wiedehopfen, die im Garten nach Insekten
suchten, hinter dem Schilf und den Weiden und Pappeln,
jenseits der Wasserfläche, auf der von hier aus kein Hausboot zu sehen war, erhoben sich die schneebedeckten Berge.
Vor mir ein Mann mit einer Schlafmütze, der rastlos umher-
wuselte, und am Ende des Gartens ein neuer Schuppen aus
rohem Holz, sein Heim. Im Zwielicht unter den tiefhängen-
den Weidenzweigen sah es anheimelnd aus. Er war ein Mann,
der auf seine Art mit einem Hammer und anderen Gerätschaften umzugehen verstand, der begierig war zu gefallen,
ein Meister der Improvisation, der alles besorgen konnte.
Die Schlafmütze gehörte nicht zu einem Shakespeareschen

133

Mechanikus, sondern erinnerte eher an Märchen: Rumpel-
stilzchen oder Schneewittchen und die sieben Zwerge.
»Sie zahlen voraus und unterschreiben für drei Monate.«
Selbst das konnte den Zauber nicht zerstören. Mr. Butt
konnte kein Englisch schreiben, und Aziz war Analphabet.
Ich mußte mir die Quittung selbst ausstellen. Ich mußte die
Vereinbarung über die dreimonatige Dauer der Miete auf
eine der hinteren Seiten eines großen, seriös wirkenden,
aber nur sporadisch geführten Hauptbuchs schreiben, das
auf einem verstaubten Regal im Speisezimmer lag.
»Sie schreiben drei Monate?« fragte Aziz.
Nein, das hatte ich nicht geschrieben. Ich wollte mich nicht
festlegen. Aber wie hatte er es gemerkt?
»Sie schreiben drei Monate.«
Am Tag vor unserem Einzug machten wir einen Über-
raschungsbesuch. Es schien sich nichts verändert zu haben.
Mr. Butt wartete am Landungssteg. Er trug dieselben Kleider wie beim letztenmal und wirkte auch so zerstreut wie zuvor. Der Tisch, der verstrebt und lackiert werden sollte, lag
unverstrebt und unlackiert im Gras. Von einer Leselampe
war nichts zu sehen. »Zweiter Anstrich«, hatte Aziz versprochen und auf die Trennwand zwischen Bad und Schlafzimmer gezeigt, doch daraus war nichts geworden, und die
leuchtend blaue Farbe bedeckte das frische Holz mit den
dunklen Astlöchern so dünn und ungleichmäßig wie zuvor.
Pflichtschuldig und stumm begleitete Mr. Butt uns auf unserem prüfenden Rundgang, blieb stehen, wenn wir stehen-
blieben, sah dorthin, wohin wir sahen, als wäre er trotz seines Wissens nicht sicher, was er dort finden würde. Das Bad
war so, wie wir es verlassen hatten: Die noch immer in
Wachspapier gehüllte Toilettenschüssel war montiert, die
Rohre waren gelegt, der Spülkasten fehlte.
»Schluß«, sagte ich. »Schluß. Geben Sie mir die Anzahlung
zurück. Wir gehen. Bleiben nicht hier.«
Er gab keine Antwort und ging die Treppe hinunter. Dann
kam Aziz in Schlafmütze und Pullover aus dem warmen
Schuppen unter den überhängenden Zweigen der Weide

und stolperte durch den Garten. Sein Pullover hatte blaue Farbspritzer – ein Hinweis auf eine neue Fertigkeit –, und seine Nasenspitze zierte ein großer Fleck. Er trug einen Spülkasten, als wollte er ihn uns anbieten.

»Zwei Minuten«, sagte er. »Drei Minuten. Ich baue ein.«

Es war einer von Schneewittchens Zwergen mit einer wollenen Schlafmütze – unmöglich, ihn seinem Schicksal zu überlassen.

Drei Tage später zogen wir ein. Alles war erledigt. Es war, als hätten die Geister des Gartens mit Besen und Pinsel und Säge und Hammer geholfen. Der Tisch war massiv verstrebt, mit einer Unzahl von Nägeln stabilisiert und mit einer bereits wieder abblätternden Schicht leuchtend blauer Farbe bedeckt. Eine große Glühbirne mit einem kleinen halbkugelförmigen Schirm war am Ende eines kurzen, biegsamen Arms befestigt, der auf einer verchromten, runden Platte stand und durch ein vielfach verdrehtes und verknäultes meterlanges Kabel – ich hatte betont, daß ich Wert auf Beweglichkeit legte – mit der Steckdose verbunden war: Das war die Leselampe. Im Bad war der Spülkasten aufgehängt worden. Mit der großen Gebärde eines Zirkuszauberers zog Aziz an der Kette: Die Spülung spülte.

»Mr. Butt sagt«, verkündete er, als das Rauschen verklungen war, »es ist nicht sein Hotel. Es ist *Ihr* Hotel.«

Es gab noch andere außer Aziz und Mr. Butt. Da war der Putzer, ein Junge in weiten, obligat schmutzigen Kleidern. Und da war Ali Mohammed, ein kleiner Mann von etwa vierzig Jahren mit eingefallenem Gesicht, das durch sein schlecht sitzendes Gebiß noch eingefallener aussah. Seine Aufgabe war es, Touristen zum Hotel zu locken, und seine Arbeitskleidung bestand aus einem gestreiften, blauen Anzug im indischen Stil – weite Hose, Jackett ohne Revers –, dazu Schuhe, eine Kaschmirimütze und eine silberne Uhr an einer silbernen Kette. So trat er zweimal täglich aus seiner Hütte am unteren Ende des Gartens und fuhr, mit seinem Fahrrad in der *shikara* stehend, zum *ghat* und dem Boulevard, vorbei an der aus einem einzigen Raum bestehenden schiefen Holzhütte des Schneiders hoch über dem Wasser, vorbei an Pappeln und Weiden, vorbei an den Hausbooten und dem Nehru Park. Dann radelte er zum Tourist Reception Centre und wartete mit Tonga-Kutschern und Hausbootbesitzern oder ihren Agenten im Schatten der Platanen, unter dem mahnenden Schild mit Mr. Nehrus Porträt. Und da war der *khansamah*, der Koch. Er war älter als Aziz und Ali Mohammed und von edlerer Statur. Er war klein, doch seine ausgewogenen Proportionen, seine Haltung, das lange, weite Hemd und die weite Hose, deren Beine sich über seinen wohlgeformten Füßen verjüngten, ließen ihn größer wirken. Er war ein Grübler. Seine regelmäßigen Gesichtszüge waren verzerrt von Nervosität und Gereiztheit. Oft trat er aus der Küche, stand minutenlang auf der Veranda der Hütte, trommelte mit nackten Füßen auf den Bretterboden und betrachtete den See.

Unsere erste Mahlzeit war ein einziges Ritual. Der Betonboden des Speisezimmers war mit alten Matten bedeckt worden, und auf dem Tisch standen zwei kleine Plastikeimer mit langstieligen roten, blauen, grünen und weißen Plastikblumen. »Mr. Butt hat gekauft«, sagte Aziz. »Sechs Rupien.« Er ging hinaus, um die Suppe zu holen, und kurz darauf sahen wir ihn und Ali Mohammed, jeden mit einem Teller Suppe, aus der Küchenhütte kommen. Sie kamen langsam den Pfad durch den Garten entlang auf uns zu und konzentrierten sich auf ihren Teller.

»Warmkiste kommt *nächste* Woche«, sagte Aziz.

»Warmkiste?«

»*Nächste* Woche.« Er sprach leise; er glich einem freundlichen Kindermädchen, das versucht, ein verzogenes, jähzorniges Kind bei Laune zu halten. Er nahm eine Serviette von der Schulter und wedelte winzige Fliegen weg. »Das ist *gar nichts*. Ein bißchen heißer, und kleine Fliegen sterben. Große Fliegen kommen und jagen kleine Fliegen. Und dann kommen Moskitos und beißen große Fliegen, und *die* gehen weg.«

Wir glaubten ihm. Er zog sich zurück und stellte sich unter den vorgebauten Salon, und gleich darauf hörten wir, wie er jemandem in der Küche oder einem vorbeifahrenden Anwohner des Sees mit völlig veränderter Stimme etwas zurief. Durch die Fenster hinter uns hatten wir eine Aussicht auf Schilf, Berge, Schnee und Himmel, und vor uns konnten wir von Zeit zu Zeit Aziz' Kopf mit der Schlafmütze sehen, wenn er durch das noch unverglaste Fenster hereinlugte. Wir befanden uns mitten im Unbekannten, doch auf unserer kleinen Insel waren wir in guten Händen: Man kümmerte sich um uns, es konnte uns nichts geschehen, und mit jedem Teller, der aus der Hütte am Ende des Gartens kam, fühlten wir uns geborgener.

Aziz, dessen Freude so groß wie die unsere war, rief nach dem *khansamah*. Das erschien ungehörig. Ein Knurren, ein Schweigen, eine Verzögerung zeigten, daß es auch so aufgefaßt wurde. Als der *khansamah* schließlich erschien, hatte er die Schürze abgelegt und war nervös und verlegen. Und das Abendessen? Was wollten wir zum Abendessen? »Möchten Sie Gebäck zum Tee? Und Pudding, was für Pudding wollen Sie? Tipsy Pudding? Bisquitauflauf? Apfelkuchen?« Schneewittchen war verschwunden, aber was sie diese Männer gelehrt hatte, war geblieben.

Der Frühling begann gerade erst, und manchmal lag morgens frischer Schnee auf den Bergen. Das Wasser des Sees war kalt und klar; die Fische grasten wie Vieh zwischen den Pflanzen auf dem Grund, und wenn die Sonne herauskam, warf jeder von ihnen einen Schatten. Dann konnte es warm werden, und Kleider aus Wolle wurden unangenehm. Doch Hitze führte bald zu Regen, der die Temperatur abrupt sinken ließ. Die Wolken hingen tief um die Berge, manchmal als durchgehende Bank, manchmal als zerzauste Fetzen, die weit in die Täler vordrangen. Der Tempel auf dem Gipfel des Shankaracharya Hill, dreihundertfünfzig Meter über uns, war nicht mehr zu sehen. Wir dachten an den einsamen Brahmanen dort oben, mit seiner Wollmütze und seiner kleinen Holzkohlepfanne unter der orangebraunen Decke. Wenn der Wind über den See fuhr, schwankten die jungen Schilfhalme, das kabbelige Wasser spiegelte nichts mehr, die magentaroten Scheiben der Lotosblumen rollten sich ein, und alle Boote auf dem See suchten schleunigst Schutz. Einige liefen den Landungssteg des Hotels an, und manchmal gingen die Insassen dann in die Küchenhütte, um Holzkohle für ihre Wasserpfeifen oder die mit Lehm ausgekleideten, geflochtenen Kohlepfannen zu holen, die sie unter ihren Decken hatten. Und kaum hatte der Regen aufgehört, war der See wieder spiegelglatt.

Das Hotel stand an einer der Hauptrouten der *shikaras*, einer der stillen Schnellstraßen des Sees. Die Touristensaison hatte noch nicht so recht begonnen, und was wir sahen, war nur das normale Leben auf dem See. Morgens fuhr eine Flotille mit Gras beladener *shikaras* vorbei, gepaddelt von Frauen, die mit gekreuzten Beinen und fast auf Wasserhöhe im Heck saßen. Nach alter Sitte fand der Markt jeden Tag an einem anderen Ort statt, mal direkt vor dem Hotel, hinter dem Lotosfeld, mal weiter entfernt, bei dem alten Boot, in dem der billigste der billigen Kramläden auf dem See untergebracht war. Oft sah es so aus, als würden Käufer und Verkäufer gleich mit Fäusten aufeinander losgehen, doch die drohenden Gesten, die erhobenen Stimmen, das Wegpaddeln, die über die Schulter gerufenen Schmähungen, das Umkehren, wobei die Schmähungen fortgesetzt wurden – all das war nur die hier übliche Methode des Feilschens. Den ganzen Tag über herrschte Verkehr. Der Käsehändler saß, wie ein Priester in Weiß gekleidet, vor weißen, konischen Haufen von Käse und läutete seine Glocke. Über ihm und seiner Ware spannte sich ein Baldachin, während der Paddler ungeschützt am Heck saß. Die Milchhändlerin trug einen geradezu beängstigenden Schmuck; an ihren langgezogenen Ohrläppchen hingen Ohrringe wie Schlüssel an einem Schlüsselbund. Das Angebot des Konditors paßte in eine einzige rote Kiste. Der »Brot-Brötchen-Butter«-Mann legte jeden Tag beim Hotel an; auf dem Dollbord seiner *shikara* stand vom Bug bis zum Heck dicht an dicht der Buchstabe N. »Wund-der-schön! Herr-lich! Ent-zückend!« Das war Bulbul, der Blumenhändler. Seine Rosen erfüllten unser Zimmer eine Woche lang mit ihrem Duft, während seine Wikken noch am selben Tag verwelkten. Er riet zu Salzwasser, die Wicken verwelkten abermals, wir stritten uns. Doch seine *shikara* erschien weiterhin frühmorgens wie ein langsam treibender Wall zauberhafter Farben, bis die Saison in Schwung kam und er uns verließ, um die einträglicheren Luxus-Hausboote auf dem Nagin-See zu beliefern. Oft kam die Polizei-*shikara* vorbei; der Sergeant ließ sich von Wachtmeistern paddeln. In der rot bemalten Post-*shikara* saß der Beamte im Schneidersitz an einem niedrigen Tisch, verkaufte Briefmarken, stempelte Briefe ab und läutete seine Glocke. Jeder Händler hatte seinen Paddler – das konnte auch ein sieben- oder achtjähriges Kind sein. Es wirkte nicht besonders grausam. Hier, wie vor nicht allzulanger Zeit noch überall, glichen die Kinder in Kleidung, Fertigkeiten und Erscheinung kleinen Erwachsenen. Spätnachts hörten wir, wie sie sangen, um sich auf dem Heimweg aufzumuntern.

So entdeckten wir bald, daß das Leben auf dem See trotz seiner wuchernden Üppigkeit, trotz der schwankenden Bauwerke und der Improvisationstalente seiner Bewohner geregelt und geordnet war, daß es, wie an Land, eine Arbeitsteilung gab und daß man die Aufteilungen der Wasserfläche zu respektieren hatte, selbst wenn sie nur durch einen Stock und einem durchhängenden Draht gekennzeichnet waren. Es gab Männer, die über Macht und Einfluß verfügten. Es gab gewählte Regionalgerichtshöfe. Und diese Regeln waren nötig, weil der See reich und voller Menschen war. Er sorgte für alle. Er sorgte für Wasserpflanzen und Schlamm, mit denen man Gemüsegärten düngen konnte: Ein Junge rührte mit einem gebogenen Stock im Wasser und hob ein tropfnasses, nährstoffreiches Bündel Seegras ins Boot. Der See sorgte für Tierfutter. Er sorgte für Schilf, mit dem man die Dächer decken konnte. Er sorgte für Fische, die in dem klaren Wasser so zahlreich waren, daß man sie gleich vor den Stufen des geschäftigen *ghats* sehen konnte. An manchen Tagen wimmelte es auf dem See von Fischern, die auf dem Wasser zu gehen schienen: Sie standen aufrecht und mit erhobenem Dreizack am Rand ihrer kaum merklich dahintreibenden *shikaras*, und ihre Augen waren so scharf wie die der Eisvögel in den Weiden.

Die von Aziz versprochene Warmkiste kam. Es handelte sich um eine große, von Alter und Abnutzung graue Holzkiste. Sie stand hochkant und auf dem unebenen Betonboden leicht schief in einer Ecke des Speisezimmers, war mit flachgeklopften Blechdosen ausgekleidet und hatte eine Tür und fünf Fachböden. Zur Essenszeit stand eine Holzkohlenpfanne auf dem Boden der Kiste. Die Suppe kam jetzt also nicht mehr auf dampfenden Tellern direkt aus der Küche. Jeden Morgen hockte Ali Mohammed mit dem Rücken zu uns tief versunken vor der Kohlenpfanne und drehte die Toastscheiben mit den Fingern um. Er gab sich den Anschein eines hingebungsvollen Toastbereiters, doch in Wirklichkeit lauschte er der fünfzehnminütigen Sendung mit auf Kaschmiri gesungenen religiösen Liedern, die Radio Kaschmir im Anschluß an die englischsprachigen Nachrichten brachte. Die Krümmung seines Rückens ließ eine kleine, aber spürbare Angst erkennen: Womöglich verlangten wir den Toast zu früh oder stellten einen anderen Sender ein, oder er wurde zu anderen Pflichten gerufen. Er trug bereits seinen offiziellen Anzug, und ich glaube, wenn er anders gekleidet gewesen wäre, hätte er sich nicht eines Morgens abrupt zu uns umgedreht und gefragt: »Möchten Sie sehen Kaschmiri-Tanzmädchen?« Sein Oberkiefergebiß schob sich zum kläglichen Versuch eines Lächelns vor. »Ich kann bringen.«
Ich wurde überrumpelt, als ich mich am sichersten gefühlt hatte. Mich packte die Angst des Touristen, ausgenommen zu werden. »Nein, Ali. Ich will sie erst sehen. Wenn sie mir gefällt, kann sie kommen.«
Er drehte sich wieder zur Kiste und widmete sich dem Toast.

Es war ein spontaner Einfall gewesen. Er sprach nie mehr von Tänzerinnen.

Auf die Kiste folgten rasch andere Verbesserungen. Zwei Streifen aus verschlissenen Matten wurden auf den schmalen, von Stiefmütterchen gesäumten Pfad gelegt, der die Küche und das Speisezimmer verband. Die Streifen lagen nicht genau parallel, und wenn es regnete, hoben sie sich schwarz vom Grün des Rasens ab. Wenig später – der See spendete weiter von seinem Reichtum – lagen auf dieser Unterlage aus Matten unterschiedlich lange, alte Holzbretter. Der Polierer kam, ein schweigsamer Junge. Er polierte die »Sitzgarnitur« im Salon und den alten, mit Propagandaschriften vollgestopften Schreibtisch (Ali bekam sie bündelweise von den Russen, die er beim Tourist Reception Centre kennenlernte). Er polierte die Stühle, das Bett und den Eßtisch; er polierte Tag für Tag, sagte kein Wort und aß in der Küche tellerweise Reis, und als er schließlich wieder ging, sahen die Möbel genauso aus wie vorher. Der Rasenleger kam und grub und stampfte an einem kahlen Stück Ufer.

Überall herrschte jetzt reges Treiben. Doch es gab auch Zeiten der Muße, besonders am Nachmittag. Dann hockte Aziz auf der Veranda der Küche vor einer Wasserpfeife und machte tiefe Züge; er hatte statt seiner wollenen Schlafmütze eine Pelzkappe aufgesetzt und sich in einen typischen Kaschmiri mit einer Begabung für unvermittelte Ruhepausen verwandelt. Besucher, Bootsführer, Händler kamen, und aus der Hütte drangen Rumoren und das Geräusch einer Unterhaltung. Nach einem Heiterkeitsausbruch sahen wir Aziz ohne seine Mütze auf die Veranda rennen, und wieder war er verändert: Er war vollkommen kahl. An sonnigen Nachmittagen wickelten sich Mr. Butt und der *khansamah* von Kopf bis Fuß in Decken und schliefen auf dem Rasen.

Die Maler kamen, um den versprochenen zweiten Anstrich aufzutragen. Der eine von ihnen schien direkt aus dem Mittelalter zu stammen. Er hatte das breite, freundliche Gesicht eines Arbeiters und trug ein schmutziges Baumwollkäppchen. Der andere war barhäuptig und hatte einen modernen grünen Overall an. In ihren Fähigkeiten jedoch waren sie gleich. Sie machten sich ohne Vorbereitung an die Arbeit. Gerade Linien lagen ihnen nicht; sie ignorierten souverän die Grenze zwischen Beton und Holz, zwischen Wand und Decke, zwischen Glas und Fensterrahmen und hinterließen überall Farbspritzer. Ihre Unbekümmertheit war ansteckend. Ich nahm einen Pinsel und zeichnete Vögel, Tiere und Gesichter auf eine unbemalte Wand. Sie kicherten und fingen ihrerseits an zu zeichnen. Der Mann im Overall fragte den mit dem Käppchen auf Kaschmiri: »Soll ich ihn um ein Bakschisch bitten?« Der andere sah mich an. »Nein, nein«, sagte er, doch als er einmal hinausgegangen war, sagte der mit dem Overall: »Ich mache Zimmer schön für Sie. Sie geben mir Bakschisch?«

Die Maler gingen, und der Glaser erschien, um die Fensterscheiben im Speisezimmer einzusetzen. Er nahm mit Auge und Hand Maß, schnitt zu, nahm kleine Korrekturen vor, setzte das Glas ein, hämmerte winzige Nägel in den Rahmen und ging wieder. Dann wurde auf der Treppe, in den Verbindungsgängen und auf der oberen Galerie ein neuer Kokosteppich verlegt. Er war zu breit für die Galerie – ein Abwasserrohr war im Weg –, und darum bog er sich an einer Seite hoch. Auf der Treppe wurde er, weil Teppichstäbe fehlten, gefährlich, und in den Gängen waren die neuen Bahnen nach jedem von Böen begleiteten Regenschauer tropfnaß. Zwei Tage später lag ein grün gemustertes Plastiktischtuch auf dem Eßtisch. Und das war noch nicht alles. Der Mann mit dem Overall erschien abermals. Er ging von einer grünen Tür zur anderen und malte schokoladenbraune Ziffern auf. Unregelmäßigkeiten wischte er mit einem Lappen weg, und nachdem er jede Tür mit einer verschmierten braunen Zahl gekennzeichnet hatte, ging er in die Küche und aß einen Teller Reis.

Mehr, so schien es, war nicht möglich, und als Aziz mir eines Morgens den Kaffee brachte, sagte er: »Sahib, ich bitte um eine Sache. Schreiben Sie an Touristmusbüro, laden Mr. Madan zum Tee ein.«

Mr. Madan war der Leiter des Tourist Office. Ich hatte ihn flüchtig kennengelernt. Damals hatte er auf meine Bitte, mir bei der Suche nach einem Hotel behilflich zu sein, geantwortet: »Geben Sie mir vierundzwanzig Stunden Zeit.« Seitdem hatte ich nichts mehr von ihm gehört. Ich erklärte das Aziz. »Schreiben Sie an Touristmusbüro, laden Mr. Madan zum Tee ein. Nicht Ihr Tee. Mein Tee. Mr. Butts Tee.« Jedesmal, wenn er uns bei den Mahlzeiten bediente, kam er darauf zurück. Das Liward war neu, es war weder ein Hausboot noch ein amtliches Hotel, und man brauchte so etwas wie eine Anerkennung durch das Tourist Office. Ich war bereit, einen Empfehlungsbrief zu schreiben, doch die Einladung zum Tee machte mir Sorgen. Eben das war es aber, worauf Aziz und der hinter seiner Brille schüchtern lächelnde Mr. Butt beharrten, und so setzte ich mich eines Morgens hin und schrieb, während mir Mr. Butt und der Sekretär der All Shikara Workers Union, der Englisch lesen konnte, über die Schulter sahen, an Mr. Madan und lud ihn zum Tee ein.

Mr. Butt brachte den Brief persönlich in die Stadt. Beim Mittagessen berichtete Aziz, Mr. Madan habe den Brief zwar gelesen, aber noch nicht beantwortet. Aziz schien um meine Ehre besorgt und fügte hinzu: »Aber vielleicht er wartet auf Maschine geschrieben und schickt mit eigenem *chaprassi*.«

Aziz beherrschte die Formen. Doch es kam kein *chaprassi* mit Mr. Madans Antwort. Ich besaß eine Schreibmaschine, ein uniformierter Offizier überbrachte mir eine Einladung des Maharadschas, und doch hatte ich so wenig Einfluß, daß ich nicht imstande war, etwas so Simples wie einen Besuch von Mr. Madan zum Tee zu arrangieren. Vielleicht war es nicht nur die mangelnde Beherrschung der Sprache, die Mr. Butt so stumm sein ließ. Und es erwartete mich eine weitere Demütigung: Der Sekretär der All Shikara Workers Union wollte dem Minister für Transportwesen eine Petition schikken, mit der er um eine Verbesserung der Busverbindungen nachsuchte. Ich setzte den Brief auf, tippte und unterzeichnete ihn. Man bestätigte nicht einmal seinen Eingang. Aziz beherrschte die Formen. Als ich mich kurz darauf über die schwachen Glühbirnen beklagte und ihn bat, eine davon gegen eine stärkere auszutauschen, sagte er: »Zwei, drei Rupien. Sie kaufen, ich kaufe – was ist der Unterschied?« Ich fand, daß ich dem wenig entgegenzusetzen hatte. Ich kaufte die Glühbirne.

Die Saison hatte begonnen. Das Hotel wurde nicht amtlich anerkannt, aber in Srinagar waren Hotelbetten knapp, unsere Preise waren moderat, und bald kamen die ersten Gäste. Ich hatte viele Ideen, wie man für das Hotel Reklame machen könnte. Einige davon hatte ich Aziz und durch ihn Mr. Butt vorgetragen. Sie hatten, dankbar für mein Interesse, gelächelt, doch alles, was sie von mir wollten, war, daß ich mit den Touristen in Anzug und Krawatte sprach, die Ali vom Tourist Reception Centre mitbrachte. Wenn sie nicht blieben, fühlte ich mich gedemütigt. Wenn ich Erfolg hatte, war mir das auch nicht recht. Ich war eifersüchtig; ich wollte das Hotel für mich allein haben. Aziz verstand das und sprach mit mir wie ein Vater, der sein Kind tröstet. »Sie werden zuerst essen. Werden allein essen. Spezialessen. Ist nicht Mr. Butts Hotel. Ist Ihr Hotel.« Wenn er neue Gäste ankündigte, sagte er: »Ist gut, Sahib. Gut für Hotel. Gut für Mr. Butt.« Manchmal hob er eine Hand und sagte: »Gott hat Gäste geschickt.«
Es machte mich nicht glücklicher. Das Liward war ein ungewöhnliches Hotel, und doch zogen wir gewöhnliche Gäste an. Da war die Brahmanenfamilie – die erste von vielen –, die darauf bestand, ihre Mahlzeiten selbst zu kochen. Die Frauen saßen auf der Schwelle ihres Zimmers, palten Erbsen, siebten Reis und schnitten Karotten; sie kochten in der Besenkammer unter der Treppe und wuschen ihre Töpfe und Pfannen unter dem Wasserhahn im Garten ab; sie verwandelten einen Teil des neu angelegten Rasens in Matsch. Andere warfen ihren Abfall auf den Rasen oder legten ihre Wäsche im Garten aus. Und ich war überzeugt, daß es mit der Idylle vorbei war, als Aziz eines Tages mit einer gut aus-

tarierten Mischung aus Begeisterung und Beileid verkündete, daß zwanzig solcher gewöhnlichen Inder vier Tage im Hotel wohnen würden. Einige würden im Speisezimmer schlafen; wir würden im Salon essen. Ich wollte keinen Trost. Aziz erkannte das und bot mir keinen an. Wir warteten. Aziz wurde zunehmend mürrisch, fast beleidigt. Die zwanzig Gäste kamen nicht, und ein oder zwei Tage lang war Aziz wirklich beleidigt.

Es gab noch andere Schwierigkeiten. Ich hatte veranlaßt, daß das Radio im Speisezimmer um kurz vor acht eingeschaltet wurde. Sobald wir die Töne des Zeitzeichens hörten, gingen wir hinunter, um mit den englischsprachigen Nachrichten im Hintergrund zu frühstücken. Eines Morgens hörten wir kein Zeitzeichen, sondern nur indische Filmmusik und »Aspro«- und »Horlicks«-Werbespots auf Hindi. Der Apparat war auf Radio Ceylon eingestellt. Ich rief durch das Fenster nach Aziz. Er kam und sagte, er habe dem jungen Mann aus Bombay die Sache mit den 8-Uhr-Nachrichten erklärt, doch der habe nicht zugehört.

Ich hatte den jungen Mann aus Bombay von Anfang an nicht ausstehen können. Er trug enge Hosen und eine schwarze Kunstlederjacke; sein Haar war voll und kräftig und sorgfältig gekämmt; die schiefe Haltung seiner Schultern hatte etwas von der Eleganz des Linkshänders; er hatte den leichtfüßigen Gang eines Boxers, und seine Bewegungen waren rasch und abrupt. Ich hielt ihn für eine Art Bombay-Brando. Ich sah ihn vor dem Hintergrund eines wimmelnden Slums in Bombay. Wir hatten noch kein Wort miteinander gewechselt. Aber Lederjacke hin oder her: Das bedeutete Krieg.

Ich rannte hinunter. Das Radio war auf volle Lautstärke gestellt, und Brando saß in einem beschädigten Korbsessel auf dem Rasen. Ich stellte das Radio in meiner Eile anfangs so leise, daß fast nichts mehr zu hören war, und suchte Radio Kaschmir. Ali bereitete Toast; die Krümmung seines Rükkens verriet, daß er sich nicht einmischen würde. Während der Nachrichten geschah gar nichts, doch sobald sie vorbei waren, stürmte Brando durch die mit einem Vorhang verhängte Tür, ging zum Radio, stellte Radio Ceylon ein und stürmte wieder hinaus.

Und so ging es nun weiter, morgens und abends. Von Aziz wußte ich, daß er sich neutral verhalten würde. Ali glaubte ich auf meiner Seite. Er hockte stumm vor seiner Wärmekiste und war seiner religiösen Kaschmiri-Lieder beraubt. Der Konflikt war an einem toten Punkt angelangt. Ich wollte Bewegung in die erstarrten Fronten bringen und sagte eines Morgens zu Ali, die Kaschmiri-Lieder seien besser als die Reklamespots auf Radio Ceylon. Er sah beunruhigt von seinem Toast auf. So entdeckte ich, daß sich sein Geschmack in den paar Wochen der Saison, in denen er aus den Transistorradios der Touristen Radio Ceylon gehört hatte, vollkommen verändert hatte. Die Filmmusik und die Erkennungsmelodien der Reklamesendungen gefielen ihm. Sie waren modern, ein zugänglicher Teil der Welt jenseits der Berge, aus der die fortschrittlichen, reichen indischen Touristen kamen. Kaschmiri-Lieder gehörten zu diesem See und diesem Tal und waren rückständig. So zerbrechlich sind unsere Märchenwelten.

Dann bekam ich eine Magenverstimmung und mußte das Bett hüten. Am nächsten Morgen klopfte es an der Tür. Es war Brando.

»Ich habe Sie gestern nicht gesehen«, sagte er. »Man hat mir gesagt, Sie sind krank. Wie geht es Ihnen?«

Ich sagte, es gehe mir bereits besser, und dankte ihm für seine Anteilnahme. Ich überlegte, was ich noch sagen könnte. Er überlegte nicht. Er stand einfach neben meinem Bett.

»Woher kommen Sie?« fragte ich.

»Aus Bombay.«

»Bombay. Aus welchem Teil von Bombay?«

»Aus Dadar. Sie kennen Dadar?«

Es war genauso, wie ich gedacht hatte. »Was tun Sie so? Sind Sie Medizinstudent?«

Er hob den linken Fuß ein kleines Stück an, und seine Schultern stellten sich schief. »Ich bin *Gast* in diesem Hotel.«

»Ja, ich weiß«, sagte ich.
»Sie sind auch Gast in diesem Hotel.«
»Ich bin auch Gast in diesem Hotel.«
»*Warum* sagen Sie dann, ich bin Medizinstudent? *Warum?*
Sie sind Gast in diesem Hotel. Ich bin Gast in diesem Hotel.
Sie werden krank. Ich komme Sie besuchen. Warum sagen
Sie, ich bin *Medizin*student?«
»Es tut mir leid. Ich weiß, daß Sie mich besuchen, weil wir
beide Gäste in diesem Hotel sind. Ich wollte Sie nicht kränken. Ich wollte nur wissen, was Sie machen.«
»Ich arbeite für eine Versicherungsgesellschaft.«
»Ich danke Ihnen für Ihren Besuch.«
»Gern geschehen.«
Und mit der linken Schulter voran schob er sich durch den
Vorhang und ging hinaus.
Von da an war unser Verhältnis gezwungenermaßen von
Höflichkeit bestimmt. Ich stellte ihm Radio Ceylon ein, er
stellte mir Radio Kaschmir ein.

»Hasur!« rief der *khansamah* eines Nachmittags, klopfte und
trat gleichzeitig ein. »Heute mein freier Tag, und ich gehe
nach Hause, *jetzt*, Hasur.« Er sprach schnell, wie ein Mann,
der wenig Zeit hat. Normalerweise begleitete Aziz ihn zu unserem Zimmer, doch heute war es ihm gelungen, Aziz zu
umgehen, der, wie ich durch das Fenster sah, auf einem mit
Schnüren bespannten Bettgestell auf der Küchenveranda lag.
»Mein Sohn ist krank, Hasur.« Er lächelte schief und verschämt und trat von einem zierlichen Fuß auf den anderen.
Das war unnötig. Ich hatte die Hand bereits in der Tasche
und löste Banknoten von einem zusammengehefteten Bündel von Ein-Rupie-Scheinen ab. Etwas anderes hatte die Filiale der State Bank in dieser Woche nicht ausgegeben. Das
führte zu solchen verstohlenen, umständlichen Taschenspielereien; ich wußte, wie leicht und wie gefährlich es war, einen Kaschmiri in Aufregung zu versetzen.
»Mein Sohn ist *schlimm* krank, Hasur!«
Meine Ungeduld war nicht kleiner als seine.

»*Hasur!*« Es war ein Ausruf reinen Mißvergnügens. Drei Geldscheine hatten zusammengeklebt und wie ein einziger ausgesehen. Dann lächelte er. »Oh, drei Rupien. Gut.«

»*Hasur!*« sagte der *khansamah* eine Woche später. »Mein Frau ist krank, Hasur.«

An der Tür blieb er stehen, befingerte das Geld, das ich ihm gegeben hatte, und sagte mit plötzlicher, beruhigender Überzeugung: »Mein Frau ist wirklich krank, Hasur. Wirklich schlimm krank. Typhus.«

Das machte mir Sorgen. Möglicherweise war das nicht bloß eine höfliche Auskunft. Beim Abendessen fragte ich Aziz. »Sie hat kein Typhus.« Aziz' schmales Lächeln, mit dem er das Lachen über meine Leichtgläubigkeit unterdrückte, ärgerte mich.

Doch ich hatte den *khansamah* verraten. Er kam nicht mehr mit Geschichten von kranken Verwandten. Ich mochte nicht an seine Erniedrigung dort in der Küche denken, und noch weniger an Aziz' Triumph über ihn. Auf dieser kleinen Insel hatte ich mit allen zu tun, am meisten aber mit Aziz. Diese Einbezogenheit hatte mich überrumpelt. Bis dahin war ein Diener jemand gewesen, der eine Arbeit erledigte, sein Geld bekam und sich dann um seine eigenen Angelegenheiten kümmerte. Doch für Aziz war die Arbeit das Leben. Irgendwo am See wohnte seine kinderlose Ehefrau, doch er sprach nur selten von ihr und schien sie nie zu besuchen. Seine Welt war das Dienen. Es war seine Fertigkeit, sein Beruf, es ging über Äußerlichkeiten wie etwa eine bestimmte Kleidung oder eine zur Schau getragene Beflissenheit weit hinaus, und es war die Quelle seiner Macht. Ich hatte von der außergewöhnlichen Macht, die Diener im Europa des 17. Jahrhunderts besaßen, gelesen, ich hatte mich über die Unverschämtheit russischer Diener in Romanen wie *Tote Seelen* und *Oblomov* gewundert, und hier in Indien war ich Zeuge von Auseinandersetzungen zwischen Herrin und Diener geworden, die so leidenschaftlich, so scheinbar unversöhnlich und dennoch so schnell vergessen waren wie ein Ehekrach. Ich begann zu begreifen. Einen persönlichen Diener zu haben, der die Kunst beherrscht, seinem Herrn zu gefallen, und darüber hinaus keine Funktion besitzt, bedeutet, einen Teil seiner selbst kampflos aufzugeben. Es erzeugt eine starke Abhängigkeit, wo es vorher keine gab; man muß dafür Geld ausgeben, und es besteht die Gefahr, daß man auf die Stufe eines unselbständigen Kindes herabsinkt. Ich spürte Aziz' Stimmungen ebenso wie er meine. Er konnte mich wütend machen; sein Mißmut konnte mir den ganzen Morgen verderben. Ich hatte schnell das Gefühl, er sei treulos und vernachlässige mich. Dann schmollte ich, und er wünschte mir – je nach Laune – entweder gar nicht oder durch einen anderen gute Nacht, und am nächsten Morgen versuchten wir einen Neubeginn. Wir stritten uns stumm über Gäste, mit denen ich nicht einverstanden war. Wir stritten uns laut, wenn ich den Eindruck hatte, seine Bemerkungen über die steigenden Lebensmittelpreise seien der Auftakt zu Forderungen nach mehr Geld. Vor allem wollte ich seiner Ergebenheit sicher sein. Das aber war unmöglich, denn ich war nicht sein Arbeitgeber, und so pendelte ich in meinem Verhältnis zu ihm zwischen Schikane und Bestechung. Er kam mit beidem zurecht.

Sein Dienen erforderte, wie gesagt, keine besondere Kleidung. Er schien überhaupt nur eine Garnitur Kleider zu besitzen. Sie wurden speckig, und sein Geruch wurde immer durchdringender.

»Kannst du schwimmen, Aziz?«

»Oh, ja, Sahib. Ich schwimme.«

»Wo denn?«

»Gleich hier im See.«

»Das Wasser ist sicher sehr kalt.«

»Oh, nein, Sahib. Jeden Morgen ziehen Ali Mohammed und ich Kleider aus und gehen schwimmen.«

Das war immerhin etwas, und es räumte zumindest einen Zweifel aus. »Aziz, laß dir vom Schneider einen Anzug machen. Ich werde ihn bezahlen.«

Er gab sich streng und beschäftigt: ein Mann, den seine Pflichten zu Boden drückten. Es war ein Zeichen von Freude.

»Wieviel wird das kosten, Aziz, was meinst du?«

»Zwölf Rupien, Sahib.«

In dieser Stimmung war ich, als ich Ali Mohammed in seinem schäbigen, gestreiften blauen Anzug mit Weste und Uhr zum Tourist Reception Centre aufbrechen sah. Die Armseligkeit seiner Erscheinung rührte mich.

»Ali, geh zum Schneider und laß dir eine neue Weste machen. Ich werde sie bezahlen.«

»Ja, Sir.«

Ali war nicht leicht einzuschätzen. Wenn man ihn direkt ansprach, wirkte er immer etwas verwirrt.

»Wieviel wird das kosten?«

»Zwölf Rupien, Sir.«

Es schien ein beliebter Preis zu sein. Ich ging in mein Zimmer. Kaum hatte ich mich an den blauen Tisch gesetzt, da wurde die Tür aufgestoßen, und der *khansamah* in seiner blauen Schürze stürmte auf mich zu. Er schien außer sich vor Wut. Er legte die Hand auf das Jackett, das ich über die Stuhllehne gehängt hatte, und sagte: »Ich will ein Mantel.« Dann trat er zwei Schritte zurück, als wäre er selbst über diesen Ausbruch erschrocken. »Sie geben Ali Mohammed ein Jackett und geben diesem Aziz ein Anzug.«

Hatten sie ihn in der Küche gehänselt? Ich dachte an Aziz' schmales Lächeln und an das strenge Gesicht, das er eben aufgesetzt hatte: Unterdrückung eines Triumphes, der früher oder später gefeiert werden mußte. Ali war gerade zum Tourist Reception Centre aufgebrochen; vermutlich war er noch einmal in die Küche gegangen, um die Neuigkeiten zu verkünden.

»Ich bin armer Mann.« Der *khansamah* wies mit einer fließenden Bewegung beider Hände auf seine eleganten Kleider.

»Wieviel wird ein Mantel kosten?«

»Fünfzehn Rupien. Nein, zwanzig.«

Das war zu teuer. »Wenn ich abfahre, werde ich dir einen Mantel schenken. Wenn ich abfahre.«

Er kniete nieder und versuchte, in einer Geste der Dankbarkeit meine Füße zu umfassen, doch die Beine und Querleisten des Stuhls waren im Weg.

Er war ein gequälter Mann, und nach dem, was ich gehört und gesehen hatte, war es in der Küche wiederholt zum Streit gekommen. Er war auf seine Ehre bedacht. Er war Koch, kein Diener; er hatte die Kunst zu gefallen nicht gelernt und verachtete wahrscheinlich alle, die wie Aziz ihren Lebensunterhalt damit verdienten. Ich erkannte, daß er sich absichtlich in Situationen brachte, mit denen er nicht zurechtkam, und daß er nach jeder Niederlage litt.

Es muß eine Woche später gewesen sein. Zum Abendessen schickte er uns einen Gemüse- und einen Fleischeintopf. Bis auf die Fleischstückchen waren die Gerichte identisch. Ich war Vegetarier, und ich ärgerte mich maßlos. Ich brachte es nicht über mich, den Gemüseeintopf anzurühren. Aziz war gekränkt, und das freute mich. Er brachte den Eintopf wieder in die Küche, von wo sogleich die zornig erhobene Stimme des *khansamah* zu hören war. Aziz kehrte allein zurück. Er machte vorsichtige Schritte, als wären seine Füße verletzt. Kurz darauf machte sich jemand hinter der mit einem Vorhang verhängten Tür durch Rufen bemerkbar. Es war der *khansamah*. In der einen Hand hielt er eine Bratpfanne, in der anderen ein Stück Fisch. Sein Gesicht war von der Hitze des Herdes gerötet und vor Zorn und Gekränktheit verzerrt.

»Warum essen nicht mein Gemüseeintopf?«

Sobald er den Mund öffnete, verlor er die Beherrschung. Er baute sich vor mir auf und schrie beinah: »Warum essen nicht mein Gemüseeintopf?« Ich fürchtete, er werde mich mit der hocherhobenen Bratpfanne schlagen, in der ich ein Omelett sah, aber auf seinen Ausbruch folgte sogleich der Schreck, das Erkennen seiner Schwäche.

Ich litt mit ihm. Doch der Gedanke an Eier und Öl bereitete mir immer größere Übelkeit, und zu meiner Überraschung stellte ich fest, daß in mir jene Wut erwachte, die das Urteilsvermögen ausschaltet und den Blick beinahe physisch verengt.

»Aziz«, sagte ich, »würdest du diesen Menschen bitten zu gehen?«

Das war brutal, es war absurd, es war sinnlos und kindisch. Doch der Augenblick der Wut ist ein Augenblick der Verbissenheit, der zusammengeschrumpften Einsicht, und der Weg zurück ist lang und mühsam.

Etwas später verließ der *khansamah* das Liward. Er tat es ohne Vorankündigung. Er kam eines Morgens mit Aziz in mein Zimmer und sagte: »Ich gehe, Hasur.«

Aziz ahnte meine Fragen und sagte: »Ist glücklich für ihn. Keine Sorge. Er hat Arbeit bei Familie in Baramula.«

»Ich gehe, Hasur. Gib mir ein Zeugnis, *jetzt*.« Er stand hinter Aziz. Beim Sprechen kniff er ein Auge zu und fuchtelte mit erhobenem Zeigefinger hinter Aziz' Rücken herum.

Ich setzte mich an die Schreibmaschine und schrieb ihm ein Zeugnis. Es war lang und gefühlsselig und für einen zukünftigen Arbeitgeber unbrauchbar. Es bezeugte meine Sympathie für ihn: Ich fand, daß er ebenso unzulänglich war wie ich. Während ich schrieb, stand Aziz neben mir, staubte ein wenig ab, lächelte und paßte auf, daß alles seine Richtigkeit hatte.

»Ich gehe *jetzt*, Hasur.«

Ich schickte Aziz hinaus und gab dem *khansamah* mehr Geld als nötig. Er nahm es, ohne in seiner Erbitterung nachzulassen. Er sagte nur langsam und mit Ingrimm: »Dieser Mensch Aziz!«

»Ist glücklich für ihn«, sagte Aziz danach abermals. »Zwei, drei Tage wir haben neuen *khansamah*.«

So veränderte sich das Bild von dem Hotel als einem Puppenhaus.

»Sahib, ich bitte um eine Sache. Schreiben Sie an Touristmusbüro, laden Mr. Madan zum Tee ein.«

»Aber er ist doch schon das letztemal nicht gekommen, Aziz.«

»Sahib, schreiben Sie an Touristmusbüro.«

»Nein, Aziz. Keine weiteren Einladungen zum Tee.«

»Sahib, ich bitte um eine Sache. Gehen Sie zu Mr. Madan.«

In der Küche war ein neuer Plan ausgebrütet worden. Ali Mohammed mußte jede Woche aufs neue eine Genehmigung einholen, die zum Betreten des von der Polizei bewachten Geländes des Tourist Reception Centre berechtigte. Damit wurde Zeit vergeudet, die er zum Einfangen von Touristen hätte nutzen können. Er brauchte eine Genehmigung, die für die ganze Saison galt, und in der Küche glaubte man, daß ich ihm eine verschaffen könnte.

»Gibt es tatsächlich Genehmigungen für die ganze Saison, Aziz?«

»Ja, Sahib. Viele Hausbooten haben Saisongenehmigung.«

Mein unorthodoxes, behördlich nicht anerkanntes Seehotel wurde diskriminiert. Ohne weitere Fragen zu stellen, ließ ich mir einen Termin bei Mr. Madan geben, und als der Tag gekommen war, fuhren Mr. Butt und ich in einer Tonga in die Stadt.

Und man kannte mich im Tourist Office! Mein Brief hatte das Hotel Liward berühmt gemacht. Mehrere Beamte, die über mein Interesse erfreut, wenn auch ein wenig verwirrt waren, schüttelten mir die Hand oder lächelten mir zu. Die indische Bürokratie kennt dumpfes Schweigen und Verzögerungen, doch es geht in ihr nie ein Dokument verloren, und so wurde ich als Verfasser eines unverlangt übersandten Empfehlungsschreibens herzlich begrüßt und in das mit Bildern und Fotos ausgestattete Büro von Mr. Madan, dem Leiter der Behörde, geführt.

Um ein Haar hätte ich es mir angesichts der wartenden Besucher und Mr. Madans ernster, erwartungsvoller Höflichkeit anders überlegt. Die Begrüßung war vorüber – nun mußte etwas gesagt werden. Also: Würde Mr. Madan dafür sorgen, daß Ali Mohammed eine Genehmigung für die ganze Saison ausgestellt wurde, sofern Ali Mohammed eine solche Genehmigung zustand?

»Aber man braucht gar keine Genehmigung mehr. Ich nehme an, Ihr Freund hat einen britischen Paß?«

Das Mißverständnis war verzeihlich. Ich sagte, Ali sei kein Tourist. Er wolle mit Touristen sprechen. Er sei Kaschmiri, ein Hoteldiener, er wolle Zugang zum Tourist Reception Centre haben. Mir sei klar, daß die Touristen beschützt werden müßten, aber dennoch. Die Plattheiten, die ich von mir gab, bedrückten mich. Ich wurde immer ernster und war nur noch darauf bedacht, mit Würde aus dieser Situation herauszukommen.

Mr. Madan verhielt sich sehr anständig. Wenn Ali Mohammed einen Antrag stelle, sagte er, werde er ihn wohlwollend behandeln.

Ich verabschiedete mich und verließ mit raschen Schritten das Büro, um Mr. Butt die Nachricht zu überbringen.

»Gehen Sie jetzt zum Bürovorsteher«, sagte Mr. Butt, und ich ließ mich in einen Raum voller Schreibtische und Sachbearbeiter führen.

Der Bürovorsteher war nicht an seinem Platz. Wir fanden ihn später auf dem Korridor, einen lächelnden, athletischen jungen Mann in einem grauen Anzug. Er kannte meinen Brief, er verstand meine Bitte. Das Hotel solle morgen einen Antrag stellen – er werde sehen, was er tun könne.

»Morgen«, sagte ich zu Mr. Butt. »Sie sollen morgen kommen.«

Ich verließ ihn eilig und ging durch den Garten des Regierungsgebäudes, dem ehemaligen Sitz des britischen Residenten, zur Bund Road, die auf einem Damm am Ufer des schlammigen Jhelum verlief. Die kunstvollen kaschmirischen Schnitzereien an dem Gebäude waren hier und da beschädigt. Daneben stand ein armseliger kleiner Schuppen – sehr englisch, sehr indisch –, der sich als Emporium Café bezeichnete. Doch der von Platanen beschattete Garten wirkte so imponierend wie immer; unregelmäßig angelegte Flecken voller Gänseblümchen setzten auf der weiten Rasenfläche dramatische Akzente. Die Residenz stand am einen Ende des Dammes, den früher, so hatte man mir oft erzählt, kein Inder hatte betreten dürfen. Jetzt waren die Drehkreuze kaputt. Schilder verboten das Radfahren und das Betreten des graswachsenen Damms, doch es fuhren ständig Radfahrer an mir vorbei, und in die Dammkrone war ein tiefer Pfad getrampelt worden. Kühe zupften an Pflanzen in den Vorgärten von Häusern, die, obgleich sie eigentlich im kaschmirischen Stil erbaut waren, auf den ersten Blick wie eine Art Nachahmung einer Nachahmung des Tudorstils aussahen. Einige altmodische Läden hatten überlebt. Sie waren geräumig, dunkel und voller Vitrinen und schienen noch immer die Vorfreude tausender anglo-indischer Urlaube zu atmen. An den Wänden hingen verblichene Reklameplakate für Waren, die es nicht mehr gab, beispielsweise bestimmte Kekssorten. Auf Schildern und an Mauern standen noch immer die Namen britischer Ladeninhaber, Vizekönige und Kommandeure. Im Schaufenster eines Tierpräparators war das gerahmte Foto eines britischen Kavallerieoffiziers ausgestellt, dessen blankgeputzter Stiefel auf einem toten Tiger ruhte.

Eine Form von Herrlichkeit war verschwunden. Die andere Art von blendendem Spektakel – die des Basars – hatte sich noch nicht eingestellt. Doch sie war unterwegs. »Sie brauchen mir nichts zu sagen, Sir. An Ihrer Kleidung und Sprechweise erkenne ich, daß Sie den englischen Geschmack bevorzugen. Treten Sie ein und erlauben Sie mir, Ihnen meine Teppiche nach englischem Geschmack zu zeigen. Sehen Sie, hier: Das ist englischer Geschmack. Ich *weiß* es. Dagegen dieser hier: Er ist indisch, schwer und selbstverständlich von minderer Qualität ...«

Kaschmirs höchst ungewöhnlich
unterhaltsamer Treffpunkt
JA, LEUTE –
GEHEN WIR INS **PREMIERS RESTAURANT**
Am Mikro Hallo-Leute-Tony mit seinen
Five Bops
Die geneigte Kundschaft genießt 36 Eissorten
TRINKEN SIE IN UNSERER
GOLDENEN STERNENBAR!

Das versprach der Handzettel. Nun stand ich vor diesem Treffpunkt, einem neuen, modernen Etablissement, dem »höchst ausgelassensten«, wie ein anderer Handzettel verhieß, dem »Höchstpunkt jeder Rundfahrt«. Es war noch zu früh für Tony und seine Five Bops. Ich trank still einen teuren Liter indisches Bier und versuchte die Ereignisse des Morgens zu vergessen.

Später schlenderte ich die staubige Residency Road hinunter und unterhielt mich mit dem alten, bärtigen Buchhändler. Er hatte an der Universität von Bombay studiert und war aus Sind geflohen. Er sagte, er sei achtzig. Ich bezweifelte das. »Na ja, ich sage achtzig, damit ich nicht achtundsiebzig sagen muß.« Er erzählte mir von der pakistanischen Invasion im Jahr 1947 und von der Plünderung von Baramula. In Srinagar, der Stadt der Tonga-Kutscher, der Stadt von Ali Mohammed und »Ja, Leute – gehen wir ins Premiers«, waren für Busplätze nach Jammu, die normalerweise acht Rupien kosteten, fünfhundert Rupien bezahlt worden. »Heute kann man nur noch lachen, und oft sitze ich einfach hier und lese.« Er las Stephen Leacock und war geradezu süchtig nach den Geschichten von Major Munro. Warum nannte er ihn Major Munro? Nun ja, er habe gelesen, daß Saki in Wirklichkeit Munro geheißen habe und Major gewesen sei, und er finde es unhöflich, seinem Lieblingsautor den Rang vorzuenthalten.

Ich fuhr in einer Tonga zum Hotel-Ghat zurück, als ich Mr. Butt sah. Ich nahm ihn mit. Er war sehr niedergeschlagen. Ich hatte ihn zu schnell verlassen. Er hatte meine Worte nicht verstanden und den ganzen Nachmittag am Tourist Reception Centre auf mich gewartet.

Am nächsten Morgen schrieb ich mit der Schreibmaschine einen Antrag auf eine Saison-Genehmigung, den Mr. Butt dann in die Stadt brachte. Es war heiß, und es wurde noch heißer. Gegen Mittag verdunkelte sich der Himmel, Wolken senkten sich herab, die Berge wurden dunkelblau und spiegelten sich im See, bis der Wind darüber hinwegfuhr, die Lotosblätter hochschleuderte, die Weiden schüttelte und das

Schilf hierhin und dorthin beugte. Bald begann es zu regnen, und nach dem sehr heißen Morgen wurde es nun sehr kalt. Es regnete immer noch, als Mr. Butt zurückkehrte. Seine Pelzkappe war so durchweicht, daß sie wie ein ordinär glänzender Modespleen wirkte. Seine Jacke war dunkel vor Nässe, von seinen Hemdschößen tropfte das Wasser, und er hatte den Jackettkragen hochgeschlagen und den Kopf eingezogen. Ich sah ihn langsam über die nassen Bretter im Garten zur Küche schlurfen. Er streifte die Schuhe ab und ging hinein. Ich kehrte wieder zu meiner Arbeit zurück und wartete auf das fröhliche Geräusch nackter Füße auf der Treppe. Doch es geschah nichts.

Und wie zuvor war ich es, der fragen mußte. »Hat Mr. Butt die Genehmigung bekommen, Aziz?«

»Ja, er hat bekommen. Eine Woche.«

Ein paar Tage später saß ich morgens im Salon und trank Kaffee, als der Maler mit dem Overall den Kopf zur Tür hereinstreckte und sagte: »Schreiben mir ein Maler-Empfehlung mit Maschine, Sahib?« Ich gab keine Antwort.

6

DIE MITTELALTERLICHE STADT

Der Wasserspiegel des Sees fiel bis zur letzten Stufe der Landungsbrücke; das Wasser wurde immer schlammiger und wimmelte von schwarzen Sommerfischen. Der Schnee auf den Bergen im Norden schmolz, und der entblößte Fels sah bleich und verwittert aus. Im kühlen Parkland der Vorberge wurden die Nadelgehölze zu Flecken aus dunklerem Grün. Die Pappeln am See verloren ihre lindgrüne Frische, und die Weiden streuten wirbelnde Blätter in die Windböen. Das Schilf wurde so hoch, daß es sich neigte, und wenn ein Wind ging, wogte es wie ein Meer. Die Lotosblätter hoben sich an dicken Stielen runzelig und wuchernd aus dem Wasser. Dann erschienen die Lotosknospen, die wie blinde Tulpen aussahen und sich eine Woche später zu Explosionen von schmachtendem Rosa öffneten. Im Garten wucherten Kalifornischer Mohn und Clarkien und wurden ausgerissen, während die Studentenblumen, die die Stiefmütterchen abgelöst hatten, dicker wurden und Knospen bildeten. Die Petunien im Schatten der Wand des Speisezimmers verkümmerten; sie waren, wie die Geranien, mit Leimfarbe von den Pinseln der Maler bespritzt. Die Godetien standen in voller Blüte: eine Farbmasse aus Weiß, Rosa und blassem Violett. Die Sonnenblumen waren bei unserer Ankunft zarte Sprossen gewesen, doch nun waren sie so groß und ihre Blätter so breit, daß ich nicht mehr in die sternförmigen Knospen sehen und ihre Fortschritte verfolgen konnte. Die Dahlien trie-

158

ben kleine rote Blüten, leuchtende Flecken vor dem Grün des Schilfs, der Weiden und der Pappeln.

Der Eisvogel war immer noch da, doch die anderen Vögel ließen sich immer seltener im Garten blicken. Wir vermißten den Wiedehopf mit seinem langen, emsigen Schnabel, den bogenförmigen schwarz-weißen Flügelbinden und der Federhaube, die er beim Landen aufrichtete. Die Hitze tötete die kleinen Fliegen, wie Aziz es vorausgesagt hatte, und an ihre Stelle traten gewöhnliche Stubenfliegen. Bisher hatte ich nur Fliegen kennengelernt, die sich vor Menschen fürchteten, doch diese hier setzten sich, selbst wenn ich arbeitete, ungeniert auf mein Gesicht und meine Hände, und mehrmals hintereinander wurde ich morgens vor sechs Uhr vom Summen einer einzigen Fliege geweckt, die das Insektenspray überlebt hatte. Aziz versprach Moskitos – sie würden die Fliegen vertreiben. Für ihn waren Fliegen ein Teil des göttlichen Ratschlusses; eines Nachmittags sah ich ihn friedlich in der Küche schlafen: Er hatte seine Kappe auf, und sein Gesicht war schwarz von reglosen, zufriedenen Fliegen.

Ich hatte um Insektenspray gebeten, und das mehr als einmal. Jetzt bat ich um Eis.

»Jeder mag kein Eis«, erwiderte Aziz. »Eis macht zuviel Hitze.«

Dieser Satz führte zu einer unserer Schweigeperioden.

An sehr heißen Tagen waren die Berge im Norden von morgens bis abends im Dunst verborgen. Wenn die Sonne unterging, erfüllte bernsteinfarbenes Licht das Tal, und zwischen den Pappeln am See stieg Nebel auf. Jeder Baum war auszumachen, und vom Shankaracharya Hill aus wirkte das rauchende Srinagar wie eine riesige Industriestadt, aus der die Pappeln wie Schornsteine ragten. Akbars Fort auf dem rötlichen Hügel im Zentrum des Sees hob sich als Silhouette dagegen ab, und links davon stand die Sonne, eine weiße Scheibe, die sich langsam blaßgelb färbte, während die Berge zurückwichen und ihr Grau sich auflöste und verging.

Jenseits des Damms war Srinagar eine mittelalterliche Stadt. Es hätte auch eine mittelalterliche europäische Stadt sein können. Es war, ob feucht oder staubig, eine Stadt der Gerüche, der Ausdünstungen von Körpern und malerischen, verschossenen, vor Schmutz starrenden Trachten, des Gestanks von schwarzen, offenen Rinnsteinen, von offenen Garküchen und offenem Abfall, eine Stadt streunender Hunde von unbeachteter Schönheit, die unter den auf Pfählen stehenden Läden lagen, eine Stadt mit hungernden jungen Hunden, die zitternd in der feuchten, schmutzverklebten Schwärze unter den mit blutigem Fleisch behängten Metzgerständen saßen, eine Stadt der schmalen Gassen und dunklen Läden und engen Höfe, der weiten, knöchellangen Röcke und unzähliger dünner, verschrammter Jungenbeine. Die geduckten Holzhäuser waren mit großer Kunstfertigkeit erbaut worden. Viele schöne, fantastische Schnitzereien und Verzierungen waren erhalten, auch wenn sie nicht gleich ins Auge fielen, denn alles war grau-schwarz verwittert; und es gab eigenartige Augenblicke der Schönheit, etwa wenn alle Kupfer- und Messinggefäße in einem Laden voller Kupfer- und Messinggefäße im Zwielicht aufleuchteten. Denn vor diesem tristen Hintergrund, diesem überwältigenden Gesamteindruck von Schmutz, von Schwarz, Grau und Braun, traten Farben hervor und wirkten verführerisch; etwa die Farben der Süßigkeiten – gelb und glänzend grün –, ganz gleich, wie viele Fliegen darauf wimmelten. Hier konnte man aufs neue lernen, welche Anziehungskraft Primärfarben haben, die heraldischen Farben, die Farben von Spielzeugen und leuchtend bunten Dingen, und man konnte den so lange unterdrückten Kindergeschmack wiederentdecken, der auch ein bäuerlicher Geschmack ist und der sich hier wie im Rest von Indien in Glitzerkram, farbigen Lichtern und allem, was auch wir einmal schön fanden, durchsetzte. Aus diesen engen Höfen, die man durch von stinkenden Rinnsalen durchzogene Gassen sah, kamen auf Teppichen und Decken und weichen Umhängetüchern leuchtende Farben in herrlichen Mustern – beides, Muster wie Farben, persischen Ursprungs und in Kaschmir bei aller Stimmigkeit und Vielfalt zur Routine verkommen. Sie fanden sich ebenso verschwenderisch auf Zweitausend-Rupien-Teppichen wie auf alten Decken, die zwölf Rupien brachten, sofern sich ein Dummer fand. In diesem mittelalterlichen Schmutz, diesem Grau, war Farbe Schönheit, die man in einem kostbaren Teppich ebenso bewunderte wie in einem Topf mit Plastikblumen oder – wie einst in Europa – in einem bizarren Gewand.

So groß wie die Gegensätze der Farben waren die der Stimmungen. Im Winter schlief die Stadt. Die Touristen fuhren heim, die Hotels und Hausboote schlossen, und in den dunklen Räumen mit den kleinen Fenstern hüllten die Kaschmiris sich in Decken und verbrachten die Zeit bis zum Frühjahr untätig neben ihren Holzkohlepfannen. Der Frühling brachte Sonne, Staub und Jahrmärkte, er brachte Farben, Lärm und offene Küchen. Fast alle zwei Wochen schien irgendwo im Tal ein Jahrmarkt stattzufinden. Der eine war wie der andere. Auf jedem fand man den Mann, der Bilder verkaufte und seine Ware auf dem Boden ausgebreitet hatte: dünne Wandbilder mit grellbunten Zeichnungen von indischen und arabischen Moscheen, den flach und ohne Perspektive dargestellten Zielen ersehnter Pilgerfahrten; Fotos von Filmstars; kolorierte Bilder politischer Führer; unzählige schmale Taschenbücher. Es gab Stände mit billigem Spielzeug und billigen Kleidern, es gab Zelte, in denen Tee ausgeschenkt wurde, und Tabletts voller Süßigkeiten. Ein Hindu, ein heiliger Mann von furchterregender Erscheinung, saß im Staub hinter seinen kleinen, trockenen Fläschchen, die Zauber aus »Krötenauge und Hundezunge« enthielten. Und immer gab es elektrisch verstärkte Musik. Auch auf dem See, der jetzt Spielplatz nicht nur der Touristen, sondern auch der Einheimischen war, ertönte Musik. Sie kam von den *doongas*, kleinen, unbemalten Hausbooten, die mit Köchin und einem Mann zum Staken vermietet wurden. Der ging langsam an den Zimmern vorbei – auf dem Hinweg trug er seine Stange, auf dem Rückweg stemmte er sich gegen sie –, war von dem fröhlichen Leben dort drinnen ausgeschlossen und schien doch zufrieden. Eine Frau, möglicherweise seine Frau, saß in schmutzigen Röcken und mit schwerem Silberschmuck allein auf dem hohen Heck und steuerte mit einem langen Paddel. Es war Bewegung um der Bewegung willen. Die *doongas* fuhren nirgendwohin und blieben immer in Hörweite von Gärten und Häusern. Sie legten hier an, blieben dort für eine Nacht. Eine *doonga*-Party konnte tagelang dauern – manche Gäste gingen irgendwo an Land, um sich ihren Geschäften zu widmen, und kamen später an einer anderen Anlegestelle wieder an Bord. Es war, wie mir schien, ein langweiliger, anstrengender Zeitvertreib – allerdings hatte ich ja auch keinen ereignislosen Winter hinter mir. Der Höhepunkt der Saison war der Jahrmarkt in einem Wäldchen bei Ganderbal. Alle *doongas* und *shikaras* fuhren dorthin und machten für die Nacht fest: Bewegung um der Bewegung willen, Gedränge um des Gedränges willen, Lärm um des Lärms willen.

Und in dieser mittelalterlichen Stadt waren die Menschen – wie in jeder mittelalterlichen Stadt – von Wundern umgeben. Ringsum lagen die Gärten der Mogulkaiser. Die Pavillons waren verwahrlost, aber noch vorhanden. An Sonntagen wurden die Springbrunnen im Shalimar angestellt, und nur hier und da war ein Rohr verbogen oder eine Düse verstopft. Doch die Erbauer waren aus der Geschichte in die Legende entschwunden: märchenhafte Gestalten, über die man wenig wußte, außer daß sie *sehr* stattlich oder *sehr* mutig oder *sehr* weise gewesen waren und Frauen gehabt hatten, die *sehr* schön gewesen waren. »Das da?« fragte der kaschmirische Ingenieur und zeigte auf Akbars aus dem späten 16. Jahrhundert stammenden Fort im Dal-See. »Das ist fünftausend Jahre alt.« In der Hazratbal-Moschee am See wird ein Barthaar des Propheten aufbewahrt. Es war, wie mir der Medizinstudent erzählte, unter unerhörten Gefahren nach Kaschmir gebracht worden, »von einem Mann«. Wer war dieser Mann gewesen? Welchen Beruf hatte er gehabt? Woher stammte er? Der Student wußte es nicht, er wußte nur, daß sich der Mann in einer besonders gefährlichen Situation in den Arm geschnitten und das heilige Haar in die Wunde

versteckt hatte. Es war eine authentische Reliquie, daran
konnte gar kein Zweifel bestehen. Es war so mächtig, daß
Vögel nie über die Kapelle hinwegflogen, in der es aufbewahrt wurde, und die den Hindus heiligen Kühe sich nie mit
dem Rücken zur Kapelle niederließen.
Gott wachte über sie alle, und sie dankten es ihm durch Eifer.
Muharram war der Monat, in dem sie zehn Tage lang Hussein
betrauerten, den Nachfahren des Propheten, der in Kerbala er-
mordet worden war. Die Klagen und Lieder der Schiiten drangen nachts über das Wasser zu uns. Aziz, der Sunnit, sagte
mit einem Lächeln: »Schiiten sind nicht Moslems.« Doch als
am siebten Morgen im Radio die wohlbekannte Geschichte
von Kerbala erzählt wurde, traten ihm Tränen in die Augen,
sein Gesicht wurde klein, und er eilte aus dem Speisezimmer
und rief: »Ich kann nicht aufhören. Ich will nicht hören.«
In Hasanabad sollte eine schiitische Prozession stattfinden;
dort würde man Menschen sehen können, die sich mit Ketten geißelten. Aziz, der sich von seinem morgendlichen
Gefühlsausbruch erholt hatte, drängte uns, dorthin zu fahren, und traf die nötigen Vorbereitungen. Wir fuhren mit einer *shikara* und glitten rasch auf den mit grünen Algen bedeckten Hauptstraßen dahin, vorbei an Trauerweiden, deren
Zweige ins Wasser hingen, vorbei an schmutzigen Höfen, die
an bröckelnden Betonstufen endeten, wo Männer, Frauen
und Kinder zwischen Abwasserrohren Wäsche wuschen.
Leider entdeckte ich unter ihnen auch unseren Wäscher.
Diese Hauptstraßen waren sehr schmutzig und rochen nach
Abwässern, doch in jedem Hof eilten Kinder – kleine Er-
wachsene – herbei und grüßten uns: »Salam!«
In Hasanabad machten wir neben Dutzenden von *shikaras*
fest, von denen viele mit leuchtend bunten Baldachinen ausgestattet waren, gingen an den Grundmauern einer Ruine
vorbei, von der wir noch nie etwas gehört hatten, und befanden uns mit einemmal auf einem staubigen Jahrmarkt.
Die Straßen waren gekehrt worden, und Wasserwagen
sprengten den Boden. Überall waren Stände und Buden aufgebaut. Die wohlhabenderen Frauen gingen vom Kopf bis

zu den hübsch beschuhten Füßen schwarz oder braun verschleiert; sie waren stets zu zweit oder zu dritt, und wir spürten, daß wir durch die diagonal gewebten Netze vor ihren Augen gemustert wurden. Die armen Frauen waren unverschleiert. Konservativ und korrekt zu sein war hier, wie überall, das Vorrecht der gesellschaftlichen Aufsteiger. Wir kamen an einem Vater und seiner Tochter vorbei; er ließ sie mit seiner noch unbenutzten Peitsche spielen.

Diese breite, fast ländliche Straße führte zur schmalen Hauptstraße des Ortes. Hier herrschte dichtes Gedränge. Viele Männer trugen schwarze Hemden. Ein Junge schwenkte eine schwarze Fahne. Bald sahen wir einige Flagellanten. Ihre Kleider waren steif von Blut. Die Prozession hatte noch nicht begonnen, und sie schlenderten in der Mitte der Straße, zwischen den bewundernden Zuschauern, auf und ab und drängten die beiseite, die vielleicht morgen schon wieder über ihnen stehen würden. In den vorgebauten oberen Stockwerken der schmalen Häuser rahmte jedes der winzigen, schiefen Fenster ein mittelalterliches Bild ein: die gespannten Gesichter von Frauen und Mädchen. Die Mädchen hatten eine frische Gesichtsfarbe, während die Frauen, die in häuslicher Zurückgezogenheit lebten, blaß waren – das alles vor dem pechschwarzen Hintergrund der Fensteröffnung. Unten, auf der verstopften Straße, standen Lastwagen, Mannschaftswagen der Polizei. Ein paar Jungen quälten die Welpen unter dem Stand des Metzgers; wir hörten, wie sie getreten wurden – ein erstaunlich lautes Geräusch für so kleine Körper –, wir hörten ihr Winseln und Jaulen. Straßenhändler riefen ihre Waren aus, die Fahrer steckengebliebener Autos hupten. Über allem dröhnte die lautsprecherverstärkte Stimme des Mullahs – der Lautsprecher ist in Indien unerläßlich –, die die Geschichte von Kerbala erzählte. In der Stimme lagen Qual und Hysterie, hin und wieder schien sie zu brechen, doch sie fing sich jedesmal wieder und sprach fieberhaft weiter. Der Mullah stand unter einem über die Straße gespannten Baldachin und war von der Menge verdeckt. Viele schwenkten bunte Wimpel.

Es kamen noch mehr Flagellanten. Der Rücken eines Mannes war auf obszöne Weise zerschnitten, seine Hose mit frischem Blut getränkt. Er ging rasch auf und ab, rempelte Leute an und runzelte die Stirn, als sei er beleidigt. Die Peitsche hing an seinem Gürtel. Sie bestand aus einem halben Dutzend fünfzig Zentimeter langen Ketten, an deren Enden kleine, blutverschmierte Klingen befestigt waren. An seinem Gürtel wirkte sie wie ein Fliegenwedel. So beunruhigend wie das Blut waren auch die Gesichter einiger Eiferer. Einer hatte keine Nase mehr, nur noch zwei Löcher in einem Dreieck aus rosafarben gesprenkeltem Fleisch; einer hatte grotesk hervorquellende Augen; einer hatte keinen Hals, seine Wange ging direkt in die Brust über. Ihr Gang war stolz, und sie verhielten sich wie Vielbeschäftigte, die keine Zeit für Trivialitäten hatten. Ich zweifelte an der Echtheit mancher blutgetränkter Kleidungsstücke. Einige sahen zu trocken aus. Vielleicht stammten sie vom letzten Jahr, vielleicht waren sie geliehen, vielleicht war das Blut Tierblut. An der Integrität des fast kahlen Mannes mit dem frisch verbundenen Kopf war jedoch nicht zu zweifeln: Das Blut strömte noch immer an ihm herunter. Die Ehre bemaß sich nach Blut: Wer am meisten vergoß, bekam die meiste Aufmerksamkeit.

Wir verließen das erhitzte Gedränge der Straße und setzten uns auf einem ungepflegten, staubigen Friedhof neben ein paar Jungen, die mit Kieselsteinen ein unverständliches mittelalterliches Spiel spielten. Bis zu diesem Morgen war mir religiöse Begeisterung ein Rätsel gewesen, doch in jener Straße, wo nur die Polizeilastwagen, die wenigen Autos, die Lautsprecher und vielleicht die Eiscreme in den flachen, runden Behältern der Straßenhändler nicht aus dem Mittelalter stammten, war mir dieses Fest des Blutes ganz natürlich erschienen. Unerklärlich und bizarr waren vielmehr die jungen Amerikanerinnen, die sich uns näherten: Sie waren nicht zufrieden mit der Aufmerksamkeit, die ihnen ohnehin zuteil wurde, und trugen körperbetonte Kleider, die auch in London Aufsehen erregt hätten. Der Flagellant dagegen, der sie ignorierte und auf den Stufen zum Kanal vor aller Augen die

Kleider ablegte und nackt dastand, paßte zur Umgebung und der festlichen Stimmung des Tages. Dies war sein Tag, heute durfte er tun, was er wollte. Er hatte es sich mit dem Blut auf seinem Rücken erkauft. Er hatte dumpfe Tugendhaftigkeit in ein Spektakel verwandelt.

Bei den Ausübenden wie bei den bewundernden Zuschauern wurzelte die religiöse Begeisterung in einer Schlichtheit, in einem Wissen von Religion, das sich auf Ritual und Form beschränkte. »Schiiten sind nicht Moslems«, hatte Aziz gesagt. Ein Schiit, hatte er hinzugefügt, verbeuge sich beim Gebet so – er demonstrierte es –, während ein Moslem sich *so* verbeuge. Die Moslems seien den Christen näher als den Hindus, weil Moslems und Christen ihre Toten beerdigten. »Aber viele Christen lassen sich verbrennen, Aziz.« – »Das sind keine Christen.« Der Medizinstudent versuchte, den Unterschied zwischen dem Islam und der Religion der Sikhs, die er besonders verabscheute, zu erklären und sagte, Moslems schlachteten ein Tier, indem sie es langsam verbluten ließen und dabei Gebete sprachen, während die Sikhs einem Tier mit einem Hieb den Kopf abschlügen, ohne zu beten. Er ahmte die Bewegung nach, schüttelte unwillkürlich voller Abscheu den Kopf und legte die Hand vor die Augen. Am »Tag des Id« schenkte uns Mr. Butt einen Kuchen mit der Verzierung: *Id Mubarak* – *Id*-Grüße. Wir wurden von diesem Tag überrascht. Den ganzen Morgen fuhren Männer, Frauen und Kinder in *shikaras* kreuz und quer über den See; steif und schüchtern saßen sie da, und ihre sauberen blauen und weißen Kleider stachen ins Auge. Es war ein Tag für Besuche und Geschenke und Festlichkeiten, doch für die Kaschmiris war es auch der jährliche Tag der Reinlichkeit, eine Bußorgie aus Seife und Wasser und frischen, kratzenden Kleidern. Aber weder der Medizinstudent noch der Ingenieur oder der Kaufmann konnten uns die Bedeutung dieses Tages erklären, obgleich sie uns mit Geschenken besuchten. Es war bloß das, was wir gesehen hatten; es war ein Tag, an dem Moslems Fleisch essen mußten.

Religion bedeutete Spektakel und Festlichkeiten, verschleierte Frauen (»Damit die Männer nicht erregt werden und schmutzige Dinge denken«, sagte der Kaufmann), Frauen, die ein Kind nach dem anderen zur Welt brachten und wie Legehennen gehalten wurden. Religion war die öffentliche, rituelle Waschung der Genitalien vor dem Gebet, der zehntausendfache, gleichzeitige Kniefall. Sie war die perfekte, tagesfüllende, saisonfüllende Mischung aus Ausgelassenheit, Bußfertigkeit, Hysterie und sehr wichtig – Absurdität. Sie wurde jeder schlichten Stimmung gerecht. Sie war das Leben und das Gesetz, und ihre Form duldete weder Veränderung noch Zweifel, denn Veränderung oder Zweifel würden das ganze System, ja das Leben selbst, in Gefahr bringen. »Ich bin ein schlechter Moslem«, hatte der Medizinstudent bei unserer ersten Begegnung gesagt. »Wie soll ich glauben, daß die Welt in sechs Tagen erschaffen wurde? Ich glaube an die Evolution. Meine Mutter würde verrückt werden, wenn ich ihr das sagen würde.« Doch er hielt sich strikt an die Formen und beachtete buchstabengetreu alle Gesetze. Er war ein größerer Fanatiker als Aziz, der sich in seinem System geborgen fühlte und andere Systeme mit tolerantem Interesse betrachten konnte. Eine Zeitlang hatten die Sputniks einige Menschen in ihrem Glauben erschüttert: Die höheren Regionen der Atmosphäre, hieß es, seien allen außer Mohammed und seinem weißen Pferd verschlossen. Doch die Doktrin ließ sich den Verhältnissen anpassen – die Russen hatten ihre Sputniks eben auf einem weißen Pferd in den Himmel geschickt –, und der Glaube lebte fort, weil die Doktrin weniger wichtig war als die Formen, die sie hervorgebracht hatte. Das Ablegen des Schleiers war stärker zu fürchten und entschiedener zu bekämpfen als die Evolutionstheorie.

Diese Formen waren nicht langsam, im Lauf von Jahrhunderten, entstanden. Sie waren dem Volk mit einemmal und als Ganzes von einem fremden Eroberer übergestülpt worden und hatten ein anderes System von zweifellos gleichermaßen unveränderlichen Formen ersetzt, die spurlos verschwunden waren. Der mittelalterliche Geist konnte ein

Gebäude ohne weiteres für fünftausend Jahre alt halten, und mit derselben Unbekümmertheit vergaß er Ereignisse, die drei- oder vierhundert Jahre zurücklagen. Und weil er keinen Sinn für Geschichte besaß, war seine Bekehrung so vollkommen. Viele kaschmirische Familiennamen – wie zum Beispiel der von Mr. Butt – waren eindeutig Hindunamen, doch an ihre hinduistische Vergangenheit konnten sich diese Kaschmiris nicht erinnern. In den Bergen gab es Höhlenbewohner mit schütteren Bärten, gutaussehende Männer mit scharf geschnittenen Gesichtern, in denen ich die Nachfahren innerasiatischer Reitervölker sah; im Sommer kamen sie mit ihren Maultieren herunter zu den Kaschmiris, von denen sie verachtet wurden. Über ihr Auftauchen in Kaschmir gab es eine Legende: »Einst, vor langer, langer Zeit, lebten sie jenseits der Berge. Dann gab es einen König in Kabul, der sie töten wollte, und so machten sie sich auf, zogen über die Berge und kamen hierher.« Über die Bekehrung des Tals zum Islam gab es jedoch keine Legende. Aziz wäre empört gewesen, wenn ich angedeutet hätte, daß seine Vorfahren Hindus gewesen waren. »Das da?« sagte der Ingenieur, als wir an den Ruinen von Avantipura vorbeifuhren. »Hindu-Ruinen.« Er war dabei, mir die Altertümer des Tals zu zeigen, und die Ruinen lagen gleich neben der Hauptstraße, doch er bremste nicht und sagte nichts mehr. Die Ruinen aus dem 8. Jahrhundert waren nichts, sie kamen in seiner Version der Vergangenheit nicht vor. Seine Geschichte begann erst mit der Eroberung; trotz seiner Studien und Reisen war er ein mittelalterlicher Konvertit, der immer einen heiligen Krieg führte.

Dennoch war die Religion, die im Tal praktiziert wurde, nicht rein. Der Islam ist ikonoklastisch, doch die Kaschmiris gerieten in Raserei, wenn das Barthaar des Propheten öffentlich gezeigt wurde, und rings um den See gab es moslemische Schreine, die bei Nacht erleuchtet waren. Ich wußte, was Aziz gesagt hätte, wenn ich ihn darauf hingewiesen hätte, daß gute Moslems keine Reliquien verehrten. »Sind keine Moslems.« Sollte es in Kaschmir zu einer neuen Bekehrung kommen und ein neues Gesetz, so allumfassend wie das alte, eingeführt werden, dann wird es in hundert Jahren keinerlei Erinnerung mehr an den Islam geben.

In der Politik war es wie in der Religion. Die Analysen der Situation in Kaschmir, die ich zur Genüge in Zeitungen gelesen hatte, ließen die Probleme der Kaschmiris vollkommen außer acht. Die größten antiindischen Ressentiments im Tal hegten die moslemischen Siedler aus dem Pandschab, die oft in hohen Positionen saßen; in ihren Augen waren Kaschmiris »feige« und »gierig«, und sie kamen oft ins Hotel und berichteten von Truppenbewegungen, Meutereien und Katastrophen an der Grenze. Ihre Politik unterstützten die Kaschmiris nicht aus Eigeninteresse, sondern weil sie die Fähigkeit der Bewunderung und Mythenverehrung besaßen, und dieser Mythos wurde von einem Mann verkörpert: von Scheich Abdullah, dem »Löwen von Kaschmir«, wie Mr. Nehru ihn genannt hat. Er hatte die Kaschmiris befreit, er war ihr Führer, er hatte Indien freundlich gegenübergestanden, dann aber seinen Kurs geändert, und seit 1953 saß er, mit einer Unterbrechung von wenigen Monaten, im Gefängnis. Mehr wollten die Kaschmiris nicht sagen; ich konnte nichts über die Leistungen ihres Führers, über seine Persönlichkeit, seine Ausstrahlung erfahren. Daß die Straße von Kud nach Srinagar von Menschen gesäumt gewesen sei und man überall rote Teppiche ausgerollt habe, als Scheich Abdullah 1958 aus dem Gefängnis entlassen worden sei, erzählte man mir immer wieder, als würde das alles erklären. »Ich will Ihnen sagen, wie Scheich Abdullah die Freiheit für das Volk von Kaschmir errungen hat«, sagte der Student. »Viele, viele Jahre lang hat er für die Freiheit gekämpft. Eines Tages bekam der Maharadscha *große* Angst und ließ Scheich Abdullah kommen. Er sagte zu ihm: ›Ich werde dir alles geben, sogar mein halbes Reich, wenn ich meinen Thron behalten darf.‹ Doch Scheich Abdullah weigerte sich, es zu versprechen. Da wurde der Maharadscha *sehr* wütend und sagte: ›Ich werde dich in einen Kessel Öl werfen und Feuer

darunter machen.‹ Und Sie wissen ja, was dann passiert
wäre: Von Scheich Abdullah wäre nur ein Häufchen Asche
übriggeblieben. Aber Scheich Abdullah sagte: ›Nur zu, kochen Sie mich ruhig in Öl. Aber ich sage Ihnen: Aus jedem
Tropfen meines Blutes wird ein neuer Scheich Abdullah
werden.‹ Als der Maharadscha das hörte, bekam er *große*
Angst. Er dankte ab. So hat Scheich Abdullah die Freiheit
für das Volk von Kaschmir errungen.«
Ich hatte meine Zweifel und sagte, im wirklichen Leben verhielten die Menschen sich anders.
»Aber es stimmt. Sie können jeden Kaschmiri fragen.«
Das war seine Darstellung der Ereignisse von 1947, wobei er
die Beschlüsse des indischen Kongresses, Gandhi, die Briten
und die pakistanische Invasion ignorierte. Und bei ihm handelte es sich immerhin um jemanden, der Englisch in Wort
und Schrift gut beherrschte. Unter den weniger Gebildeten
waren Menschen wie Aziz, der beinah täglich bedauerte,
daß es das repressive Regime des Maharadschas nicht mehr
gab, denn damals sei alles viel billiger gewesen. Die jüngste
Geschichte versank bereits in einer mittelalterlichen Legende. Aziz und der *khansamah* hatten den Briten gedient
und kannten sie als Menschen mit bestimmten Vorlieben,
besonderen Fertigkeiten und einer spezifischen Sprache (einen Priester nannten sie »Padre«, und für Aziz war »Strolch«
ein Kosename für Hunde), deren Verschwinden so unerklärlich blieb, wie es ihr Kommen gewesen war. Es war jedoch
eine Generation von Schülern herangewachsen, die die Briten nur aus den Geschichtsbüchern kannten, und für sie lag
die 1947 von Großbritannien beschlossene Schaffung der
Dominions Indien und Pakistan so weit zurück wie die Blü-
tezeit der Mogul-Herrschaft.
Bashir erzählte mir einmal, daß »die East India Company
1947 abgezogen« sei. Bei unseren politischen Diskussionen
war dies das einzige Mal, daß er die Briten erwähnte. Bashir
war neunzehn und auf dem College gewesen. »Ich bin *bester*
Sportler«, sagte er, als er sich mir vorstellte. »Ich bin *bester*
Schwimmer, ich kenne *alle* Chemie und *alle* Physik.« Er ver-

achtete die kaschmirische und indische Sitte, in der Öffentlichkeit Pyjamas zu tragen, und sagte, er spucke nie auf die Straße. Er betrachtete sich als unabhängig und gebildet: Er nahm an »gemischten Essen« (das war einer der englischen Ausdrücke, die man auf dem Subkontinent zu hören bekam) mit jedermann teil, ganz gleich, zu welcher Religion oder Sekte er gehörte. Er trug westlich geschnittene Anzüge und sprach deshalb ein so hervorragendes Englisch, weil er »aus einer außerordentlich intelligenten Familie« stammte. Vielleicht lag Bashirs Unwissenheit in Bezug auf geschichtliche Dinge an seiner Dummheit oder an der Tatsache, daß er in einer Sprache unterrichtet worden war, die er nicht vollständig beherrschte (wenn er »bester« sagte, meinte er eigentlich »sehr guter«), oder daß er schlechte Lehrer und schlechte Schulbücher gehabt hatte. (Ich sah mir später einmal sein Geschichtslehrbuch an. Es war ein typisches indisches Schulbuch. Der Stoff wurde in Frage-und-Antwort-Form behandelt; die Bewahrung der Reinheit wurde als eine der Segnungen des Kastensystems dargestellt, während der Niedergang der portugiesischen Herrschaft unter anderem auf die zahlreichen Mischehen zurückgeführt wurde.) Vielleicht lag es auch einfach daran, daß Bashir und seine Freunde sich nicht für Politik interessierten, und tatsächlich war es, wenn man kein Radio hörte und keine Zeitungen las, durchaus möglich, sich wochenlang in Kaschmir aufzuhalten, ohne von der Existenz einer Kaschmir-Krise auch nur etwas zu ahnen. Dabei wurde überall von Kaschmir gesprochen. All-India-Radio berichtete ausführlich über die jährliche Debatte in der Vollversammlung der Vereinten Nationen; Radio Pakistan warnte unablässig, der Islam sei in Kaschmir wie auch im Rest von Indien ernsthaft bedroht, was Radio Kaschmir ebenso unablässig dementierte. Mr. Nehru kam nach Srinagar, und Radio Kashmir meldete, eine öffentliche Versammlung, auf der er geredet habe, sei wegen Tumulten aufgelöst worden. (In Wirklichkeit erholte sich Mr. Nehru in Kaschmir von einer Krankheit.) Aber wie auch immer – Bashirs Unwissenheit über die jüngste Geschichte

und die gegenwärtige Situation seines Landes war erstaunlich. Und dabei war er privilegiert. Unter ihm standen die
schmutzigen, barfüßigen, unterernährten Volksschulkinder,
die keine Gelegenheit haben würden, ein College zu besuchen, und unter diesen standen die Kinder, die überhaupt
nie zur Schule gingen.

Eines Nachmittags, als ich mit einer Halsentzündung im Bett
lag, brachte Bashir seinen Freund Kadir zu mir. Kadir war
siebzehn und klein, mit sanften, braunen Augen in einem
sanften, breiten Gesicht. Er studierte Maschinenbau, wollte
aber Schriftsteller werden.

»Er ist *bester* Dichter«, sagte Bashir, unterbrach sein Stöbern,
ließ sich quer über meine Füße auf das Bett sinken und griff
nach meinen Zigaretten. Er hatte Kadir zu mir gebracht, aber
er wollte auch mit mir angeben, und das konnte er nur, indem er diese kernige Vertraulichkeit an den Tag legte, die er
sich bisher noch nie herausgenommen hatte. Ich konnte ihn
nicht zurechtweisen. Ich wackelte lediglich unter seinem
Rücken mit den Zehen.

»Als Bashir mir gesagt hat, daß Sie Schriftsteller sind«, sagte
Kadir, »mußte ich natürlich kommen.«

»*Bester* Dichter«, sagte Bashir, richtete sich auf und stützte
sich auf die Ellbogen.

Das Hemd des Dichters war schmutzig und stand am Kragen offen; sein Pullover hatte ein Loch. Er war klein, arm
und empfindsam; ich fügte mich.

»Er ist *großer* Trinker«, sagte Bashir. »*Zu*-viel Whisky.«

Das bewies sein Talent. In Indien müssen Dichter und Musiker die ihnen zugewiesene Rolle spielen: Es ist unerläßlich,
daß sie melancholische Alkoholiker sind.

Aber Kadir sah so jung und so arm aus.

»Trinkst du wirklich?« fragte ich ihn.

»Ja«, sagte er einfach.

»Trag etwas vor«, befahl Bashir.

»Aber er versteht doch kein Urdu.«

»Trag etwas vor. Ich werde übersetzen. Ist nicht leicht, Sie
verstehen. Aber ich werde übersetzen.«

Kadir trug vor.

»Er sagt«, sagte Bashir, »und er erzählt von der Tochter von einem armen Fährmann, Sie verstehen. Er sagt in dem Gedicht, daß sie der Rose Farbe gibt. Verstehen Sie? Ein anderer Mann würde sagen, daß die *Rose* dem Mädchen Farbe gibt. Aber er sagt, daß *sie* der Rose Farbe gibt.«

»Sehr schön«, sagte ich.

»Nur Kaschmir ist schön«, sagte Kadir melancholisch.

Dann sagte Bashir mit großen, leuchtenden Augen ein Reimpaar auf, das, wie er sagte, aus einem Mogulgebäude in Delhi stammte. Er wurde sentimental. »Ein Engländer ging eines Tages in den Hügeln spazieren«, sagte er, »und er sah ein Gujjaren-Mädchen unter einem Baum. Sie war *sehr* schön. Und sie las im Koran. Der Engländer ging zu ihr und sagte: ›Willst du mich heiraten?‹ Das Mädchen sah auf und sagte: ›Natürlich will ich dich heiraten. Aber du mußt deine Religion aufgeben und meine annehmen.‹ Der Engländer sagte: ›Das werde ich tun. Ich liebe dich mehr als alles andere auf der Welt.‹ Also nahm er ihre Religion an, und sie heirateten. Sie waren *sehr* glücklich. Sie hatten vier Kinder. Einer wurde Oberst in der Armee, einer wurde Bauunternehmer, und das Mädchen heiratete Scheich Abdullah. Der Engländer war *sehr* reich. *Zu*-viel Geld. Das Nedou's Hotel gehörte ihm. Kennen Sie Nedou's Hotel? Bestes Hotel in Srinagar.«

»Das Oberoi Palace ist besser«, sagte Kadir.

»Das Nedou's ist das beste. *Bestes* Hotel. Sie sehen also: Sie ist englisch.«

»Wer?‹

»Scheich Abdullahs Frau. *Rein* englisch.«

»Sie kann nicht rein englisch sein«, sagte Kadir.

»*Rein* englisch. Ihr Vater war Engländer. Der Besitzer von Nedou's Hotel.«

Sehr oft, und in Form solcher Legenden, wandte sich das Gespräch Scheich Abdullah zu. Warum hatte Scheich Abdullah mit Delhi gebrochen? Einer sagte, die indische Regierung habe die Post kaufen wollen, doch Scheich Abdullah sei nicht bereit gewesen, sie zu verkaufen. Was das hieß, war klar: Man hatte sich über die Forderung nach größerer Autonomie gestritten. Für meinen Informanten jedoch war die Post, um die es gegangen war, das Postamt an der Bund Road, eine Art Supermarkt, wo täglich eine Menge Umsatz gemacht wurde, und den habe die indische Regierung den Kaschmiris wegnehmen wollen. Er war ein gebildeter Mann, und zweifellos war die Tatsache, daß es Forderungen nach größerer Autonomie gegeben hatte, auf dem Weg zu den Bauern noch weiter vereinfacht und entstellt worden. Propaganda muß die Ebene finden, auf der sie am wirksamsten ist, und mittelalterliche Propaganda war so schlicht und wirksam wie jede andere Technik der geheimen Verführung. Radio Pakistan behauptete, die erheblichen finanziellen Mittel, die in Kaschmir für Unterricht und Erziehung ausgegeben würden, dienten nur dazu, den Islam und das islamische Recht zu schwächen. Das war eine wirkungsvollere Propaganda als die der kaschmirischen Regierung, die Zahlen und Statistiken bekanntgab.

»Aber Scheich Abdullah war mehr als fünf Jahre lang Premierminister. Was hat er in dieser Zeit getan?«

»Das ist ja das Großartige: Er hat nichts getan. Er wollte von keinem Hilfe annehmen. Er wollte, daß das Volk von Kaschmir lernt, auf eigenen Beinen zu stehen.«

»Aber wenn er fünf Jahre lang nichts getan hat, warum denkt ihr dann, daß er ein großer Führer ist? Gebt mir ein Beispiel für seine Größe.«

»Ich werde Ihnen ein Beispiel geben. In einem Jahr war die Reisernte schlecht, und die Leute hungerten. Sie gingen zu Scheich Abdullah und sagten: ›Scheich Abdullah, wir haben keinen Reis und müssen hungern. Gib uns Reis.‹ Und wissen Sie, was er sagte: ›Eßt Kartoffeln.‹«

Das sollte kein Witz sein – der Rat war vernünftig. Inder essen nur, was sie schon immer gegessen haben, und die Grundnahrungsmittel sind von Region zu Region verschieden. In Kaschmir wie auch im Süden wird Reis gegessen. Was den umtriebigen kleinen Aziz mit Energie versorgte, war ausschließlich Reis in riesigen Portionen, eventuell angefeuchtet mit etwas Tomatensauce. Wenn es keinen Reis gab, hungerten die Kaschmiris, selbst wenn sie Kartoffeln hatten. Kartoffeln waren keine Nahrungsmittel. Darauf zielte Scheich Abdullahs Rat ab. Unnötig zu sagen, daß niemand ihn befolgte. Statt dessen wurde er als ein Beweis für die beinah prophetische Weisheit des großen Mannes gedeutet und als solcher bewundert und weitergereicht. *Einst gab es im ganzen Land nichts mehr zu essen, und die Menschen gingen zu ihrem Herrscher und sagten: »Wir haben nichts mehr zu essen. Wir hungern.« Der Herrscher aber sagte: »Ihr denkt vielleicht, daß ihr nichts mehr zu essen habt. Aber ihr habt zu essen. Ihr habt Kartoffeln, und Kartoffeln kann man essen.«*

Auf den Straßen sah man regelmäßig weiße Jeeps und Kombis. Nachmittags schienen sie Frauen und Kinder mit Strohhüten zu Picknickparties zu transportieren. Abends waren es Bridgeparties. Die Jeeps und Kombis waren mit schmalen, eckigen Buchstaben beschriftete Fahrzeuge der Vereinten Nationen, deren Truppen an der Waffenstillstandslinie stationiert waren. Sie erschienen in Kaschmir so anachronistisch wie die Uhr in Shakespeares *Julius Cäsar*.

Aber es war Geld in Kaschmir, mehr Geld als je zuvor. Man hatte mir gesagt, 1947 habe es im ganzen Staat nur zweiundfünfzig Privatautos gegeben, jetzt waren es fast achttausend. 1947 hatte ein Zimmermann zwei oder drei Rupien am Tag verdient, jetzt konnte er elf Rupien verdienen. Der neue Reichtum zeigte sich in der wachsenden Zahl verschleierter Frauen: Für Tonga-Kutscher und Tankstellenbesitzer war eine neue, verschleierte Frau ein Statussymbol. Man schätzt, daß in Kaschmir wie im Rest von Indien ein Drittel der Entwicklungshilfegelder durch Korruption und den Austausch von Geschenken abgeschöpft wird. Niemand findet etwas dabei. Der Schneider erzählte mir voll neidischer Bewunderung von seinem Freund, einem *patwari*, der Landvermesser und eine Art Grundbuchverwalter war und manchmal an einem einzigen Tag hundert Rupien einnahm; ähnliche Bewunderung zeigte ein Lastwagenfahrer für einen Polizisten, von dem er wußte, daß er jeden Monat von verschiedenen Lastwagenfahrern Schutzgelder kassierte. Von Zeit zu Zeit empörte man sich in der Presse und im Parlament über die Korruption, und dann wurden hier und da überstürzte Maßnahmen ergriffen. In einem Bundesstaat zeigte ein Minister seinen Portier wegen Bestechlichkeit an: Er hatte sich zu oft und zu tief verbeugt und dadurch verraten, daß er ein Trinkgeld erwartete. In Delhi sagte mir ein Architekt, selbst solche halbherzigen Versuche, die Korruption »auszumerzen«, seien gefährlich und demoralisierend – das System sei notwendig und obendrein das einzige, das in Indien funktionieren könne.

Von dem Ingenieur erfuhr ich, wie das System in Kaschmir funktionierte. Ein Bauunternehmer hob hundert Kubikmeter Erde aus. Er berechnete zweihundert Kubikmeter. Eben um solche Unregelmäßigkeiten zu unterbinden, hatte die indische Verwaltung ein System von Kontrollen und Gegenkontrollen entwickelt. Die Behauptung des Bauunternehmers mußte beglaubigt werden, die Beglaubigung mußte bestätigt und die Bestätigung gegengezeichnet werden. In der Gründlichkeit des Systems lag seine Gerechtigkeit. Wenn der ganze Prozeß abgeschlossen war, wußte jeder, vom Behördenleiter bis zum Botenjungen, Bescheid und erwartete eine Gegenleistung. Ein festgesetzter Prozentsatz des Extraprofits des Unternehmers wurde – wiederum nach einem festen Prozentsatz – unter den Angestellten der zuständigen Abteilungen aufgeteilt. Es war alles geregelt und einwandfrei, alles lief, sagte der Ingenieur lächelnd und benutzte den amtlichen Ausdruck, »unter Einbeziehung der zuständigen Stellen« ab. Für einen Regierungsangestellten war es fast unmöglich, aus diesem System auszusteigen, und eigentlich wollte es auch niemand. Man rechnete geradezu mit Bestechungsgeldern. Ein Bauunternehmer, der hundert Kubikmeter ausheben ließ und hundert berechnete, bekam bald Schwierigkeiten, und es war schon vorgekommen, daß ein Beamter, der die Korruption bekämpfte, versetzt oder wegen

Bestechlichkeit aus dem Dienst entlassen worden war. »Selbst wenn der Bauunternehmer ein Verwandter ist«, sagte der Ingenieur, »muß er bezahlen. Das ist eine Frage des Prinzips.« Der Chef bekam nicht unbedingt den größten Anteil, aber letzten Endes nahm er doch mehr ein als seine Untergebenen, weil er an mehr Vorgängen beteiligt war.
Der Ingenieur kampierte in einem Lager am Rand eines Nadelwaldes. Wenn die Sonne unterging, wurde es kühl. Mit Kalkfarbe angestrichene Steine säumten den Weg zu seinem Zelt. In einem anderen, etwas entfernt stehenden Zelt bereiteten seine Untergebenen gerade ihr Abendessen zu. Als er diesen Posten angetreten habe, sagte der Ingenieur, habe es einige Schwierigkeiten mit ihnen gegeben. Sein Vorgänger habe die Gelder nicht gerecht verteilt, und die Leute hätten aufbegehrt. Seine erste Handlung sei gewesen, auf seinen Anteil zu verzichten; außerdem habe er ihnen bestimmte Waren verschafft, auf die sie eigentlich kein Anrecht gehabt hätten. Das habe sie beschwichtigt. Der Ingenieur sagte, er sei gegen das System. Wenn es jedoch gerecht gehandhabt werde, sei es effizient. Es sorge dafür, daß die Leute sich für ihre Arbeit interessierten. Zum Beispiel diese Telefonmasten. Sie müßten zehn Meter fünfzig lang sein, einen bestimmten Umfang haben und einen Meter fünfzig tief eingegraben werden. Angenommen, es würden auch zehn Meter lange Masten geliefert und akzeptiert – und nur bei solchen minderwertigen Masten seien lohnende Schmiergelder zu erwarten –, dann sei es erforderlich, die Masten so schnell wie möglich aufzustellen. Denn wer könne dann noch feststellen, daß sie nur einen Meter tief eingegraben seien?
Ich konnte die Geschichte des Ingenieurs nicht überprüfen, doch ich glaubte, daß sie zum Teil das unerlaubte Abholzen erklärte, durch das Kaschmir seiner zugänglichen Wälder beraubt wurde. (Die Kaschmiris führten den Rückgang der Wälder auf die Hitze der vergangenen Sommer zurück.) Und an vielen Telefonmasten in Srinagar waren die Drähte tatsächlich gefährlich niedrig angebracht.

Es schien die Gefahr zu bestehen, daß wir den Hotelgarten ganz und gar verloren. Erst war der häßliche Mast für die Stromleitung gesetzt worden, und nun wurden die Pfosten für den Baldachin eingegraben. Es war die ortsübliche, roh zusammengezimmerte Konstruktion, die im Handumdrehen aufgestellt war, und Dutzende von Seebewohnern in Pyjamas oder weiten, flatternden Hosen fanden sich im Hotelgarten ein, aus Neugier oder um Rat oder Hilfe anzubieten. Der Baldachin war das Merkmal der Hausboote, und das war der Grund, warum er im Garten, wo er sonst keinen Zweck erfüllte, aufgestellt wurde. Er gab nur wenig Schatten, und wenn die Sonne schien, war es darunter sehr heiß. Sobald Regen drohte, wurde der Stoff abgenommen. Er hatte bogenförmige, schwarz abgesetzte Säume und sah genauso aus wie die Baldachine der Hausboote in dieser Gegend. Sie wurden ausnahmslos in der aus einem Raum bestehenden Schneiderwerkstatt an der Hauptwasserstraße genäht, wo anscheinend alle, die vorbeikamen – Blumenverkäufer, Gemüsehändler, Polizisten mit roten Turbanen –, anlegten, um ein Schwätzchen zu halten und an der Wasserpfeife zu ziehen.

Ein oder zwei Tage später strich Mr. Butt die Pfosten des Baldachins hellgrün an, und ich ging hinunter, um ihm zuzusehen. Er sah auf, lächelte und fuhr fort, den Pfosten zu lackieren. Als er das nächstemal aufsah, lächelte er nicht.

»Sir, Sie bitten Mr. Madan zum Tee?«

»Nein, Mr. Butt.«

Der Sommer hatte schier kein Ende nehmen wollen. Wir hatten die Besichtigung der Ruinen immer wieder aufgeschoben: Pari Mahal, der Feenpalast, den wir auf den niedrigen Hügeln jenseits des Sees sahen; Hari Parbat, Akbars Fort im See; der Tempel Pandrethan; der Sonnentempel Martand; der Tempel von Avantipura. Jetzt besuchten wir sie nacheinander.

An einem kühlen Tag fuhren wir nach Avantipura. Die trokkenen Felder mit ihrem warmen Braun hoben sich von den dunklen, grau-blauen Bergen ab. Wir wurden nicht recht schlau aus den Ruinen, aus der gewaltigen, zentralen Plattform, aus den amboßförmigen, gemeißelten, im Schutt liegenden Wasserbecken, aus den Steinmetzarbeiten. Der Dorfbewohner, der sich zu uns gesellt hatte, war keine Hilfe. »Ist alles eingestürzt«, sagte er auf Hindi und wedelte mit der Hand. »Alles?« – »Alles.« Es war eine Art nordindischer Dialog, der auf der Betonung beruhte. Ich hatte an dieser Art zu sprechen Gefallen gefunden. Der Mann zeigte uns den Fuß einer Säule und gab durch Gesten zu verstehen, daß dies der untere Stein einer Mühle gewesen sei. Mehr wußte er nicht. Er bekam kein Trinkgeld. Wir gingen ins Dorf, um auf den Bus zu warten.

Die Jungen in ihren blauen Hemden kamen gerade aus der Schule. Von einer Nebenstraße aus sahen wir den jungen Lehrer, einen Sikh, der auf dem Schulhof ein Ballspiel organisierte. Die Jungen umringten uns. Sie trugen riesige Bücherbündel, die in schmutzige, tintenverschmierte Tücher eingeschlagen waren. Wir ließen einen Jungen sein Englischbuch hervorholen. Er schlug eine Seite auf, die mit »Unsere Haustiere« überschrieben war, sagte: »Unser Körper« und rasselte einen Text herunter, den wir nach einigem Suchen auf einer ganz anderen Seite fanden. Und was war das für ein Buch? Urdu? Sie wollten sich ausschütten vor Lachen: Jedes Kind konnte doch sehen, daß das Farsi – Persisch – war. Die Menge wurde immer größer. Wir bahnten uns einen Weg hindurch und sagten, wir wollten zurück nach Srinagar fahren, worauf alle begannen, Busse für uns anzuhalten. Viele vollbesetzte Busse fuhren vorbei, doch dann kam einer, der sein Tempo verlangsamte und anhielt. Ein Kaschmiri wollte einsteigen, wurde jedoch vom Schaffner vertrieben, der uns Plätze verschaffte.

Wir saßen hinten, zwischen vielen Edelstahldosen und sagenhaft schmutzigen Menschen, deren *dhotis* mit braunem Dreck verschmiert waren. Der Mann neben mir lag ausgestreckt auf dem Sitz. Es ging ihm offensichtlich nicht gut. Er stierte ausdruckslos vor sich hin, und die ekelhaften indischen Fliegen krochen ihm ungehindert über Wangen und Lippen. Von Zeit zu Zeit stieß er ein theatralisches Stöhnen aus, dem keiner der schwatzenden Passagiere auch nur die leiseste Aufmerksamkeit schenkte. Wir waren offenbar in einem Bus voller »Billigtouristen« gelandet und saßen unter ihren Dienstboten.

Bei den Ruinen hielt der Bus, und der schnauzbärtige, in Khaki gekleidete Fahrer drehte sich um und versuchte, die Fahrgäste zu überreden, auszusteigen und sich umzusehen. Niemand rührte sich. Der Fahrer ließ nicht locker, und schließlich erhob sich seufzend ein älterer Mann, offenbar das Oberhaupt dieser Gesellschaft, und stieg aus. Er trug ein schwarzes, indisches Jackett, und sein Haarknoten wies ihn als Brahmanen aus. Die anderen folgten ihm.

Aus dem Nichts erschienen Kinder. »*Paisa, Sahib, paisa.*« »Ach, so, ihr wollt Geld«, sagte der Patriarch auf Hindi. »Dann verratet mir mal, wofür so kleine Kinder Geld brauchen.« – »*Roti, roti*«, riefen sie. – »Ach, tatsächlich? Brot?« Er wollte sie nur auf die Folter spannen. Er gab den Kindern Geld; die anderen gaben ebenfalls.

Der alte Mann stieg die steinerne Treppe hinauf und betrachtete die Ruinen mit herablassendem Wohlwollen. Er machte einen Scherz, er hielt einen Vortrag. Die anderen standen pflichtschuldig herum und sahen ohne Interesse dorthin, wohin er sah.

Ein Sechzehnjähriger in einer weißen Flanellhose trat zu mir und sagte: »Das ist das Fort der Pandavas.«

»Es ist kein Fort«, sagte ich.

»Es ist das Fort der Pandavas.«

»Nein.«

Er deutete zögernd auf den Anführer. »Er sagt, es ist das Fort der Pandavas.«

»Dann sagen Sie ihm, daß das nicht stimmt. Er weiß nicht, wovon er redet.«

Der Junge sah mich so erschrocken an, als hätte ich ihn mit körperlicher Gewalt bedroht. Er ging langsam beiseite, drehte sich um und floh zu der Gruppe um den alten Mann.

Wir saßen alle wieder im Bus und wollten gerade weiterfahren, als der Alte vorschlug, etwas zu essen. Der Schaffner öffnete abermals die Tür, und ein alter, zahnloser und besonders schmutziger Diener erwachte zum Leben. Rasch und geschäftig schob er die Edelstahldosen durch den staubigen Mittelgang und stellte sie am Straßenrand ab. Ich begann, mich über die Verzögerung zu beschweren. Der Junge in der weißen Flanellhose sah mich entsetzt an, und ich begriff, daß dies eine Familie war, die den ganzen Bus gechartert hatte, und daß wir aus reiner Freundlichkeit mitgenommen worden waren. Der Bus leerte sich ein zweitesmal. Wir blieben hilflos auf unseren Plätzen sitzen, während Busse nach Srinagar vorbeifuhren, in denen, wie wir sahen, noch Plätze frei waren.

Es war eine Brahmanenfamilie, und ihr vegetarisches Essen wurde nach den überlieferten Regeln serviert. Nur der schmutzige alte Diener, der, sobald von Essen die Rede war, soviel wichtigtuerische Geschäftigkeit an den Tag gelegt hatte, durfte es berühren. Mit denselben Fingern, die eben noch eine verknautschte Zigarette gedreht und die staubigen Edelstahldosen durch den staubigen Mittelgang des Busses geschoben hatten, nahm er nun Puris aus der einen Schüssel, schaufelte Curry-Kartoffeln aus einer anderen und tropfende Portionen Chutney aus einer dritten. Selbstverständlich benutzte er nur die rechte Hand. Er gehörte der richtigen Kaste an – nichts, was die Finger seiner rechten Hand berührt hatten, konnte unrein sein, und die Gesellschaft aß mit Genuß. Die Stelle am Straßenrand war menschenleer gewesen, doch nun waren die Essenden sogleich von Dorfbewohnern und langhaarigen kaschmirischen Hunden umringt. Die Hunde hielten Abstand; sie warteten reglos und aufmerksam mit hängenden Schwänzen, und hinter ihnen erstreckten sich die Felder bis zu den Bergen. Die Dorfbewohner – Männer und Kinder – standen direkt hinter den hockenden Essern, die, wie Berühmtheiten inmitten einer Menge von Bewunderern, ihr Verhalten fast unmerklich änderten: Sie aßen mit geräuschvollerem Behagen, erhoben ein wenig die Stimmen, lachten lauter und länger. Ihr Diener, geschäftiger als zuvor, runzelte die Stirn, als erforderte seine Arbeit höchste Konzentration. Seine Lippen verschwanden zwischen den zahnlosen Kiefern.

Das Familienoberhaupt sagte etwas zu dem Diener, und der kam zu uns. Hektisch wie einer, der keine Zeit zu verschwenden hat, klatschte er uns Puris in die Hand, häufte Kartoffeln darauf, sprenkelte Chutney auf die Kartoffeln und zog sich, die Dosen im Arm, wieder zurück. Wir saßen da, mit ausgestreckter rechter Hand.

Ein Abgesandter der Familie erschien in der Tür des Busses. »*Probieren* Sie unser Essen.«

Wir probierten. Wir spürten die Blicke der Dorfbewohner. Wir spürten die Blicke der Familie. Wir aßen und lächelten. Der alte Mann machte uns freundschaftliche Avancen; er versuchte, uns in die Unterhaltung einzubeziehen. Wir lächelten, und jetzt war es der Junge in der weißen Flanellhose, der uns feindselig ansah. Dennoch hörten wir während der ganzen Fahrt zurück nach Srinagar nicht auf zu lächeln.

Bislang hatte ich mich in Indien wie ein Fremder gefühlt. Die Größe, die Temperaturen, die Menschenmassen – ich hatte mich darauf vorbereitet, doch gerade in seiner Extremheit war das Land mir fremd. Ich hatte nach dem Vertrauten gesucht und war, trotz aller Anstrengungen, wieder zu einem Inselbewohner geworden: Ich hatte nach dem Kleinen, dem Überschaubaren gesucht. Bereits am Tag meiner Ankunft hatte ich gelernt, daß rassische Verwandtschaft wenig bedeutete. Die Leute, mit denen ich in Clubs in Delhi und Apartments in Bombay gesprochen hatte, die Dorfbewohner und Beamten in den ländlichen »Distrikten« waren Fremde, deren persönlichen Hintergrund ich nicht zu deuten vermochte. Sie waren begrenzter und zugleich großzügiger. In fast allen Angelegenheiten schien die Bandbreite ihrer Möglichkeiten kleiner als meine, und doch waren sie Bewohner eines großen Landes und besaßen einen lässigen, unromantischen Begriff von Größe. Die Landschaft war schroff und unstimmig. Ich konnte kein Verhältnis zu ihr entwickeln – ich suchte nach der ausgewogenen Landschaft des indischen Teils von Trinidad. Einmal, in der Nähe von Agra, hatte ich eine solche Landschaft gesehen oder sehen wollen, aber die armseligen Gestalten auf den schnurbespannten Betten im Vordergrund paßten nicht dazu. Bei allen erstaunlichen Einzelheiten, die Indien mir zeigte, fand ich nichts, das ich mit meiner Erfahrung des indischen Lebens in einer kleinen Stadt auf Trinidad hätte in Verbindung bringen können.

Und jetzt, in Kaschmir, bei dieser Begegnung mit einer Touristenfamilie, klang ganz unerwartet etwas Vertrautes an. Die kurze Besichtigung des »Forts der Pandavas«, die fröhliche Stimmung der Gesellschaft, das Verteilen kleiner Münzen an bettelnde Kinder, das Essen, die unzeremonielle Art des Austeilens, hinter der sich die Beachtung vieler Regeln verbarg – es war, als würde ich diese Familie kennen. Ich hätte die Beziehungen zwischen ihren Mitgliedern analysieren und auf die Mächtigen, die Schwachen und die Intriganten zeigen können. Die drei Generationen, die mich von ihnen trennten, schrumpften zu einer.

Die Begegnung hatte nicht nur eine Kindheitserinnerung wachgerufen, sondern mich auch in einen früheren Bewußtseinszustand versetzt. Ich begriff sofort, daß Essen nach bestimmten strengen Regeln serviert werden mußte, ebenso wie ich die Mischung aus Strenge und Schmutz verstand, die übertriebene Lässigkeit, mit der die Puris und die Kartoffeln auf die ausgestreckten Hände geklatscht wurden. Es war zum Teil eine Art auf den Kopf gestellte Askese, durch die ein notwendiger Genuß vergrößert wird, doch zum Teil stand dahinter auch eine Überzeugung, die vielleicht einer ländlichen, an Gerätschaften armen Gesellschaft, vielleicht aber auch einer religiösen Anschauung entstammte: die Überzeugung, daß alles Beiwerk unnütz, protzig und absurd ist. Vor allem kam darin ein großer Respekt vor den Formen zum Ausdruck, ein Respekt für die Art und Weise, wie man etwas schon immer getan hatte.*

Doch uns trennten drei Generationen und eine Sprache. Dies ist das Fort der Pandavas, hatte der Junge gesagt. Die Pandavas waren die Helden des *Mahabharata*, eines der beiden Hindu-Epen, die allgemein bekannt sind und den Anspruch erheben können, so etwas wie heilige Bücher zu sein. Die *Bhagavadgita* ist in das *Mahabharata* eingebettet. Manche datieren das *Mahabharata* auf das 5. Jahrhundert vor Christus; die geschilderten Ereignisse haben sich im 15. Jahrhundert vor Christus zugetragen. Dennoch waren die Ruinen eines Gebäudes, das offenbar nur aus vier Mauern bestanden hatte, eines Gebäudes, das an allen Seiten ungeschützt war und unter keinen Umständen das Fort von fünf Kriegerprin-

---

* Bei Indern und besonders bei Hindus erscheint Luxus immer bemüht und gekünstelt. Kein anderes Volk ist so wenig an Einrichtung interessiert. Dieses Desinteresse scheint historischen Ursprungs zu sein. Nachdem das *Kamasutra* erklärt hat, der Mann von Welt solle »sich niederlassen, wo er gute Aussichten hat, Reichtümer zu erwerben, vorzugsweise jedoch in einer Metropole oder einer größeren oder kleineren Stadt«, beschreibt es die Einrichtung eines Salons: »Dieser äußere Raum sollte ein Bett enthalten, das weich gepolstert und in der Mitte etwas eingedrückt ist. Es sollte an Kopf- und Fußende mit Kissen bestückt und mit einem makellos weißen Tuch bezogen sein. In der Nähe des Bettes sollte ein Diwan stehen, auf dem der Geschlechtsakt stattfinden kann, ohne daß das Bett beschmutzt wird. An der Wand über dem Kopfende des Bettes sollte eine lotosförmige Konsole angebracht sein, auf dem ein gemaltes Porträt oder ein anderes Bild der bevorzugten Gottheit stehen sollte. An der Wand unter dieser Konsole sollte ein kleiner, eine Elle breiter Tisch stehen. Auf diesem Tisch müssen sich die folgenden, für die Freuden der Nacht unerläßlichen Dinge befinden: duftende Salben und Lotionen, Blumengewinde, Behälter aus farbigem Wachs, Parfümtiegel, Granatapfelschalen und zerkleinerte Betelnüsse. Auf dem Boden neben dem Bett sollte ein Spucknapf stehen. Außerdem sollte der Raum eine Laute, eine Palette, einen Topf mit Pinseln und Farben, Bücher sowie einige Blumengirlanden enthalten, die von an der Wand aufgehängten Elefantenstoßzähnen hängen. Auf dem Boden neben dem Bett sollte ein kreisrunder Stuhl stehen, dessen Lehne hoch genug sein muß, um den Kopf daran lehnen zu können. An der Wand sollten Bretter für Würfelspiele und Schach stehen. In einer Galerie vor dem Raum sollten Vogelkäfige an Elefantenstoßzähnen aufgehängt sein.« (Englische Übersetzung von B.N. Basu)

zen gewesen sein konnte, die Überreste des Forts der Pandavas. Nicht daß Forts unbekannt gewesen wären – in Srinagar gab es eins, das kaum zu übersehen war. Die Touristen in diesem Bus urteilten nicht deswegen gegen alle Vernunft, weil sie etwas Wunderbares glauben wollten, sondern weil sie, da sie inmitten von Wundern lebten, gar keinen Sinn für das Wunderbare besaßen. Widerwillig waren sie ausgestiegen. Sie kannten die Geschichte des *Mahabharata* seit ihrer Kindheit und glaubten daran. Sie war ein Teil von ihnen. Es war ihnen gleichgültig, daß diese Geschichte durch Felsen und verfallene Mauern bestätigt wurde. Diese Überreste waren materielle Banalitäten, die man bloß betrachten konnte. Das also war das Fort der Pandavas, dieser Haufen Schutt, der zu nichts mehr nütze war. Tja, es war an der Zeit, etwas zu essen, Zeit für Puris und Kartoffeln. Die wahren Wunder des *Mahabharata* und der Pandavas trugen sie in ihren Herzen.

Ein paar Meilen weiter in Richtung Srinagar, auf dem Gelände der Kaserne bei Pandrethan, stand ein winziger, nur aus einem Raum bestehender und von einem Baum beschatteter Tempel etwas schief inmitten eines künstlichen Teichs. Das Wasser war abgestanden und voller Blätter, und das plumpe, unelegante Mauerwerk des Tempels war mit Beton ausgebessert worden. Der Tempel war im selben Stil gebaut wie die Ruinen in Avantipura, das »Fort der Pandavas«, doch er war noch in Gebrauch, und dies verlieh ihm eine größere Bedeutung als sein Alter. Romantik entsteht aus einem mehr als materiellen Verlust, und hier war weder für Moslems noch für Hindus etwas verlorengegangen. Ein Gebäude mochte einstürzen oder zerstört werden oder nicht mehr benutzt werden – ein anderes, ein größeres oder kleineres, ein schöneres oder häßlicheres würde seinen Platz einnehmen. An der Ostseite von Akbars Fort im See stand eine herrliche Ruine. Es mochte einst ein Mausoleum gewesen sein. Zwei Türme erhoben sich an einem Ende eines kleinen, kühlen quadratischen Gebäudes, dessen Wände mit schwarzem Marmor verkleidet waren. Die Türme waren eingestürzt, das flache Ziegelgewölbe war durchlöchert, die elegant proportionierten Bögen aus der Mogulzeit waren mit inzwischen teilweise zerbröckelten Lehmziegeln ausgefüllt worden. Schutt versperrte den Zugang und bedeckte die hochstufige Treppe, die zu niedrigen, staubigen Kammern führten, wo die fein gearbeiteten Gitter der Fenster entweder zerschlagen oder herausgebrochen worden waren. Doch der Verfall, so spektakulär er auch war, stellte sich nur dem Auge des Betrachters als solcher dar. Bedeutsamer als die Ruine waren die Wellblechlatrinen und Waschplätze, die dort für jene errichtet worden waren, die in der nahegelegenen Moschee beten wollten.

Die Mogulgärten blieben schön, weil sie noch immer Gärten und noch immer in Gebrauch waren. Das Mausoleum, das aus derselben Zeit stammte, war nicht mehr in Gebrauch – darum konnte man in der Ruine eine Latrine errichten. Aus diesem unhinterfragten Gefühl von Kontinuität heraus wurde das Tal entstellt, denn wie der Verfall, so stellte sich auch die Schönheit nur im Auge des Betrachters als solche dar. Die Gärten waren von ihren Erbauern offensichtlich dazu bestimmt, allein inmitten des Parklands rings um den See zu stehen. Aber neben dem pagodenartigen grünen Dach des Pavillons, das sich über den Baumwipfeln des Cheshmashahi-Gartens erhob, standen völlig frei und unverdeckt zehn neue »Touristen-Bungalows«, sechs in einer Reihe, vier weitere in einer anderen. Auf der anderen Seite befand sich das staatliche Hotel, in dem Mr. Nehru abgestiegen war; daneben stand eine Molkerei, und daran schlossen sich folgerichtig die Gebäude eines staatlichen Gutes an. Ich glaube, es wurden dort Schafe gezüchtet. Ihre Pfade zogen sich über die Hügelflanke hinauf bis zum Pari Mahal, dem Feenpalast aus dem 18. Jahrhundert. Er hatte vielleicht einmal eine Bibliothek oder eine Sternwarte beherbergt – was immer es gewesen war, es war bereits zu einem Teil eines Mythos geworden. Die flachen, überwucherten Terrassen des Palastes, wo es süß nach wilden weißen Rosen duftete und man sich vor Bienen in acht nehmen mußte, waren mit

Schafkot übersät. Tiefe Bögen, an denen der Putz abbrök-
kelte, so daß das Mauerwerk freilag, gaben den Blick auf
den See frei. Und auf dem See fuhren jetzt, zur Freude aller
Seebewohner, immer mehr Motorboote. Sie verpesteten die
Luft und das Wasser, das Puckern ihrer Motoren war weit
zu hören, ihre Propeller wühlten den Schlamm auf, und
noch lange, nachdem sie vorbeigefahren waren, breiteten
sich Wellen aus, schlugen gegen die schwimmenden Gärten,
nagten an ihren Kanten, ließen die *shikaras* schaukeln und
spritzten Wasser über ihre Bordwände. Und das war erst der
Anfang.
Der mittelalterliche Geist, der nur die Kontinuität sah, war
offenbar unerschütterlich. Er existierte in einer Welt, die
mit all ihren Höhen und Tiefen harmonisch geordnet blieb
und als gegeben betrachtet werden konnte. Dieser Geist
hatte kein echtes Gefühl für Geschichte, und daher auch
kein Gefühl für Verlust entwickelt, ebensowenig wie ein
echtes Gefühl für Schönheit, das ein ästhetisches Urteilsvermögen voraussetzt. Diese Geisteshaltung mochte eng
begrenzt sein, doch eben das bot Sicherheit. Sobald die
Welt, die diese Haltung hervorgebracht hatte, anderen Ein-
flüssen ausgesetzt wurde, verwandelte sie sich in ein überaus zerbrechliches Märchenland. Es war nur ein kleiner
Schritt von den religiösen Liedern auf Radio Kaschmir zu
den Werbemelodien auf Radio Ceylon, es war nur ein
Schritt von den Rosen von Kaschmir zu einem Topf mit
Plastikblumen.

Unter dem Hausbootbaldachin im Garten empfing Mr. Butt
mit großer Gebärde seine Gäste, Seebewohner oder Touristen. Und dort, unter dem Baldachin, sah ich an einem sehr
heißen Sonntagmorgen einen ordentlich gekleideten jungen
Mann sitzen. Er war allein. Sein Gesicht war von der drük-
kenden Hitze unter dem Baldachin gerötet, und er nippte
zaghaft an seinem Tee. Das beste Porzellanservice des Hotels stand auf einem Metalltablett vor ihm.
Rasche Schritte kamen die Treppe herauf. Es klopfte an mei-

ner Tür. Es war Aziz. Er war atemlos und ernst und hatte ein
Geschirrtuch oder einen Lumpen über die linke Schulter geworfen.
»Sahib, Sie kommen, Tee trinken.«
Ich hatte gerade Kaffee getrunken.
»Sahib, Sie kommen, Tee trinken.« Er keuchte. »Mr. Butt
sagt. Nicht *Ihr* Tee.«
Ich ging hinunter zu dem jungen Mann. Man hatte mich
schon des öfteren geholt, um mit schwierigen »Kunden« zu
verhandeln oder jemanden davon zu überzeugen, daß der
hier geforderte Preis realistischer war als der, den Ali Mohammed am Tourist Reception Centre genannt hatte.
Der junge Mann stellte unbeholfen seine Tasse ab, erhob
sich und sah mich unsicher an. Ich setzte mich in einen der
verwitterten, ramponierten Korbsessel und bat ihn, sich
doch wieder zu setzen. Aziz, vor Sekunden noch der drän-
gende Verwalter, verwandelte sich wieder in den unauf-
dringlichen, gesichtslosen Diener, der mir beflissen Tee ein-
schenkte und sich zurückzog, ohne sich noch einmal
umzusehen, wobei er allerdings – trotz der flatternden Hose,
der schief aufgesetzten Pelzkappe, des verwegen über die
Schulter geworfenen Geschirrtuchs und der harten, rissigen
Fußsohlen, die hart auf den Boden aufklatschten – den Eindruck totaler Aufmerksamkeit vermittelte.
Es sei heiß, sagte ich zu dem jungen Mann; er stimmte mir
zu. Es werde jedoch bald kühler werden, fuhr ich fort; es
gebe in Srinagar recht große Temperaturunterschiede. Am
See sei es jedenfalls kühler als in der Stadt, und im Hotel sei
es kühler als auf jedem Hausboot.
»Dann gefällt es Ihnen hier?«
»Ja, es gefällt mir hier.«
Er hatte mir den Ball zugeworfen, und ich hatte ihn gefan-
gen. Aber der junge Mann war nicht bei der Sache. Er
machte noch immer ein verlegenes Gesicht. Ich kam zu dem
Schluß, daß er einer von denen war, mit denen ich einfach
nicht zurechtkam.
Ich stellte die indische Frage. »Woher kommen Sie?«

»Aus Srinagar. Ich arbeite im Tourist Office. Ich sehe Sie schon seit *Monaten* in der Stadt.«

Wo ich und meine Schreibmaschine gescheitert waren, hatten Mr. Butt und Aziz Erfolg gehabt. Dennoch benahm sich Aziz nicht so, als hätte ich sie enttäuscht. Er sagte, die Küche sei sehr zufrieden mit dem Gespräch, das ich mit dem jungen Mann geführt habe, und einige Tage später verkündete er, daß Mr. Kak, der Stellvertreter von Mr. Madan, bald kommen, das Hotel in Augenschein nehmen und vielleicht zum Tee bleiben werde.

Mr. Kak kam. Ich sah seine *shikara* auf den Landungssteg zugleiten und beschloß, mich zu verstecken. Ich schloß mich im Badezimmer ein. Doch auf der Treppe waren keine Schritte zu hören, ich wurde nicht gerufen. Weder an diesem noch an einem der nächsten Tage wurde Mr. Kaks Besuch erwähnt, und was dabei herausgekommen war, erfuhr ich erst, als Mr. Butt in Begleitung des Sekretärs der All Shikara Workers Union eines Morgens in mein Zimmer kam und mich bat, mit der Schreibmaschine die »näheren Angaben« des Liward aufzuschreiben, damit es in das Verzeichnis der amtlich anerkannten Hotels aufgenommen werden konnte. Ich hatte also doch versagt, und selbst meine letzte Feigheit war bedeutungslos gewesen. Mr. Butt lächelte: ein glücklicher Mensch. Gehorsam begann ich zu schreiben.

»Hotel«, sagte der Sekretär und sah mir über die Schulter, »ist im westlichen Stil.«

»Ja, ja«, sagte Mr. Butt, »westlichen Stil.«

»Das kann ich nicht schreiben«, widersprach ich. »Hotel ist nicht im westlichen Stil.«

»Wasserspülung«, sagte Mr. Butt. »Englisches Essen. Westlicher Stil.«

Ich stand auf und zeigte durch das offene Fenster auf eine kleine, überdachte Kiste neben der Küchenhütte.

Die Kiste war etwa zwei Meter lang, einen Meter zwanzig breit und einen Meter fünfzig hoch. Sie war bewohnt, und zwar von einem dünnen, säuerlichen Paar mittleren Alters, das wir »die Borger« getauft hatten. Sie waren Jainas. Sie hatten ihre Töpfe und Pfannen nach Kaschmir mitgebracht, kochten selbst, wuschen selbst ab und scheuerten ihre Töpfe mit Schlamm, der rings um den Wasserhahn im Garten inzwischen reichlich vorhanden war. Anfangs waren sie einfache Touristen gewesen und hatten eines der Zimmer im Erdgeschoß bewohnt. Doch sie besaßen ein Transistorradio, und ich hatte sie oft mit Mr. Butt unter dem Baldachin um einen Tisch sitzen sehen, auf dem laut plärrend und mit ausgezogener Antenne das Radio stand. Von Aziz erfuhren wir, daß dabei ein Geschäft ausgehandelt wurde, und eines Morgens sahen wir, daß – wohl im Zuge dieser Verhandlungen – Töpfe und Pfannen, Betten und Bettzeug, Hocker und Stuhl von dem Hotelzimmer in jene kleine Kiste gebracht wurden, aus der am Abend Licht aus Ritzen und Spalten drang und die unter der Musik aus dem Radio zu pulsieren schien. Die Kiste hatte auch ein Fenster, nicht ganz einen halben Meter im Quadrat, nach Kaschmiriart gezimmert und mit schiefen Angeln. Durch dieses Fenster hatte ich versucht, einen Blick auf die Einrichtung zu werfen, war jedoch entdeckt worden. Eine Frauenhand hatte das kleine, verbaute Fenster zugezogen und mit besitzanzeigendem, geradezu gekränktem Knall geschlossen.

Auf diese Kiste also zeigte ich nun.

Der Sekretär kicherte, und Mr. Butt lächelte. »Sir, Sir«, sagte er und legte eine Hand auf sein Herz, »Vergebung, Vergebung.«

Es war heiß in Srinagar, und die Touristen zogen in höhere Lagen, nach Pahalgam, das, wie es hieß, »indischem Geschmack« entsprach, und nach Gulmarg, das »englisch« war. Bald hatten wir, wie im Vorfrühling, das Hotel für uns. Es lag keine Wäsche auf dem Rasen, und in der Besenkammer unter der Treppe wurde nicht mehr gekocht. Der Schlamm rings um den Wasserhahn im Garten trocknete zu schwarzer, harter Erde, und die Sonnenblumen sahen aus wie mosaikartige Farbwirbel. Selbst die Händler wurden träge. Maulana Worthwhile, der Schals verkaufte, kam und fragte mich, ob ich englische Schuhcreme hätte, das einzige, wie er behauptete, was gegen seinen Kopfgrind half. Unter dem Baldachin fand die Wahl der Regionalverwaltung statt, und das feierten wir mit Tee und Kuchen. Aziz machte jeden Tag Bemerkungen über Gulmarg. »Wann gehen nach Gulmarg, Sir?« Er wollte, daß wir ihn dorthin mitnahmen – er konnte das Hotel nur in diesen Wochen, in denen es leerstand, verlassen. Doch wir waren verzaubert von der sommerlichen Stille des Sees und schoben die Fahrt nach Gulmarg von einem Tag zum anderen auf.

Und dann war es plötzlich vorbei mit Frieden und Stille. In Delhi gab es einen heiligen Mann, und in diesem Jahr geschah es, daß eine fromme Familie reicher indischer Kaufleute aus Ostafrika nach Delhi kam. Sie wurden dem heiligen Mann vorgestellt. Er fand Gefallen an ihnen und machte auf sie einen solchen Eindruck, daß sie beschlossen, ihren Urlaub ganz seinem Dienst zu widmen. In diesem Jahr verspätete sich der Monsun, und in Delhi sagte der heilige Mann: »Ich verspüre den Drang, nach Kaschmir zu gehen, dem heiligen Land der Hindus, dem Land der heiligen Höhle von Amarnath, des reinigenden, eisigen Sees der tausend Schlangen und der Ebene, wo Shiva getanzt hat.« Die Kaufleute packten sogleich alles Nötige in ihre amerikanischen Limousinen. »Ich fürchte, die Reise wird für mich zu anstrengend sein«, sagte der heilige Mann. »Fahrt ihr nur mit den Autos. Ich werde mit dem Flugzeug nachkommen.« Sie buchten den Flug und fuhren einen Tag und eine Nacht nach Norden, bis sie zu der heiligen Stadt Srinagar kamen. Es war fast Mitternacht, als sie eintrafen, doch die Nachricht, daß zwanzig Pilger gekommen waren, verbreitete sich in Windeseile von einem leeren Hausboot zum anderen, und wo immer die frommen Menschen hingingen, wurden sie von kreischenden Männern verfolgt, die ihnen Unterkunft anboten. Als sie ein kleines Hotel auf einer kleinen Insel im See sahen, sagten sie: »So etwas haben wir gesucht. Hier werden wir bleiben und auf unseren heiligen Mann warten.« Trotzdem kamen die ganze Nacht

Hausbootbesitzer und versuchten, sie zu einem Umzug zu bewegen. Es gab viel Streit.

So erzählte es jedenfalls Ali Mohammed.

»Aber sie sagen: ›Wir wollen nicht Hausboot, wir wollen hier‹«, berichtete er uns beim Frühstück.

Es war der größte Fang, den das Hotel bisher gemacht hatte, und Ali Mohammed freute sich. Er war nicht Aziz, er konnte sich Sympathien für uns nicht leisten. Aziz konnte das übrigens ebenfalls nicht. Er hielt sich von uns fern, als erkenne er die Aussichtslosigkeit der Lage.

Die neuen Gäste waren wohlgerüstet für ein Leben in Heiligkeit. In ihren Limousinen, Gegenstand der Bewunderung der Einheimischen, hatten sie Bündel besonders heiliger Blätter mitgebracht, von denen sie essen würden wie die heiligen Männer vergangener Zeiten, als es noch nicht genug Teller gab. Dem Leitungswasser trauten sie nicht; sie hatten spezielle Kanister mitgebracht, die sie frühmorgens im Cheshmashahi-Garten, dem »Garten der kaiserlichen Quelle«, mit frischem Wasser füllten. Natürlich bereiteten sie ihre Mahlzeiten selbst zu, und das geschah auf Steinen, die sie auf den Rasen gelegt hatten. Das Kochen besorgten vier geschlechtslos wirkende, in orangefarbene Gewänder gekleidete junge Männer, die, wenn ihre Arbeit getan war, untätig herumsaßen; sie besaßen eine bemerkenswerte Begabung für das Nichtstun. Heiligkeit manifestierte sich in derlei Schlichtheit: auf Steinen kochen, von Blättern essen, Wasser von der Quelle holen. Sie manifestierte sich auch in Lässigkeit und Unordnung. In den Hotelzimmern wurden Teppiche zusammengerollt, Vorhänge hochgesteckt und Möbel umgestellt. Schlichtheit und die Gewißheit, im Besitz eines heiligen Mannes zu sein, erzeugten Arroganz. Die Männer unter den Pilgern stolzierten auf dem Rasen auf und ab und verurteilten Ali und Aziz, ja sogar Mr. Butt, zu auf Zehenspitzen gehender Bedeutungslosigkeit. Sie sprachen laut. Sie räusperten sich laut und spuckten mit wiederholtem, geräuschvollem Genuß überallhin, am liebsten jedoch auf die Wasserlilien, die vom letzten Maharadscha aus England nach Kaschmir eingeführt worden waren und nicht die religiöse Bedeutung der Lotosblumen hatten. Nach ihren Mahlzeiten, die sie auf dem bespuckten Rasen von Blättern aßen, rülpsten sie. Ihr Rülpsen war von donnernder Lautstärke, aber immer beherrscht: Allein anhand der Rülpser ließ sich erkennen, wer der Anführer war. Er war etwa vierzig, groß und dick; ein auffallendes Element seiner heiligen Kleidung war das bunte Handtuch, das er sich um den Kopf geschlungen hatte. Die jungen Männer machten Liegestütze und andere Übungen. Sie alle hatten gut gelebt; dies war nur eine fromme Pfadfinder-Episode, und das Liward war ihr Pfadfinderlager.

Wie es schien, hatte der heilige Mann seine genaue Ankunftszeit nicht bekanntgegeben. Die Pilger gingen kein Risiko ein. Jedesmal, wenn eine Maschine aus Delhi kam, fuhren sie zum Flugplatz. Zurück blieben die geschlechtslos wirkenden jungen Männer in den orangefarbenen Gewändern, die sich, von ihrer eigenen Untätigkeit ermüdet, einer Arbeit widmeten, die ich zunächst für eine Art Kinderspiel hielt. Sie sammelten alle möglichen Materialien, deren sie habhaft werden konnten, und errichteten mit langsamer, schweigsamer Entschlossenheit eine Barrikade um die Feuerstelle auf dem Rasen. Doch sie spielten keineswegs – sie schützten ihr Essen vor den Blicken der Unreinen. Und das war noch nicht alles. Zahllose unreine Menschen hatten den Rasen betreten, darum mußte er abgetragen werden. Und eben dies taten die kauernden Vandalen in orangefarbenen Gewändern nun schweigend.

Ich schickte nach Aziz. Seit der Ankunft der Pilger waren wir nicht mehr aneinander geraten. Sein Gesicht war klein. Er hatte gesehen, was geschah. Er hatte noch mehr getan: Er hatte den Männern in Orange ein Brett gegeben, das diese, einer eigenen Logik gehorchend, über den Matsch legten, den sie gerade produzierten. Was konnte er tun? Er sprach davon, daß Mr. Butt Geld brauchte. Gott hatte Gäste geschickt. Er sagte, sie seien fromme Pilger und ihr Guru, der täglich erwartet wurde, sei fast ein Heiliger.

An diesem Nachmittag brachten die Pilger den heiligen Mann mit, und die Atmosphäre arroganter, rülpsender Unordnung wich einer Stimmung stiller, wichtigtuerischer Beflissenheit – hier huschte man eifrig hin und her, dort wurde verschwörerisch geflüstert. Der heilige Mann saß in einem Sessel unter dem Baldachin. Von Zeit zu Zeit rannten Frauen zu ihm hin und warfen sich zu seinen Füßen nieder, als könnten sie nicht mehr an sich halten. Der heilige Mann nahm kaum Notiz von ihnen. Die meisten Pilger jedoch saßen einfach da und starrten ihn an. Er sah tatsächlich edler aus als irgendeiner seiner Anhänger. Der Körper unter dem orangefarbenen Gewand war gut proportioniert, die Haut war von samtigem Braun, und in seinem markanten, regelmäßigen Gesicht, das ebensogut das eines leitenden Angestellten hätte sein können, fand sich keine Spur von Sinnlichkeit.

Hinter ihrer Barrikade bereiteten die Schüler in den orangefarbenen Gewändern das Essen für ihren Meister zu. Wenn es verzehrt war und die Schüler, die sich dazu in zwei schweigsamen Reihen auf dem Rasen niederließen, ebenfalls gegessen hatten, senkte sich die Abenddämmerung herab, und man sang unter Anleitung des heiligen Mannes religiöse Lieder. Zwei Männer wuschen das Gewand des heiligen Mannes, hielten es dann an den Ecken fest und schwenkten es durch die Luft, bis es trocken war.

Ich suchte Trost in der Küche, wo die anderen sich niedergedrückt um die Wasserpfeife versammelt hatten.

»Für die sind wir alle unrein«, sagte ein Bootsführer. »Ist das nicht eine grausame Religion?«

Ich erkannte die Phrase von Radio Pakistan. Doch selbst der Bootsführer betrachtete den heiligen Mann offensichtlich mit Ehrfurcht und sprach im Flüsterton.

Am nächsten Morgen war der Rasen noch mehr umgewühlt; die Schlammfläche hatte sich ausgedehnt, und die Pilger, unbekümmerter denn je, palten Erbsen, kochten und rülpsten, sie spuckten Zahnpasta auf die Wasserlilien, badeten, wuschen Wäsche und rannten die Treppen hinauf und hinunter.

Beim Frühstück fragte ich Ali Mohammed: »Wann fahren die wieder ab?«

Er mißverstand den Grund für meine Frage, entblößte lächelnd sein schlecht sitzendes Gebiß und antwortete: »Großer *sadhu* sagt letzte Nacht: ›Ich mag diesen Ort. Ich *spüre*, ich mag diesen Ort. Ich bleibe fünf Tage. Ich bleibe fünf Wochen. Ich weiß nicht. Ich spüre, ich mag diesen Ort.‹«

»Aziz soll kommen.«

Aziz kam, das schlaffe Geschirrtuch in der Hand. Es war unrein, er war unrein, wir alle waren unrein.

»Aziz, sag Mr. Butt: Entweder diese Leute gehen, oder wir gehen.«

Mr. Butt kam. Er sah auf seine Schuhe.

»Dieses Hotel ist nicht westlich, Mr. Butt. Kein Liward Hotel mehr, sondern Liward *mandir*, Liward Tempel. Ich werde *heute noch* Mr. Madan zum Tee einladen.«

Mit leeren Drohungen kannte Aziz sich aus. Der letzte Satz hatte meine Hilflosigkeit verraten. Sein Gesicht hellte sich auf, er wischte mit dem Tuch über den Eßtisch und sagte: »Wann gehen nach Gulmarg, Sir?«

»Ja, ja«, sagte Mr. Butt, »Gulmarg. Sie nehmen Aziz mit sich.«

Wir schlossen einen Kompromiß. Wir würden für ein paar Tage nach Gulmarg fahren.

»Aber wenn sie nach unserer Rückkehr immer noch da sind, Mr. Butt, ziehen wir endgültig aus.«

»Das ist gut, Sir.«

Und doch hätte es in meiner Macht gestanden, den heiligen Mann und die Pilger binnen fünf Minuten aus dem Hotel zu verscheuchen. Ich hätte ihnen sagen können, daß der Teil des Rasens, den sie aus Gründen der Reinlichkeit abgetragen und in eine mit Barrikaden abgetrennte Küche verwandelt hatten, direkt über der Sickergrube des Hotels lag.

»Sollten wir nicht versuchen herauszufinden, wann die Busse nach Gulmarg abfahren, Aziz?«

»Ach, nein, Sahib. *Zu*-viel Busse.«

Um kurz nach acht waren wir am Busbahnhof. Aziz, der sich
in den großen, braunen Schuhen (es waren die von Mr.
Butt) unbehaglich fühlte, besorgte die Fahrscheine.

»Wir verpassen Acht-Uhr-Bus«, sagte er, als er wieder zurück
war.

»Und wann fährt der nächste?«

»Zwölf Uhr.«

»Was sollen wir tun, Aziz?«

»Was wir tun? Wir warten.«

Es war ein neuer Busbahnhof. Kaschmiris, die von der Her-
rentoilette kamen, wischten sich die Hände an den modernen Vorhängen ab. Eine gut gekleidete Bettlerin verteilte
Handzettel, auf denen ihre Leidensgeschichte stand. Wir
warteten.

Was zog Aziz nach Gulmarg? Es war ein Feriendorf aus un-
gestrichenen Holzhütten, die etwa tausend Meter über dem
Kaschmirtal um eine grüne Bergwiese standen. Auf der einen Seite war die Wiese von Nadelwald begrenzt, der zum
Tal abfiel, auf der anderen von höheren Bergen, in deren
Klüften selbst im August braun verfärbter Schnee lag. Als
wir ankamen, regnete es. Vom Bungalow der Freunde, bei
denen wir wohnen würden, wurde Aziz sogleich zu einer
Dienstbotenhütte weitergeschickt; wir bekamen ihn erst
wieder zu sehen, als der Regen vorbei war. Er kam auf der
schlammigen Straße vom Dorfzentrum zurück, sofern von
einem solchen überhaupt die Rede sein konnte. Das Gewicht von Mr. Butts Schuhen verlieh ihm einen eigenartigen Gang. (Mr. Butt sagte später – und es war fast so etwas
wie Gefühl in seiner Stimme –, Aziz habe auf diesem Aus-
flug seine Schuhe ruiniert.) Sein Lächeln und seine Begrüßung waren durch und durch freundlich. »Wie gefällt Ihnen, Sir?«

Bislang hatten wir wenig von Gulmarg gesehen. Wir hatten
die dunklen Wolken gesehen, die die Berge einhüllten, wir
hatten die dunkelroten Blumen auf der nassen grünen Wiese
gesehen. Wir hatten die Häuser oder die Fundamente der

Häuser gesehen, die 1947 von den Pakistanis geplündert und gebrandschatzt worden waren: Von einem großen Holzhaus war das Dach heruntergerissen worden wie von einem Spielzeughaus; man hatte das Haus nicht abgerissen – es stand immer noch, mit seinen zerbrochenen, bunten Fensterscheiben und all seinen Geräuschen, Schauplatz eines Alptraums.

Hatte Aziz mehr gesehen? Hatte er einen engen Freund in Gulmarg? Gab es da eine Frau? Seine Stimmung hatte an diesem Tag so oft gewechselt. Morgens noch war er der umsichtige Hoteldiener gewesen. Am Busbahnhof war ihm angesichts der langen Wartezeit die Vorfreude vergangen, und er hatte völlig nichtssagend, fast stumpfsinnig ausgesehen. Im Bus schließlich hatte er den Korb mit den Sandwiches umklammert und gedämpfte Gesprächigkeit an den Tag gelegt. Sobald er dann für den Ritt durch den Bergwald hinauf nach Gulmarg eines der Ponies bestiegen hatte, war er in alberne Aufgeregtheit verfallen, war im Sattel auf und ab gehüpft, hatte die Zügel von einer Seite auf die andere geworfen und mit der Zunge geschnalzt. Er war vorausgeprescht und zurückgekommen und hatte die anderen Ponies erschreckt, so daß sie losgetrabt waren. Ich glaube, die Ponies von Gulmarg waren das, worauf er sich am meisten gefreut hatte – in seinen Adern mußte wohl das Blut eines Reitervolkes fließen. Selbst mit Schuhen wirkte er auf dem Rücken eines Ponies nicht mehr komisch, und die weiten, flatternden Hosen waren genau richtig – es waren die Hosen eines geborenen Reiters. Bei den Ausflügen, die wir in den nächsten Tagen unternahmen, ging er selbst auf den steilsten, steinigsten, schwierigsten Wegen nie zu Fuß, wenn er auch reiten konnte; und solange er auf dem Rücken eines Ponies saß, war er munter und lebhaft und rief, wenn sein Tier ausrutschte, fröhlich: »*Oash! Oash!* Ruhig, ruhig!« Er wurde gesprächig. Er erzählte von den Ereignissen von 1947 und den Plünderern, die so dumm gewesen waren, daß sie Messing für Gold gehalten hatten. Und er erzählte uns, warum er so ungern zu Fuß ging. In einem

Winter, sagte er, habe er seine Stelle bei einem Herrn außerhalb des Tals aufgegeben; er habe kein Geld gehabt und den schneebedeckten Banihal-Paß zu Fuß überqueren müssen. Er sei krank geworden, und der Arzt habe ihm verboten, jemals wieder zu Fuß zu gehen.

In ihm steckte eine Vielfalt von Charakteren. Es war hochinteressant zuzusehen, wie er sich bei unseren Freunden an die Arbeit machte und sie demselben Prozeß der Einschätzung durch Dienen unterwarf wie damals uns. Sie hatten eigene Dienstboten – Aziz war ihnen durch nichts verpflichtet. Dennoch war er bereits dabei, sie in Besitz zu nehmen, und band sie an sich. Er hatte dabei nichts zu gewinnen, er gehorchte nur einem Instinkt. Er konnte weder lesen noch schreiben. Menschen waren sein Rohstoff, sein Beruf und zweifellos auch sein Vergnügen, seine Welt bestand aus solchen Begegnungen und manipulierten Beziehungen. Seine Reaktionen waren feinfühlig. (Wie leicht, wie gleichsam »amtlich« hatte er, als Antwort auf unsere Sentimentalität, die Entlassung des *khansamahs* gehandhabt: »Ist glücklich für ihn« – während der *khansamah* hinter seinem Rücken ohnmächtig mit den Zähnen knirschte.) Sein Englisch hatte er sich durch Zuhören angeeignet, und daher sprach er die Wörter, die er kannte, nicht wie ein Inder aus, ja seine Aussprache war besser als die vieler indischer Akademiker. Selbst in seinen Fehlern bewies er Gefühl für eine Sprache, die er nur gelegentlich hörte, und es war erstaunlich, ein Wort oder eine Redewendung, die ich gebraucht hatte, ein paar Tage später mit genau derselben Intonation aus seinem Mund zu hören. Hätte er es zu etwas gebracht, wenn er Lesen und Schreiben gelernt hätte? Oder war es gerade das Analphabetentum, das seine Sinne geschärft hatte? Er ging mit Menschen um und machte sie sich zunutze, wie es, in größerem Maßstab, auch verschiedene Herrscher dieser Region – ebenfalls Analphabeten – getan hatten: der Maharadscha Ranjit Singh, der »Löwe des Pandschab«, oder Gulab Singh, der Gründer des Staates Jammu and Kashmir. Uns erscheint Analphabetismus wie ein fehlender Sinn. Aber ist es nicht denkbar, daß einem intelligenten Analphabeten, der in einer einfachen Welt lebt, die Fähigkeit zum Lesen und Schreiben überflüssig erscheint, als eine Vergeudung von Intelligenz, als die käufliche Fertigkeit des Schreibers?

Auf dem Rückweg nach Srinagar beobachtete ich, wie er ein Gesicht für Mr. Butt aufsetzte. Er hörte auf, munter und lebhaft zu sein, er war verdrießlich und gehetzt, und im Bus lud er sich ganz unnötig viele Beutel und Körbe auf den Schoß und machte es sich so unbequem wie möglich. Als wir ausstiegen, hätte sein Gesichtsausdruck jeden davon überzeugt, daß der Aufenthalt in Gulmarg keineswegs ein Urlaub von der Arbeit im Hotel, sondern vielmehr ausgesprochen strapaziös gewesen war. Auf subtile Weise übertrieb er seine mit bedrückter Miene vorgenommenen Handreichungen für uns, als wollte er sich selbst einreden, daß wir sehr anstrengend gewesen waren. Es war auch möglich, daß er unsere Befürchtungen in Bezug auf den heiligen Mann und seine Jünger teilte und vorsichtshalber in die Defensive ging. Als wir in einer Tonga den Boulevard entlang fuhren, sagte er: »Mr. Butt sagt, Sie bezahlen mich nicht für Führer.«

Führer! War er unser Führer gewesen? Hatte er uns denn nicht überredet, nach Gulmarg zu fahren, hatte er nicht täglich Bemerkungen darüber gemacht? Hatten wir denn nicht die Miete für sein Pony bezahlt?

»Großer *sadhu* sagt gestern: ›Ich *spüre*, ich gehe heute nach Pahalgam.‹«

Das berichtete Ali Mohammed. Und tatsächlich waren sie fort und hatten als Beweis ihrer Anwesenheit einen ruinierten Rasen, schlammbespritzte Wände und ein paar Linsen zurückgelassen, die im Matsch lagen und bereits keimten. Im Garten war die erste Canna aufgegangen, leuchtend gelb mit Sprenkeln von reinstem Rot.

Ich zeigte Mr. Butt die keimenden Linsen.

»Ach, Sir«, sagte er, »mein Fehler, mein Fehler!«

Und wie um das zu unterstreichen, kam er am nächsten Tag mit Aziz zu mir und ließ mir durch diesen sagen: »Sir, Sie bitten Maharadscha Karan Singh zum Tee. Maharadscha Karan Singh kommt, ich nehme Hotelschild ab, schmeiße Gäste raus und mache Hotel zu.«

7

PILGERFAHRT

Es war Karan Singh, der junge Maharadscha von Kaschmir und das gewählte Oberhaupt des Bundesstaates Jammu and Kashmir, der uns ermunterte, eine Pilgerfahrt zur Höhle von Amarnath, der Höhle des Ewigen Herrn, zu unternehmen. Die Höhle liegt etwa hundertfünfzig Kilometer nordöstlich von Srinagar in viertausend Meter Höhe am fünfeinhalbtausend Meter hohen Amarnath und ist heilig, weil sich dort in den Sommermonaten ein eineinhalb Meter hoher *lingam* aus Eis bildet. Der *lingam* ist ein Symbol für Shiva und nimmt angeblich mit dem Mond zu und ab, bis er schließlich am Tag des Vollmonds im August seine größte Höhe erreicht hat; an diesem Tag treffen die Pilger ein. Es handelte sich um ein Mysterium, wie Delphi es in einer anderen Welt gewesen war. Es hatte Bestand, weil es zu Indien und zum Hinduismus gehörte, der keinen Anfang und kein Ende hatte, den man kaum als Religion bezeichnen konnte und der als Reservoir und lebendiges Gedächtnis des religiösen Bewußtseins der Menschheit fortdauerte.

Karan Singh hatte die Höhle einige Jahre zuvor besucht, allerdings nicht im Rahmen der traditionellen Pilgerfahrt, und er hatte einen anschaulichen Bericht über diese Reise veröffentlicht. Seine religiöse Inbrunst teilte ich nicht, doch seine genauen Beschreibungen der schneebedeckten Berge, der eiskalten, grünen Seen und der plötzlichen Wetterumschwünge hatte ich mit Genuß gelesen. Für mich lag das

wahre Mysterium dieser Höhle in ihrer geografischen Lage
begründet. Sie befand sich am Ende eines dreißig Kilometer
langen Pfades. Bis Chandanwari konnte man mit dem Jeep
fahren, und von dort waren es dann noch einmal zwei Tage
Fußmarsch. Viele Monate im Jahr war der Pfad schneebe-
deckt, so daß die Höhle unzugänglich war, und auch im
Sommer war er, trotz der jährlich wiederholten Bemühungen des Amtes für Straßenbau, schwer passierbar und bei
schlechtem Wetter gefährlich. Er führte im Zickzack über einen sechshundert Meter hohen Steilhang und einen vierein-
halbtausend Meter hohen Paß; er war ein schmales Sims an
einer nackten, steilen Bergflanke. Oberhalb der Baumgrenze
wurde das Atmen schwer, und die Nächte waren sehr kalt.
Der Schnee schmolz nie ganz. In geschützten Spalten und
Schluchten hielt er sich in harten Schollen, und er bildete fe-
ste Brücken über sommerlich schmale Bäche, Brücken, deren Oberfläche so braun und steinig wie das Land ringsum
war, die aber ein paar Meter tiefer, knapp über dem Wasser,
einen flachen Tunnel aus blauem Eis bildeten.
Wie hatte man die Höhle gefunden? Wie war man auf dieses
Mysterium gestoßen? Die Landschaft war kahl, es gab weder Brennmaterial noch Nahrung. Die Sommer im Himalaya
waren kurz und das Wetter war tückisch; jede Erkundung
mußte – wie auch die heutigen Pilgerfahrten – rasch vonstatten gehen. Und wie war die Kunde von diesem Mysterium,
das aus so viel Eis und Schnee bestand und jedes Jahr nur so
kurz zu sehen war, in alle Winkel des alten Indiens vorge-
drungen? Wie konnte man zwischen dem Himalaya, »dem
Reich des Schnees«, und der glutheißen Ebene Nordindiens
oder den palmengesäumten Stränden des Südens eine Verbindung schaffen? Und doch waren der Himalaya erkundet
und seine Geheimnisse entdeckt worden. Hinter der Höhle
von Amarnath lag der Berg Kailasch und dahinter der See
von Manasarovar. Und mit jeder Station der Pilgerreise
waren Legenden verknüpft. Diese Felsen waren alles, was
von den besiegten Dämonen übriggeblieben war, aus jenem
See war Wischnu auf dem Rücken einer tausendköpfigen

Schlange aufgetaucht, auf dieser Ebene hatte Shiva einst seinen kosmischen Tanz der Zerstörung getanzt, und dabei hatten sich seine Locken gelöst, aus denen dann diese fünf Flüsse entstanden – Wunder, die nur wenige Monate lang zu sehen waren, bevor sie wieder unter dem anderen, alles umfassenden Wunder des Schnees verschwanden. Diese Berge, Seen und Flüsse waren tatsächlich wie geschaffen für Legenden. Auch als Kulisse besaßen sie nur eine begrenzte Realität. Sie konnten nie zu etwas Vertrautem werden. Was man sah, war nicht ihr wahres Wesen – sie waren nur zeitweilig entschleiert. Durch die Menschen erfuhren sie zwar winzige Veränderungen – ein Stein fiel in einen Fluß, auf einem Weg zwischen Schneeflächen wurde Staub aufgewirbelt –, doch sobald sie nach der eiligen Rückreise der Pilger wieder sich selbst überlassen waren, wurden sie zu etwas Entrücktem. Millionen waren hierher gepilgert, doch sie hatten in der kahlen Landschaft nur wenige Spuren hinterlassen. Jedes Jahr aufs neue kam der Schnee und löschte sie aus, und jedes Jahr aufs neue entstand in der Höhle der *lingam* aus Eis. Das Mysterium war immer wieder neu.

Und in der Höhle der Gott: ein Phallus aus massivem Eis. Die Spekulationen der hinduistischen Gelehrten schwangen sich in luftige Höhen auf, doch die Rituale blieben bodenständig. Es gab keine Verbindung zwischen der Vorstellung von der Welt als einer Illusion und der Verehrung des Phallus; diese beiden Elemente entstammten unterschiedlichen Reaktionsschichten. Doch der Hinduismus schloß nichts aus, und vielleicht tat er gut daran. Der Phallus überdauerte die Zeiten, er wurde nicht als solcher, sondern als Shiva, als Symbol der Kontinuität gedeutet. Er war in doppelter Hinsicht das Symbol Indiens. Auf Reisen durch geschundene indische Landschaften war es mir so vorgekommen, als sei die Fruchtbarkeit die eigentlich wirksame Kraft, eine Kraft, die über ihren Werkzeugen und Opfern, den Menschen, stand. Für jene, die von ihr gebeugt und erniedrigt wurden, blieb das Symbol dieser Kraft, was es immer gewesen war: ein Symbol der Freude. Die Pilgerfahrt war in jeder Hinsicht gerechtfertigt.

»Sie brauchen ein Koch«, sagte Aziz. »Sie brauchen ein Mann, der mir hilft. Sie brauchen ein Träger. Sie brauchen ein Putzer. Sie brauchen sieben Pony.«

Jedes Pony war nur mitsamt seinem Besitzer zu mieten. Unsere Gruppe würde also vierzehn Personen und die Tiere umfassen, und Aziz würde alles beaufsichtigen.

Ich wollte seine Ansprüche herunterschrauben. »Keinen Koch.«

»Er ist nicht nur Koch, Sahib. Er ist auch Führer.«

»Es werden zwanzigtausend Pilger unterwegs sein. Wir brauchen keinen Führer.«

Der Koch war Aziz' Protegé. Er war dick und fröhlich, und ich hätte ihn gern mitgenommen, aber er hatte durch Aziz mitteilen lassen, daß er an derselben Behinderung litt wie Aziz: Der Arzt habe ihm verboten, zu Fuß zu gehen, und darum brauche auch er ein Pony für sich selbst. Dann hatte er, wieder durch Aziz, aus der Küche verlauten lassen, er benötige für diese Reise neue Schuhe. Ich konnte ihn mir nicht leisten. Ich kam außerdem zu dem Schluß, daß auch der Träger überflüssig war und daß der Putzer durch einen kleinen Spaten ersetzt werden konnte.

Aziz mußte sich fügen. Er litt. Er hatte in großen Häusern gedient, und zweifellos hatte ihm eine Expedition im alten Stil vorgeschwebt. Wahrscheinlich hatte er sich schon in einer neuen Jacke und Hose und mit einer Pelzkappe auf dem Kopf auf einem Pony sitzen und das Kommando führen sehen. Nun sah er nur fünf Tage harter Arbeit. Doch er war aufgeregt, denn er war noch nie in Amarnath gewesen. Er erzählte uns, die Moslems seien als erste dort gewesen, und die Höhle mitsamt dem *lingam* sei ein moslemischer »Tempel« gewesen.

Er berichtete Mr. Butt. Dieser ließ einen Schreiber kommen, der des Englischen mächtig war, und einige Tage später, als ich wieder einmal mit einer Erkältung im Bett lag, erhielt ich folgende Aufstellung:

Von Srinagar nach Pahalgam mit Bussrute	30.00
3 Reitend Ponni	150.00
2 Packen Ponni	100.00
Selt und Küch	25.00
Tisch und Stul und Bett	15.00
1 Treger	30.00
	350.00
Puzer	20.00
Extre laden und Neu Laden Treger	20.00
	390.00
von 11 bis 17 august	
7 tage für Essen	161.00
	551.00

Wenn gehen mit Buss nach Imri Nath ist 100.00 weniger.

Es war ein bemerkenswertes Dokument. Eine unvertraute Sprache, eine unvertraute Schrift, und die veranschlagten Preise waren nachvollziehbar – und das nur allzu gut. Man wollte mich übers Ohr hauen. Ich war tief enttäuscht. Wir kannten uns seit vier Monaten; ich hatte ihnen meine Zuneigung gezeigt, ich hatte für das Hotel getan, was ich konnte, ich hatte sogar ein Fest für sie veranstaltet. Vielleicht lag es an der Tiefe meiner Enttäuschung, vielleicht daran, daß ich zwei Tage das Bett hatte hüten müssen: Ich sprang auf, schob Aziz beiseite, rannte zum Fenster, stieß es auf und hörte mich Mr. Butt anschreien, mit einer seltsam unaufrichtig-aufrichtigen Stimme, was vielleicht darauf zurückzuführen war, daß mir beim Schreien einfiel, ich müsse, wie mit einem Kind, deutlich sprechen und Wörter gebrauchen, die er kannte. »Das ist nicht *gut*, Mr. Butt. Butt Sahib, das ist nicht *ehrlich*. Wissen Sie, was Sie getan haben, Mr. Butt? Sie haben mich *gekränkt*.«

Er stand mit einigen Bootsführern im Garten. Erschrocken und verständnislos sah er auf. Dann verlor sein Gesicht, das mir noch immer zugewandt war, jeden Ausdruck. Er sagte nichts.

In der Stille, die meinen Worten folgte, kam ich mir dumm vor und fühlte mich ziemlich unbehaglich. Ich schloß das Fenster und legte mich stumm wieder ins Bett. Es hieß, Indien bringe verborgene Charaktereigenschaften zum Vorschein. War ich das gewesen? War das die Wirkung, die Indien auf mich hatte?

Was immer es war, es schreckte die anderen auf, und als sie sich, nachdem sie mir Zeit gegeben hatten, mich zu beruhigen, an meinem Bett versammelten, um den Voranschlag zu besprechen, wirkten sie so um mich besorgt, als hätte ich etwas Schlimmeres als eine Erkältung. Es schwang auch ein gewisser Vorwurf mit: Es war, als hätte ich in den Wochen, die ich bei ihnen verbracht hatte, meine Emotionalität vor ihnen verborgen und sie dadurch zu einer Vorgehensweise ermuntert, für die man ihnen eigentlich keine Vorwürfe machen konnte.

Schließlich schrumpfte der Voranschlag um viele Rupien zusammen, und wir wurden wieder Freunde. Mr. Butt schien glücklich; er begleitete uns nach Pahalgam, um sich von uns zu verabschieden. Aziz war glücklich. Er trug seine Pelzkappe, Ali Mohammeds gestreiften blauen Anzug, Sandalen (Mr. Butt hatte sich geweigert, ihm noch einmal Schuhe zu leihen) und ein Paar Socken von mir. Es war nicht das Gefolge, das er sich vorgestellt hatte, aber niemand ging in vergleichbarem Stil auf diese Pilgerfahrt. Immerhin nahmen wir Personal und ein zweites Zelt für das Personal mit, und als wir bei Sonnenuntergang an dem überfüllten Lager im rauchenden Wald bei Chandanwari anhielten, gelang es Aziz nicht nur, durch seine Umsicht so etwas wie Luxus inmitten all dieser Unbequemlichkeiten zu schaffen, sondern uns auch durch die scharfen Befehle, die er dem Ponytreiber und seinem Helfer erteilte, und seine betonte Aufmerksamkeit uns gegenüber mit einer gewissen Würde zu umgeben. Das Lager war ein Chaos aus Zelten, Spannseilen, Feuerstellen und Pilgern, die hinter jedem Busch ihre Notdurft ver-

richteten. Der Waldboden war bereits mit unvergrabenem
Kot übersät; Haufen und Würste krönten jeden zugänglichen Felsen am und im Lidder, dem Fluß, neben dem wir
unser Lager aufgeschlagen hatten. Doch Aziz gab uns das
Gefühl, etwas Besonderes zu sein; er stellte uns zur Schau.
Das war sein Stolz und seine besondere Fähigkeit. Und wie
er an dem Morgen, als wir vom Hotel nach Gulmarg aufgebrochen waren, seine Freude nicht hatte verhehlen können
und jedem, dem er begegnete, hatte erzählen müssen, daß
wir nach Gulmarg fuhren, sagte er jetzt, als er warmes Wasser brachte, damit ich mir die Hände waschen konnte: »Jeder
fragt mich: ›Wer ist dein Sahib?‹« Die Hochachtung, die
darin mitschwang, schien weniger mir als ihm zu gelten.
Seine Sorgen begannen am nächsten Morgen. Von Chandanwari führte der Weg fast einen Kilometer weit zwischen
dem Lidder und einem Hang dahin, doch dann kam die fast
senkrecht abfallende, sechshundert Meter hohe Felswand
von Pissughati. Hier verengte sich der Weg und wand sich
drei Kilometer lang im Zickzack zwischen Felsbrocken – der
Legende nach Überreste erschlagener Dämonen – hinauf.
Die Pilger standen in einer Schlange an, die sich langsam
vorwärtsbewegte. Bei Chandanwari bewegte sie sich überhaupt nicht. Es dauerte Stunden, bevor es weiterging, und
dann entdeckten wir, daß sich während unserer morgendlichen Benommenheit einer der Ponytreiber heimlich davon-
gemacht hatte. Damit begann Aziz' Martyrium. Auf dem
steilen Weg mußte man die Ponies antreiben und die Lasten
festhalten – wir hörten die Schreie der Ponytreiber über uns
und das gelegentliche Krachen fallender Lasten –, und so
blieb Aziz nichts anderes übrig als abzusteigen und das her-
renlose, mit dem Zelt beladene Pony den Pfad hinaufzu-
schieben: Er, der einen gestreiften blauen Anzug, eine Pelzkappe und Kunstfasersocken trug, er, dem der Arzt
verboten hatte, zu Fuß zu gehen. Seine Würde verließ ihn. Er
quengelte wie ein Kind, er fluchte auf Kaschmiri, er schwor
Rache und bat mich, an Mr. Madan zu schreiben. Immer
wieder zuckte die Hand, in der er die Peitsche hielt. »Ver-

dammter Schweinmann!« fluchte er auf Englisch, und die Kunstfasersocken rutschten hinunter bis zu den stampfenden, mit Sandalen bekleideten Füßen. Seine Rufe wurden leiser, als wir ihn auf unseren Ponies hinter uns ließen. Wenn wir zurückblickten, sahen wir ihn manchmal um eine Haarnadelkurve biegen und wütend an den Zeltstangen zerren, und jedesmal wirkte er kleiner, staubiger, verknitterter und wütender.

Oben angekommen, warteten wir auf ihn. Wir mußten lange warten, und als er schließlich hinter dem noch immer widerspenstigen Pony, das er mit Schreien antrieb, erschien, bot er ein Bild des Jammers und der Empörung. Ali Mohammeds blauer Anzug war vom Staub so braun wie meine Socken geworden, die mittlerweile bis zur Ferse hinuntergerutscht waren. Staub bedeckte sein kleines, verschwitztes Gesicht, und trotz der verknitterten Kleider sah ich, wie zittrig seine schmerzenden Beine waren. Meine Schadenfreude über seine mißliche Lage und seinen abrupten Abstieg vom Majordomus zum kaschmirischen *ghora-wallah*, zum Ponytreiber, erschien mir mit einemmal allzu bösartig.

»Armer Aziz«, sagte ich. »Verdammter *gorah-wallah*.« Diese Ermunterung erwies sich als Fehler. Von nun an sprach Aziz von nichts anderem als dem abtrünnigen *gorah-wallah*. »Sie zahlen ihm kein Geld, Sahib.« – »Sie schreiben an Mr. Madan Touristmus.« – »Sie beschweren bei Regierung, damit sie nehmen sein Lizenz.« Und er entschädigte sich für die Strapazen am Pissu Ghati, indem er bis Sheshnag keinen Meter mehr zu Fuß ging. Wir riefen ihm zu, er solle absteigen und seinen Helfer reiten lassen. Er hörte es nicht. So waren schließlich wir es, die abstiegen, damit sein Helfer, der seit dem Pissu Ghati schwer beladen war, reiten und sich ein wenig ausruhen konnte. Das Atmen fiel schwer, das Gehen war selbst auf den leichtesten Steigungen anstrengend. Aziz ritt fröhlich einher. Er saß auf einem Pony – das war Bestandteil des Vertrages. Allmählich fand er zu seiner Würde zurück und wurde wieder zum Majordomus, dessen Bedeutung durch die umgehängte *englische* Thermosflasche unterstrichen wurde – er bestand darauf, sie persönlich zu hüten. (»Das ist *prachtvolle* Thermosflasche«, hatte er gesagt, sie zärtlich gestreichelt und wieder einmal eines unserer eigenen Wörter gebraucht.) Von Zeit zu Zeit hielt er an und wartete auf uns, und sobald wir ihn eingeholt hatten, ging es dann weiter: »Sie gehen zu Regierung. Die nehmen sein *gorah-wallah*-Lizenz weg.« Er wollte Rache – ich hatte ihn noch nie so entschlossen gesehen.

Vor und hinter uns erstreckte sich der Pilgerzug als langsam vorrückende, schmale, unbedeutende Linie, die keinen Anfang und kein Ende zu haben schien. Sie ließ die Berge um so größer wirken und betonte ihre Stille. Der Pfad war mehrere Zentimeter hoch mit Staub bedeckt, der bei jedem Schritt aufgewirbelt wurde. Es war wichtig, nicht zu überholen und sich nicht überholen zu lassen. Der Staub besiegte die Feuchtigkeit unter den Felsen und legte sich auf den harten Schnee in den Spalten. Ein Kaschmiri mit einem Käppchen hatte sich zum emsigen Verwerter einer solchen schneegefüllten Spalte gemacht: Mit einem Spaten schaufelte er fieberhaft Schnee, den er den Pilgern für ein paar Münzen zum Kauf anbot. Die Pilger, die beständig weitergeschoben wurden, konnten nicht stehenbleiben. Der Kaschmiri konnte das ebenfalls nicht: Er warf hektisch Schnee auf, rannte den Pilgern mit ausgestrecktem Spaten nach, feilschte in aller Eile, nahm sein Geld, rannte zurück und grub weiter. Er bestand nur aus Bewegung; es war ein Geschäft, das nur einmal im Jahr zu machen war.

Wir befanden uns jetzt oberhalb der Baumgrenze und konnten den trübgrünen See von Sheshnag und den Gletscher sehen, dessen Schmelzwasser ihn speiste. In Karan Singhs Bericht hatte ich gelesen, das eiskalte Wasser des Sees bringe Glück. Einige Mitglieder seiner Reisegruppe seien die etwa achthundert Meter zum See gegangen, um ein glückverheißendes Bad zu nehmen, er selbst dagegen habe einen Kompromiß geschlossen: »Ich muß gestehen, daß ich mich für die weniger orthodoxe, aber gewiß bequemere Methode entschied, etwas Wasser aus dem See zum Lager hinauftragen und für ein Bad erwärmen zu lassen.« Es wäre schön gewesen, hier ein wenig zu verweilen und zum Seeufer zu gehen, doch der Pilgerzug schob uns vorwärts, und Aziz hatte es eilig, den Lagerplatz zu erreichen.

Seine Eile war berechtigt. Das Lager war überfüllt, am felsigen Ufer des rauschenden Bergbaches saßen dichtgedrängt defäkierende Pilger, und bald würde man nur noch schwer eine zugängliche, unverschmutzte Stelle finden, wo man Wäsche waschen konnte. Hunderte von Ponies humpelten, von ihren Lasten befreit, mit gefesselten Vorderbeinen umher und suchten nach Futter; einige von ihnen würden auf dieser Reise sterben. Das goldene Abendlicht fiel auf die drei schneebedeckten Gipfel über Sheshnag, es durchdrang den Rauch, der vom Lager aufstieg und die Zelte in ein Miniaturgebirge verwandelte – zahllose weiße Gipfel, die sich im Abendnebel verloren –, es beschien die beiden langen Reihen von *sadhus*, leuchtende Flecke aus Orange und Scharlachrot, die auf Kosten der Regierung von Kaschmir auf einem Areal verpflegt wurden, das von Verschmutzung freigehalten worden war. Diese *sadhus* waren aus allen Ecken Indiens hierhergekommen, und ihre Verköstigung war, glaube ich, eine Public-relations-Maßnahme der Regierung: Offiziell waren wir alle »Pilgertouristen«.

Aziz hörte nicht auf, sich über den verschwundenen *gorahwallah* zu beklagen. Ich wußte, daß er mich zum Instrument seiner Rache erkoren hatte, und wundere mich noch heute, daß ich mich nicht wehrte. Seine Klagen und Beschwörungen zermürbten mich, und so ließ ich mich nach dem Abendessen an Spannseilen und glänzenden Rinnsalen und weiß Gott was für anderen Gefahren vorbei durch das dunkle, kalte Lager zum Zelt eines Regierungsbeauftragten führen, der den Pilgerzug begleitete. Ich hatte ihn am Abend zuvor in Chandanwari kennengelernt, und er begrüßte mich herzlich. Ich freute mich für Aziz und für mich selbst über diesen Beweis für die Größe meines Einflusses. Aziz verhielt sich wie jemand, der bereits Genugtuung erhalten hat. Er war nicht mehr Führer, sondern nur noch unterwürfiger Diener. Durch sein Verhalten und seine Zwischenbemerkungen präsentierte er mich als Geschädigten, als betrogenen Touristen; dann zog er sich zurück und überließ es mir, mich so gut es ging aus der Affäre zu ziehen. Meine Beschwerde war halbherzig. Der Regierungsbeauftragte machte sich Notizen. Wir sprachen über die Schwierigkeiten, eine solche Pilgerfahrt zu organisieren, und er bot mir mit den besten Empfehlungen des Indian Coffee Board eine Tasse Kaffee an.

Ich saß im Zelt des Indian Coffee Board und trank Kaffee, als eine hochgewachsene, weiße, beeindruckend aussehende Frau eintrat.

»Hallo«, sagte sie und setzte sich neben mich. »Ich bin Laraine.«

Sie war Amerikanerin und fasziniert von der *yatra*, der Pilgerfahrt. Ihre Sätze waren mit Hindi-Wörtern gespickt.

Sie gefiel mir, doch ich fand es ermüdend, an den unmöglichsten Orten junge Amerikaner zu treffen. Einigen mochte man (eine amüsante Vorstellung) zugute halten, daß sie Spione der CIA oder dergleichen waren. Aber es gab einfach zu viele von ihnen. Wahrscheinlicher war, daß es sich um einen neuen Typus von Amerikanern handelte, die es als ihr Vorrecht betrachteten, durch die armen Regionen der Welt zu reisen und sich gelegentlich mit Forderungen nach persönlichen Gegenleistungen für die großzügige Hilfe ihrer Regierung über Wasser zu halten. Ich hatte diese Art von Reisenden in Ägypten gesehen, wo sie Lawrence Durrells Alexandria suchten, von ein paar Piastern am Tag lebten, *foul* aßen und entschlossen waren, an orientalischer Gastfreundschaft in Anspruch zu nehmen, was nur ging. In Griechenland hatte ich einen Tag lang einen schamlosen Schnorrer füttern müssen, einen »Lehrer«, der behauptete, nie ein Hotel oder Restaurant zu betreten. »Solange es Türen gibt, an die man klopfen kann, klopfe ich.« (Er war so gut wie sicher ein Spion und hielt mich ebenfalls für einen. »Wie kommt es eigentlich«, sagte er, »daß ich in jedem gottverlassenen Kuhdorf irgendeinen Inder treffe?«) In Neu Delhi hatte ich diesen Typus in seiner höchstentwickel-

ten Form kennengelernt: Es war ein »Student auf Studien-
reise«, ein Mensch von unerhörter Derbheit, der sich für sechs
Wochen im Haus eines Fremden einquartiert hatte, der ihm
auf einer Hochzeitsgesellschaft vorgestellt worden war. Indien, der größte Slum der Welt, verfügte über eine zusätzliche
Attraktion: »Kulturelle« Bescheidenheit war gut, aber »spirituelle« Bescheidenheit war besser.
Nein, sagte ich darum, die *yatra* fasziniere mich nicht. Ich
fände, die *yatris* hätten keinen Begriff von Hygiene; sie verschmutzten jeden Fluß, an den sie kämen, und ich wünschte,
sie würden Gandhis Rat bezüglich des kleinen Spatens be-
folgen.
»Dann hätten Sie nicht hierherkommen sollen.«
Es war die einzig mögliche Antwort, und damit war alles gesagt. Mein Unmut hatte mich dahin gebracht, Unsinn zu reden. Ich versuchte, die Unterhaltung wieder in die normalen
Bahnen eines Gedankenaustauschs zu lenken und Laraine
dazu zu bewegen, mir mehr von sich zu erzählen.
Sie sagte, sie habe ursprünglich nur für zwei Wochen nach
Indien kommen wollen, sei inzwischen aber schon sechs
Monate hier. Die Hindu-Philosophie fasziniere sie; nach der
yatra werde sie einige Zeit in einem Ashram verbringen. Sie
sei eine Suchende.
Sie hatte hohe Backenknochen und einen schlanken Hals,
doch ihre Feingliedrigkeit war von der Art, die mit überra-
schender Üppigkeit aufwartet; ihre Brüste waren rund und
voll. Ich fand, daß es nicht der Körper einer Frau war, die
lange eine Suchende würde bleiben dürfen. Trotzdem verrieten ihre Augen im Licht der Kerosinlampe ein wenig Unsicherheit. Mir erschien sie wie ein Hinweis auf familiäre
Probleme und eine unglückliche Kindheit. Dies und eine gewisse Grobporigkeit der Haut beeinträchtigten ihr gutes Aussehen ein wenig.
Ich hätte sie gern näher kennengelernt, doch obwohl wir
vereinbarten, nach einander Ausschau zu halten, sahen wir
uns auf der Pilgerfahrt nicht mehr.
Später allerdings sollte ich Laraine noch einmal begegnen.

Es war lachhaft, aber ich ließ mich am nächsten Morgen von Aziz überreden, mich beim Regierungsbeauftragten noch einmal über den verschwundenen *gorah-wallah* zu beschweren. Aziz wollte Rache, und sein Glaube an die Macht der Beamten war grenzenlos. Als wir aufbrachen, frohlockte er geradezu. Er ritt fröhlich auf seinem Pony, doch wir waren kaum eine Meile weit gekommen, als unsere Bettrolle von dem überzähligen Pony fiel und einen Abhang hinunterrollte. Unser Zug mußte anhalten; Aziz mußte das Pony zurück- und dann hinunterführen, es beladen und wieder hinaufbugsieren. Als er eine halbe Stunde später wieder zu uns stieß, schäumte er vor Wut. »Schwein!« rief er. »Verdammter Schweinmann!« Und bis Panchtarni versank er in dumpfes, von Tiraden unterbrochenes Brüten.

Bei Sheshnag waren wir auf einer Höhe von viertausend Metern gewesen. Der Weg stieg allmählich an und führte uns zum Mahagunis-Paß, in eine Welt aus grauem, ausgebleichtem Stein. Der Schnee hatte sich nur vorübergehend zurückgezogen. Die Berge waren gemasert wie Holz, und bei jedem verlief die Maserung in einem anderen Winkel. Von hier war es ein leichter Abstieg zur Panchtarni-Ebene, einer unvermittelt auftauchenden, glatten Fläche zwischen den Bergen, eineinhalb Kilometer lang und dreihundert Meter breit, über die ein schneidender Wind fegte und die durchflossen war von seichten, weiß über graue Steine tosenden Bächen. Die Farben hatten etwas Karges, Arktisches bekommen, und das Wort »Ebene« schien hier eher eine Landschaft auf dem Mond zu bezeichnen.

Am Rand der feuchten, fahlen Ebene, dem Wind preisgegeben, wartete ein unbeladenes, ungefesseltes Pony zitternd auf den Tod. Sein Besitzer, ein Kaschmiri, stand untätig und mit traurigen Augen daneben und hatte als Trost nur seine Anwesenheit zu bieten. Die beiden hatten sich abseits von der Geschäftigkeit des Lagers, des letzten geordneten Lagers dieser Pilgerfahrt, abgesondert. Die Träger und Ponytreiber sprachen bereits von raschem Rückmarsch, und selbst Aziz, der trotz seines Brütens von dieser Stimmung angesteckt

worden war, sagte, als wäre er ein alter Hase: »Morgen gehe
ich *direkt* zurück nach Chandanwari.« In diesem »ich« waren
wir alle eingeschlossen.

Am Nachmittag schlugen wir die Zelte auf. Aziz servierte
uns den Tee und verließ uns mit der Begründung, er wolle
sich ein wenig umsehen. Er hatte irgend etwas vor. Als er
kaum eine halbe Stunde später zurückkehrte, war sein Gesicht nicht mehr verdüstert. Er lächelte breit.

»Wie gefällt Ihnen, Sahib?«

»Es gefällt mir sehr gut.«

»Pony ist tot.«

»Das Pony ist tot!«

»Putzer hat gerade weggemacht.« Ein Hinweis auf die Einhal-
tung der Kastenregeln, und das von einem frommen Moslem, in dreitausendsiebenhundert Meter Höhe. »Warum
schreiben nicht Brief an Mr. Butt, Sahib? Schreiben, wie sehr
Ihnen gefällt. Gibt Postamt hier bei *yatra*. Sie bringen hier
nach Post.«

»Kein Papier, keinen Umschlag.«

»Ich kaufe.«

Er hatte es bereits gekauft. Aus einer Tasche von Ali Mohammeds Jacke zog er ein Formular für einen Inlandsbrief.
Ich schrieb ein paar Postkartensätze an Mr. Butt. Als ich den
Brief zukleben wollte, sagte Aziz: »Das hier auch, Sahib.« Er
gab mir ein schmutziges Stück Papier, möglicherweise ein
Stück von einem Briefumschlag, auf dem mit Kugelschreiber
ein einziger Satz in Urdu stand.

»Aber man darf in diese Umschläge nichts hineinlegen,
Aziz.«

Sofort zerriß er das Papier in kleine Stücke, die er auf den
Boden warf, und kam nicht mehr darauf zurück. Ich glaube
nicht, daß er meinen Brief abgeschickt hat – jedenfalls hat
Mr. Butt ihn nie erhalten. Aziz' Nachricht war geheim, soviel war klar. Sie wäre nicht mehr ganz so geheim gewesen,
wenn der Schreiber den Namen der Person, an die sie ge-
richtet war, erfahren hätte; meine Aufgabe hatte also bloß
darin bestanden, den Brief zu adressieren. Das war wohl der

Plan gewesen, den Aziz den ganzen Tag über ausgebrütet hatte – und dennoch hatte er ihn so bereitwillig aufgegeben. Hatte dahinter vielleicht bloß eine Vorliebe für Geheimniskrämerei gestanden? Selbst wenn es so war, hatte es der Analphabet Aziz beinah geschafft, einem hundertfünfzig Kilometer entfernten Menschen eine geheime Nachricht zukommen zu lassen. Ich war beunruhigt. Kannte ich Aziz wirklich? War er empfänglich für die Zuneigung, die ich ihm entgegenbrachte, oder galt seine Loyalität ausschließlich seinem Chef?

Wenn sie marschierten, bildeten die Pilger eine fünfzehn bis zwanzig Kilometer lange Kette. Diese ununterbrochene Kette schob sich also stundenlang von einem Lager zum nächsten, ohne je abzureißen. Doch als die Sonne über der Ebene unterging, wo ein Pony gestorben war und jedes Jahr Ponies starben, kamen die Pilger von den Bergen herab und zogen über die weite Fläche, eine dünne, zittrige Linie, deren Farben in der hereinbrechenden Dunkelheit rasch vergingen. Im Licht des Lagers sah man, daß es sich um eine langsame, stumme Marschkolonne aus kaschmirischen Ponytreibern mit Käppchen und zerfetzten Strohsandalen handelte, um Gujjaren, deren bestickte, eigenartig kleine und elegante, an den Spitzen aufgebogene Lederschuhe zu ihren feinen, scharf geschnittenen Gesichtszügen paßten, und um Frauen, die im Damensitz ritten und sich tagsüber gegen den Staub, jetzt aber gegen die Kälte in Decken hüllten.

Sie kamen ins Lager, als die Erregung, die am Morgen noch so groß gewesen war, schon ein wenig nachgelassen hatte. Das Abenteuer war fast vorüber; die Unruhe war die Unruhe der bevorstehenden Rückkehr. Viele Pilger waren früh schlafen gegangen: Sie wollten am nächsten Morgen um vier Uhr zu dem kurzen Marsch zur Höhle aufbrechen. Die Plakate im Zelt des Indian Coffee Board waren eingerissen, aber in ein paar Stunden würde man sie ohnehin nicht mehr brauchen. Es gingen weniger Menschen im Lager umher als in Sheshnag oder Chandanwari. Niemand beachtete die Sil-

berstäbe, welche die Herrscher von Kaschmir seit hundert
Jahren auf die Pilgerfahrt schickten und die in einem beleuchteten Zelt am Ende des Lagers ausgestellt waren; dieses
Wunder kannte man bereits. Die Zuhörerschaft, die sich um
den Pandit im zweiten Zelt versammelt hatte, war klein und
kompakt, ein Destillat des Publikums der beiden vorange-
gangenen Nächte. Aufgrund meiner Lektüre von Karan
Singhs Bericht nahm ich an, daß er das *Amarkatha* rezitierte,
eine in Sanskrit verfaßte Beschreibung der Pilgerfahrt, »die
angeblich von Shiva stammt, der sie seiner Gefährtin Par-
wati in der Höhle von Amarnath vorgetragen haben soll«. Er
war ein Mann von wilder, fotogener Schönheit, der seine
Rolle perfekt ausfüllte: Er hatte einen langen, schwarzen
Bart, langes Haar, große und strahlende Augen, und er ließ
selbst in bitterer Kälte die Schultern unbedeckt. In dieser
Nacht sang er in seinem zugigen Zelt; die Augen hatte er geschlossen, und seine Hände ruhten mit aneinandergelegten
Fingerspitzen auf den Knien. Jenseits des gelben Scheins seiner Kerosinlaterne war das Licht silbrig: Der Mond war fast
voll. Die Felsen waren so weiß wie das tosende Wasser; der
Wind wehte; im Lager wurde es noch stiller.
Der Weg zur Höhle verlief über ein schmales Sims, das sich
beständig steigend in die Berge hinter Panchtarni wand. Es
kamen bereits Pilger zurück, als wir am nächsten Morgen
bei hellem Tageslicht aufbrachen. An gefährlichen Stellen
standen Männer mit roten Armbinden, die sie als Mitarbei-
ter des Amtes für Straßenbau auswiesen, und regelten den
Verkehr. Die Stirnen der zurückkehrenden Pilger waren mit
Sandelholzpaste bestrichen. Ihre Gesichter strahlten ekstatisch. Sie hatten den Gott gesehen, sie waren begeistert und
aggressiv und machten nur widerwillig Platz. Sie riefen: »*Jai
Shiva Shankar!*«, und die Pilger auf dem Weg zur Höhle beug-
ten die Köpfe wie Wartende vor einem Kino, aus dem gerade die Zuschauer der zu Ende gegangenen Vorstellung
kommen, und antworteten gedämpft: »*Jai Shiva Shankar!*«
»Du!« schrie ein mit Sandelholzpaste beschmierter junger
Mann mich an. »Sag: *Jai Shiva Shankar!*«

»*Jai Shiva Shankar!*«

Meine Bereitwilligkeit verwirrte ihn. »Gut. Na gut.« Er ging weiter. »*Jai Shiva Shankar!*«

Weiter unten an dem steilen Abhang wuchsen zahllose gelbe Blumen, und allen fiel ein, daß Blumen eine geeignete Opfergabe waren. Aber hier waren seit vier Uhr morgens Pilger vorbeigekommen; an den zugänglichen Stellen gab es nur noch wenige Blumen, und wie es schien, würden sich viele mit den verwelkten Blüten begnügen müssen, die man im Lager angeboten hatte. Dann stießen wir auf Kaschmiris, die in kleinen Felsnischen hinter Sträußen gelber Blumen saßen, die sie stumm, mit abgewendetem Blick verkauften.

Wieder begann ein Abstieg, und wir traten aus dem hellen Sonnenlicht in den kalten Schatten eines langen, engen Tals. Es hätte ein kürzlich ausgetrocknetes Flußbett sein können. Seine Sohle war mit braunen Steinen übersät, und über die steil aufragenden Seiten zogen sich schwarze Streifen, die wie Hochwassermarken wirkten. Doch was aussah wie Steine oder grauer Kies, war in Wirklichkeit alter Schnee, der die Farbe und Beschaffenheit von Erde angenommen hatte. An einer Seite des Tals zog sich die Kolonne der kommenden und gehenden Pilger dahin: Ganz hinten, weit entfernt, überquerten sie die Eisfläche, bloße Pünktchen, bei denen man nur noch die leuchtendsten Farben ausmachen konnte und die auf der schmutzigen Schneefläche nur aufgrund ihrer Bewegung zu erkennen waren. Hier war ein Berg, dort waren ein Tal und ein Fluß: Die Topographie dieser Region war einfach und leicht zu verstehen. Doch man hatte den Maßstab einer kleineren, überschaubaren Welt an sie angelegt, und nur bei Gelegenheiten wie dieser, wenn man in einem scheinbar kleinen, begrenzten Raum eine Menschenkette rasch zu etwas Winzigem zusammenschrumpfen sah, begriff man, welche Dimensionen der Himalaya hatte. In diesem Tal war Indien nun vollends zum Symbol geworden. Wir auf dem Pfad ritten auf Ponies, doch auf dem braunen Schnee unterhalb davon, im Schatten der Berge, die jedem Leben feindlich waren, gingen Pilger aus dem Tiefland, auf Stäbe gestützt, die sie bei Straßenhändlern in Pahalgam gekauft hatten: eine mehrfach unterbrochene Kette, die sich am Ende des Tals mit jener anderen Kette vereinigte, welche jenseits der Schneefläche zwischen den grau-braunen Bergen verschwand und mit ihnen verschmolz, ohne daß ein Ziel zu sehen gewesen wäre. Der Gott existierte – das bewiesen die Gesichter und die Rufe der zurückkehrenden Pilger. Ich wollte, ich hätte ihre Begeisterung teilen können. Ich wollte, mich erwartete am Ende dieses Weges eine ähnliche Freude wie sie.

Dennoch hatte mich während dieser Pilgerfahrt und meiner ganzen Zeit in Kaschmir eine bestimmte Freude begleitet. Es war die Freude, in den Bergen zu sein, und es war die besondere Freude, im Himalaya zu sein. Ich fühlte mich ihm verbunden, ich sprach seinen Namen gern aus. Indien und der Himalaya gehörten zusammen. Auf vielen bunten Bildern mit religiöser Thematik, die meine Großmutter besaß, hatte ich diese Berge gesehen: weiße Spitzen vor schlichtem, kaltem Blau. Sie waren zu einem Teil meines Phantasie-Indiens geworden. In einem Trinidad, das so schmerzlich weit von den Orten entfernt war, die schon wegen ihrer allgemeinen Bekanntheit wirklich und sehenswert waren, wäre ich höchst erstaunt gewesen, hätte man mir gesagt, daß ich eines Tages durch diese Berge wandern würde. Ich wußte, daß die Bilder falsch waren; ihre Botschaft ging an mir vorbei, aber in jenem Winkel des Kopfes, in dem man sein Leben lang ein Kind bleibt, bestand noch immer die Möglichkeit, sie könnten doch wahr sein. Wenn ich diese Berge betrachtete, empfand ich wieder die Unnahbarkeit, die mir – nach einem ganzen Leben, wie mir schien – in den Bildern begegnet war, die in Basaren und von Straßenhändlern verkauft wurden. Nun war ich von ihnen umgeben und konnte für kurze Zeit und mit einem deutlicheren Gefühl für ihre Unnahbarkeit aufs neue Anspruch auf sie erheben. Es war leicht, die Legende von der tausendköpfigen Schlange abzutun. Doch die Tatsache, daß es diese Legende gab, machte diesen See zu meinem See. Er gehörte mir, aber er war etwas, das ich verloren hatte und dem ich bald wieder den Rücken kehren mußte. War es abwegig, den so gut kartographierten und in früheren Zeiten vielleicht besser bekannten Himalaya als das indische Symbol des Verlustes zu betrachten, als ein Gebirge, nach dem sich die Inder in den glutheißen Ebenen mit Sehnsucht umsahen und in das sie jetzt nur noch auf Pilgerfahrten, in Legenden und Bildern zurückkehren konnten?

Am Ende des Tals, wo die Eisfläche weniger vor der Sonne geschützt und hier und da unterbrochen war, erwachte ein Bild aus den Tiefen meiner Erinnerung zum Leben: Ein *sadhu* ging, nur mit einem Leopardenfell bekleidet, durch den Schnee des Himalaya, praktisch unter den Augen des Gottes, den er suchte. Er hielt seinen Dreizack wie einen Speer, und an der Spitze der Waffe flatterte ein zarter, schleierartiger Wimpel. Der *sadhu* hielt sich abseits wie einer, für den diese Pilgerreise nichts Neues war. Er war ein junger Mann von vollkommener, beunruhigender Schönheit. Seine Haut war von der Sonne schwarz verbrannt, sein Gesicht mit weißer Asche verschmiert. Er hatte rotblondes Haar, doch das ließ die Ebenmäßigkeit seines Gesichts, die stolze Haltung des Kopfes, die Grazie seiner Bewegungen, die Selbstsicherheit seines Gangs und das feine Spiel der Bauch- und Rückenmuskeln nur um so unnatürlicher erscheinen. Ich hatte ihn ein paar Tage vor Beginn der Pilgerfahrt in Srinagar gesehen: Er hatte sich, die schlaffen Genitalien arrogant entblößt, im Schatten einer Platane ausgeruht. Er war mir wie ein Fremdkörper erschienen, wie ein Müßiggänger, ein Landbewohner, der in die Stadt gekommen war. Seine mit Asche verschmierte Nacktheit, die auf Gleichgültigkeit gegenüber dem Körper hinzudeuten schien, hatte seiner Schönheit etwas Sinistres verliehen. Jetzt fiel ein Abglanz seiner edlen, würdevollen Haltung auf alle Pilger: Sein Ziel war auch das ihre.

Aus dem Schatten des Tals leuchtete uns der breite, pyramidenförmige Hang des Armanath entgegen, mit Felsen übersät und im Sonnenlicht weiß flirrend, und der Eingang zu der Höhle darin gähnte still und schwarz, höher und breiter, als ich ihn mir vorgestellt hatte, und doch, nach all meinen erwartungsvollen Phantasien, seltsam geheimnislos. Wie eine Höhle auf einem einfältigen religiösen Bild. Sie ließ die Pilger, die hinein- und hinauswimmelten, wie Zwerge erscheinen; wieder brauchte es Menschen, um einer allzu schlichten Topographie einen Maßstab zu verleihen. Am Fuß des Hanges badeten Pilger vor diesem letzten Aufstieg im klaren, heiligen Wasser des Amarvati und rieben sich mit Sand aus seinem Bett ab. Auf seiner eigenen Pilgerfahrt hatte Karan Singh hier – wie auch schon in Sheshnag – einen Kompromiß geschlossen: »Auch an diesem Ort entschied ich mich für die unorthodoxe Vorgehensweise, das Wasser in Eimern zu meinem Zelt tragen zu lassen, ließ es aber diesmal nicht erwärmen, sondern badete in dem eiskalten Wasser. Es war jedoch ein klarer, warmer Tag, und so war das kalte Bad nicht unangenehm.«

Sonnenlicht, weiße Felsen, Wasser, nackte Menschen, leuchtend bunte Kleider – es war eine Pastorale in viertausend Meter Höhe. Ein kleines Stück weiter oben aber herrschte Chaos. Jenseits des Quellbaches mühten sich nur ein paar in Khaki gekleidete Polizisten und einige Männer mit den roten Armbinden des Amtes für Straßenbau, die Menge zu bändigen, und nach ihren friedlichen Waschungen eilten die Pilger hinauf zur Höhle und schlossen sich der gereinigten, rasenden Masse ungestüm drängender Menschen an, die ihren Gott sehen und ihm ihre Opfergaben darbringen wollten. Die Höhle war etwa vierzig Meter breit, dreißig Meter hoch und dreißig Meter tief, doch sie war nicht groß genug. Eine feuchte, steile Rampe, von der das Wasser tropfte, führte zum Allerheiligsten, dem Sitz des Gottes. Davor erhob sich ein hohes Eisengeländer mit einem Tor, das nach außen aufschwang. Die Menge schob; das Tor ließ sich kaum öffnen, und wenn es doch einmal gelang, wogten die Pilger die Rampe hinauf, und man hörte die Schreie derer, die fürchteten, seitlich hinunterzustürzen: Es war ein tiefer Fall vom Halbdunkel der Höhle auf den weißen, sonnenbeschienenen Hang, den immer mehr Pilger hinaufkletterten. Die barfüßigen Neuankömmlinge, die frische oder verwelkte Blumen in den Händen hatten, drängten sich in die Menge und hofften, von der allgemeinen Bewegung vorwärtsgetragen zu werden. Ein Vor oder Zurück aus eigenem Willen war unmöglich; eine Frau schluchzte vor Angst. Ich stieg hinauf, hielt mich dabei am Geländer fest und konnte nur Menschen und ein niedriges, von Feuchtigkeit oder dem Rauch der Räucherstäbchen geschwärztes Gewölbe sehen. Ich ging wieder hinunter. Durch das Eisbett des Tals und hangaufwärts strebten die Pilger zur Höhle. Sie waren wie Kieselsteine, wie Sand: Farbtupfer, die um so kleiner wurden, je weiter sie entfernt waren. Für Stunden, vielleicht sogar für den Rest des Tages würde das Gedränge auf der Rampe nicht nachlassen.

Mir war also kein Blick auf den Gott zuteil geworden; ich setzte mich und wartete. Nicht so Aziz. Er war Moslem, ein Ikonoklast, doch seine Gläubigkeit als Moslem vermochte nichts gegen seine Neugier als Kaschmiri. Er verschwand in der Menge, und nur seine Pelzkappe verriet, wo er sich gerade befand. Ich hockte mich inmitten von Papierabfällen, Verpackungen und leeren Zigarettenschachteln auf den feuchten Boden. Neben mir kauerte ein schmutziger kaschmirischer Moslem mit einem Käppchen und bewachte für vier Annas pro Paar die Schuhe der gläubigen Hindus. Sein Geschäft lief gut. Aziz kam nur langsam voran. Am Tor wurde er aus der Menge gedrückt wie ein Kern aus einer Orange: Pelzkappe, verwundertes, aber entschlossenes Gesicht, Ali Mohammeds blaue, gestreifte Jacke, Hände, die sich an das Geländer klammerten. Irgendwie gelang es ihm durch kraftvollen Einsatz seiner Arme und zweifellos auch seiner für mich unsichtbaren Beine, sich durch den Spalt des Tores zu zwängen, und dann war er mitsamt seiner Pelzkappe wieder verschwunden.

Ich wartete lange auf ihn. Die dröhnende Höhle hatte sich binnen weniger Stunden in einen geschäftigen indischen Basar verwandelt. Ein Basar: Auf diesem Höhepunkt der Ereig-

nisse erlebte ich die Schalheit, die ich schon lange befürchtet
hatte. Sie glich der damals ebenfalls erwarteten und befürchteten Schalheit meines ersten Tages in Bombay. Pilgerfahrten
waren nur etwas für Gläubige. Ich konzentrierte mich auf
die Schuhe, die der Kaschmiri bewachte, und auf die Münzen, die er auf einem Stück Zeitungspapier liegen hatte.
Als Aziz zerrupft, aber sehr beeindruckt wieder auftauchte,
berichtete er mit widersprüchlicher Befriedigung, jedoch keineswegs überrascht – immerhin war er ja Moslem –, es gebe
gar keinen *lingam*. Vielleicht habe sich diesmal keiner gebildet, vielleicht sei er durch die Ausdünstungen der Menge
geschmolzen. Wo der *lingam* hätte sein sollen, lägen nur Blumen und Geld als Opfergaben. Dennoch gebärdeten sich
die Pilger, die aus der Höhle strömten, so ekstatisch wie alle
anderen, die wir morgens auf dem Weg zur Höhle gesehen
hatten.
»Der *lingam* ist nicht das Entscheidende«, sagte einer. »Auf
den Geist kommt es an.«
Der Geist! Ich hockte in der Höhle, die von Schritten und
Rufen dröhnte, musterte das Durcheinander des Basars auf
dem nassen Boden und sah aus dem Augenwinkel die Scha-
ren der ankommenden Pilger, deren Zahl mein Vorstel-
lungsvermögen ebenso überstieg wie die Größe der Berge
und Täler. Mir schwindelte. Eine Naturerscheinung war
dank ihrer Ungewöhnlichkeit zu einem spirituellen Symbol
geworden. Nun war die Naturerscheinung ausgeblieben
und zum Symbol eines Symbols geworden. Ich hatte das
Gefühl, in dieser zerfließenden, gewundenen Logik zu er-
trinken. Ich trat hinaus ins Licht. Pilger, die ihre Opfergaben
dargebracht hatten, suchten den Himmel nach den beiden
Felsentauben ab, jenen Jüngern Shivas, die, nachdem sie den
Zorn ihres Herrn erregt hatten, von ihm in Tauben verwandelt worden waren und nun für immer in dieser Höhle, in
seiner Nähe, leben mußten. Ich sah nicht auf. Ich ging den
weißen Hang hinunter, hüpfte von Fels zu Fels und blieb erst
stehen, als ich den klaren Bach erreicht hatte.

Den Rückweg wollten wir schnell hinter uns bringen. In Panchtarni, wo das Lager von heute morgen schon fast nicht mehr existierte, waren unsere Bündel gepackt. Die Ponies standen bereit. Aziz sagte, wir sollten direkt nach Chandanwari gehen; er wollte am nächsten Tag wieder in Srinagar sein, um ein weiteres religiöses Fest nicht zu versäumen: die Zurschaustellung des Barthaars des Propheten in der Hazratbal Moschee. Ich hätte es vorgezogen, noch eine Weile in den Bergen zu bleiben, doch davon wollte er nichts hören. Wir mußten uns beeilen. Ringsum herrschte Hektik, fast als wäre man auf der Flucht. Später, dachte ich. Später konnten wir zurückkehren und den ganzen Sommer zwischen diesen Bergen verbringen. Wir würden das Klima dieser Region kennenlernen: Im Lager bei Sheshnag war der Nebel morgens plötzlich von den schneebedeckten Bergen heruntergewirbelt, hatte der Schönheit etwas Bedrohliches verliehen, war ebenso plötzlich verschwunden und hatte einen strahlend blauen Himmel hinterlassen. Und nachmittags würden wir die Bäche und Flüsse für uns haben. Doch »später« ist in Wirklichkeit immer ein Teil dieser Augenblicke. Das verlassene Lager bei Panchtarni hatte seinen Eindruck auf mich nicht verfehlt. Die Pilgerfahrt war vorüber, unser Weg war vorgezeichnet. Die Reise hatte etwas Fades bekommen.

Irgendwann am Nachmittag schloß sich ein Kaschmiri mit einem grünen Käppchen unserer Gruppe an, und sogleich gab es Streit zwischen Aziz und ihm. Ich ging zu diesem Zeitpunkt zu Fuß und konnte die wild gestikulierenden Gestalten nur von ferne sehen; als ich näherkam, erkannte ich in dem Mann mit dem grünen Käppchen unseren verschwundenen *gorah-wallah*. Er versuchte, den Leitstrick des Ponies zu nehmen, das er vor zwei Tagen zurückgelassen hatte; niemand hätte ihn daran hindern können, und doch verhielt er sich bei jedem Wort, das Aziz ihm zurief, wie einer, der mit körperlicher Gewalt an etwas gehindert wird. Es war die Stunde von Aziz' Rache – dies war der Augenblick, auf den er gewartet hatte, und seine Wut und Verachtung waren furchterregend – außer vielleicht, man war Kaschmiri.

Trotz aller Leidenschaft hatte dieser Streit eigentlich etwas Spielerisches. Der *gorah-wallah* bat um Vergebung, doch Aziz' Beschimpfungen schienen ihn gar nicht zu berühren. Er weinte. Aziz, der auf seinem struppigen kleinen Pony saß und dessen mit Socken und Sandalen bekleidete Füße dicht über dem Boden hingen, ließ sich nicht besänftigen. Plötzlich rannte der nun nicht mehr weinende *gorah-wallah* zu seinem Pony und schien nach dem Leitstrick greifen zu wollen. Aziz schrie. Der *gorah-wallah* blieb unvermittelt stehen, als wäre er bei einem heimlichen Vergehen ertappt worden und hätte einen heftigen Schlag auf den Kopf erhalten. Schließlich bat er nicht mehr um Vergebung, sondern plusterte sich auf und begann zu schimpfen, und Aziz antwortete nicht weniger scharf. Der *gorah-wallah* blieb zurück, rannte uns nach, blieb wieder zurück. Dann gab er es endgültig auf und verschwand langsam in der Ferne, eine reglos dastehende Gestalt, die hin und wieder in Wüten und Toben ausbrach und vor dem Hintergrund der Berge die Faust schüttelte.

»Wenn wir in Pahalgam sind, melden Sie dem Touristmusbüro«, sagte Aziz völlig ruhig. »Die nehmen sein *gorah-wallah*-Lizenz weg.«

Das Lager bei Sheshnag war praktisch verlassen; es sah unappetitlich und verwüstet aus. Wir blieben nicht dort, sondern schlugen unsere Zelte in der Abenddämmerung in einem kleinen Lager einige Meilen weiter auf. Noch Stunden später kamen Lichter die Berge herunter und zogen vorbei: Pilger, die es eilig hatten, nach Chandanwari zu kommen, Staubwolken im Licht des Vollmonds.

Der verbleibende Teil der Reise war nicht beschwerlich. Früh am nächsten Morgen waren wir im Wald bei Chandanwari, und gegen Mittag kam Pahalgam in Sicht. Wir befanden uns wieder in einer grünen Welt aus Erde, Wald und Feldern. Der Weg führte jetzt immer bergab. Ich stieg von meinem Pony, ersparte mir die langen Kehren der Forststraße und ging querfeldein. Bald war ich Aziz und den anderen weit voraus, doch er machte keinen Versuch, mich einzuholen, und selbst als wir wieder gemeinsam auf der mit

Metallplatten gesicherten Straße waren und am Busbahnhof und am Tourist Office vorbeikamen, verlor er kein Wort über den verschwundenen *gorah-wallah*. Ich erinnerte ihn nicht daran. Er sprang von seinem Pony, um ungebeten einen Zug von einer Wasserpfeife zu nehmen, deren Besitzer ihn mit freundlichem Kopfnicken begrüßte: Er hatte die Rolle des zurückhaltenden Majordomus abgelegt. Mit einemmal war er verschwunden, und als er wieder auftauchte, brachte er eine große Portion geröstete Erbsen mit. Er hatte sein Hemd vorn zu einer Art Tablett zusammengeknotet, das er nicht festzuhalten brauchte. Vom Majordomus hatte er sich vollends wieder in einen Hoteldiener verwandelt. Er hatte nicht einmal mehr die Thermosflasche; die hatte er, wie Mr. Butts Schuhe, ruiniert.

In unserem Lager, einem Zelt im Schatten eines Baums, erwartete uns der *gorah-wallah* mit dem grünen Käppchen. Sobald er mich erblickte, begann er zu jammern und zu klagen. Es war eine formelle Selbsterniedrigung, ein formelles, trockenes und gezwungenes Weinen ohne eine Spur echter Reue. Er kam zu mir gerannt, fiel auf die Knie und umfaßte mit seinen starken Händen meine Beine. Die anderen Ponyführer umringten uns mit zufriedenen Gesichtern. Aziz mit seinem Hemd voller Erbsen sah lächelnd auf den *gorah-wallah* hinab.

»Er ist armer Mann, Sahib.«

Was war das? Sprach da wirklich Aziz? Nach alldem, was er über den *gorah-wallah* gesagt hatte?

Der *gorah-wallah* weinte lauter.

»Er hat eine Frau«, sagte Aziz. »Er hat Kinder. Melden Sie nicht bei Touristmusbüro.«

Der *gorah-wallah* strich mit den Händen über meine Beine und schlug die Stirn auf meine Schuhe.

»Er ist sehr armer Mann, Sahib. Sie müssen sein Geld geben. Sie dürfen nicht sein Lizenz wegnehmen.«

Der *gorah-wallah* hielt meine Knie fest und rieb seinen Kopf daran.

»Er ist nicht ehrlicher Mann, Sahib. Er ist ein verdammtes

Schwein. Aber ist arm. Sie melden ihn nicht bei Touristmusbüro.«

Das Ritual ging weiter, ohne jeden Bezug zu mir, wie es schien.

»Na gut, na gut«, sagte ich. »Ich melde ihn nicht.«

Sogleich sprang der *gorah-wallah* auf. Sein breites Bauerngesicht zeigte keine Spur von Sorge oder Erleichterung – er hatte lediglich gearbeitet. Er klopfte geschäftig die Knie seiner Hose ab, zog ein paar Rupien aus der Tasche, zählte fünf ab und überreichte sie vor meinen Augen Aziz.

Das also war der Preis für Aziz' Intervention gewesen. Hatten sie dieses Arrangement am Nachmittag zuvor ausgehandelt? War es seit Tagen geplant gewesen? Hatte Aziz' Stöhnen und Klagen bloß auf diese fünf Rupien abgezielt? Das erschien mir unwahrscheinlich – die Strapazen am Pissu Ghati waren echt gewesen –, doch ich konnte mir bei Aziz einfach nicht mehr sicher sein. Er dagegen war sich meiner offenbar um so gewisser: Er hatte in meiner Gegenwart ein Geschenk bekommen – letztlich übrigens von meinem eigenen Geld. Während der Reise war er stets auf meine Würde bedacht gewesen; vielleicht hatte er den *gorah-wallah* mit meiner Wichtigkeit erschreckt. In Wirklichkeit aber schätzte er mich ganz anders ein: Ich war harmlos. Angesichts dieses Urteils spürte ich, wie mein Wille erlahmte. Nein, ich würde nicht einfach bloß aus Stolz eine Szene machen – letzten Endes war Aziz mein Diener. Es würde weniger Umstände machen, mich so zu geben, wie er mich sah, bis wir wieder in Srinagar waren.

Die fünf Rupien wurden nachgezählt und verschwanden in Aziz' Tasche. Der Augenblick, in dem ich ihn hätte zurechtweisen können, verstrich. Ich sagte nichts. Seine Einschätzung hatte sich als richtig erwiesen.

Der *gorah-wallah*, der sein Pony am Leitstrick führte, kam noch einmal zu mir.

»Bakschisch?« fragte er und streckte die Hand aus.

Die Sonnenblumen im Garten verblühten und glichen nun Emblemen sterbender Sonnen; ihre Feuerzungen waren schlaff und verschrumpelt. Meine Arbeit war fast beendet. Bald würde es an der Zeit sein abzureisen. Ich mußte Abschiedsbesuche machen. Als erstes fuhren wir zu unseren Freunden nach Gulmarg.

»Wir haben auch einige Abenteuer erlebt«, sagte Ishmael.

Sie erlebten ständig Abenteuer. Sie zogen dramatische Ereignisse geradezu an. Sie interessierten sich für die Künste, und in ihrem Haus begegnete man immer Schriftstellern und Musikern.

»Sie haben auf der Pilgerreise nicht zufällig eine Frau namens Laraine kennengelernt?«

»Aus Amerika?«

»Sie sagte, sie wolle nach Amarnath.«

»Was für ein Zufall! Ist sie auch hier gewesen?«

»Sie und dieser Rafiq haben uns fast in den Wahnsinn getrieben.«

Dieses Abenteuer (sagte Ishmael) hatte in Srinagar begonnen, im Indian Coffee House an der Residency Road. Dort hatte Ishmael eines Morgens Rafiq kennengelernt. Rafiq war Musiker. Er spielte Sitar. Die Lehrzeit eines indischen Musikers ist lang und beschwerlich, und obwohl Rafiq beinahe dreißig und (laut Ishmael) sehr gut war, hatte er sich noch keinen Namen gemacht. Er war erst einige Male in regionalen Radiosendern aufgetreten und war für zwei Wochen nach Kaschmir gekommen, um sich vor einem solchen Radioauftritt zu entspannen. Er hatte nur wenig Geld. Großzügig und impulsiv wie immer lud Ishmael Rafiq, den er bis zu diesem Morgen noch nie gesehen hatte, in seinen Bungalow in Gulmarg ein. Rafiq nahm seine Sitar und machte sich auf den Weg.

Man verstand sich gut. Rafiq befand sich in Gesellschaft eines Paars, das für sein künstlerisches Temperament Verständnis hatte. Die beiden waren begeistert von seiner Musik – er konnte gar nicht genug üben. Auch der Tagesablauf kam ihm entgegen: Zu Abend gegessen wurde um Mitternacht, nach Cocktails, Musik und Gesprächen. Gegen Mit-

tag setzte man sich an den Frühstückstisch. Danach kam gelegentlich der Masseur, der seine Utensilien in einer kleinen,
schwarzen Kiste mitbrachte, die mit seinem Namen versehen
war. Anschließend unternahm man, sofern es nicht regnete,
einen kleinen Spaziergang durch den Kiefernwald. Manchmal sammelte man Pilze, manchmal auch Kiefernzapfen, die
das Kaminfeuer auflodern ließen und ihm einen würzigen
Geruch verliehen.
All das änderte sich eines Nachmittags.
Sie saßen in der Sonne auf dem Rasen und tranken Kaffee,
als auf dem Weg unterhalb des Hauses eine junge weiße
Frau erschien. Sie stritt sich mit einem kaschmirischen *gho-
rah-wallah*. Sie war allein und offenbar in Schwierigkeiten.
Ishmael schickte Rafiq hinunter – er sollte sehen, was er tun
konnte. In diesem Augenblick war Rafiqs Urlaub beendet
und er selbst verloren. Als er wenig später zurückkehrte, erkannten seine Gastgeber ihn kaum noch als den sanften,
höflichen Sitarspieler, mit dem sie Pilze gesammelt hatten. Er
war wie ein Besessener. In dem kurzen Zeitraum, in dem der
Streit mit dem *gorah-wallah* beigelegt worden war, hatte er erobert und kapituliert: Eine Beziehung war entstanden, eine
explosive Mischung. Rafiq kehrte nicht allein zurück. Er
brachte die Frau – Laraine – mit. Sie werde bei ihnen bleiben,
sagte er. Ob sie etwas dagegen hätten? Ob sie sich wohl um
Laraines Unterbringung kümmern würden?
Überrumpelt willigten sie ein. Später am Nachmittag schlugen sie vor, einen Spaziergang zu machen; sie wollten ihrem neuen Gast den sechzig Kilometer entfernten Gipfel
des Nanga Parbat zeigen, auf dem der Schnee glänzte wie in
einem Ölgemälde. Rafiq und Laraine blieben bald hinter ihnen zurück und verschwanden dann. Ishmael und seine
Frau waren etwas befremdet. Geniert und möglichst leise,
als wären sie nicht Gastgeber, sondern Gäste, setzten sie ihren Spaziergang fort und blieben hin und wieder stehen,
um die Aussicht zu bewundern. Nach einer Weile tauchten
Rafiq und Laraine wieder auf. Ihr Gesichtsausdruck war weder erfüllt noch erschöpft – alle beide waren geradezu hy-

sterisch. Sie stritten sich, und ihre Wut war nicht gespielt. Kurz darauf wurden sie handgreiflich, und zwar, wie man an den Verletzungen in ihren Gesichtern sah, nicht zum erstenmal. Sie trat ihn. Er stöhnte und schlug nach ihr. Sie schrie auf, schlug ihn mit ihrer Tasche und trat ihn abermals, worauf er den mit Dornensträuchern bewachsenen Abhang hinuntertaumelte. Brüllend, blutend und zerkratzt stieg er wieder hinauf, entriß ihr die Tasche und warf sie weit hinunter ins Tal, wo sie bis zur nächsten Schneeschmelze bleiben würde. Laraine setzte sich hin und weinte wie ein kleines Kind. Rafiqs Zorn verflog. Er ging zu ihr; sie schmiegte sich an ihn.

Als sie wieder im Bungalow waren, ließ er es an der Sitar aus. Er übte wie einer, der den Verstand verloren hat; die Sitar wimmerte und winselte. Abends hatten sie wieder einen Streit. Ihre Schreie riefen die Polizei auf den Plan, die wegen der pakistanischen Überfälle im vergangenen Jahr, als plündernde Banden rasche Vorstöße über Khilanmarg unternommen hatten, in ständiger Alarmbereitschaft war.

Beide waren zerkratzt und zerschunden – es schien gefährlich, sie miteinander allein zu lassen. Laraine, die hin und wieder einen lichten Augenblick hatte, verließ mehr als einmal den Bungalow. Manchmal holte Rafiq sie zurück, manchmal kam sie aus freien Stücken, während er noch die Sitar weinen und schreien ließ. Für Ishmael und seine Frau war das alles zuviel. Am zweiten Abend – Laraine war gerade wieder einmal fort – baten sie Rafiq zu gehen. Er nahm die Sitar und schickte sich zum Gehen an. Seine Fügsamkeit – eine ferne Erinnerung an den alten Rafiq – und der Anblick eines Musikers, der mit seinem Instrument seiner Wege geht, rührte ihr Herz. Sie baten ihn zu bleiben. Er blieb. Laraine kehrte zurück. Alles begann wieder von vorn.

Schließlich war es die mit blauen Flecken übersäte, erschöpfte, einsichtige, verzweifelte Laraine, die zusammenbrach. Nach drei Tagen – die Ishmael und seiner Frau wie drei Wochen vorkamen und die Rafiq und Laraine vermutlich so lang wie ein ganzes Leben erschienen – sagte sie, sie

halte es nicht mehr aus, sie müsse fort. Sie werde nach
Amarnath pilgern, anschließend werde sie in einen Ashram
gehen. Sie war eine Frau, und sie war Amerikanerin: Ihr
Wille war stark genug, um ihr die Flucht zu ermöglichen.
»*Laraine! Laraine!*« brüllte Rafiq durch den Bungalow, als sie
gegangen war. Ihr Name klang seltsam aus seinem indischen Mund.
Dann übte er, doch plötzlich hielt er inne und schrie: »Ich
brauche Laraine!«
Die Leidenschaft hatte ihn gepackt. Er war zu beneiden, aber
auch zu bemitleiden. Wie oft und unter welchen Qualen
durchlebte er noch einmal nicht jene drei Tage, sondern jenen ersten Augenblick, als er zu der fremden jungen Frau
hinuntergegangen und zum erstenmal ihrem verheißungs-
vollen, verzweifelten Blick begegnet war, der keinen anderen
jemals auf diese Weise ansprechen würde? Und vielleicht
hatte ich in eben jenem Augenblick, als er in Gulmarg ihren
Namen brüllte, im kalten Zelt des Indian Coffee Board in
Laraines Augen geblickt und dort familiäre Probleme und
eine unglückliche Kindheit entdeckt. Wie sich herausstellte,
hatte ich zum Teil recht gehabt. Ihr brennendstes Problem
jedoch hatte ich nicht gesehen.
Als Rafiq Gulmarg verließ, war er fest entschlossen, sie zu
finden. Sie hatte gesagt, sie werde in einen Ashram gehen.
In Indien gab es Ashrams wie Sand am Meer. Wo sollte er
sie suchen?

Er brauchte nicht weit zu gehen.
Ich saß eines Nachmittags an dem blauen Tisch in meinem
Zimmer, als ich im Garten die Stimme einer Amerikanerin
hörte. Ich sah hinaus. Es war Laraine, und bevor ich den
Kopf zurückzog, konnte ich den Hinterkopf eines Mannes
über breiten Schultern in einem rehbraunen Jackett erkennen. Sie hatte also kapituliert, sie hatte aufgehört zu suchen.
Sie waren ins Hotel gekommen, um Tee zu trinken. Ich
hörte sie auch nach Zimmern fragen, und später nahmen sie
die Räume in Augenschein.

»Alles *thik?*« fragte sie und sprach das Hindi-*th* falsch aus – sie war immer noch begeistert von Indien und streute Hindi-Wörter in ihre Sätze. »Alles in Ordnung?«

Als sie die Treppe hinuntergingen, hörte ich den Mann gedämpft murmeln.

Am nächsten Tag zogen sie ein. Ich bekam sie nie zu sehen. Sie blieben den ganzen Tag in ihrem Zimmer, und hin und wieder tönte Sitarmusik durch das Hotel.

»Ich glaube«, sagte Aziz beim Abendessen, »der Sahib und die Memsahib heiraten sich heute.«

In dieser Nacht erwachte ich von reger Geschäftigkeit im Hotel, und als Aziz am nächsten Morgen den Kaffee brachte, fragte ich ihn danach.

»Der Sahib ist heute nacht geheiratet mit der Memsahib«, flüsterte er. »Sie haben um eins in der Nacht gegeßt.«

»Nein!«

»Mr. Butt und Ali Mohammed haben Mufti geholt. Sie ist Moslem geworden, hat ein Moslemname gekriegt. Sie haben sich geheiratet. Und haben um *eins in der Nacht* Essen eingenommen.« Die späte Essenszeit hatte ihn fast so sehr beeindruckt wie die Eheschließung.

Aus dem Hochzeitsgemach kam kein Laut, nicht einmal der Klang der Sitar. Niemand wollte ein Hochzeitsfrühstück, niemand trat aus dem Zimmer, um die wunderschöne Aussicht zu bewundern. Die Tür blieb den ganzen Morgen geschlossen, als wollten sich die beiden da drinnen verstecken, überwältigt von ihrer Tat. Nach dem Mittagessen schlichen sie sich hinaus. Ich bekam sie nicht zu Gesicht.

Erst am späten Nachmittag, als ich im Garten Tee trank, sah ich Laraine allein über den See zum Hotel zurückkehren. Sie trug ein weites blaues Baumwollkleid und hatte ein Taschenbuch in der Hand. Sie wirkte kühl. Sie hätte eine gewöhnliche Touristin sein können.

»Hallo!«

»Stimmt es, was ich gehört habe? Daß Sie geheiratet haben?«

»Sie kennen mich doch. Ich bin immer sehr impulsiv.«

»Ich gratuliere.«

»Danke.«

Sie setzte sich zu mir. Sie hatte ein wenig Angst. Sie wollte sich aussprechen.

»Ist das nicht verrückt? Ausgerechnet ich mit meinem Faible für Hinduismus« – sie zeigte mir das Buch: Rajagopalacharis Nacherzählung des *Mahabharata* – »ausgerechnet ich werde über Nacht Moslemin mit allem Drum und Dran.«

»Wie ist Ihr neuer Name?«

»Zenobia. Schön, nicht?«

Es war ein schöner Name, aber er brachte gewisse Probleme mit sich. Sie wußte nicht, ob sie aufgrund ihrer Heirat die amerikanische Staatsbürgerschaft verloren hatte, und war sich nicht sicher, ob sie in Indien eine Arbeitserlaubnis bekommen würde. Sie hatte eine vage Ahnung, daß sie von nun an sehr arm sein und ein karges Leben – das sie sich, glaube ich, noch gar nicht wirklich vorstellen konnte – in irgendeiner indischen Kleinstadt führen würde. Doch sie sprach bereits jetzt mit einer Selbstverständlichkeit von »meinem Mann«, als hätte sie dieses Wort schon ihr Leben lang benutzt. Bereits jetzt machte sie sich Gedanken um »die Karriere meines Mannes« und »den Auftritt meines Mannes«.

Sie waren ärmer als sie es sich vielleicht vorgestellt hatte. Selbst das Liward war zu teuer für sie. Am nächsten Tag mußten sie in ein anderes Hotel umziehen, und am Morgen dieses Tages gab es Streit um die Hotelrechnung.

»Er sagt, ich verlange zuviel«, berichtete Aziz. »Er sagt: ›Warum du erzählst dem anderen Sahib, daß wir uns geheiratet haben?‹ Ich sage: ›Warum wollen Sie Geheimnis? Ein Mann heiratet. Das ist gut. Er macht ein Party. Er ladet ein. Er versteckt sich nicht. Und warum soll ich nicht erzählen? Sie haben meinen Sahib geweckt, und er hat gefragt.‹«

»Bist du sicher, daß du ihnen nicht zuviel berechnet hast, Aziz?«

»Aber ja, Sahib.«

»Er hat nicht viel Geld. Als er nach Kaschmir gefahren ist,

hat er nicht damit gerechnet, daß er heiraten würde. Wieviel haben sie für die Hochzeit ausgegeben?«

»Ach, Sahib, wieviel haben sie ausgegeben? Manche Leute geben dem Mufti fünf Rupien, manche geben fünfzehn, manche geben fünfzig.«

»Und wieviel haben sie ihm gegeben?«

»Hundert.«

»Du bist ein Unmensch, Aziz. Das hättest du nicht zulassen dürfen. Soviel konnte er sich nicht leisten. Kein Wunder, daß er jetzt nicht bezahlen kann.«

»Aber es ist ein gute Sache, Sahib. Wenn man heiratet mit eine amerikanische Memsahib, gibt man ein großes Fest. Man verteilt *parsi-chana* und schießt *bangola*-Feuerwerk. Man versteckt nicht. Sie haben kein Fest gegeben, sie haben nichts gemacht.«

»Die Memsahib ist Amerikanerin, aber sie haben trotzdem kein Geld.«

»Nein, Sahib. Sie haben versteckt. Viele Leute kommen nach Kaschmir und denken, was sie hier tun, macht nichts. Sie glauben, Kaschmiri-Hochzeit zählt nicht. Aber unser Hochzeitspapiere sind gültig bei Gericht.«

Und Ali Mohammed kam mit einer Kopie des Trauscheins, auf der ich die Unterschriften von Rafiq, Zenobia und Mr. Butt sah.

»Sie sollen nicht verstecken, Sahib«, sagte Aziz. »Sie haben sich richtig geheiratet.«

Es ging nicht nur um das Geld. Sie waren in ihrem Stolz als Moslems und Kaschmiris verletzt. Sie hatten eine Konvertitin willkommen heißen wollen, und nun fürchteten sie, daß man sie zum Narren gehalten hatte.

»Er zahlt nicht«, sagte Aziz. »Ich habe sein Sitar genommen.«

Doch Rafiq klapperte Srinagar ab und lieh sich die erforderliche Summe zusammen. Gegen Mittag waren Zenobia und er abreisebereit. Wir saßen beim Mittagessen, als Zenobia kam, um sich zu verabschieden. Hinter dem Türvorhang wartete jemand.

»Rafiq.«

Er trat ein und blieb ein paar Schritte hinter ihr stehen.

Für einen Augenblick verlor Zenobia ihre Selbstsicherheit. Sie wußte, daß ich die Gulmarg-Geschichte kannte.

»Das«, sagte sie mit deutlicher Verlegenheit, »ist mein Mann.« Ich hatte einen gequälteren, elender aussehenden Mann erwartet. Er war mittelgroß und kräftig gebaut und hatte ein rundes Gesicht mit weichen Zügen. Ich hatte einen Mann mit trotzigem, wildem Blick erwartet. Er war furchtbar schüchtern und hatte schläfrige Augen. Es war, als wäre er beim Rauchen ertappt worden und versuche nun, die Zigarette hinter seinem Rücken zu verbergen und den Rauch ohne einen Hustenanfall zu verschlucken. Er war Inder und Musiker: Ich hatte lange Haare und ein Gewand mit weiten Ärmeln erwartet und nicht diesen soldatischen Haarschnitt und den in Indien geschneiderten, rehbraunen Anzug.

Von ihm konnte ich mir einfach nicht vorstellen, daß er seine Sitar dazu bringen würde, seine Qual hinauszuschreien; er war bloß ein Mann, der nicht wollte, daß seine Heirat bekannt wurde. Armer Rafiq! Er war nach Kaschmir gekommen, um Urlaub zu machen, und nun kehrte er erschöpft, verheiratet und mittellos zurück. Ich hatte mir Leidenschaft immer als eine Begabung vorgestellt, als eine Fähigkeit, mit der die Menschen in unterschiedlichem Maße ausgestattet waren. Nun hatte ich das Gefühl, daß sie etwas war, das uns alle überkommen konnte, wenn nur entsprechend komplexe Umstände zusammenkamen.

Er schüttelte mir mit soldatisch festem Griff die Hand. Dann zog er einen unscheinbaren Füllhalter aus der Innentasche seines Jacketts und schrieb mir mit flüssiger, an einen Buchhalter gemahnenden Schrift seine Adresse auf, die jetzt auch die von Laraine, nein, Zenobia war.

»Sie müssen uns besuchen«, sagte sie. »Kommen Sie mal zum Abendessen.«

Dann gingen sie durch die mit einem Vorhang verhängte Tür hinaus. Ich sah Rafiq nie wieder.

Auch für uns war es an der Zeit zu packen und abzureisen, uns von den Bergen und dem Zimmer mit den zwei Aussichten zu verabschieden. Das Schilf hatte sich braun gefärbt; nachmittags fuhren mit geschnittenem Schilf beladene *shikaras* auf den Wasserstraßen. Die Sonnenblumen – ihre Stengel waren sehr dick, und Vögel pickten die Samen aus den schwarzen, wie ausgebrannt wirkenden Blütenkelchen – wurden eines Tages abgeschnitten und gebündelt vor der Küche abgelegt. Der Garten erschien mir nackt und kahl, und die Schnittflächen an den Stümpfen der Sonnenblumen waren so weiß wie Holz.

Aziz lud uns eines Abends zum Essen in sein hohes Steinhaus auf einer Insel im See ein und paddelte uns (und einen mit einem Tuch zugedeckten Krug Leitungswasser aus dem Hotel) persönlich hin. Nacht, eine von einer Laterne beleuchtete *shikara*, Stille. Das Haus lag an einem schmalen Wasserarm, über den sich Weiden wölbten, und Aziz legte eine Höflichkeit alter Schule an den Tag. Einzelheiten waren nicht zu erkennen – es hätte der Beginn eines venezianischen Abends sein können. Wir aßen auf dem Boden eines Raums im ersten Stock, in dem nicht nur keine Möbel, sondern auch keine Menschen waren. Auf deren Anwesenheit freilich schlossen wir aus dem Geflüster und den Geräuschen in der Nähe. Aziz kniete vor uns und unterhielt sich mit uns: Er war kein Hoteldiener mehr, sondern ein Gastgeber, ernst und selbstbewußt, ein vermögender Mann, ein Mann mit dezidierten Ansichten und – wie sich zeigte, als Frauen und Kleinkinder hereinströmten – ein verantwortungsbewußter Familienvater. Die Wände waren dick, anheimelnd nachgedunkelt und voller Nischen; die Fenster waren klein. Der Raum verhieß warme Holzkohlenfeuer und gemütliches Verweilen im Winter, wenn der See so dick mit Eis bedeckt war, daß ein Jeep darüber fahren konnte. Wir würden Srinagar rechtzeitig verlassen.

Nach dem letzten Abendessen im Hotel versammelte Mr. Butt die Dienerschaft zur Trinkgeldzeremonie: Aziz, Ali Mohammed, den Koch, den Gärtner, den Laufburschen. Sie waren von der Hochzeit enttäuscht, und ich hoffte, daß ich sie nicht ebenfalls enttäuschen würde: Ihre lächelnden Gesichter verrieten ihre Überzeugung, daß die Zeit stilvollen Reisens noch nicht vorbei war. Meine Geschenke und maschinegeschriebenen Zeugnisse nahmen sie mit eleganten Moslem-Gesten entgegen; sie fuhren fort zu lächeln. Vielleicht waren sie auch nur höflich, vielleicht hatten sie gelernt, sich an diese schnödere Zeit anzupassen. Aziz jedoch freute sich – das erkannte ich an der Gleichgültigkeit, mit der er das Geld nach einem blitzschnellen, taxierenden Blick in die Tasche steckte. Er wurde mürrisch und rastlos – ein Mann mit dringlichen Obliegenheiten. Geld war im Augenblick weniger wichtig als das Aufräumen des Eßzimmers. Sobald er den Raum verlassen hatte, würde er sich entspannen; alle würden sich entspannen. Und als ich am Abend zur Küche ging, um einen letzten Zug von der Wasserpfeife zu nehmen, überraschte ich sie, wie sie sich kichernd das Zeugnis vorlasen, das ich – nicht ohne Mühe – für den Laufburschen ausgestellt hatte.

Wir reisten am frühen Morgen ab. Mr. Butt paddelte uns hinüber zum Boulevard. Es war noch nicht hell. Das Wasser war still, am Boulevard wartete die Tonga. Wir fuhren an den geschlossenen Hausbooten und den Lotosfeldern vorbei. An der Balustrade des Boulevards machte ein Mann Morgengymnastik. Das Dach der Tonga hing durch: Wir mußten uns vorbeugen, um den See und die Berge sehen zu können. Mit jeder Minute regte sich mehr Leben in der Stadt, und als wir schließlich am Tourist Reception Centre angekommen waren, herrschte dort wilde Geschäftigkeit. »Drei Rupien«, sagte der Tonga-*wallah*.

In den vier Monaten unseres Aufenthaltes hatte ich nie mehr als einenviertel Rupien für eine Fahrt vom See in die Stadt bezahlt. Allerdings handelte es sich um eine Ausnahmesituation. Ich bot zwei Rupien. Der Tonga-*wallah* weigerte sich, die Geldscheine auch nur zu berühren. Ich erhöhte mein Angebot nicht. Er drohte mir mit der Peitsche, und zu meiner Verwunderung – es muß wohl die frühe

Stunde gewesen sein – hatte ich ihn mit einemmal am Kragen gepackt.

Aziz schaltete sich ein. »Ist kein Tourist.«

»Ach so«, sagte der Tonga-*wallah*.

Er senkte die Peitsche, ich ließ ihn los.

Unsere Plätze im Bus waren reserviert. Trotzdem mußte man drängeln, schreien und streiten. Aziz und Ali Mohammed erledigten das Drängeln und Schreien für uns, und wir zogen uns an den Rand der Menge zurück.

Und dann sahen wir Laraine. Zenobia.

Sie war allein und musterte blinzelnd und kurzsichtig die Busse. Sie trug einen schokoladenbraunen Rock und eine cremefarbene Bluse und wirkte dünner. Sie war nicht erfreut, uns zu sehen, und hatte wenig Neues zu berichten. Nun war sie doch unterwegs zu ihrem Hindu-Ashram; zu ihrem Mann würde sie später fahren. Im Augenblick hatte sie keine Zeit: Sie mußte ihren Bus finden. Es war ein Bus der Gesellschaft Radhakishun, was sie zu dem vertrauteren »Radha Krishna« verballhornte – sie beschäftigte sich noch immer mit den alten Hindu-Legenden. Krishna war der dunkelhäutige Gott, Radha die hellhäutige Milchmagd, die er zu seiner Geliebten machte.

Sie versuchte blinzelnd, die Nummernschilder der Busse zu entziffern, fragte nach Radha Krishna und verschwand in der Menge.

Unsere Plätze waren inzwischen geräumt, das Gepäck war unter einer Plane auf dem Dach verstaut. Wir schüttelten Aziz und Ali Mohammed die Hand und stiegen ein.

»Machen keine Sorgen wegen Tonga-*wallah*«, sagte Aziz. »Ich regle.« Er hatte Tränen in den Augen.

Der Fahrer ließ den Motor an.

»Wegen dem Tonga-*wallah?*«

»Keine Sorgen, Sahib. Der Korrektpreis ist drei Rupien. Ich bezahle.«

Der Fahrer hupte.

»Korrektpreis?«

»Der Morgenpreis, Sahib.«

Er hatte recht. Das hatte ich vergessen.
»Zwei Rupien, drei Rupien – was macht schon? Gute Reise,
gute Reise. Machen keine Sorgen.«
Ich wühlte in meinen Taschen.
»Keine Sorgen, Sahib. Gute Reise.«
Ich warf ein paar Rupien-Scheine aus dem Fenster.
Er hob sie auf. Tränen liefen über seine Wangen. Selbst in
diesem Augenblick war ich mir nicht sicher, ob er mir wirk-
lich je treu ergeben gewesen war.

Sie trug einen schokoladenbraunen Rock und eine cremefarbene Bluse. Rafiq würde sich daran erinnern; vielleicht hatte
er gesehen, wie sie die Kleidungsstücke abends herausgelegt
hatte. Er sah sie nie wieder. Sie ging in ihren Ashram; danach verließ sie Indien. Er schrieb ihr, sie antwortete. Irgendwann kamen seine Briefe ungeöffnet zurück. Seine Eltern
hatten sich getrennt und lebten in verschiedenen Ländern.
Ein Elternteil unterstützte ihn, der andere wollte nichts mehr
mit ihm zu tun haben. Dennoch schrieb er ihr und trauerte
noch nach Monaten.
Doch all das erfuhr ich in einer anderen Jahreszeit. Und in
einer anderen Stadt erwartete mich postlagernd dieser Brief:

HOTEL LIWARD

JAGEN – FISCHEN – TRECKING

GULMARG HÜTTE &

ERFAHRENER PAHALGAM FÜHRER

EIGENTÜMER: M.S. BUTT

Sehr geehrter Mr. Naipaul!
Ich bedanke mich sehr für Ihren freundlichen Brief vom 7. d.
M. und glaube, daß Sie große Strapazen zu überstehen hat-
ten, da der Bus, mit dem Sie gefahren sind, eine Panne hatte.
Es macht mir aber Freude zu hören, daß Sie durch Gottes
Gnade sicher an Ihr Ziel gekommen sind.
Ich kann mir vorstellen, daß die Kashmiraussicht und an-

dere Dinge von hier Ihnen nicht aus der Erinnerung gehen. Ich wünsche mir, daß Sie zurückkommen und mir Gelegenheit geben, Ihnen zu dienen.

In Ihrem Zimmer war ein Gast aus Bombay und ein anderer Gast aus Delhi.

Meine ganze Familie sendet Ihnen herzliche Grüße.

Ich hoffe, mein Brief erreicht Sie bei guter Laune und Gesundheit.

Ich danke Ihnen im Voraus und bin
mit dem Ausdruck vollzüglicher Hochachtung
Ihr

M.S. Butt

(Mohd. Sidiq Butt)

TEIL III

8

PHANTASIE UND RUINEN

Die Briten hatten das Land so vollständig besessen. Ihr Rückzug war so unwiderruflich. Und für mich verband sich auch nach vielen Monaten noch eine Art Phantasie mit all den Relikten ihrer Anwesenheit. Ich war in einer britischen Kolonie aufgewachsen, und man hätte meinen sollen, daß mir vieles vertraut vorkam. Doch England hatte mindestens so viele Facetten wie Indien. Das England, dessen Ausdrucksformen ich in Trinidad gesehen hatte, war nicht das England, in dem ich später gelebt hatte, und keines dieser beiden Länder ließ sich zu dem England in Beziehung setzen, das so vielem zugrundelag, dem ich hier begegnete.

Eben dieses England hatte mich von Anfang an irritiert, als ich in der Barkasse gesessen und all die englischen Namen auf den Kränen im Hafen von Bombay gesehen hatte. Diese Irritation glich der, die wir empfinden, wenn eine bizarre, aber allgemein bekannte Tatsache noch einmal bestätigt wird – unvermittelt erleben wir einen jener Augenblicke von Unwirklichkeit, in denen uns kurzzeitig unser Urteilsvermögen im Stich läßt. Für mich bedeutete sie aber noch mehr. Die abermalige Bestätigung enthüllte mir ein kleines Stück Selbsttäuschung, das sich unterhalb aller Erkenntnis und Selbsterkenntnis erhalten hatte, in einem Teil meiner Psyche, in dem ich die tatsächliche Existenz weißer Himalayagipfel vor einem kalten blauen Himmel – so, wie sie auf den religiösen Bildern im Haus meiner Großmutter dargestellt

243

gewesen waren – für möglich gehalten hatte. Denn in dem Indien meiner Kindheit, dem Land, das in meiner Vorstellung eine von der Fremdheit ringsum unberührte Erweiterung des Hauses meiner Großmutter war, gab es nichts Fremdes. Wie auch? Unsere eigene Welt war zwar im Schwinden begriffen, doch sie existierte noch immer als etwas von ihrer Umgebung Unberührtes, und jeder gesellschaftliche Verkehr mit Engländern – von denen wir auf der Insel wenig wußten – wäre als Verstoß gegen unseren Kodex noch unwahrscheinlicher gewesen als der Umgang mit Chinesen oder Schwarzen, von denen wir mehr wußten. In deren Fremdheit tauchten wir täglich ein, und schließlich wurden wir von ihr aufgesogen. Wir waren uns jedoch bewußt, daß eine Veränderung stattgefunden hatte, wir sahen den Gewinn und den Verlust. Wir wußten, daß diese Veränderung etwas einst Unversehrtes zersetzt hatte. Das Unversehrte war unsere Vorstellung von Indien gewesen.

Es waren keine historischen Tatsachen unterdrückt worden, um dieses Bild von Indien als einem noch immer unversehrten Land zu bewahren. Man hatte sie zur Kenntnis genommen und fortan ignoriert, und erst in Indien erkannte ich darin einen Teil der indischen Fähigkeit, sich zurückzuziehen und etwas Offensichtliches tatsächlich nicht wahrzunehmen. Was bei anderen Menschen die Grundlage einer Neurose gewesen wäre, war für den Inder bloß Teil einer umfassenden Philosophie der Hoffnungslosigkeit, die zu Untätigkeit, Distanz und Hinnahme führte. Erst jetzt, da sich beim Schreiben und bei der Selbstanalyse die Ungeduld des Beobachters legt, erkenne ich, wie sehr diese Philosophie auch die meine gewesen war. Sie hatte es mir in der Hoffnungslosigkeit meines langen Aufenthaltes in England ermöglicht, Nationalität und überkommene Bindungen – es sei denn gegenüber Personen – aufzugeben; sie hatte es mir ermöglicht, mit meiner Einsamkeit, meiner Arbeit und meinem Namen zufrieden zu sein (wobei die beiden letzteren sich vom ersteren grundlegend unterschieden hatten); sie hatte mich davon überzeugt, daß jeder Mensch eine Insel ist, und mich gelehrt, all das, was in mir gut und rein war, vor der Korruption durch hehre Ziele zu bewahren.

Angesichts der Relikte dieses indischen Englands hätte ich somit die Ruhe bewahren sollen, doch sie entlarvten eine Art von Selbsttäuschung als das, was sie war, und obgleich sie jenem Teil der Psyche angehörte, in dem Phantasien gestattet waren, empfand ich diese Erkenntnis als schmerzhaft. Ich erfuhr eine Demütigung, wie ich sie bis dahin nicht gekannt hatte, und ich war mir ihrer womöglich stärker bewußt als die Inder, die im Schatten protziger imperialer Gebäude durch Straßen mit befremdlich englischen Namen eilten. In Trinidad hätten andere vielleicht die koloniale Demütigung empfunden, die ich nicht wahrnahm.

Ich konnte keine Verbindung zwischen dem kolonialen Indien und dem kolonialen Trinidad herstellen. Trinidad war eine britische Kolonie; aber jedes Kind wußte, daß wir auf der Weltkarte nur ein winziger Punkt waren, und darum war es von Bedeutung, britisch zu sein: Das verankerte uns wenigstens in einem größeren System. Es war ein System, das wir nicht als repressiv empfanden, und obwohl Erziehungswesen und Institutionen ebenso britisch waren wie unsere Pässe, lebten wir in der Neuen Welt. Unsere Bevölkerung war sehr gemischt, Engländer waren selten und hielten sich abseits, und England war infolgedessen nur eines der Länder, deren Existenz uns bewußt war.

Es war ein größtenteils unbekanntes Land. Eine Vorliebe für Englisches war etwas, das ein kultivierter Inselbewohner an den Tag legen mochte, für die Mehrheit jedoch war Amerika bedeutsamer. Die Engländer stellten gute, winzige Automobile für umsichtige Fahrer her. Die Amerikaner dagegen produzierten die wahren Autos, so wie sie auch die wahren Filme, die besten Sänger und die besten Musikgruppen hervorbrachten. Ihre Filme handelten von universellen Gefühlen, und ihr Humor war unmittelbar nachzuvollziehen. Amerikanische Radiosendungen waren modern und unterhaltsam, und man konnte den Akzent verstehen, wohingegen man auf BBC fünfzehn Minuten Nachrichten hören konnte, ohne ein einziges Wort zu begreifen. Die amerikanischen Soldaten liebten dicke, zweitklassige Huren, je schwärzer desto besser; sie luden sie in ihre Jeeps, jagten von Club zu Club, warfen mit Geld um sich und ließen sich stets zu aussichtslosen Schlägereien verleiten. Sie waren Leute, mit denen man kommunizieren konnte. Neben ihnen wirkten die britischen Soldaten wie Fremde. In Trinidad waren sie nicht imstande, den richtigen Ton zu treffen. Sie waren entweder zu laut oder zu zurückhaltend; sie sprachen dieses eigenartige Englisch; sie bezeichneten sich selbst als »Kerle« (der *Trinidad Guardian* brachte einmal einen Artikel darüber), weil sie nicht wußten, daß »Kerl« in Trinidad eine Beleidigung war; ihre Uniformen, besonders die kurzen Hosen, waren häßlich. Sie hatten wenig Geld und wenig Sinn für Schicklichkeit: Man konnte sie in den syrischen Geschäften billige Damenunterwäsche kaufen sehen. Das war das England, das die breite Masse wahrnahm. Natürlich gab es auch noch das andere England – den Herkunftsort des Gouverneurs und der hohen Beamten –, doch das war zu weit entrückt, um real zu sein.

Wir waren ein Kolonialvolk, das sich in einer besonderen Lage befand. In Westindien war das Empire bereits alt. Es war eine Seemacht und hatte außer einem Platz hier und einem Hafen dort nur wenige Monumente hinterlassen. Und da wir uns in der Neuen Welt befanden – 1800 war Trinidad so gut wie unbesiedelt –, schienen diese Monumente zu unserer Vorgeschichte zu gehören. Gerade wegen seines Alters wurde das Empire nicht mehr als widersinnig empfunden. Man brauchte einen gewissen Abstand, um zu sehen, daß unsere Sprache und unsere Institutionen eine Folge des Empires waren.

Das England, das ich in Indien vorfand, war vollkommen anders. Es war nach wie vor widersinnig. Fort St. George war grau und massiv und entsprach dem englischen Geschmack des achtzehnten Jahrhunderts, wie man ihn von Tagesausflügen kennt, aber es paßte überhaupt nicht in die Landschaft um Madras; in Kalkutta gehörten die Häuser mit

den breiten Portiken, die aus Gouverneur Clives Zeiten
stammten und an der ständig verstopften Straße zum Flughafen Dum-Dum standen, ganz offensichtlich in eine weniger exotische Umgebung. Und weil das Empire so widersinnig erschien, war man so überrascht von seinem Alter, das
geringer war als das Alter des Empires in Westindien war:
Diese Monumente aus dem achtzehnten Jahrhundert hätten
eigentlich aufgesetzt wirken müssen, und doch sah man,
daß sie zu einem Teil dieses Landes voller fremder Ruinen
geworden waren. Das war ein Aspekt des indischen Englands: Es gehörte zur Geschichte Indiens, und es war tot.
Ganz im Gegensatz zu dem England der Kolonialzeit. Das
war noch lebendig. Es lebte fort in Kleinstädten, die in »Cantonments«, »Civil Lines« und Geschäftsviertel unterteilt waren. Es lebte fort in den Offizierskasinos, es lebte fort in dem
Silber, das so gern aufgelegt, poliert und vorgezeigt wurde,
in Uniformen, Schnurrbärten und Offiziersstöckchen, in
Manierismen und Jargons. Es lebte fort in den Grundbuchämtern, in den säuberlichen, verblassenden, handschriftli-
chen Einträgen über das besiedelte, genutzte Land, die zu-
sammengenommen die Bestandsaufnahme eines ganzen
Subkontinents sind: Man denkt an endlose Tage zu Pferde,
in praller Sonne, mit vielen Dienern, aber wenig echtem
Komfort, an Abende voller geduldiger Arbeit. (»Die Anstrengung hat sie erschöpft«, sagte ein junger indischer Beamter zu mir. »Als sie damit fertig waren, hatten sie nicht
mehr genug Kraft, um sich der nächsten Aufgabe zuzuwen-
den.«) Es lebte fort in den Clubs, den Bingospielen am Sonntagmorgen, den auf gelbem Papier gedruckten Übersee-
Ausgaben des *Daily Mirror* in den manikürten Händen von
indischen Damen mittleren Alters. Es lebte fort in den Tanzflächen der Restaurants in den Großstädten. Es war ein voll-
blütigeres England, als es sich jemand aus Trinidad hätte
träumen lassen. Es war großartiger, kreativer und vulgärer.
Und doch erschien es mir wie eine Fälschung. Schon bei
Kipling und anderen Schriftstellern war es mir wie eine
Fälschung vorgekommen, und so war es auch jetzt. Lag das

an der Mischung aus England und Indien? Lag es an den kolonialen Vorurteilen eines englischsprechenden Trinidad-Amerikaners, der nicht wirklich bereit war zu akzeptieren, daß eine Kultur einer anderen übergestülpt worden war, ohne daß eine erkennbare Auseinandersetzung stattgefunden hätte? Ein Teil von mir empfand diese Verschmelzung von England und Indien als Verletzung; ein anderer Teil betrachtete sie als einen lächerlichen Vorgang, der zu einer komischen Vermischung von Kleidungsstilen und dem weit verbreiteten Gebrauch einer nur unvollkommen verstandenen Sprache geführt hatte. Doch da war noch etwas anderes, etwas, an das die Architektur des Empires gemahnte: diese Grundbuchämter, in deren Aktenschränken die Früchte einer ungeheuren Arbeit lagerten, diese Clubs und Bezirksgerichte, diese Inspektorate und Warteräume erster Klasse. Sie waren immer etwas zu großzügig angelegt, die Decken immer etwas zu hoch, die Säulen, Bögen und Ziergiebel immer ein bißchen zu affektiert. Sie gehörten weder zu England noch zu Indien, und sie waren etwas zu großartig für den Zweck, dem sie dienten, zu großartig für die Armut, die Schäbigkeit, die Hoffnungslosigkeit, von der sie umgeben waren. Sie waren einer abstrakten Vorstellung, nicht aber einem konkreten Bestreben angemessen. Sie beharrten auf ihrer Fremdheit und wirkten tatsächlich fremder als die älteren britischen Gebäude, von denen viele so aussahen, als wären sie komplett aus England importiert worden. Sie waren die Wegbereiter für die Humorlosigkeit des Victoria Memorials in Kalkutta und für die Geschenke, mit denen Lord Curzon das Tadsch Mahal ausstattete, eine Humorlosigkeit, die wohl wußte, daß sie Spott geradezu herausforderte, sich aber aus einem Selbstbewußtsein nährte, welches diesen Spott ertragen konnte. Es war peinlich, sich in diesen Gebäuden aufzuhalten; sie schienen den Menschen drinnen und draußen noch immer eine bestimmte Haltung aufzwingen zu wollen.

Bis auf den Epilog über das indische Erbe fand sich das alles schon bei Kipling. Es ist im Grunde nicht nötig, nach Indien zu reisen. Kein Schriftsteller war ehrlicher und akkurater als Kipling, kein Schriftsteller hat mehr über sich selbst und die Gesellschaft, in der er lebte, offenbart. Er hat uns Anglo-Indien hinterlassen. Um diese Relikte des britischen Empires zum Leben zu erwecken, brauchen wir nur Kipling zu lesen. Dort finden wir Menschen, die sich ihrer Rolle, ihrer Macht und ihrer Herausgehobenheit bewußt sind und doch nicht zugeben wollen, daß sie es genießen: Sie sind gebeugt von der Last ihrer Aufgaben. Die Aufgaben sind real, und doch hat man den Eindruck, Menschen auf einer Bühne zuzusehen. Sie sind allesamt Schauspieler und wissen, was man von ihnen erwartet – niemand fällt aus der Rolle. Bei Kipling wird der englische Beamte ständig mit »Sahib« und »Hasur« angesprochen und verfügt über zahllose Diener, die ihn abschirmen, doch zugleich ist er ein Mann im Exil, ein Gehetzter, Bedrängter, mißverstanden nicht nur von seinen Vorgesetzten, sondern auch von den Eingeborenen, die er auf eine höhere Kulturstufe heben will. Wenn es um ihn geht, kann Kipling sich in schwindelnde Höhen gespielter Wut aufschwingen und sich in ein aufgesetztes, aggressives Selbstmitleid hineinsteigern: ein Spiel im Spiel.

In der Heimat steht ihnen, den anderen, unseresgleichen, alles zur Verfügung, was eine Stadt zu bieten hat: der Lärm in den Straßen, die Lichter, die freundlichen Gesichter, die Millionen von Gleichgearteten und zahllose hübsche Engländerinnen mit rosigen Wangen ... Wir sind um unser Erbe gebracht worden, das die Männer in der Heimat genießen, ohne zu wissen, wie reich und kostbar es ist.

Das Eigenlob wird kokett mit einer Beschwerde getarnt, um desto deutlicher hervorzutreten – das ist die feminine Seite des Club-Schriftstellers, der die Werte des Clubs übernommen hat und die anderen Mitglieder tatsächlich so sieht, wie sie sich selbst sehen. Es ist der Ton, den Ada Leverson in ihrem 1912 erschienenen Roman *Tenterhooks* so genau beschreibt:

»Ich habe immer das Gefühl, als würde er [Kipling] mich mit Vorna-
men anreden, ohne daß wir uns vorgestellt worden wären, als würde er
mir zu nahe treten ... Er ist immer so schrecklich vertraulich mit seinen
Lesern.«
»Finden Sie denn, daß er respektvollen Abstand zu seinen Figuren
hält?«

Wenn man Kipling als Club-Schriftsteller bezeichnet, gebraucht man natürlich einen befrachteten Begriff. Der Club
ist eines der Symbole Anglo-Indiens. In *Something of Myself*
erzählt Kipling, er habe in Lahore jeden Abend im Club gegessen und dabei Leute getroffen, die soeben gelesen hätten,
was er tags zuvor geschrieben habe. Er betrachtet dies als
wertvolle Schule. Der Beifall der Clubmitglieder war ihm
sehr wichtig: Er schrieb für den Club über den Club. Darin
liegt einerseits seine eigenartige Aufrichtigkeit, sein Wert als
poetischer Chronist Anglo-Indiens begründet, andererseits
aber ergibt sich daraus auch seine besondere Verletzlichkeit,
denn indem er an den Club nur die Maßstäbe des Clubs an-
legte, stellte er sowohl diesen als auch sich selbst bloß.
Sein Werk entspricht der Architektur des Empires, und in
diesem imperialen Konstrukt stoßen wir nicht auf Billard-
zimmer-Cartoons oder einen vorstädtischen Literaturge-
schmack wie in den Distriktclubs, sondern auf die geistrei-
che, witzige Mrs. Hauksbee, die Königin, die Manipulatorin
und Fädenspinnerin von Simla. Wie sehr sie unter der Großzügigkeit leidet, die ihr die so ersehnten Attribute zuer-
kennen wollte! Ihr Witz ist kein Witz; heute finden wir
die Einfalt ihrer Bewunderer ein wenig provinziell, ein wenig traurig. Dennoch ist der Kreis – Königin, Höflinge, Hof-
narr – durchaus komplett. Ob wir es gutheißen oder nicht:
Kipling hat etwas geschaffen, das es Männern erlaubte, unter besonderen Umständen zu leben, und es ist vielleicht un-
mäßig grausam, darauf hinzuweisen, daß es sich um eine
Idealisierung handelte. Auf dieser Ebene muß eine Auseinandersetzung mit Kipling stattfinden, und sie muß persönlich sein. Er ist zu aufrichtig und großzügig, er ist zu schlicht,

er ist zu begabt. Seine Verletzlichkeit ist peinlich, und die
Kritik, die er herausfordert, erscheint immer irgendwie brutal. Somerset Maugham hat bereits das Nötige zu Mrs.
Hauksbees Hochgestochenheit angemerkt. Einmal sagt sie
über die Stimme einer anderen Frau, sie klinge wie das Kreischen der Bremsen eines U-Bahn-Zuges, der in die Station
Earl's Court einfahre. Maugham meint dazu: Wenn Mrs.
Hauksbee das sei, was sie vorgebe zu sein, habe sie keine
Veranlassung, nach Earl's Court zu fahren, schon gar nicht
mit der U-Bahn. Bei Kipling finden sich viele Stellen, die
man auf diese Weise zerpflücken kann. Für ihn waren die
Menschen tatsächlich größer als in Wirklichkeit; sie selbst
empfanden sich ja ebenfalls so, wenn auch vielleicht mit weniger Überzeugung. Sie reagierten aufeinander, Phantasien
verfestigten sich zu Überzeugungen. Für uns sind sie allesamt Betrogene.

Es gibt einen Nachtzug von Delhi nach Kalka; von Kalka
setzt man die Reise nach Simla entweder mit dem Auto oder
mit der wie ein Spielzeug wirkenden Schmalspureisenbahn
fort, die sich durch die Berge windet. Ich entschied mich für
die Autofahrt. Als Gesellschaft hatte ich einen jungen Beamten, den ich im Zug nach Kalka kennengelernt hatte. Er
sprach betrübt über den Niedergang, den die Stadt seit 1947
erlebte. Wie für alle Inder war der Mythos auch für ihn
Wirklichkeit. Simlas Glanz war Teil des indischen Erbes, das
nun verschleudert wurde: Inzwischen gab es dort Läden, die
Bethel verkauften. Während wir uns unterhielten hörten wir
aus dem Frachtraum des Lieferwagens die Webervögel des
Beamten. Sie befanden sich in einem großen, zugedeckten
Käfig, und wenn ihr Kreischen zu erregt klang, drehte mein
Begleiter sich um, brummte, schnalzte mit der Zunge und
sprach beruhigend auf den Käfig ein. Von Zeit zu Zeit sahen
wir, wie die Spielzeugeisenbahn in einem Spielzeugtunnel
verschwand oder wieder zum Vorschein kam. Es war Mitte
Januar, und die Luft war kalt, doch die hemdsärmeligen Passagiere lehnten sich gleichmütig aus den offenen Fenstern,

als herrschte – schließlich waren wir ja in Indien – ewiger Sommer.

Auf den ersten Blick hatte es den Anschein, als hätte der Beamte recht gehabt, als wäre Kiplings Stadt ganz und gar im Niedergang begriffen. Es war naß und kalt; die schmalen Gassen waren voller Matsch; barfüßige, gebeugte Männer stapften mit schweren Lasten auf dem Rücken bergan; ihre Kappen erinnerten an Kaschmir und die zerlumpten Träger, die in Ausflugsorten schreiend jedem Bus mit Neuankömmlingen nachrannten. Hatte es hier jemals so etwas wie Glanz gegeben? Aber so war es mit jeder indischen Landschaft, die man aus Büchern kannte. Zunächst fühlte man sich getäuscht, dann dachte man an Verfall. Dabei mußten nur erst die Figuren im Vordergrund ihren Eindruck hinterlassen, bevor sie aus einer Wahrnehmung verschwanden, die so selektiv war wie die in einem halbdunklen Raum voller vertrauter Gegenstände, wenn sich das Auge an das Dämmerlicht gewöhnt hat.

Verengte Wahrnehmung. Simla bekam Konturen: eine Stadt, die auf einer Reihe von Hügeln erbaut war, ein Gewirr von im Zickzack bergauf führenden Straßen, in dem man sich leicht verlaufen konnte. In meiner Vorstellung war die Mall breit und schnurgerade gewesen, während sie in Wirklichkeit schmal und gewunden war. Alle paar Meter stieß man auf Schilder, die das Ausspucken verboten; doch die Bethel-Geschäfte waren da, wie es der Beamte gesagt hatte, und überall sah man rote Spritzer von Bethelsaft. Die Schaufenster der Fotografen zeigten verblaßte Aufnahmen von Engländerinnen, die im Stil der dreißiger Jahre gekleidet waren. Diese Fotos waren keine Relikte – es gab genug Kundschaft. Doch in Indien ist alles ererbt, und nichts wird aufgegeben. An der Mall befanden sich nun, wie große Schilder verkündeten, die Büros der Verwaltung von Himachal Pradesh, deren Beamte in grünen Chevrolets aus den späten vierziger Jahren durch die engen Straßen fuhren: Verfall im Verfall. Die Sonne ging hinter den Bergen unter, und die Kälte nahm zu. Die irritierenden Gestalten verschwanden, und der Eindruck, sich auf einem Basar zu befinden, verschwand. Der Hügel erstrahlte in elektrischem Licht, und in der von Lampen erleuchteten Dunkelheit konnte man das Zentrum der Stadt deutlicher erkennen: eine englische Kleinstadt wie aus einem Märchen, in der nachgeahmte Baustile nachgeahmt worden waren. Die große Kirche verkündete den fremden Glauben, und aus den schmucklosen Läden unter reich verzierten Giebeln hätten jeden Augenblick Menschen in Nachthemden und mit Schlafmützen treten können, in den Händen Kerzen oder Laternen: ein großspuriger Anspruch auf eine Kleinheit und Gemütlichkeit, die es so nie gegeben hatte. Es war die bizarre Ausgeburt einer Phantasie, und diese beruhte auf einer Zuversicht, die man einfach bewundern mußte. Doch es war nicht das, was ich erwartet hatte. Meine Enttäuschung glich der, die man empfindet, wenn man von dem Haus in Combray gelesen hat und dann ein Foto des Hauses in Illiers sieht. Es ist richtig gesehen, doch der Blick ist der Mythen schaffende Blick eines Kindes. Keine Stadt, keine Landschaft ist wahrhaft wirklich, solange nicht ein Maler, ein Schriftsteller oder die Verknüpfung mit einem historischen Ereignis ihr etwas Mythisches verliehen hat. Simla wird immer Kiplings Stadt sein: die kindliche Vision einer Heimat, ein Märchenland im doppelten Sinne. Indien verzerrt und übersteigert, und was das britische Empire betrifft, so hat Indien etwas übersteigert, was schon damals ein Phantasiegebilde war. Genau das hat Kipling eingefangen, und das macht seine Einzigartigkeit aus.

In der Nacht schneite es – der erste Schnee des Winters. Am Morgen verkündete der Hoteldiener wie ein Zauberer: »*Barf!* Schnee!« Er zog die Vorhänge beiseite, und ich sah das Tal, weiß von Schnee und Nebel. Nach dem Frühstück löste der Nebel sich auf. Von den Dächern tropfte Wasser, Krähen flogen krächzend von Baum zu Baum und schüttelten den Schnee von den Ästen, weit unten im Tal bellten Hunde, und man hörte Geräusche wie von einem festlichen Treiben. Die Schilder der Regierungsbehörden mit der Aufschrift

»Himachal Pradesh« – ein schöner Name: der Schneestaat –
trugen symbolische Schneehauben: ein Weihnachtsbild. Auf
der Mall wimmelte es von Feriengästen, die ihren Morgen-
spaziergang machten. Selbst weit unten im Tal lag noch
Schnee. Als wir Simla hoch am Himmel hinter uns ließen,
wurde die Schneedecke dünner, schrumpfte zu verstreuten
Salzklümpchen auf gefrorenem Boden und verschwand
schließlich ganz. Durch den dichten und sehr weißen Nebel
des Pandschab, der für eine Verspätung der Züge sorgte und
die Flugzeuge am Start hinderte, krochen wir zurück nach
Delhi.
Um das England des 18. Jahrhunderts, das sich in Indien
präsentiert, zu verstehen, muß man es als Teil Indiens betrachten. Warren Hastings' Romane kann man nur schwer-
lich als die eines Engländers lesen – als Werke eines Inders
jedoch wären sie durchaus schlüssig. Dennoch war das anglo-indische Kolonialreich, das so stark von Indien geprägt
war, ein Stück England des 19. Jahrhunderts.

Betrachten wir Adela und Ronny in *Auf der Suche nach Indien.*
Die Sonne geht über dem *maidan* von Chandrapur unter; die
beiden kehren dem Polospiel den Rücken und gehen zu
einer weiter entfernten Sitzgruppe, um miteinander zu sprechen. Er entschuldigt sich bei ihr für seine morgendliche
schlechte Laune. Sie unterbricht ihn und sagt: »Ich habe beschlossen, daß wir nicht heiraten werden, mein Lieber.«
Beide sind aufgewühlt, doch sie verlieren keinen Augenblick
die Beherrschung. Es fällt kein leidenschaftliches oder be-
deutungsschweres Wort, und der Augenblick verstreicht.
Dann sagt Adela:

»Wir haben uns in dieser Angelegenheit sehr britisch verhalten, aber
ich finde, das ist auch richtig.«
»Das finde ich auch. Schließlich sind wir ja Briten.«

Es ist ein amüsanter Wortwechsel, der auch nach vierzig Jahren nichts von seiner Frische verloren hat. Man könnte be-

haupten, daß das Wort »britisch«, wie Adela es verwendet, seine wahre Bedeutung erst durch den indischen, den imperialen Hintergrund erhält, doch es wird von vielen Protagonisten Forsters gebraucht, und zwar mit derselben Bedeutung. Für sie ist ihr Selbstverständnis als Engländer eine zusätzliche Charaktereigenschaft, die alles Fremde in Frage stellt und umgekehrt selbst von allem Fremden in Frage gestellt wird. Sie ist ein genau definiertes Ideal, das keiner weiteren Erläuterung bedarf. Das Wort »britisch«, wie Adela es gebraucht, könnte fast mit Großbuchstaben geschrieben werden. Es fällt schwer, sich das Wort mit dieser Bedeutung in einem Roman von Jane Austen vorzustellen. In *Stolz und Vorurteil* wird es einmal verwendet, und zwar als Mr. Collins bei seinem ersten Besuch in Longbourn die Vorzüge von Miss de Bourgh, der Tochter seiner Gönnerin, preist:

»Bedauerlicherweise hindert ihre schwache Gesundheit sie daran, in die Stadt zu fahren, und hat, wie ich Lady Catherine gegenüber selbst schon bemerkt habe, den britischen Hof seines schönsten Schmuckes beraubt.«

Für Jane Austen und Mr. Collins ist das Wort »britisch« lediglich von geographischer Bedeutung. Es ist ein völlig anderes Wort als Adelas »britisch«.
Zwischen den beiden Bedeutungen liegen hundert Jahre industrieller und kolonialer Macht. Am Anfang dieser Epoche spüren wir, wie rasch sich alles verändert: Auf die Kutsche folgt die Eisenbahn, auf die Essays von Hazlitt folgen die von Macaulay, auf die *Nachgelassenen Aufzeichnungen des Pickwick-Klubs* folgt *Unser gemeinsamer Freund.* In der Malerei ist diese Zeit wie ein zweiter Frühling: Constable entdeckt den Himmel, Bonington entdeckt die Schönheit des Lichts, die Herrlichkeit von Sand und Meer. Das alles ist voller Freude und jugendlichem Überschwang, die sich uns auch heute noch mitteilen. Es ist eine Zeit der Neuheit und der Selbstfindung. Dickens entdeckt England, London entdeckt den Roman, und selbst bei Keats und Shelley findet sich Neu-

heit. Es ist eine Zeit voller Erwartung und Energie. Und dann, ganz unvermittelt, Erfüllung und die mittleren Jahre des Lebens. Der Prozeß der Selbstfindung ist abgeschlossen; der englische Nationalmythos tritt fertig hervor. Die Gründe dafür sind wohlbekannt: Der Narzißmus war vertretbar. Doch es war ein Verlust damit verbunden. Eine bestimmte Sichtweise wurde in den Hintergrund gedrängt. Man hatte geklärt, was englisches Selbstverständnis bedeutete, und dies war der Maßstab, nach dem die Welt beurteilt wurde. In der Reiseliteratur des 19. Jahrhunderts können wir von Darwin (1832) über Trollope (1859) und Kingsley (1870) bis zu Froude (1887) einen beständigen Niedergang beobachten. In zunehmendem Maße schreiben diese Schriftsteller nicht über sich selbst, sondern über ihr Selbstverständnis als Engländer.

Zu Beginn dieses Zeitabschnitts kann Hazlitt die englischen Schriften von Washington Irving voller Verachtung verreißen, weil Irving darauf bedacht war, lauter Sir Roger de Coverleys und Will Wimbles in einem Land zu entdecken, das sich seit den Tagen von Joseph Addisons Zeitschrift *The Spectator* gründlich verändert hatte. Hazlitts ablehnende Einstellung gegenüber Mythen erscheint einem wie die Haltung heutiger Zeitgenossen, die an britischer Fremdenverkehrswerbung in den USA Anstoß nehmen. (»Eine wunderschöne Reise nach London«, lautete 1962 der Text einer Anzeige in *Holiday*. »Fliegen Sie mit Sabena nach Manchester. Fahren Sie an strohgedeckten Häusern vorbei, auf sanft geschwungenen Straßen in Richtung London. Langsam. Genießerisch.«) Doch bald wird der Mythos bedeutsam, und im neu erwachten Narzißmus sind Klassen- und Rassenbewußtsein geschärft. Im *Punch* der achtziger Jahre des 19. Jahrhunderts sprechen Cockneys mit dem längst verschwundenen Akzent von Sam Weller. Das Klassenbewußtsein bei Forster ist etwas vollkommen anderes als das Wissen um die Klassenzugehörigkeit, die bei Jane Austen etwas geradezu Elementares hat. In einem Land, das derart in Klassen zerfällt wie England, mag ein Stereotyp von Nutzen sein, und sei es nur als

Kommunikationshilfe. Doch wenn es allzusehr strapaziert wird, schränkt es die Neugier und den Horizont ein und macht gelegentlich sogar blind für die Wahrheit.

Auf diese Abhängigkeit vom Etablierten, beruhigend Vertrauten mögen auch die einzigartigen Lücken in der englischen Literatur der vergangenen hundert Jahre zurückzuführen sein. Auf Dickens folgte kein anderer wirklich großer Schriftsteller. Die Weite seines Horizonts und die Einbettung seines Werks in den gemeinsamen Mythos verhindern unter den in England herrschenden Bedingungen, daß ein anderer dieses hochgesteckte Ziel erreichte. London ist und bleibt Dickens' Stadt – und wie wenige Schriftsteller haben seither einen genaueren Blick auf diese Stadt geworfen! Es gibt Romane über Chelsea und Bloomsbury und Earl's Court, doch über die moderne, mechanisierte Stadt und ihre Anforderungen und Frustrationen hatten englische Schriftsteller nichts mitzuteilen. Genau dies aber ist eines der immer wiederkehrenden Themen der amerikanischen Literatur. Es ist, um es mit den Worten des Romanciers Peter de Vries zu sagen, das Thema des Stadtmenschen, der ohne Wurzeln lebt und stirbt und »wie der berühmte Mistelzweig zwischen den beiden Eichen ›Zuhause‹ und ›Büro‹« hängt. Es ist ein bedeutsames Thema und kein spezifisch amerikanisches, aber in England, wo sich der Narzißmus auf Land, Klasse und Ich bezieht, ist es auf das Bild des immer peniblen, immer pünktlichen Bankangestellten reduziert worden, der eines Tages zur Erheiterung des Publikums öffentlich über die Stränge schlägt.

Wenn ein solches Thema wie das der Stadt und ihrer Menschen ignoriert wird, ist es kein Wunder, daß es keinen großen englischen Roman gibt, der die Herausbildung eines nationalen oder imperialen Bewußtseins schildert. (Es ist sinnlos, in den Werken der Historiker danach zu suchen. Sie sind den Werten der Gesellschaft noch mehr verpflichtet als die Romanciers, ja sie dienen ihnen sogar. Unbestreitbar hat der Besitz des Empires das englische Denken und Handeln im 19. Jahrhundert stark beeinflußt; dennoch widmet G.M.

Trevelyan in seiner *English Social History* – einem Standard-
werk, soweit ich weiß – genau eineinhalb Seiten den »Ein-
flüssen aus Übersee«, und zwar in folgendem Tenor: »… die
Briefmarke erhielt die Verbindung aufrecht zwischen der
Familie in ihrem Häuschen auf dem Lande und dem Sohn,
der ›in die Kolonien‹ gegangen war, und oft kehrte dieser
Sohn zu einem Besuch zurück, die Taschen voller Geld und
mit Geschichten von neuen Ländern, in denen Gleichheit
herrschte …«) In seinem frühen Roman *Mrs. Craddock* versucht Somerset Maugham, sich dem Thema in kleinerer Perspektive zu nähern. Er erzählt die Geschichte eines Bauern,
der durch übersteigerten Nationalismus seine Zugehörigkeit
zu der oberen Klasse, in die er eingeheiratet hat, beweisen
will. Im Werk anderer Schriftsteller aber werden uns nur die
jeweiligen *Stadien* der Verwandlung vorgeführt. Diese läßt
sich also am besten anhand einzelner Bücher nachvollziehen.
In *Jahrmarkt der Eitelkeiten* sieht sich Osborne als solider britischer Kaufmann. Dabei steht »britisch« hier aber nur im Gegensatz zu beispielsweise »französisch«. Das deutet auf eine
Art von Patriotismus hin, wie ihn de Quincey besaß. Thak-
kerays solider britischer Kaufmann hätte es äußerst gern gesehen, wenn sein Sohn Miss Swartz, die dunkelhäutige,
westindische Erbin eines Vermögens, geheiratet hätte. Mr.
Bumble und Mr. Squeers sind Engländer, aber das ist nicht
ihr hervorstechendstes Merkmal. Wie anders sind dagegen
die Figuren, die uns zwanzig Jahre später bei Dickens begegnen! Da ist Mr. Podsnap aus *Unser gemeinsamer Freund*: Er
kennt Ausländer und ist stolz darauf, Engländer zu sein. John
Halifax ist nur ein Gentleman; Rider Haggard jedoch widmet
eines seiner Bücher seinem Sohn, weil er hofft, daß dieser dadurch zu einem Engländer und Gentleman wird, und eine
ähnliche Hoffnung bewirkt, daß Tom Brown von seinem Vater nach Rugby auf die Schule geschickt wird. In *Howards End*
schließlich kann sogar Leonard Bast sagen: »Ich bin Engländer«, und damit mehr ausdrücken als de Quincey. Das Wort
»Engländer« ist jetzt sehr stark und deutlich besetzt.
Man kann Schriftstellern die Gesellschaft, in der sie leben,

nicht zum Vorwurf machen. Im Genre des Romans verschiebt sich das Interesse vom menschlichen Verhalten zum englischen Verhalten. Das englische Selbstverständnis wird zum Gegenstand von Wertschätzung oder Analyse. Es ist eine Verschiebung, die sich beispielsweise in der Beschreibung von Wirtshäusern in frühen Dickens-Romanen und der Schilderung des Restaurants Simpson's an The Strand manifestiert, über das Forster kaum fünfundsiebzig Jahre später in *Howards End* (1910) schreibt:

Ihr Blick schweifte durch das Restaurant, und sie bewunderte die wohlkalkulierte Verbeugung vor der Solidität unserer Vergangenheit. Obwohl dieser Raum nicht mehr Reminiszenzen an das alte England enthielt als die Bücher von Kipling, waren die Erinnerungsstücke so geschickt ausgewählt, daß ihre Kritik verstummte und die Gäste, die man hier zu imperialen Zwecken bewirtete, eine äußere Ähnlichkeit mit Pastor Adams und Tom Jones bekamen. Dabei drangen eigenartig mißtönende Gesprächsfetzen an ihr Ohr.
»Du hast recht! Ich werde noch heute abend nach Uganda kabeln …«

Forster bringt es auf den Punkt. Er weist auf die Widersprüche im Mythos eines Volkes hin, das unversehens zu industrieller und kolonialer Macht gekommen ist. Zwischen dem Besitz Ugandas und dem kollektiven, bewußten Besitz einer Figur wie Tom Jones besteht ebensowenig Verbindung wie zwischen den Geschichten von Kipling und den Romanen seines Zeitgenossen Hardy. Daher machten die Briten auf dem Höhepunkt ihrer Macht den Eindruck, als spielten sie, als spielten sie Engländer, als spielten sie Engländer einer bestimmten Klasse. Das Spiel verbirgt die Wirklichkeit, die Wirklichkeit verbirgt das Spiel.
Das macht sie einigen sympathisch und trägt ihnen von anderen den Vorwurf der Heuchelei ein. Und in dieser Periode des Imperialismus, als rosa Farbe sich wie ein Ausschlag auf der Weltkarte ausbreitete, glich der englische Mythos einer Sprache, die noch im Entstehen begriffen ist. Größen und Mengen verändern sich, neue Elemente treten hinzu, die

wiederholt versuchte Kodifizierung kann mit der Geschwindigkeit der Veränderung nicht Schritt halten, und immer besteht eine gewisse Distanz zwischen dem projizierten, anpassungsfähigen Mythos – Pastor Adams im Restaurant Simpson's, die Erbauer des Empires, die sich in Indien oder Uganda aufreiben – und der Wirklichkeit. Lange nach Waterloo, in einer Zeit, die mit Katastrophen auf der Krim beginnt und mit Erniedrigungen in Südafrika endet, gibt es eine ganze Epoche, die von chauvinistischem Militarismus gekennzeichnet ist. Erst als das Empire erbaut ist, entsteht das Bild vom Kaufmann und Verwaltungsbeamten als Erbauer des Empires, und streng ermahnt Kipling die Herren über die Welt, ihre durchaus angenehmen Pflichten nicht zu vernachlässigen. Es ist ein Spiel für Puritaner. In der Heimat schafft es ein Restaurant Simpson's an The Strand. In Indien schafft es die Sommerresidenz Simla, wo man, wie Philip Woodruff in *The Guardians* verrät, »stets betont, daß man sehr englisch ist, daß man von Indien nichts weiß und indische Wörter und Gebräuche vermeidet«.

Am anderen Ende der Welt lag Trinidad, eine wahrhaft imperiale Schöpfung. Dort akzeptierten Angehörige vieler Rassen die englische Herrschaft, die englische Sprache und englische Institutionen ohne Widerspruch, doch England und das englische Selbstverständnis, wie sie in Indien zur Schau gestellt werden, wird man dort vergebens suchen. Und das blieb für mich die hervorstechende Eigenheit der britischen Herrschaft in Indien: dieses zur Schau gestellte Englischsein und das Gefühl, einer Nation beim Spielen, bei der Inszenierung einer Phantasie, zuzusehen. Die Phantasie war in der Kolonialarchitektur des 19. Jahrhunderts zu erkennen, insbesondere in ihren eher lächerlichen Monumenten: dem Victoria Memorial in Kalkutta, dem India Gate in Delhi. Diese Monumente wurden der Macht, der sie huldigten, nicht gerecht; sie besaßen nicht die Integrität der älteren britischen Gebäude oder der noch älteren portugiesischen Kathedralen in Goa.

In *The Men Who Ruled India* hat Philip Woodruff die britischen Leistungen mit trauriger, römischer Pietät beschrieben. Es waren gewaltige Leistungen, und darum ist diese Pietät berechtigt. Doch die britische Herrschaft in Indien, wie Woodruff sie schildert, ist weit von der heutzutage in England sehr verbreiteten Vorstellung entfernt. Dort denkt man beim Stichwort Indien etwa an den Tropenhelm (den Gandhi praktisch fand, aber aus Gründen nationalen Stolzes nicht tragen durfte) und an die unzähligen Diener, die ihren Sahib und ihre Memsahib unaufhörlich mit »Salam« begrüßen; man betrachtet den Engländer als eine Art Übermenschen und den Inder als Handlanger, Diener und untergeordneten Schreiber, dessen schlechtes Englisch zum Amüsement derer, die diese Sprache gut beherrschen, kostprobenweise in kleinen Büchern gesammelt worden ist (die man noch heute in modernen Antiquariaten finden kann). Es ist ein Indien, das in Tausenden englischer Bücher auftaucht, besonders in Kinderbüchern, die in Indien spielen, aber auch in Vincent Smiths bei Oxford University Press erschienenem Kommentar zum Werk des großen Sleeman.

Dieser Aspekt der britischen Herrschaft, so belegbar und wirklich er auch sein mag, ist Woodruff unangenehm: Er gibt nicht die Wahrheit über die britischen Bestrebungen wieder. Aber so ergeht es allen, die hinter der britischen Herrschaft eine schöpferische oder auch verderbliche Absicht vermuten, sei es nun Woodruff oder ein Inder wie K.M. Munshi, der Verfasser einer 1946 erschienenen Kampfschrift, deren Titel *The Ruin That Britain Wrought* (»Das Verderben, das England über uns gebracht hat«) eine Inhaltsangabe überflüssig macht. Es gibt immer einen unangenehmen Aspekt: einerseits die rassistische Arroganz, andererseits das echte Bestrebtsein um Entwicklung. Welcher Aspekt entspricht der Wirklichkeit? Beide – und darin liegt kein Widerspruch. Rassistische Arroganz war ein Teil der Simpson's-an-The-Strand-Phantasie, und sie wurde durch die Ärmlichkeit Indiens und die Vollständigkeit der Unterwerfung zwangsläufig verstärkt. Doch zugleich und im selben Maße wurde man

in einem anderen Teil dieser Phantasie bestärkt: im Geist des
Dienens. Beides ging von Menschen aus, die ihre Rolle kannten und wußten, was man von ihrem englischen Selbstverständnis erwartete. Woodruff sagt selbst, die Verwaltung der
Kolonie habe etwas Unenglisches, etwas zu Ausgeklügeltes
gehabt. Es konnte gar nicht anders sein. Als Engländer in Indien besaß man Überlebensgröße.
Der Journalist in Madras drängt mich, seinen Vortrag über
die »Krise des Shakespearehelden« zu besuchen. Der Geschäftsmann in Kalkutta erklärt mir, warum er sich am liebsten freiwillig zur Armee melden würde, um gegen die Chinesen zu kämpfen, und beginnt feierlich: »Ich habe das
Gefühl, ich muß mein Recht verteidigen, mein Recht ...« –
und er beendet den Satz mit selbstironischem Lächeln –
»eine Runde Golf zu spielen, wenn mir danach ist.« Malcolm
Muggeridge hat vor einiger Zeit geschrieben, die Inder seien
eigentlich die letzten echten Engländer. Diese Behauptung
ist nur insofern richtig, als sie die englische »Wesensart« als
ein Produkt der Phantasie betrachtet. Die Moguln in Indien
waren ebenfalls Fremde, und ihre Phantasien waren nicht
weniger berauschend; sie herrschten als Fremde, doch
schließlich wurden sie von Indien aufgesaugt. Die Engländer
dagegen, so hört man von Indern immer wieder, wurden nie
zu einem Teil von Indien, und schließlich flohen sie zurück
nach England. Sie hinterließen keine erhabenen Monumente
und keine Religion, sondern nur die Vorstellung, daß die
englische Wesensart eine erstrebenswerte Verhaltensnorm
ist – man könnte sie als Ritterlichkeit, versetzt mit einem
Schuß Legalismus, beschreiben. Ein Inder ist imstande, dies
von der Ausübung der britischen Herrschaft, den Wider-
wärtigkeiten rassistischer Arroganz und Großbritanniens
gegenwärtiger Stellung in der Welt zu trennen. Der Brahmane in Madras las O'Haras *From the Terrace* und fand es unerträglich. »Ein Engländer aus gutem Hause würde niemals
einen solchen Mist schreiben.« Das ist eine bemerkenswerte
Unterscheidung für einen ehemaligen Untertanen, und es ist
eine bemerkenswerte Hinterlassenschaft einer ehemals herr-

schenden Nation. Diese Vorstellung von englischer Wesensart wird überdauern, weil sie das Produkt einer Phantasie ist, ein nationales Kunstwerk. Sie wird England überdauern. Sie erklärt, warum der Rückzug so leicht fiel, warum es keine Nostalgie gibt, wie die Holländer sie für Java empfinden, warum es keinen Krieg gab wie in Algerien und warum Indien nach kaum zwanzig Jahren bereits aus dem Bewußtsein der Briten verschwunden ist: Die englische Herrschaft über Indien war ein Ausdruck der Auseinandersetzung der Engländer mit sich selbst, nicht mit dem Land, über das sie herrschten. Die Vorstellung von englischer Wesensart ist keine imperialistische Haltung im eigentlichen Sinne. Sie lenkt das Augenmerk nicht auf das Gute oder Schlechte der britischen Herrschaft, sondern auf ihr Scheitern.

Es ist nur gut, daß Inder ihr Land nicht direkt und unverstellt betrachten können, denn das Elend, das sie dann sähen, würde sie in den Wahnsinn treiben. Und es ist nur gut, daß sie kein Geschichtsbewußtsein haben, denn wie sollten sie sonst zwischen den Ruinen hausen und welcher Inder könnte die letzten tausend Jahre der Geschichte seines Landes studieren, ohne Schmerz und Wut zu empfinden? Es ist besser, sich in Fatalismus und Phantasien zu flüchten, auf die Sterne zu vertrauen, in denen aller Schicksal festgeschrieben ist – es gibt an einigen Universitäten Vorlesungen in Astrologie –, und den Fortschritt, den der Rest der Welt macht, mit dem müden Langmut dessen zu betrachten, der das alles schon lange hinter sich hat. Das Flugzeug war bereits im alten Indien bekannt, ebenso wie das Telefon und die Atombombe – die indischen Epen belegen es. Die Chirurgie war im alten Indien weit entwickelt – eine indische Zeitung druckte der Text eines Vortrages ab, in dem das bewiesen wurde. Die indische Schiffbaukunst war ein Weltwunder. Und auch die Demokratie stand im alten Indien in voller Blüte. Jedes Dorf war eine autarke, wohlgeordnete Republik, die ihre Angelegenheiten selbst regelte; der Dorfrat konnte einen Dorfbewohner, der gegen ein Gesetz verstoßen hatte, aufhängen oder ihm eine Hand abschlagen lassen. Dies gilt es wieder zu erschaffen: das idyllische alte Indien. Und wenn 1962 *panchayati raj*, eine Art dörflicher Selbstverwaltung, eingeführt werden wird, werden so viele Reden über das idyllische alte Indien gehalten werden und so viele begeisterte Politiker werden sich über nach alter Sitte abgeschlagene Hände verbreiten, daß einige Dorfräte in Dörfern von Madhya Pradesh tatsächlich Menschen aufhängen oder ihnen die Hände abschlagen lassen werden.

Im 18. Jahrhundert war Indien ein armes, elendes Land. Es lud geradezu ein, erobert zu werden. Inder sind in diesem Punkt allerdings anderer Meinung: Bevor die Briten kamen, war Indien, wie jeder Inder weiß, ein reiches Land und stand kurz vor dem Durchbruch zur Industrienation, und K.M. Munshi schreibt, es habe in jedem indischen Dorf eine Schule gegeben. Indische Interpretationen der Geschichte berühren fast so schmerzlich wie die Geschichte selbst, und es berührt besonders schmerzlich zu sehen, wie das frühere Elend sich wiederholt – in der Gründung des Staates Pakistan zum Beispiel oder im Wiederaufflackern des Streites über Sprache und Religion, Kaste und Region. Es scheint, als wäre Indien immer auf die Entscheidungen eines Eroberers angewiesen. Ein Volk mit Geschichtsbewußtsein hätte seine Angelegenheiten vielleicht anders geordnet. Doch eben dies, dieses Fehlen von Wachstum und Entwicklung, ist ja das Traurige an der indischen Geschichte. Es ist eine Geschichte, die nur eines lehrt, nämlich daß das Leben immer weitergeht. Es gibt nur eine Reihe von Anfängen, aber keine definitive Erschaffung.

Es ist, als läse man von einem Land, das in regelmäßigen Abständen von Lemming- oder Heuschreckenschwärmen verwüstet worden ist; es ist, als wendete man sich von der Geschichte eines Korallenriffs, bei dem jedes Leben und jeder Tod zugleich die Basis für etwas Neues ist, einer deprimierenden Chronik von Sandburgen am Strand zu.

So Woodruff über den Unterschied zwischen englischer und indischer Geschichte. Der Vergleich ist ausgesprochen treffend. Nur bei den Sandburgen erhebe ich Einspruch: Eine Sandburg wird von den Wellen spurlos vernichtet, doch Indien ist vor allem das Land der Ruinen.

Von Süden nähert man sich Delhi durch eine Ruinenwildnis, die sich über hundertzwanzig Quadratkilometer erstreckt. Zwanzig Kilometer vor der großen Stadt befinden sich die Ruinen der von einer mächtigen Mauer umgebenen Stadt Tughlakabad, die wegen Wassermangels aufgegeben wurde. In der Nähe von Agra gibt es die fast vollständig erhaltene Stadt Fatehpur Sikri, die aus demselben Grund aufgegeben wurde. (»Was wollen Sie denn in Fatehpur Sikri?« fragte mich der Mann vom Reisebüro in der Hotelhalle in Delhi. »Da gibt es *nichts*.«) Und der Führer am Tadsch Mahal erzählt einer Gruppe australischer Touristen: »Und als sie im Sterben lag, sagte er: ›Ich kann hier nicht mehr leben.‹ Und so ging er nach Delhi und erbaute dort eine *große* Stadt.« Für den von Ruinen umgebenen Inder ist das eine ausreichende Erklärung für Erschaffung und Verfall. Hier einige Zitate aus den ersten zehn Seiten der Beschreibung von Route 1 in dem Teil von Murrays *Handbook*, der Pakistan behandelt:

Tatta ist heute eine Kleinstadt, war jedoch noch 1739 eine Stadt mit 60000 Einwohnern ... Die bemerkenswerteste Sehenswürdigkeit in Tatta ist die große Moschee (200 Meter lang, 30 Meter breit, mit hundert Kuppeln), die 1647 von Shah Jahan begonnen und später von Aurangzeb vollendet wurde. Leider ist sie stark beschädigt ...

Knapp zwei Kilometer weiter nördlich ... befindet sich das Grabmal des berühmten Nizam-ud-din ..., das, wie manche glauben, aus den Überresten eines alten Hindutempels erbaut worden ist.

Ein Abstecher nach Arore, dem früheren, sehr alten Alor (Alor, Uch und Hyderabad sollen drei von vielen Alexandrias gewesen sein) ... Ein Wall aus Ruinen erstreckt sich nach Nordosten. Staatliches Rasthaus ... Sechs Kilometer südlich stößt man auf das riesige Ruinenfeld von Vijnot, einer vor der moslemischen Eroberung sehr bedeutenden Stadt. Außer Trümmern ist nichts davon geblieben.

Multan ... ist sehr alt und war angeblich die Hauptstadt des in alexandrinischer Zeit erwähnten Landes Malli ... Der Tempel stand ursprünglich in der Mitte des Forts und wurde von Aurangzeb zerstört, während die Moschee, die an seiner Stelle dort errichtet wurde, bei der Belagerung im Jahr 1848 zerstört wurde.

Unter Shah Beg Argun wurden die Befestigungsanlagen wiederhergestellt. Als Baumaterial verwendete man die Steine des knapp zehn Kilometer entfernten Forts Alor.

Sukkur (77000 Einwohner) war früher für seine Goldstickereien und seinen Perlenhandel berühmt. Eine große Keksfabrik wurde kürzlich in Betrieb genommen.

Moscheen auf Tempeln, Ruinen auf Ruinen. Das ist der Norden. Im Süden gibt es die große Stadt Vijayanagar. Anfang des 16. Jahrhunderts betrug ihr Umfang sechsunddreißig Kilometer. Heute – vierhundert Jahre nach ihrer völligen Zerstörung sind sogar ihre Trümmer rar, weit verstreut und vor dem Hintergrund der surrealistischen braunen Felsformationen, mit denen sie zu verschmelzen scheinen, zunächst kaum zu erkennen. Die Dörfer in der Umgebung sind heruntergekommen und staubig, und den Menschen sieht man an, wie arm sie sind. Doch dann, ganz unvermittelt, stößt man auf Pracht: Die Straße von Kampli nach Vijayanagar führt geradewegs zwischen einigen der alten Gebäude hindurch und mündet in die Hauptstraße ein, die sehr lang, sehr breit und immer noch beeindruckend ist. An ihrem einen Ende befinden sich steinerne Stufen, am anderen ragt der mit zahllosen Skulpturen verzierte *gopuram* des Tempels auf. Die von viereckigen Säulen gestützten unteren Stockwerke der steinernen Gebäude stehen noch; rings um die Eingänge sind Tänzerinnen mit erhobenen Beinen eingemeißelt. Und drinnen kann man die Erben dieser Größe sehen:

Männer, Frauen und Kinder, dünn wie Grashüpfer, gleich Eidechsen zwischen den Steinen.

Ein Kind hockte im Schmutz der Straße, der haarlose Hund mit der rosigen Haut wartete auf den Kot. Das Kind – es hatte einen aufgeblähten Bauch – erhob sich, der Hund fraß. Vor dem Tempel standen zwei große hölzerne Karren, die mit erotischen Schnitzereien verziert waren: Paare bei Geschlechtsverkehr und Fellatio, leidenschaftslos und stilisiert. Es war das erstemal, daß ich die indischen erotischen Schnitzereien, auf die ich so neugierig gewesen war, zu sehen bekam, doch auf die erste Aufregung folgte Niedergeschlagenheit. Sex als Schmerz, die Erschaffung, die den Zerfall bereits in sich trägt. Shiva, der Gott des Phallus, tanzte den Tanz des Lebens und den Tanz des Todes – was für eine ganz und gar indische Vorstellung das war! Die Ruinen waren unbewohnt. Zwischen den Häusern der Hauptstraße sah ich einen ganz neuen, weiß gestrichenen und mit Wimpeln geschmückten Tempel, und am Ende der Straße stand der alte Tempel, der noch immer benutzt wurde. An seinen Mauern konnte man noch die sich abwechselnden weißen und rostroten Querstreifen erkennen. Auf einem etwa einen Meter achtzig hohen Schild standen die Preise der verschiedenen Gottesdienste. Auf einem anderen, ebenso großen Schild war die Geschichte von Vijayanagar verzeichnet: Einmal, als der Maharadscha gebetet hatte, war »ein goldener Regen« gekommen. Das verstand man in Indien unter Geschichte.

Regen, wenn auch kein goldener, trieb plötzlich über den Fluß Tungabhadra und die Stadt. Wir suchten an einer Felswand hinter der Hauptstraße Zuflucht, in einem unvollendeten Tor aus roh behauenem Stein. Ein sehr magerer Mann folgte uns. Er war in ein dünnes weißes Tuch gehüllt und tropfnaß. Er zeigte uns seine nackte Brust, damit wir sahen, daß er nur aus Haut und Knochen bestand, und machte die Gebärde des Essens. Ich beachtete ihn nicht. Er sah weg. Er hustete; es war der Husten eines Kranken. Der Stab entglitt seiner Hand und fiel klappernd auf den Steinboden, über den jetzt das Wasser strömte. Der Mann ließ den Stab liegen

und kletterte auf eine steinerne Plattform. Er zog sich zum hinteren Ende der Plattform zurück, rührte sich nicht mehr und schien auch nicht mehr unsere Aufmerksamkeit erregen zu wollen. Das dunkle Tor rahmte das Licht ein: Der Regen ging grau auf die von Pagoden überragte Stadt nieder. Auf dem grauen Felshang, der jetzt naß glänzte, sah man, wo Stein gebrochen worden war. Als es aufgehört hatte zu regnen, stieg der Mann herunter, hob seinen nassen Stab auf, legte sein Tuch um und machte Anstalten zu gehen. In mir hatten sich Angst und Abscheu in Zorn und Verachtung verwandelt, die wie eine Wunde schmerzten. Ich ging zu ihm und gab ihm etwas Geld. Wie leicht es in Indien war, sich mächtig zu fühlen! Er wollte sich sein Geld verdienen und nahm uns mit hinaus, führte uns den Felshang hinauf und zeigte stumm auf Gebäude. Da war der Felshügel. Dort waren die Gebäude. Hier waren die fünfhundert Jahre alten Spuren der Meißel. Eine aufgegebene, unvollendete Arbeit – wie manche der Höhlen bei Ellora, die so erhalten sind, wie die Arbeiter sie an einem bestimmten Tag verlassen haben.
In Indien weist alles von Menschenhand Geschaffene auf bevorstehenden Stillstand und Untergang hin. Das Bauen ist wie ein elementares Bedürfnis, wie der Geschlechtsakt von Hungernden. Es ist Bauen um des Bauens willen, Erschaffen um des Erschaffens willen, und alles Geschaffene existiert für sich und hat seinen eigenen Anfang und sein eigenes Ende. »Sandburgen am Strand« – das trifft es nicht ganz. Doch bei Mahabalipuram, nicht weit von Madras, steht im Sand des Strandes ein verlassener Tempel, dessen Verzierungen zwölf Jahrhunderte Regen, Salz und Wind fast ausgelöscht haben.
Bei Mahabalipuram und anderswo im Süden haben die Ruinen einen gemeinsamen Nenner: Sie erzählen vom beständigen Fluß des immer kleiner werdenden Hindu-Indiens. Im Norden dagegen erzählen die Ruinen von Verschwendung und Versagen, und gerade die Großartigkeit der Mogulpaläste ist bedrückend. Europa hat die Monumente der Sonnenkönige, seine Louvres und seine Versailles. Doch diese

268

sind Teil der geistigen Entwicklung des Geistes eines Landes, sie sind ein Ausdruck der Verfeinerung des Empfindens, sie sind ein Beitrag zum gemeinsam, stetig wachsenden Erbe. In Indien erzählen diese endlosen Moscheen, diese schwülstigen Mausoleen, diese großen Paläste nur von Plünderung und persönlicher Bereicherung und von einem Land mit einer unerschöpflichen Bereitschaft, sich ausplündern zu lassen. Dem Mogul gehörte alles in seinem Reich – das ist die Botschaft der Mogul-Architektur. Ich kenne in England nur ein einziges Gebäude, das diese unfruchtbare persönliche Extravaganz ausstrahlt, und das ist Blenheim Palace. Man stelle sich England als ein Land voller Blenheims vor, die fünfhundert Jahre lang ständig erbaut, zerstört und wiederaufgebaut wurden, jeder Palast ein Geschenk des Volkes, wenn auch nur selten als Dank für erwiesene Dienste – und all diese Paläste ergeben zusammen nichts und hinterlassen weder ein tatkräftiges Volk oder gar eine gewachsene Nation noch irgendeine Maxime außer der des persönlichen Despotismus. Das Tadsch Mahal ist herrlich. Würde es zerlegt, nach Amerika gebracht und dort wieder aufgebaut, könnte man es vielleicht uneingeschränkt bewundern. In Indien jedoch ist es ein Gebäude, das verschwenderisch funktionslos ist. Es ist nur das Denkmal eines Despoten für eine Frau, die nicht aus Indien stammte und fünfzehn Jahre lang jährlich ein Kind bekam. Der Bau dauerte zweiundzwanzig Jahre, und der Fremdenführer weiß, wieviele Millionen er verschlungen hat. Vom Zentrum von Agra aus kann man mit der Fahrradrikscha zum Tadsch fahren; während der Hin- und Rückfahrt hat man Gelegenheit, die dünnen, sehnigen Gliedmaßen des Rikschafahrers zu betrachten. Die englischen Realisten sagten, Indien sei nicht erobert worden, damit es den Indern besser gehe. Das war allerdings auch vorher nie der Fall – davon zeugen die Ruinen im Norden. Einmal haben Engländer Tänze auf einer Plattform vor dem Tadsch Mahal veranstaltet. Für Woodruff und andere war das eine bedauerliche Entgleisung. Dennoch entspricht es der indischen Tradition. In Europa ist die Achtung vor der

Vergangenheit etwas Neues; und es war Europa, das Indien seine eigene Vergangenheit gezeigt und die Verehrung dieser Vergangenheit zu einem Teil des indischen Nationalismus gemacht hat. Indien betrachtet seine Kunstwerke und Ruinen noch immer mit europäischen Augen. Fast jeder Inder, der über indische Kunst schreibt, fühlt sich verpflichtet, aus den Schriften europäischer Bewunderer zu zitieren. Die indische Kunst muß noch immer mit der europäischen verglichen, und die britische Behauptung, daß kein Inder das Tadsch Mahal hätte bauen können, muß wohl noch als Verleumdung entlarvt werden. Wo kein europäischer Bewunderer aufgetreten ist, findet sich heute nur Verfall. Die Gebäude von Lucknow und Faizabad leiden noch immer unter der Verachtung, die die Briten für die dekadenten Herrscher dieser Städte empfanden. Die Große Imambara verfällt mit jedem Jahr mehr. Die Details der Steinmetzarbeiten an den Mausoleen in Faizabad sind unter den dicken Schichten gewöhnlicher Kalkfarbe kaum noch zu erkennen. An anderen Bauwerken hat man Metallteile hellblau lackiert. Im Zentrum eines Mogul-Gartens hat ein hoher indischer Beamter zur Feier der Aufhebung der von den Moguln eingeführten Bodensteuer eine weiße Ashokasäule errichten lassen, die jede Symmetrie zerstört und den Blick durch den Eingangsbogen verstellt. Was dagegen von Europa entdeckt wurde, kann gar nicht genug gepflegt werden, denn es repräsentiert die alte Kultur Indiens. Man findet es in den komischen kleinen Kuppeln des Ashoka Hotels in Neu Delhi, in den komischen kleinen Kuppeln der Radiostation in Kalkutta, in den kleinen Pfeilern mit Rädern und Elefanten und anderen Versatzstücken der indischen Kultur, die im Zoologischen Garten von Lucknow herumstehen, in den an Vijayanagar erinnernden Kragsteinen des Gandhi Mandap in Madras.
Die nationalistische Architektur Indiens ist der britischen Kolonialarchitektur geistesverwandt: Beide sind das Resultat der Bemühungen von Menschen, die bewußt eine bestimmte Vorstellung von sich selbst ausdrücken wollten. Das ist komisch, aber auch traurig. Diese Verehrung der

Vergangenheit und der Versuch, sie kundzutun, ist nichts Indisches. Sie zeugt nicht von Tatkraft. Sie zeugt vielmehr, wie alle Ruinen, von Erschöpfung und dem Zustand eines Volkes, das von seinem Weg abgekommen ist. Es ist, als wäre nach dieser endlosen Reihe von Kunstwerken der Lebenssaft schließlich doch vertrocknet. Seit den Schulen von Kangra und Basoli ist die indische Kunst ein einziges Durcheinander. Man hat wohl eine Vorstellung von dem Verhalten, das die neue Welt erwartet, doch diese neue Welt ist immer noch verwirrend. Das Mahnmal, das in Amritsar an die Opfer des britischen Massakers erinnert, ist ein pathetisches Ungetüm: Flammen, die in schwere rote Steine gemeißelt sind. Das englische Mahnmal, das in Lucknow an die Meuterei der indischen Truppen erinnert, ist die zerstörte Residenz. Sie wird von den Indern mit einer Liebe gepflegt, die ausländischen Besuchern merkwürdig erscheinen muß; und genau gegenüber, auf der anderen Straßenseite, steht ein indisches Mahnmal, eine weiße, schlecht proportionierte Marmorsäule mit einer komischen kleinen Kuppel, die ebenfalls eine Flamme darstellen könnte. Es ist, als sähe man Indern bei einem Tanztee zu: Sie versuchen sich an Verhaltensweisen, die ihnen nicht entsprechen. Ich habe nicht einen einzigen buddhistischen Tempel gesehen, der nicht durch allerlei Bemühungen, Indiens alte Kultur wiederherzustellen, verunstaltet worden wäre. In der Nähe von Gorakhpur zum Beispiel steht mitten in den Ruinen eines alten Klosters ein rekonstruierter Tempel aus jener Zeit. In der flachen Einöde bei Kurukshetra, dem Schauplatz des in der Bhagavadgita wiedergegebenen Gesprächs zwischen Arjuna und seinem Wagenlenker Krishna, befindet sich ein neuer Tempel, und im Tempelgarten ist die Szene in Marmor dargestellt, auf nicht einmal kunsthandwerklichem Niveau. Der Wagen wird sich nie von der Stelle rühren, die Pferde sind tot, steif und schwer. Und dies ist das Werk eines Volkes, dessen Skulpturen die besten der Welt sind und das im Süden, in Vijayanager, einen ganzen »Hof der Pferde« geschaffen hat.

Irgendwo ist irgend etwas zerrissen. Wo soll man den Fehler suchen? Man beginnt bei jenem Tempel in Kurukshetra. An ihm ist ein Schild angebracht, auf dem folgendes steht:

DIESER TEMPL IST DURCH DIE GROSSZÜGIGKEIT VON RAJA SETH BALDEO DASS BIRLA GEBAUT WORDEN UND IST SHREE ARYA DHARMA SEVA SANGH IN NEU DELHI GEWITMET. HINDUPILGER VON ALLEN SEKTEN, D.H. SANATANISTEN, ARYA SAMAJISTEN, JAINAS, SIKHS UND BUDDHISTEN, ETC. WERDEN BEHERBERGT, SOLANGE SIE MORALISCH UND KÖRPERLICH REIN SIND.
ACHTUNG: PERSONEN, DIE VON ANSTECKENDEN KRANKHEITEN LEI-DEN, WERDEN NICHT BEHERBERGT.

Die Plumpheit der Sprache paßt zur Plumpheit des Eigenlobs. Die Botschaft ist: Mag sein, daß Indien materiell arm ist – spirituell ist es reich, und die Menschen dort sind moralisch und körperlich rein. Das Eigenlob, die groben Steinmetz- und Bildhauerarbeiten, der fehlerhafte Gebrauch einer fremden Sprache: Das alles ist Teil eines Ganzen.

Manche Inder leugneten, daß der indische Gestaltungssinn einen Niedergang erfahren habe, und die es nicht leugneten, widersprachen der Ansicht, dafür seien zum Teil die Mogulherrscher verantwortlich, und zwar wegen der schieren Menge und der Extravaganz ihrer Bauwerke: Akbar habe die Experimentierlust erschöpft, und seine Nachfolger hätten die Kunst der Verzierung ins Extrem getrieben. Nein, diese Inder gaben den Engländern die Schuld. Die Engländer hätten das Land gründlich geplündert – unter ihrer Herrschaft seien handwerkliche und geistige Fähigkeiten verkümmert. Das läßt sich nicht bestreiten und kann im Zusammenhang mit den von Woodruff aufgezählten Leistungen betrachtet werden: Statt Goldstickerei eine Keksfabrik – das ist ein schlechter Tausch. Das Land war auch zuvor schon geplündert worden, doch die Kontinuität war erhalten geblieben. Als die Engländer kamen, brach sie zusammen. Und vielleicht sind für das Versagen der indischen Kunst, das ein Teil der allgemeinen indischen Verwirrung ist, tatsächlich die Engländer verantwortlich, so wie die Spanier verantwortlich waren für die Abstumpfung der Mexikaner und Peruaner. Es handelte sich um den Zusammenstoß zwischen einem positiven und einem negativen Prinzip – und man kann sich in der Tat nichts Negativeres vorstellen als das Indien des 18. Jahrhunderts: die Verbindung eines erstarrten Islams mit einem dekadenten Hinduismus. Bei jedem Zusammenstoß zwischen Indien und dem neuzeitlichen Europa mußte Indien unterliegen.*

Die Abstumpfung ganzer Völker ist eines der großen Rätsel. In Trinidad lernten wir in der Schule, die Ureinwohner der westindischen Inseln seien »krank geworden und gestorben«, als die Spanier kamen. Auf der Gewürzinsel Grenada gibt es eine Klippe mit dem schrecklichen Namen Sauteurs: Hier begingen die Indianer Massenselbstmord, indem sie

---

* Wenn ich Camus' *Der Mensch in der Revolte* gelesen hätte, bevor ich dieses Kapitel schrieb, hätte ich vielleicht auf seine Terminologie zurückgegriffen. Wo Camus davon sprach, daß jemand »zur Revolte imstande« sei, habe ich an die Begriffe »positiv« und »zur Selbsteinschätzung imstande« gedacht, und es ist interessant, daß Camus Hindus und Inkas als Beispiele für Völker anführt, die nicht zur Revolte imstande gewesen seien. »Das Problem der Revolte ... hat nur innerhalb unserer westlichen Gesellschaft einen Sinn ... Die Theorie der politischen Freiheit im Menschen [hat] den Begriff des Menschen erhöht, und die Anwendung eben dieser Freiheit [hat] in gleichem Maße eine Unbefriedigung [ausgelöst] ... Es scheint, als handle es sich [...] um ein mehr oder weniger erweitertes Bewußtsein, welches das Menschengeschlecht im Laufe seiner Abenteuer von sich selbst gewinnt. In Wirklichkeit stellt sich dem Untertan des Inka oder Paria das Problem der Revolte nicht, denn es wurde für sie durch eine Tradition gelöst, bevor sie es sich noch stellen konnten. Die Antwort darauf war das Heilige. Wenn man in der Welt des Heiligen das Problem der Revolte nicht antrifft, so deshalb, weil man in Tat und Wahrheit doch gar keine wirkliche Problematik findet, da alle Antworten mit einem einzigen Mal erteilt sind. Die Metaphysik ist durch den Mythus ersetzt. Es gibt keine Fragen mehr, es gibt nur noch Antworten und ewige Kommentare, die dann freilich metaphysisch sein können.«
Albert Camus: *Der Mensch in der Revolte*

ins Meer sprangen. Abgestumpfte Gemeinschaften von Angehörigen anderer, später gekommener Rassen haben überlebt. Da sind die heruntergekommenen Inder in Martinique
und Jamaika, die von der schwarzen Mehrheit ins Abseits
gedrängt werden, und beim Anblick der niedergedrückten
Javaner in Surinam, wo sie die Zielscheibe des Spotts sind,
fällt es schwer, sie mit den Demonstranten in Djakarta in
Verbindung zu bringen, die Botschaften anzündeten. Im
Gegensatz zu Mexiko und Peru welkte Indien nicht bei der
ersten Berührung durch Europäer dahin. Vielleicht wäre es
ihm so ergangen, wenn es ein rein islamisches Land gewesen wäre. Aber die Hindus besaßen viel Erfahrung mit Eroberern: Das hinduistische Indien ist Eroberern immer auf
halbem Weg entgegengekommen und war stets imstande,
sie aufzusaugen. Und es ist interessant und aus heutiger
Sicht auch ein wenig traurig zu sehen, daß die Inder, vor allem in Bengalen, auf die Engländer reagiert haben, wie sie
auf jeden anderen indischen oder asiatischen Eroberer reagiert hätten.

Der Versuch, den Engländern auf halbem Weg entgegenzu-
kommen, manifestierte sich in einem frühen, von England
inspirierten Reformer namens Ram Mohun Roy, der in Bri-
stol begraben liegt. Er manifestierte sich Generationen später in der Erziehung von Sri Aurobindo, dem zum Mystiker
gewordenen Revolutionär, dessen Vater ihn mit sieben Jahren nach England schickte und seine Erzieher anwies, ihn gegen alles Indische abzuschirmen. Er manifestierte sich noch
später, nun aber auf armselige Weise, im Mullick Palace in
Kalkutta. Der Palast verfällt bereits – schließlich sind wir in
Indien –, die Dienerschaft bereitet auf den marmornen Galerien ihre Mahlzeiten zu, und das Ganze wirkt eher wie eine
Filmkulisse. Wenn man durch das hohe Tor schreitet, kann
man sich vorstellen, dies sei ein Filmanfang: Die Kamera
fährt mit und richtet sich hier auf ein Stück zerbrochenen
Marmor, dort auf eine verblaßte Verzierung; es herrscht
Stille, und dann hört man Stimmen aus dem Echosaal und
Kutschen auf der geschwungenen Auffahrt – die Festlichkei-

ten in Mullick waren berühmt. Große Säulen im korinthischen Kalkutta-Stil beherrschen die Front; aus Europa herbeigeschaffte Springbrunnen sind auch heute noch in Betrieb; in den Ecken des mit Marmor ausgelegten Innenhofes, in dem die Familie heute Vogelkäfige aufgestellt hat, befinden sich allegorische Darstellungen der vier Kontinente; ein großer Raum im Erdgeschoß wirkt klein, weil in ihm eine monumentale Statue von Königin Victoria steht, und in anderen Räumen, in denen zu viele Kristallüster hängen, hat sich Staub auf ein Allerlei gelegt, das wie ein Durcheinander aus hundert englischen Antiquitätenläden aussieht. Hier ist Sammeleifer zur Manie geworden. Der bengalische Großgrundbesitzer stellt vor den Augen hochmütiger Europäer seine Wertschätzung europäischer Kultur zur Schau. Nichts hier ist indisch, außer vielleicht ein Porträt des Besitzers, doch man spürt bereits, daß sich die Begegnung zwischen England und Bengalen zum Schlechten wendet.

Im Gegensatz zum Glauben anderer Eroberer erforderte das englische Selbstverständnis keine Konvertiten, und für die Bengalen, die für dieses Selbstverständnis am empfänglichsten waren, hatten die Engländer in Indien nur eine besondere Art von Verachtung übrig. Ein imperiales Ideal, das mit einer zwangsläufig aufretenden Verzögerung seiner Verwirklichung entgegenstrebte, scheiterte an dem gleichermaßen verzögert auftretenden imperialistischen Mythos der Erbauer des Imperiums, nämlich an der englischen Phantasie vom englischen Selbstverständnis, an der »heiligen Überzeugung«, wie ein englischer Beamter 1883 schrieb, »die von allen Engländern in Indien, vom höchsten bis zum niedrigsten, vom Plantagengehilfen in seinem schlichten Bungalow ... bis hin zum Vizekönig auf seinem Thron ... geteilt wird: daß er einer Rasse angehört, die von Gott auserkoren wurde zu beherrschen und zu unterwerfen«. Die satirisch imperiale Rhetorik der Widmung von Nirad Chaudhuris *Autobiography of an Unknown Indian* könnte als Grabinschrift dieser unerfüllten imperialen Beziehung herhalten. Ins Lateinische übersetzt könnte sie in trajanischen Buchstaben in das India Gate in Neu Delhi eingemeißelt werden: »Zum Gedenken an das Britische Empire in Indien, das uns zu Untertanen machte, ohne uns die Bürgerrechte zu gewähren, dem aber dennoch jeder von uns ein trotziges *Civis Britannicus sum* entgegenschleuderte, weil alles Gute und Lebendige in uns von eben dieser britischen Herrschaft geschaffen, geformt und beseelt wurde.«

Kein anderes Land war geeigneter, einen Eroberer willkommen zu heißen; kein anderer Eroberer war willkommener als die Engländer. Was ist schiefgegangen? Manche verweisen auf die Meuterei der Sepoys, andere sagen, die Ankunft englischer Frauen in Indien sei der Wendepunkt gewesen. Das ist möglich. Die Franzosen allerdings hätten – mit oder ohne Frauen – vielleicht anders auf die frankophilen Bengalen reagiert. Ich glaube, die Ursache muß nicht in Indien, sondern in England gesucht werden, wo sich zu einem nicht genau bestimmbaren Zeitpunkt ein Bruch im englischen Empfinden ereignete, der nicht weniger radikal und scheinbar abrupt war wie der, den wir in den vergangenen Jahrzehnten erlebt haben. Die Kultur, zu der sich die Inder hingezogen fühlten, war durch eine andere ersetzt worden. Es war verwirrend, denn die Gäste, die bei Simpson's zu imperialen Zwecken bewirtet wurden, wiesen auch weiterhin eine äußere Ähnlichkeit mit Pastor Adams und Tom Jones auf, und viele Inder – von Aurobindo bis Tagore, von Nehru bis Chaudhuri – haben ihre Verwirrung ausführlich beschrieben.

Vielleicht können wir erst heute erkennen, welch einen glatten Bruch mit der Vergangenheit die britische Herrschaft in Indien bewirkte. Die Briten ließen sich nicht von Indien aufsaugen; sie verkündeten nicht wie die Moguln, wenn es ein Paradies auf Erden gebe, so müsse es hier sein, hier, hier. Sie herrschten, und zugleich brachten sie ihre Verachtung für Indien zum Ausdruck und projizierten ihr Bild von England; die Inder hingegen wurden in einen Nationalismus gezwungen, der ursprünglich wie eine Mimikry britischen Verhaltens war. Um sich selbst zu betrachten, um sich an den neuen, positiven Standards der Eroberer messen zu können, mußten die Inder aus sich heraustreten. Das war eine ungeheure Selbstverletzung, und zu Anfang ließ sich ein vorteilhaftes Selbstbild tatsächlich nur aus den Schriften von Europäern wie Max Müller und anderen gewinnen, die in nationalistischen Schriften denn auch ausführlich zitiert werden.

Das alles führte dazu, daß man bewußt einen Anspruch auf Spiritualität erhob, wie er auch auf dem Schild am Tempel von Kurukshetra zum Ausdruck kam. PRASAD FORDERT: WISSENSCHAFT SPIRITUALISIEREN lautet die Überschrift eines Zeitungsartikels über eine der Reden, die der ehemalige Staatspräsident beinahe täglich hält. Die logische Folge einer solchen Forderung ist eine Meldung wie diese, auf die ich in der *Times of India* stieß:

EIN »EINZELHÄNDLER« DER SPIRITUALITÄT

Shantiniketan, 16. Januar
Bei einem Empfang bezeichnete Acharya Vinoba Bhave sich gestern als »Einzelhändler« der Spiritualität und fuhr fort, Buddha, Jesus, Krishna, Tagore und Vivekananda seien »Großhändler der Spiritualität« gewesen, »während ich ein Einzelhändler bin und aus dem unermeßlich großen Vorrat schöpfe, um die ländliche Bevölkerung zu versorgen«. – PTI

Es führte dazu, daß eine alte Kultur bewußt in Besitz genommen wurde. Bei einem offiziellen Empfang zu Ehren des ehemaligen Gouverneurs eines Bundesstaates saßen wir schweigend in tiefen Sesseln an einer Wand des Saals, als jemand mir zurief: »Wie steht es in Ihrem Teil der Welt um die indische Kultur?« Der ehemalige Gouverneur, ein Veteran des Unabhängigkeitskampfes in dicken Strümpfen, beugte sich vor und sah mich an. Wie es hieß, war er ein großer Verfechter indischer Kultur; ich las später Zeitungsartikel über seine Reden zu diesem Thema. Um zu zeigen, daß ich die Frage ernst nahm und eine Grundlage für eine Diskussion schaffen wollte, rief ich quer durch den Saal zurück: »Was meinen Sie mit indischer Kultur?« Der Beamte, in dessen Begleitung ich zu dem Empfang gegangen war, schloß entsetzt die Augen. Der ehemalige Gouverneur lehnte sich zurück. Es trat wieder Schweigen ein.

Spiritualität und alte Kultur waren ein ebenso kollektiver, bewußter Besitz wie Pastor Adams und Tom Jones bei Simpson's. Angesichts dieser aufgesetzten Selbstbewußtheit konnten echte Gefühle jedoch nicht entstehen. Die alte Welt voller Ruinen, die nur von Kontinuität und der Schöpfung als einer elementaren Wiederholung sprachen, konnte nicht überdauern, und die Inder mühten sich hilflos in einer neuen Welt ab, deren Formen sie wohl wahrnahmen, deren Geist sich ihnen aber entzog. Sie schufen sich eine Identität in ihrem eigenen Land und wurden zu Vertriebenen.

Sie entwickelten eine Doppelmoral. Fünfhundert Cholera-Tote in Kalkutta sind einer indischen Zeitung eine Kurzmeldung wert. Der Tod von zwanzig Kindern braucht lediglich mitgeteilt zu werden.

POCKEN IN FEROZABAD
Eigener Bericht

Agra, 1. Juni
In Ferozabad sind Pocken in epidemischer Form ausgebrochen. Zwanzig Menschen, hauptsächlich Kinder, sind im Dorf Jaroli Kalan an Pocken gestorben.

In derselben Zeitung steht ein groß aufgemachter Bericht über den Tod von sechzehn belgischen Bergleuten. Die Bauern sitzen in Gerichtssälen und verfolgen mit offenem Mund das Drama einer Debatte in einer Sprache, die sie nicht verstehen, während draußen, in einer Basaratmosphäre, andere Bauern im Staub hocken und unendlich viel Zeit zu haben scheinen. Die Maschineschreiber sitzen mit ihren uralten Schreibmaschinen im spärlichen Schatten der Bäume, und die Rechtsanwälte warten auf Kundschaft und sehen in ihren düsteren Talaren exotisch aus. Diese Gerichtsbasare arbeiten mit einer veränderten Auffassung vom Wert eines Men-

schen. Doch dieser Wert ist rein legalistisch und auf den Gerichtssaal beschränkt – er ist eine Art Scheinwert und gehört zu dem komplexen Ritual, das den Indern durch ihre staubige Existenz hilft. Die Kastenregeln – auch sie Gesetze – müssen ebenfalls befolgt werden. Die Mimikry verbirgt die indische Schizophrenie. Indien muß voranschreiten, muß die Korruption ausrotten, muß den Westen einholen. Aber ist das wirklich so wichtig? Ist ein bißchen Korruption denn so schlimm? Ist materieller Wohlstand tatsächlich so erstrebenswert? Hat Indien das nicht alles schon hinter sich – die Atombombe, das Flugzeug, das Telefon? Deshalb können Inder, wenn man sich mit ihnen unterhält, so ausweichend und irritierend sein. Dennoch mußte ich mich nur in das Haus meiner Großmutter zurückversetzen, in jenes undeutliche, unartikulierte Bewußtsein von der Welt drinnen und der Welt draußen, um meine Gesprächspartner zu verstehen, um ihre Logik nachzuvollziehen und sowohl ihre Leidenschaft als auch ihre stille Verzweiflung, das Positive wie das Negative zu begreifen. Doch ich hatte gelernt zu sehen, und ich konnte nicht leugnen, was ich sah. Sie dagegen verharrten in jener anderen Welt. Sie sahen die Menschen nicht, die morgens neben den Eisenbahngleisen hockten und defäkierten, ja sie leugneten sogar ihre Existenz. Und warum sollte man sie auch wahrnehmen? Hatte ich etwa die Bettler in Kairo und die Slums in Rio wahrgenommen?
Die Sprache trägt zu dieser Verwirrung bei. Jeder andere Eroberer hat den Indern eine Sprache hinterlassen, doch Englisch ist und bleibt eine Fremdsprache. Das ist die größte Ungereimtheit des britischen Erbes. Eine Sprache ist wie ein Sinnesorgan, und daß Englisch, das ja immer nur Zweitsprache sein kann, noch heute Amtssprache ist, richtet einen immensen psychologischen Schaden an. Es ist, als würde man den Stadtrat von Coventry zwingen, seine Sitzungen auf Französisch oder Urdu abzuhalten. Es sorgt für Ineffizienz, es trennt den Verwaltungsbeamten vom Bauern, und es behindert die Selbsterkenntnis. Sobald ein Behördenangestellter Englisch sprechen muß, wirkt er wie ein tumber Tor. Für

ihn besteht diese Sprache aus einer Reihe unvollkommen verstandener Zauberformeln, was das Repertoire seiner Antworten verkleinert und ihn unflexibel macht. Infolgedessen verbringt er sein Arbeitsleben in einer Unterwelt voller undeutlicher Wahrnehmungen. In seiner eigenen Sprache dagegen könnte er schnell und findig sein. Hindi ist zur ersten Amtssprache erklärt worden. Es wird von der Hälfte des Landes verstanden, von Srinagar bis Goa, von Bombay bis Kalkutta. Aber im Norden geben viele vor, kein Hindi zu sprechen, und im Süden ist die von Gandhi unterstützte nationalistische Welle der Begeisterung für Hindi inzwischen völlig verebbt. Hindi, so hört man, verschaffe dem Norden einen Vorteil; es sei besser, wenn der Norden und der Süden weiter beim Englischen und dadurch zwar ungebildet und ineffizient, aber wenigstens gleichwertig blieben. Das ist ein indisches Argument – Indien wird immer auf die Entscheidungen eines Eroberers angewiesen sein. Und die Verfechter von Hindi trachten in ihrer eitlen Anmaßung nicht danach, die Sprache zu vereinfachen, sondern machen sie im Gegenteil noch unzugänglicher. »Radio«, ein internationales Wort, wurde nicht übernommen, sondern in eine altmodische Wigwam-und-Feuerwasser-Konstruktion übersetzt: »Stimme aus dem Himmel.«

Indische Versuche, sich dem Roman zu nähern, enthüllen einen weiteren Aspekt der indischen Verwirrung. Der Roman ist eine westliche Kunstform. Er entsteht aus dem westlichen Interesse für die Befindlichkeit des Menschen und ist eine Reflexion des Hier und Jetzt. In Indien zogen tiefgründige Menschen es vor, dem Hier und Jetzt den Rücken zu kehren und das zu befriedigen, was Staatspräsident Radhakrishnan »das allgemein menschliche Bedürfnis nach dem Unsichtbaren« nennt. Das befähigt einen nicht eben zum Schreiben oder Lesen von Romanen. Das grundlegende Bedürfnis nach dem Unsichtbaren macht die Inder anfällig für Romane wie *Auf Messers Schneide* und *Des Teufels Advokat*, deren Wert als Erbauungsliteratur unbestritten ist. Darüber hinaus jedoch herrscht Unsicherheit. Was erwartet man von einem

Roman? Eine Geschichte, »Charakterentwicklung«, »Kunst«, Realismus, eine Moral, guten Stil, eine Gelegenheit, sich mal richtig auszuweinen? Die Frage ist ungeklärt. Daher die Taschenbuchausgaben von *Schoolgirl's Own Library* in den Händen von Studenten, daher die amerikanischen Comic-Hefte im Zimmer des Studenten am St. Stephen College in Neu Delhi, daher die Bücher von Denise Robbins neben denen über Astrologie. Und daher wird Jane Austen auf der hinteren Umschlagseite indischer Taschenbuchausgaben als eine Schriftstellerin gepriesen, deren Vergleiche exquisit sind.

Das gehört zur Mimikry, zur Nachahmung des Westens, zur indischen Selbstverletzung. Man stößt in Chandigarh darauf, in dem neuen Theater, in dem Stücke gespielt werden sollen, die es noch gar nicht gibt, in jenen endlosen Schriftstellerkongressen, wo man einander ermahnt, sich für die »emotionale Integration« oder den Fünfjahresplan einzusetzen, und wo die Probleme der Schriftsteller unermüdlich diskutiert werden. Diese Probleme scheinen weniger das Schreiben von Büchern als vielmehr ihre Übersetzung ins Englische zu betreffen, denn man ist der Meinung, daß Englisch, so gut es für Tolstois Werke taugen mag, der indischen »Regionalliteratur« niemals wird gerecht werden können. Das mag sein; das wenige, was ich in englischer Übersetzung davon gelesen habe, hat in mir nicht den Wunsch erweckt, mir mehr davon zu besorgen. Der große, in Indien verehrte Premchand erwies sich als zweitklassiger Fabeldichter, dem soziale Themen wie der Status von Witwen und Schwiegertöchtern zu sehr am Herzen lagen. Andere Schriftsteller ermüdeten mich mit der Behauptung, daß Armut und Tod traurig seien. Ich las von armen Fischern, armen Bauern, armen Rikschafahrern; zahllose hübsche junge Mädchen starben entweder plötzlich und unerwartet oder legten sich in das Bett des Großgrundbesitzers, bezahlten die Familienschulden und nahmen sich anschließend das Leben. Viele der »modernen« Kurzgeschichten waren in Wirklichkeit bloß runderneuerte Volkssagen. In Andhra überreichte man mir eine Broschüre über eine Konferenz von

Telugu-Schriftstellern. In der Broschüre war die Rede von dem heldenhaften Kampf des Volkes für einen Telugu-Staat – in meinen Augen ein aberwitziges Unterfangen –, und dann zählte man die Märtyrer der Bewegung auf und leitete über zu einem kurzen Abriß des Telugu-Romans. Wie es scheint, begann der Telugu-Roman mit der Übersetzung von *Der Pfarrer von Wakefield* und *East Lynne* ins Telugu. Etwas weiter südlich hörte ich von einem Schriftsteller, der stark von Ernest Hemingway beeinflußt sei.

Der Pfarrer von Wakefield und *Der alte Mann und das Meer*: Es ist schwierig, sie in Beziehung zu indischen Landschaften oder indischen Geisteshaltungen zu setzen. Auch der japanische Roman hat mit der Nachahmung des Westens begonnen. Tanizaki hat, soviel ich weiß, zugegeben, daß er sich in jungen Jahren zu sehr von den Europäern beeinflussen ließ. Trotz der Mimikry kann man aber erkennen, daß die Japaner von einer bestimmten Art der Wahrnehmung besessen sind. Das färbt Tanizakis Frühwerk ebenso wie die neueren Romane von Yukio Mishima: Es ist diese eigenartige Nüchternheit, die zu einer so großen Distanz anwächst, daß sie den Akt des Schreibens sinnlos erscheinen läßt. Doch wie eigenartig auch immer – sie entsteht aus einem Bedürfnis nach dem Sichtbaren und einem Interesse für den Menschen. Die Süßlichkeit und die Traurigkeit, die man in indischen Filmen und Romanen findet, sind eine Abkehr von einer übermächtigen Realität; sie reduzieren den Schrecken auf eine warme, tugendsame Empfindung. Die indische Sentimentalität ist das Gegenteil von Interesse.

Die Vorzüge von R.K. Narayan sind wie von Zauberhand verwandelte indische Fehler. Ich will nicht respektlos erscheinen: Er ist ein Schriftsteller, dessen Werk ich mag und bewundere. Er läuft immer wieder Gefahr, sich in der *Ziellosigkeit* der indischen Literatur zu verlaufen – die einem tiefen Zweifel am Wert und Zweck des Romans an sich entspringt –, doch immer wieder rettet ihn seine Aufrichtigkeit, sein Sinn für Humor und vor allem seine lebensbejahende Haltung. Er ist tief in seiner Gesellschaft verwurzelt. Vor einigen Jahren sagte er in London zu mir, Indien werde seinen Weg fortsetzen, ganz gleich, was geschehe. Er sagte es beiläufig; es war eine derart tiefsitzende Überzeugung, daß sie nicht weiter erläutert zu werden brauchte. Es ist eine negative Einstellung und geht auf das alte Indien zurück, das zu einer Selbsteinschätzung nicht imstande war. Und es führt dazu, daß das Indien in Narayans Romanen nicht das Indien ist, das der Besucher sieht. Narayan sagt eine indische Wahrheit. Zu vieles von dem, was den Besucher überwältigt, ist ausgeblendet, zu vieles wird als selbstverständlich betrachtet. Bei Narayan gibt es einen Widerspruch zwischen der Form, die ein Interesse impliziert, und seiner Haltung, die ein Interesse leugnet, und in diesem stillen Widerspruch liegt sein Zauber, für den manche ihn mit Tschechow verglichen haben. Er ist unnachahmlich, und ich kann mir nicht vorstellen, daß seine spezifische Leistung die Synthese ist, auf die die indische Literatur zustrebt. Die jüngeren englischsprachigen Schriftsteller haben sich weit von Narayan entfernt. In ihren Romanen, in denen es um die Schwierigkeiten von Studenten geht, die aus Europa zurückgekehrt sind, drücken sie vorerst nur ihre persönliche Verwirrung aus. Die einzige Schriftstellerin, die in der indischen Gesellschaft verwurzelt und dennoch imstande ist, eine Vision zu entwerfen, die als eine Art Kommentar allgemein akzeptiert werden könnte, ist R. Prawer Jhabvala. Doch sie ist Europäerin.[*]

---

[*] »Man kann die Literatur der Zustimmung zur Welt, die im großen und ganzen mit der Antike und den Jahrhunderten der Klassik zusammenfällt, trennen von der Literatur der Abspaltung von ihr, die mit der Neuzeit beginnt. Man wird dabei die Seltenheit des Romans in der ersteren feststellen. Wenn er vorkommt, betrifft er mit wenigen Ausnahmen nicht die Geschichte, sondern die Phantasie ... Es sind Erzählungen, keine Romane. Mit der letzteren hingegen setzt die eigentliche Entwicklung der Gattung des Romans ein, die nicht aufgehört hat, bis heute immer reicher und verbreiteter zu werden ... Der Roman entsteht gleichzeitig mit dem Geist der Revolte und zeugt auf ästhetischer Ebene vom gleichen Ehrgeiz.« Albert Camus: *Der Mensch in der Revolte*

Der Austausch zwischen Indern und Briten war zum Scheitern verurteilt und endete mit einer doppelten Phantasie. Das neue Bewußtsein ihrer selbst versperrt den Indern den Weg zurück zu ihrer alten Identität, und ihr Festhalten am indischen Selbstverständnis erschwert ihnen das Voranschreiten. Man kann ein Indien finden, das sich seit der Zeit der Mogulherrscher scheinbar – aber eben nur scheinbar – nicht verändert hat. Man kann aber auch ein Indien finden, dessen Mimikry des Westens solange überzeugend ist, bis man – manchmal mit Bestürzung, manchmal mit Ungeduld – feststellt, daß eine wirkliche Kommunikation nicht möglich ist, daß eine Vision nicht vermittelt werden kann, daß es noch immer unzugängliche Regionen des Geistes gibt, in die Inder sich zurückziehen können. Sowohl die positiven als auch die negativen Prinzipien sind verwässert worden; sie halten einander im Gleichgewicht. Die Durchdringung war nicht vollständig, der Versuch der Bekehrung wurde aufgegeben. Indiens Stärke, seine Duldsamkeit, entsprang dem negativen Prinzip, nämlich dem unhinterfragten Gefühl der Kontinuität. Es ist ein Prinzip, das seinen Wert verliert, sobald es verwässert wird. Im neuen indischen Selbstverständnis mußte das Gefühl der Kontinuität verlorengehen. Der Schaffensdrang erlahmte. Statt Kontinuität zeigt sich Stillstand. Man findet ihn in der Architektur, die sich an der »alten Kultur« orientiert; man findet ihn in dem oft beklagten Mangel an Tatkraft, der nicht so sehr politische oder wirtschaftliche Ursachen hat, sondern vielmehr psychologischer Natur ist. Man findet ihn in den politischen Gerüchten, die Bunty verbreitet. Man findet ihn in den starren, toten Pferden und dem unbeweglichen Streitwagen im Tempel von Kurukshetra. Shiva hat aufgehört zu tanzen.

9

DER BLUMENKRANZ AUF MEINEM KISSEN

»Sie werden nie erraten, welchen Beruf ich habe.«
Er war dünn, in mittleren Jahren, hatte ein scharf geschnittenes Gesicht und trug eine Brille. Seine Augen tränten, und an seiner Nasenspitze hing ein Tropfen. Es war ein Wintermorgen, und unser Abteil in der zweiten Klasse war ungeheizt.
»Ich werde Ihnen ein bißchen helfen: Ich arbeite für die Eisenbahn. Hier ist mein Dienstausweis. Haben Sie schon einmal einen gesehen?«
»Sie sind Schaffner!«
Sein Lächeln enthüllte eine Zahnlücke. »Nein, nein, Sir. Die tragen alle eine Uniform.«
»Dann sind Sie von der Bahnpolizei.«
Sein Lächeln verwandelte sich in ein breites Lachen. »Ich sehe schon – Sie werden es nie erraten. Ich sage es Ihnen: Ich bin Inspektor für Büromaterial und Formulare bei der Northern Railway.«
»Büromaterial und Formulare!«
»Ja. Ich reise herum, Tag und Nacht, im Sommer wie im Winter, von einer Station zur anderen, und inspiziere Büromaterial und Formulare.«
»Wie sind Sie denn zu diesem Posten gekommen?«
»Warum fragen Sie mich das, Sir? Ich war mein Leben lang ein Versager.«
»Das sollten Sie nicht sagen.«

»Ich hätte es so viel weiter bringen können, Sir. Mein gutes Englisch ist Ihnen sicher schon aufgefallen. Ich habe bei Professor Harding studiert. Ich habe das Baccalaureat. Als ich in den Dienst eintrat, dachte ich, daß ich Karriere machen würde. Anfangs habe ich im Lager gearbeitet. Damals habe ich Büromaterial und Formulare stapelweise aus den Regalen geholt und den Büroboten gegeben. Natürlich nur, wenn die Anforderung bewilligt war.«

»Natürlich.«

»Vom Lager wurde ich in die Verwaltung versetzt. Ich kam nur langsam voran. Stetig, aber langsam. Irgendwie habe ich mich gehalten. Mein ganzes Berufsleben habe ich in der Abteilung ›Büromaterial und Formulare‹ verbracht. Ich habe meine Familie ernährt. Ich habe den Jungen eine Ausbildung ermöglicht. Ich habe meine Tochter verheiratet. Mein einer Sohn ist beim Heer, der andere ist bei der Luftwaffe, als Offizier.«

»Aber das hört sich doch eher wie eine Erfolgsgeschichte an.«

»Nein, nein, Sir, machen Sie sich nicht über mich lustig. Ich habe mein Leben vertan.«

»Erzählen Sie mir mehr über Ihre Arbeit.«

»Geheimnisse. Sie wollen meine Geheimnisse erfahren. Also gut, ich werde Ihnen etwas erzählen. Aber zuerst muß ich Ihnen ein Anforderungsformular zeigen.«

»Ein Büchlein. Mit sechzehn Seiten.«

»Manchmal steigen diese Dinger einem Stationsvorsteher ein bißchen zu Kopf. Diese Anforderungsformulare werden ihnen einmal im Jahr zugeschickt. Sie tragen ein, was sie brauchen, und schicken die Anforderung in dreifacher Ausfertigung zurück. Das da ist übrigens ein Standardanforderungsformular. Es gibt auch andere.«

»Und wenn diese Anforderungsformulare zurückgeschickt werden -«

»Landen sie bei mir. Und dann mache ich eine Kontrolle. Ich steige am Bahnhof aus, als wäre ich ein ganz gewöhnlicher Passagier. Manchmal werde ich von dem Stationsvorsteher beschimpft, dessen Anforderung ich überprüfen soll. Und dann gebe ich mich zu erkennen.«

»Sie sind ein schlimmer Mensch.«

»Finden Sie, Sir? Als Inspektor für Büromaterial und Formulare lernt man seine Stationsvorsteher kennen. Sie verraten sich durch ihre Anforderungen. Man bekommt einen Blick dafür. Das hier wird Sie interessieren. Dort war ich gestern.«

Die mit schwarzer Tinte geschriebenen Einträge im Anforderungsformular waren an vielen Stellen mit Rotstift korrigiert.

»Schlagen Sie einmal Seite 12 auf. Sehen Sie? Er hatte hundert Notizblöcke angefordert.«

»Du liebe Zeit! Und Sie haben ihm nur zwei bewilligt!«

»Er hat sechs Kinder, die alle in die Schule gehen. Achtundneunzig von diesen Notizblöcken waren für seine Kinder. Als Inspektor für Büromaterial und Formulare weiß man so etwas. Ah, der Zug hält. Ich muß hier aussteigen. Ich glaube, heute werde ich noch meinen Spaß bekommen. Ich wollte, ich hätte genug Zeit, um Ihnen zu zeigen, was *er* angefordert hat.«

»Ich habe vor ein paar Tagen einen Ihrer Inspektoren für Büromaterial und Formulare kennengelernt.«

»Unseren was?«

»Einen Ihrer Inspektoren für Büromaterial und Formulare.«

»So was gibt es bei uns nicht.«

»Aber ich habe mir diesen Mann doch nicht ausgedacht. Er hat mir seine Anforderungsformulare und so weiter gezeigt.«

Anforderungsformulare. Es war ein gutes Wort.

»Da sieht man mal wieder: Man kann jahrelang bei der Eisenbahn arbeiten, und trotzdem gibt es Dinge, die man nicht weiß. Was mir zu schaffen macht, sind die Reisen des Staatspräsidenten. Unser früherer Staatspräsident ist nicht gern geflogen. Können Sie sich vorstellen, was es für einen Regionalbereichsleiter bedeutet, wenn ein Staatspräsident auf die Reise geht? Ich muß die Fahrpläne ändern. Ich muß

Züge umleiten. Ich muß die Strecke abfahren und unter die Lupe nehmen. Ich muß bis vierundzwanzig Stunden vorher Männer, die in Rufweite voneinander entfernt gehen, an der Strecke patrouillieren lassen. Und dann muß ich eine Viertelstunde vor seinem Zug als Lockvogel vorausfahren. Damit ich zuerst in die Luft fliege.«

»Aber wo in Ihrer schrecklichen Stadt können wir einen Kaffee trinken?«
»In dieser Gegend ist der Bahnhof das Zentrum der Zivilisation. Und der Kaffee dort ist nicht mal schlecht.«
»Na gut, dann gehen wir dorthin.«
Etwas später.
»Sir?«
»Zwei Kaffee.«
»Wir haben keinen Kaffee.«
»So? Dann bringen Sie uns eine Kanne Tee für zwei Personen. Und das Beschwerdebuch.«
»Sir?«
»Das Beschwerdebuch.«
»Ich werde Ihnen den Direktor schicken, Sir.«
»Nein, nein. Bringen Sie uns eine Kanne Tee und das Beschwerdebuch.« An den Gast gewandt: »Es ist mir wirklich peinlich. Die Bewirtung ist nicht unsere Sache. Wir haben die Konzession verpachtet. Wir liefern dem Pächter guten Kaffee und Tee, aber er verkauft ihn einfach weiter. Wir können nichts dagegen tun. Der Mann kennt einen Minister. Es ist die alte indische Geschichte. Aber sehen Sie: Da kommt unser Kellner.«
»Bringt er das Beschwerdebuch?«
»Nein. Er bringt zwei Tassen Kaffee.«

Indian Railways! Sie haben sich ins Gedächtnis eines jeden Reisenden im Norden, Süden, Osten und Westen eingeprägt. Dennoch haben nur wenige den Zauber dieser ehrfurchtgebietenden Organisation beschrieben, die indische Entfernungen schrumpfen läßt und mit unerhörtem Selbstvertrauen in jedem Bahnhof auf verblassenden Schildern behauptet: *Verspätete Züge holen die verlorene Zeit in der Regel wieder auf.* Und das tun die Züge tatsächlich. Aber gibt es überhaupt einen Zauber? Eine so komplexe, fein abgestimmte Organisation hätte ein reicheres Land verdient, mit schimmernden Städten, wie geschaffen für Abenteuer. Die gelben Richtungsschilder auf den Wagen erhalten ihren Zauber nur durch die Entfernung oder das Wissen um die Entfernung zu diesen Orten. Die Lokomotive verschlingt die Entfernung und verwandelt sie gleichsam in Abfall. Und sie tut das mit einer Geschwindigkeit, die schließlich so sinnlos erscheint wie die riesige, karge Weite dieses Zwergenlandes, das sich unter einem hohen Himmel zusammenduckt und nur in den Bahnhöfen unvermittelt in schrillen Trubel ausbricht, als wäre alle Energie für diesen einen Ort, für diesen einen Augenblick aufgespart worden: das Geschrei der krummen, verschwitzten Gepäckträger mit ihrem hysterischen Eifer und ihren roten Turbanen und Jacken, das Geschrei der Teeverkäufer mit ihren Töpfen und Tonschalen (die Schalen werden nach Gebrauch zerbrochen), das Geschrei der *pan*-Verkäufer, das Geschrei der Verkäufer von gebratenen oder mit Curry gewürzten Snacks (die von kleinen, trockenen Zweigen zusammengehaltenen Blätter, auf denen diese Speisen serviert werden, wirft man nachher auf den Bahnsteig oder die Gleise, wo die herrenlosen Hunde, wütend nur gegen ihre Artgenossen, darum kämpfen und ein unterlegener Hund heult und heult) und über der ganzen Szene – die jedoch nur belebter Vordergrund ist, denn diese Bahnhöfe sind sowohl Häfen als auch soziale Zentren, und auf den Bahnsteigen aus glattem, kühlem Beton können sich die Hoffnungslosen ausstrecken und schlafen – über der ganzen Szene ein niedriges Dach, unter dem sich Ventilatoren in sinnloser, wirbelnder Hast drehen. Die Sonne geht auf und unter, und der rasende Zug wirft im goldenen Licht der Dämmerung einen scharf umrissenen, gedehnten Schatten, von den Rädern des Waggons bis zum Dach, doch die Entfernung ist noch immer nicht verschlungen. Das Land ist

Entfernung geworden. Wird das Metall nicht irgendwann glühen? Wird man nicht endlich in ein Land gelangen, das fruchtbar ist und in dem die Menschen nicht verwachsen sind? Doch es kommt nur noch ein weiterer Bahnhof, noch mehr Geschrei. Die magentaroten Waggons sind mit heißem Staub bedeckt. Es gibt nur noch mehr ausgestreckte Körper, noch mehr Hunde, den trügerischen Komfort einer Dusche neben dem Wartesaal erster Klasse und eine durch die eigene Angespanntheit und Ängstlichkeit vergiftete Mahlzeit. Und tatsächlich ist Frachtgut für Indian Railways wichtiger als Menschen, und die erste Klasse bringt weniger ein als die dritte, die Klasse für die Armen, für die selbst in diesen nur rudimentär eingerichteten Wagen nie genug Platz ist. Man kann dem Regionalbereichsleiter, der dies alles weiß, keinen Vorwurf daraus machen, daß er den Zauber, die Erhabenheit seiner Organisation nicht wahrnimmt. Indian Railways dient Indien. Die Züge fahren unermüdlich und pünktlich, weil sie es müssen. Sie zeigen mehr als das »wirkliche« Indien, das man nach Meinung der Inder nur in den Wagen der dritten Klasse kennenlernen kann. Sie zeigen Indien als Sinnlosigkeit und unendlichen Schmerz, sie zeigen Indien als Idee. Ihr Zauber ist eine Abstraktion.

Es war ein Wagen dritter Klasse, aber er gehörte nicht zum wirklichen Indien. Er war klimatisiert, und drinnen sah es aus wie in einem Flugzeug: Reihen von Einzelsitzen mit hohen, verstellbaren Rückenlehnen. An den doppelverglasten Fenstern hingen Vorhänge, der Mittelgang war mit einem Teppich ausgelegt. Es war einer der Wagen mit Sonderausstattung, die Indian Railways unterhält. Diese klimatisierten Wagen verkehren zwischen den drei größten Städten und Neu Delhi; für vier Pfund kann man tausend Meilen komfortabel zurücklegen, mit einer Durchschnittsgeschwindigkeit von fünfzig Kilometern pro Stunde.
Wir fuhren nach Süden, und unter den kleinen, zartgliedrigen, zu Beginn der langen Reise noch verschüchterten Südindern fiel der Sikh sofort auf. Er war sehr groß, seine

Gesten waren ausladend, er beanspruchte viel Platz. Sein Bart war ungewöhnlich schütter, und der schwarze Turban, den er fest und tief um den Kopf gewickelt hatte, sah aus wie ein Barett. Anfangs hatte ich ihn für einen europäischen Künstler gehalten. Trotz der zahlreichen Hinweisschilder, die das verboten, wuchtete er seinen schweren Koffer auf die Gepäckablage. Er hatte die kompakte Statur eines Gewichthebers. Er drehte sich etwas und musterte aus großer Höhe die anderen Passagiere – mit Geringschätzung, wie es schien: Seine fleischige Unterlippe verzog sich nach unten. Er war vier oder fünf Reihen vor mir, und als er sich setzte, konnte ich nur noch die Spitze seines Turbans sehen. Aber sein Auftritt war beeindruckend gewesen. Mein Blick kehrte immer wieder zu dem Turban zurück, und nach nicht einmal einer Stunde empfand ich seine Gegenwart als irritierend. Ich fürchtete – wie auf Reisen schon so oft –, daß mein Interesse das seine wachrufen würde, so daß der Kontakt, den ich gern vermieden hätte, unausweichlich wäre.

Sikhs verwirrten und faszinierten mich. Sie gehörten zu den wenigen kräftigen Männern, die man in Indien sah, und erinnerten mich in vielerlei Hinsicht an die Inder in Trinidad. Sie legten eine ähnliche Rastlosigkeit und Energie an den Tag, was zu einer ähnlichen Ablehnung durch die anderen Bevölkerungsgruppen führte. Sie waren stolz auf ihre bäuerlichen und handwerklichen Fähigkeiten und waren leidenschaftliche Taxi- und Lastwagenfahrer. Wie den Indern in Trinidad warf man ihnen Vettern- und Klanwirtschaft vor, während sie im Umgang miteinander in Wirklichkeit eher streitsüchtig waren. Doch die Sikhs gehörten zu Indien – jenseits dieser Ähnlichkeiten waren sie für mich unergründlich. Durch Bart und Turban erschien ihre Individualität vermindert; ihre Augen hatten keinen Ausdruck. Der Ruf, den die Sikhs in Indien genossen, machte es nicht leichter, sie zu verstehen. Sie hatten eine militärische Tradition: Als Soldaten oder Polizisten waren sie für ihr wildes Draufgängertum bekannt. Gleichermaßen bekannt waren die Sikhs, trotz ihrer Unternehmungslust und ihres offensichtlichen Erfolges, für die Schlichtheit ihres Gemüts. Der dumme Sikh war eine sprichwörtliche Gestalt. Angeblich hatte das etwas mit dem Turban zu tun: Unter ihm und dem ungeschnittenen Haar wurde es zu warm, so daß das Gehirn der Sikhs weich wurde. So lauteten jedenfalls die Geschichten, und das, womit die Sikhs öffentlich in Erscheinung traten – hauptsächlich Tempelintrigen, heilige Männer, wundersame Fastenaktionen und Wildwest-Abrechnungen mit Pistolen auf der Straße von Delhi nach Chandigarh –, kam mir gleichermaßen komisch wie kraß vor. Zweifellos besaßen sie Energie. Vielleicht war es zuviel Energie: Vor dem Hintergrund Indiens erschienen sie immer etwas beunruhigend.

Eine Woche zuvor hatte unser Zug einen Unfall gehabt und führte nun einen Ersatz-Speisewagen, den man von unserem Wagen aus nicht betreten konnte. Wir fuhren in einen Bahnhof ein, und ich ging hinaus, um in den Speisewagen umzusteigen. Ich sah, daß der Sikh ebenfalls ausstieg, und trat an einen Stand mit Büchern. Im Speisewagen setzte ich mich mit dem Rücken zur Tür. Rings um mich her war die Luft erfüllt von vokalreichen südindischen Worten. Die Südinder begannen sich zu entspannen; sie schöpften mit den Fingern ihr fast flüssiges Essen. Sie genossen die Berührung des Essens. Sie kauten, seufzten genußvoll und manschten Reis und Sauce durcheinander. Sie manschten und manschten, und dann, ganz plötzlich, als wollten sie das Essen überraschen, formten sie etwas von der Mischung zu einem Ball, hoben die verschmierten Finger an die Lippen und schnippten sich – Schwupps! – Reis und Sauce in den Mund. Dann begann das Manschen, Plappern und Seufzen von neuem. »Ich darf mich doch zu Ihnen setzen?«

Es war der Sikh. Er hatte die *Illustrated Weekly of India* in der Hand. Mit seinem fest gewickelten, leicht schief sitzenden schwarzen Turban, dem engen Hemd und der engen, von einem Gürtel gehaltenen Hose sah er wie ein Pirat aus einem Kinderbuch aus. Sein Englisch war flüssig und ließ darauf schließen, daß er im Ausland lebte. Sein Mund wirkte jetzt humorvoller und war, wie mir schien, amüsiert verzogen, als er sich zwischen Tisch und Stuhl zwängte und dabei die Manscher musterte.

»Wie finden Sie das Essen?« Er lachte leise. »Sie sind aus London, nicht?«

»Irgendwie schon.«

»Ich habe Ihren Akzent gleich erkannt. Ich habe gehört, wie Sie mit dem Wachmann geredet haben. Kennen Sie Hampstead? Die Finchley Road? Fitzjohn's Avenue?«

»Ja, aber nicht sehr gut.«

»Kennen Sie das Bambi Coffee House?«

»Ich glaube nicht.«

»Aber wenn Sie die Finchley Road kennen, müssen Sie auch das Bambi kennen. Erinnern Sie sich an den kleinen Burschen mit den engen Hosen, mit dem Rollkragenpullover und dem Bärtchen?« Wieder lachte er leise.

»Nein.«

»Wenn Sie sich an das Bambi erinnern, müssen Sie sich auch an diesen kleinen Burschen erinnern. Immer wenn man ins Bambi kam – immer wenn man in *irgendein* Coffee House in der Finchley Road kam –, sprang er da herum.«

»Hat er die Kaffeemaschine bedient?«

»Nein, nein. Nichts dergleichen. Ich glaube, er hat eigentlich überhaupt nichts getan. Er war bloß immer da. Mit einem Bärtchen. Komischer kleiner Kerl.«

»Fehlt Ihnen London?«

Sein Blick wanderte zu den Manschern. »Na ja, sehen Sie sich doch mal um.«

Eine Frau in einem Sari mit einer blaugetönten Sonnenbrille und einem Baby auf dem Schoß wischte die letzten Reste *sambar* von ihrem Teller. Sie spreizte die Finger, legte die Hand auf den Teller, drückte die Finger aneinander, führte sie zum Mund und leckte sie ab.

Der Sikh lachte sein tiefes Hm-hm-hm-Lachen.

»Na endlich«, sagte er, als der Zug sich in Bewegung setzte. »Es ist mir lieber, wenn keine anderen Sikhs da sind. Zigarette?«

»Aber Sikhs rauchen doch nicht.«

»Ich schon.«

Die Frau blickte von ihrem *sambar* auf. Die Manscher hielten inne, sahen uns an und wandten den Blick so rasch ab, als seien sie entsetzt.

»Idioten«, sagte der Sikh. Sein Gesichtsausdruck veränderte sich. »Haben Sie gesehen, wie einen diese Affen anstarren?« Er beugte sich vor. »Wissen Sie, was mein Problem ist?«

»Nein. Was ist Ihr Problem?«

»Ich habe Rassenvorurteile.«

»Wie unangenehm für Sie.«

»Ich weiß. Aber da kann man nichts machen.«

Eigentlich hätte ich bereits gewarnt sein müssen, aber meine Jugend in Trinidad führte mich in die Irre. »Ich habe Rassenvorurteile.« Diese unvermittelte Bemerkung hätte auch jemand aus Trinidad machen können. Es war eine Bemerkung mit einer gewissen Finesse, eine Aufforderung zu einem halb ernsthaften Streitgespräch. Ich war auf ihn eingegangen, und er hatte scheinbar gut pariert. Doch ich vergaß, daß Englisch seine zweite Sprache war, daß nur wenige Inder mit Ironie umzugehen verstanden und daß er, trotz seiner Sehnsucht nach der Finchley Road und der Fitzjohn's Avenue, ein Inder war, für den die Tabus seiner Kaste und Religion von fundamentaler Bedeutung waren. Er rauchte mit prahlerischem Trotz, doch er war auf der Hut: Er tat es nur, wenn keine anderen Sikhs anwesend waren. Er trug den Turban, den Bart und den Armreif, wie seine Religion es gebot, und ich war sicher, daß er auch die Vorschriften in bezug auf das Messer und die Unterhose einhielt. Und so verstrich die Gelegenheit sich zu bekennen und vielleicht zurückzuziehen.

Während wir auf das Essen warteten – »Kein Reis«, hatte er mit einer Bestimmtheit gesagt, als wollte er eine neue Kastenregel einführen: Reis war das Hauptnahrungsmittel des nichtarischen Südens –, blätterte er mit angefeuchtetem Zeigefinger in der *Illustrated Weekly of India*. »Hier«, sagte er und schob mir die Zeitschrift hin. »Wie viele südindische Affen sehen Sie auf diesem Bild?« Er zeigte auf einen Artikel über die indische Mannschaft bei den Asienspielen in Djakarta.

Sie bestand fast ausnahmslos aus Sikhs. Ohne Turban und mit aufgesteckten, von einem Band gehaltenen Haaren sahen sie ungewöhnlich aus. »*Indische* Mannschaft! Sagen Sie mir doch mal, was dieses Land ohne uns machen würde. Wenn wir nicht wären, könnten die Pakistanis einfach über uns herfallen. Geben Sie mir eine Sikh-Division, nur eine einzige, und ich marschiere damit durch das ganze verdammte Land. Oder glauben Sie vielleicht, daß einer von diesen Idioten uns aufhalten könnte?«

Der Kontakt war da – jetzt gab es kein Entkommen mehr. Vor uns lag eine Reise von vierundzwanzig Stunden. Bei Stopps stiegen wir aus, vertraten uns die Füße auf dem Bahnsteig und genossen nach der Kühle des klimatisierten Wagens die Hitze, die über uns hereinbrach. Wir aßen gemeinsam. Wenn wir rauchten, hielt ich nach anderen Sikhs Ausschau. »Mir macht es nichts aus, verstehen Sie?« sagte der Sikh. »Aber ich will ihre Gefühle nicht verletzen.« Wir sprachen über London und Coffee Houses, über Indien und die Sikhs. Wir waren uns einig, daß die Sikhs die fähigsten Menschen in Indien waren, doch es war schwer, unter ihnen einen zu finden, den er bewunderte. Ich kramte in meinem Gedächtnis nach herausragenden Sikhs und erwähnte einen ihrer Religionsführer. »Der ist ein verdammter Hindu«, sagte der Sikh. Ich erwähnte einen anderen. »Der ist ein Scheißmoslem.« Ich lenkte das Gespräch auf bestimmte Politiker. Er erzählte mir Geschichten über ihre Hinterhältigkeit. »Der Mann hatte die Wahl verloren. Und dann kommen auf einmal diese Kerle und bringen noch ein paar Wahlurnen und sagen: ›Die hier haben wir ganz vergessen.‹« Ich sprach von der Tatkraft der Sikhs und dem Wohlstand im Pandschab. »Ja«, sagte er, »die Putzer steigen auf.‹« Wir sprachen über Sikh-Schriftsteller, und ich erwähnte Khushwant Singh, den er kannte und mochte; er hatte die Geschichte und die Schriften der Sikhs jahrelang studiert. »Khushwant? Er weiß rein gar nichts über die Sikhs.« Der einzige, der je etwas Kluges über die Sikhs geschrieben hatte, war Cunningham, und der war tot, wie alle hervorragenden Sikhs. »Wir sind ein ziemlich hoffnungsloser Haufen geworden«, sagte er.

Viele seiner Geschichten waren offenbar komisch gemeint, doch oft – wie zum Beispiel bei seinen Bemerkungen über religiöse Führer der Sikhs – entdeckte ich darin eine unfreiwillige Komik. Unsere Beziehung hatte mit gegenseitigen Mißverständnissen begonnen, und dementsprechend entwickelte sie sich weiter. Er wurde im Lauf der Reise merklich bitterer, doch das entsprach meiner eigenen Stimmung. Schrille Bahnhöfe, karge Felder, verfallende Kleinstädte, hungerndes Vieh, eine verkümmerte Menschenrasse: Weil seine Reaktionen so sehr den meinen glichen, kam ich nicht auf den Gedanken, sie könnten für einen Inder ungewöhnlich sein. Ihre Heftigkeit gab mir einen Halt: Er übernahm die Rolle meines irrationalen Ichs. Je ärmer das Land wurde, desto hitziger und fürsorglicher wurde mein Begleiter. Er brachte mir eine Freundlichkeit entgegen, wie sie körperlich große Männer manchmal kleinen Menschen gegenüber an den Tag legen.

Gegen Mitternacht erreichten wir den Bahnhof, an dem ich umsteigen mußte. Auf den Bahnsteigen sah es aus wie in einem Leichenschauhaus. Im trüben Licht lagen Menschen da, eingeschrumpelte weiße Bündel, aus denen knochige indische Arme, schimmernde, sehnige Beine und eingefallene Gesichter mit grauen Bartstoppeln hervorsahen. Menschen schliefen, Hunde schliefen, und zwischen ihnen bewegten sich andere Menschen und andere Hunde wie Schemen, die sich von den bewußtlosen Körpern, auf denen sie herumzutrampeln schienen, erhoben hatten. Stille Wagen der dritten Klasse waren angefüllt mit dunklen, wartenden, verschwitzten Gesichtern; die gelben Schilder über den vergitterten Fenstern verrieten, daß sie irgendwohin unterwegs waren. Die Lokomotiven zischten. *Verspätete Züge holen die verlorene Zeit in der Regel wieder auf.* Die Ventilatoren wirbelten hastig. Von überallher ertönte das Geheul von Hunden. Einer humpelte in die Dunkelheit am Ende des Bahnsteigs; ein Vorderbein war vor kurzem erst abgerissen worden; der Stumpf war offen und blutig.

Der Sikh half mir mit meinem Gepäck. Ich war ihm dankbar für seine Anwesenheit und seine Körperkraft. Wir hatten bereits unsere Adressen ausgetauscht und vereinbart, wann und wo wir uns wieder treffen wollten. Jetzt bekräftigten wir unser Versprechen. Wir würden durch den Süden reisen. Indien hatte durchaus seine Vorzüge. Wir würden auf die Jagd gehen. Er würde es mir zeigen – es war ganz einfach, und die Elefanten würden mir gefallen. Dann kehrte er in den klimatisierten Wagen, hinter die Doppelfenster, zurück. Trillerpfeifen gellten, der Zug setzte sich majestätisch in Bewegung. Trotzdem schien der Bahnhof kaum verändert; so viele Menschen lagen noch da und warteten auf ihren Abtransport.

Mein Anschlußzug sollte in etwa zwei Stunden fahren; er stand schon bereit. Ich tauschte meine Fahrkarte dritter Klasse gegen eine für die erste Klasse um und ging vorsichtig den Bahnsteig entlang, vorbei an schlafenden Menschen und Hunden und Wagen dritter Klasse, die schon jetzt überfüllt und stickig waren. Der Schaffner öffnete mir die Tür zu meinem Abteil, und ich stieg ein. Ich verriegelte die Tür, zog die Rollos herunter, versuchte, das Hundegeheul auszublenden, und sperrte die Eindringlinge aus, all die starrenden Gesichter und ausgemergelten Körper. Ich machte kein Licht. Ich brauchte Dunkelheit.

Ich hatte nicht damit gerechnet, aber wir trafen uns genau wie vereinbart. Es war in einer Stadt, in der ich nur einen einzigen Menschen kannte, einen wohlhabenden Konditor, dessen Gastfreundschaft ich fürchten gelernt hatte. Bei jeder Begegnung mußte man eine Auswahl seiner Süßigkeiten probieren. Sie waren grausam süß und töteten für den Rest des Tages jeden Appetit. Die Gastfreundschaft des Sikhs war unkomplizierter. Er ließ mich etwas Alkoholisches trinken, um meinen Appetit wiederzubeleben, und dann gab er mir zu essen. Er widmete mir auch viel Zeit. Ich hatte den Eindruck, daß er mir mehr anbot als Gastfreundschaft: Er wollte mein Freund sein, und es war mir unangenehm, daß ich sein Gefühl nicht erwidern konnte. Doch ich war jetzt gelassener als während der Zugreise, und unsere Stimmungen waren nicht mehr jedesmal im Einklang.

»Dieses englische Wohngebiet haben sie vor die Hunde gehen lassen«, sagte er. »Früher durften die Nigger nicht hier rein. Und jetzt stolpert man auf Schritt und Tritt über sie.« Die Wut war nicht zu überhören und weder durch Humor noch durch die Selbstironie gemildert, die ich bei seinen Ausbrüchen im Zug gehört hatte oder hatte hören wollen. »Leute sind das! Man muß schon schreien: ›Boy!‹, sonst sie hören einen einfach nicht.«

Das war mir auch aufgefallen. Im Hotel rief ich »Boy!« wie alle anderen, bekam aber den richtigen Ton nicht hin. Sowohl die Boys als auch die Gäste trugen südindische Kleidung, und ich hatte schon mehrmals den falschen Mann angeschrien. Daher schwang in meinen Rufen immer zugleich auch eine stumme Frage und eine Entschuldigung mit.

Der Sikh war nicht erbaut. »Und wissen Sie, was die einem antworten? Man könnte meinen, man ist in einem amerikanischen Film mit Hollywoodnegern. Sie sagen: ›Ja, Master.‹ Du lieber Gott!«

In einer solchen Stimmung wurde er jetzt zur Last. Seine Wut hatte etwas Selbstquälerisches, und sie trieb ihn bis zum Monolog. Ich hatte ihn vollkommen falsch eingeschätzt, doch durch diese Fehleinschätzung hatte ich sein Vertrauen und seine Freundschaft gewonnen. Wir hatten uns sentimental voneinander verabschiedet, und unser Wiedersehen war ebenso sentimental gewesen. Ich hatte mich mit all seinen Plänen einverstanden erklärt. Er hatte die Vorbereitungen für unseren Jagdausflug getroffen. Mich jetzt zurückzuziehen wäre mir ebenso schwer gefallen wie alles seinen Gang gehen zu lassen. Ich ließ ihn reden und tat nichts. Und er hatte tatsächlich mehr zu bieten als nur Wutausbrüche. Er wurde immer fürsorglicher, ein zuvorkommender Gastgeber, und ich geriet tiefer und tiefer in seine Schuld. Er war bitter und enttäuscht, und ich sah, daß er außerdem einsam war. Er empfand Indiens Zustand als Beleidigung; mir ging es nicht anders. Die Tage vergingen, ich blieb. Er widmete mir immer mehr Zeit, und ich wurde immer tiefer in seine Bitternis hineingezogen – es war ein unbehagliches, passives Warten auf Erlösung.

Eines Tages gingen wir zu den Ruinen eines Palastes aus dem 18. Jahrhundert, in denen man aufgeräumt hatte, um einen Picknick-Platz zu schaffen. Hier war Indien elegant und solide; die Basare und Bahnhöfe waren weit entfernt. Der Sikh kannte sich in den Ruinen gut aus. Als er sie mir zeigte, wirkte er heiter, fast ein wenig stolz. In der näheren Umgebung gab es einige noch ältere Tempel, doch die interessierten ihn nicht so sehr wie der Palast, und ich glaubte zu wissen, warum. Er war in Europa gewesen, er war – und sei es nur in seiner Einbildung – wegen des Turbans, des Bartes, des ungeschnittenen Haars ausgelacht worden. Er hatte gelernt, Indien und sich selbst von einer anderen Warte aus zu sehen. Er wußte, was Europa von ihm erwartete. Dieser verfallene Palast hätte auch in Europa stehen können, und er freute sich, ihn mir zu zeigen. Wir gingen im Palastgarten spazieren, und er kam wieder einmal auf unseren Jagdausflug zu sprechen: Ich würde staunen, wie lautlos sich Elefanten bewegten. An der Zisterne machten wir Rast, aßen unsere Sandwiches und tranken unseren Kaffee.

Auf dem Rückweg besuchten wir einen der Tempel. Der Vorschlag war von mir gekommen. Der gebrechliche Bettler-Priester erhob sich von seinem mit Schnüren bespannten Bettgestell und kam mit nacktem Oberkörper heraus, um uns zu begrüßen. Er sprach kein Englisch und hieß uns mit Gebärden willkommen. Der Sikh lachte sein leises Lachen und gab sich dann äußerst verschlossen. Der Priester reagierte nicht. Er ging uns voraus in den niedrigen, dunklen Tempel, reckte den dürren Arm und verdiente sich seinen Lohn. Im trüben Zwielicht waren die gemeißelten Verzierungen kaum zu erkennen, und für den Priester waren sie auch nicht so wichtig wie die lebendigen, von Öllämpchen beleuchteten Schreine, in denen grell bemalte, mit schreiend bunten Puppenkleidern bekleidete Statuen schwarzer und weißer Gottheiten standen: Indiens uralte Mischung aus Ariern und Drawidern.

»Damit hat der ganze Mist angefangen«, sagte der Sikh.

Der Priester starrte auf die Gottheiten, wartete auf unsere begeisterten Ausrufe und nickte.

»Sind Sie schon mal in Gilgit gewesen? Dann sollten Sie mal hinfahren. Da oben gibt es nur reine Arier. Wunderschöne Menschen. Wenn man ein paar von diesen Drawidern auf sie loslassen würde, wäre die Rasse in Nullkommanichts verdorben.«

Der Priester führte uns nickend hinaus und blieb wartend stehen, während wir unsere Schuhe wieder anzogen. Ich gab ihm etwas Geld, und er kehrte stumm in seine Klause zurück.

»Wir waren eine gute Rasse«, sagte der Sikh traurig, als wir davonfuhren, »bis wir nach Indien kamen. *Arya* – ein gutes Sanskritwort. Wissen Sie, was es bedeutet? Edel. Sie müssen die alten Hindu-Bücher lesen, da steht alles drin. Damals war es etwas Schmutziges, eine sehr dunkelhäutige Frau auf den Mund zu küssen. Sie glauben vielleicht, das ist bloß dummes Sikh-Geschwätz. Lesen Sie es nach. Diese Sache mit den Ariern und den Drawidern ist nicht neu. Und es fängt gerade wieder an. Haben Sie in der Zeitung gelesen, daß diese schwarzen Affen ihren eigenen Staat wollen? In Wirklichkeit wollen die sich mal wieder eine blutige Nase holen. Und die werden sie auch kriegen.«

Das Land, durch das wir fuhren, war arm und dicht besiedelt. Das Gepflegteste hier war die Straße. Auf beiden Seiten gab es kleine, rechteckige Höhlen, wo die Bauern nach Lehm für ihre Hütten gegraben hatten. Die Wurzeln der großen, schattenspendenden Bäume rechts und links der Straße waren freigelegt, und hier und da war ein Baum umgestürzt. Mit minimalem Aufwand war eine gewaltige Zerstörung bewirkt worden. Es waren nur wenige Fahrzeuge unterwegs, aber viele Fußgänger, die sich weder um Sonne oder Staub noch um unsere Hupe kümmerten. Die Frauen waren an ihren roten, grünen und goldfarbenen Gewändern zu erkennen, die Männer trugen Lumpen.

»Und die dürfen alle wählen.«

Als ich den Sikh ansah, bemerkte ich die Wut in seinem Gesicht. Er war verschlossener denn je, und seine Lippen bewegten sich stumm. Welche Sprache benutzte er? Sprach er
ein Gebet oder einen Zauberspruch? Die Hysterie der Zug-
fahrt überkam mich wieder, und nun hatte ich das Gefühl,
eine doppelte Verantwortung zu tragen. Die Wut des Sikhs
nährte sich von allem, was er sah, und ich wünschte mir, daß
das Land und die Menschen sich änderten. Die Lippen des
Sikhs bewegten sich immer noch. Ich versuchte, meinen
Zauber gegen seinen zu setzen. Ich hatte das Gefühl, daß
eine Katastrophe bevorstand, und ließ die Vernunft fahren.
Ich bemühte mich, zum Ausgleich reine Liebe für jeden
halbverhungerten Menschen am Straßenrand auszustrahlen,
doch ich vermochte es nicht und wußte, daß ich es nicht vermochte. Ich beugte mich der Wut und Verachtung des Mannes neben mir. Unvernünftige Liebe verwandelte sich in
selbstzerstörerische Hysterie: Ich sehnte mich nach immer
schlimmerem Verfall, nach mehr Lumpen und Schmutz,
noch mehr Knochen, nach mehr ausgemergelten und grotes-
ken Menschen, nach mehr spektakulären Krüppeln. Ich
wollte mich verausgaben, ich wollte die Grenzen menschlicher Herabwürdigung sehen, ich wollte alles in diesem einen
Augenblick in mich aufnehmen. Für mich war dies das Ende,
mein persönliches Unvermögen, und noch während ich den
Wunsch dachte, wußte ich, daß ich von nun an den Makel
dieses Augenblicks tragen würde.

Auf einem erhöhten, vom Amt für Straßenbau gepflegten,
weiß gestrichenen Abwasserkanal stand wie auf einem Sok-
kel ein statuengleicher Mann. Lumpen hingen an ihm herab,
über Gliedmaßen, die so dünn und brüchig wirkten wie verkohlte Stöcke.

»Ha! Sehen Sie sich den Affen da an.« In seiner Stimme war
ein Lachen, das gleich darauf gequält klang. »Mein Gott! Ist
das ein Mensch? Wenn es hart auf hart geht, können sogar
die Tiere, sogar die Tiere ...« Ihm fehlten die Worte. »Sogar
die Tiere. Ein Mensch? Was hat dieses ... dieses *Ding?* Mei-

nen Sie, es hat sowas wie einen Instinkt, der ihm sagt, wann es essen muß?«

Er reagierte an meiner Stelle, wie er es im Zug getan hatte, doch diesmal erkannte ich die Hysterie als das, was sie war. Die Worte waren nicht meine, sondern seine. Sie brachen den Zauber.

Bauern, Bäume und Dörfer wurden vom Staub, den unser Wagen aufwirbelte, verschluckt.

Manchmal scheinen unserer Dummheit, Unschlüssigkeit und Unaufrichtigkeit keine Grenzen gesetzt. Die Beziehung zwischen dem Sikh und mir hätte nach dieser Fahrt beendet sein müssen. Eine förmliche Erklärung wäre peinlich gewesen, doch sie hätte sich vermeiden lassen: Ich hätte das Hotel wechseln und verschwinden können. Mein Instinkt trieb mich dazu, aber am Abend saßen wir wieder beisammen und tranken. Der Staub und die Bauern, weiße und schwarze, arische und drawidische Götter waren vergessen. Jener Augenblick auf der Straße war aus einem Gefühl namenloser Gefahr entstanden, und daran waren wohl entweder die Hitze oder meine Erschöpfung schuld gewesen. Das bleierne indische Bier tat seine Wirkung, und wir sprachen über London, die Coffee Houses und den »komischen kleinen Kerl«.

Aus der Dämmerung wurde Abend. Wir saßen inzwischen zu dritt um den Tisch voller Gläser. Unser neuer Bekannter war ein englischer Geschäftsmann in mittleren Jahren; er war dick, hatte ein rotes Gesicht und sprach mit nordenglischem Akzent. In meinem betrunkenen Gleichmut bekam ich mit, daß sich das Gespräch der Geschichte und den militärischen Triumphen der Sikhs zuwandte. Anfangs widersprach der Engländer, doch nach einer Weile bekam sein Lächeln etwas Mechanisches. Ich hörte zu. Der Sikh sprach vom Niedergang der Sikhs seit Ranjit Singh und von der Katastrophe der Teilung des Landes. Er sprach allerdings auch von den Racheaktionen der Sikhs im Jahr 1947 und den Greueln, die sie begangen hatten. Einige dieser Bemerkungen über Greuel waren, wie ich glaubte, an mich gerich-

tet; er bezog sich auf unsere Rückfahrt in die Stadt. Das war
zu gewollt; es ließ mich kalt.

Abendessen, wir wollten ein Abendessen. Wir waren unterwegs zu einem Restaurant. Der Engländer war nicht mehr
bei uns.

Das Restaurant war sehr hell ausgeleuchtet.

»Die starren mich an!«

Das Restaurant war hell und laut – viele Tische, an denen
viele Menschen saßen.

»Die starren mich an!«

Wir standen in einer Ecke, in der dichtgedrängt Menschen
saßen.

Ich setzte mich.

Klatsch!

»Diese verdammten Drawider starren mich an!«

Der Mann am Nebentisch war zu Boden geschlagen worden. Er lag halb auf dem Rücken, den Kopf auf der Sitzflä-
che eines leeren Stuhls. Seine Augen waren schreckgeweitet,
und er hatte die Hände grüßend, flehend aneinandergelegt.

»Herr!« rief er, ohne den Versuch zu machen aufzustehen.

»Starrt mich an. Südindischer Idiot!«

»Herr! Mein Freund hat gesagt: ›Sieh mal, ein feiner Herr‹,
und ich habe mich bloß umgedreht. Ich bin kein Südinder.
Ich bin Pandschabi. Wie Sie.«

»Idiot.«

Ich hatte so etwas schon lange befürchtet. Mein Instinkt
hatte mich gewarnt, als ich ihn zum erstenmal im Zug gesehen hatte: Manche Menschen verströmen eine Atmosphäre
von Schmerz und Gewalt und sind eine Gefahr für alle, die
sich vor Gewalt fürchten. Wir hatten uns kennengelernt,
und ich hatte meine Einschätzung revidiert, doch unter all
der Unbehaglichkeit und Falschheit unserer Beziehung hatte
sich meine anfängliche Furcht erhalten. Dieser Augenblick
der Angst und des Abscheus war nur die logische Konse-
quenz. Es war aber auch der Augenblick, auf den ich gewartet hatte. Ich verließ das Restaurant und nahm eine Rikscha
zum Hotel. Die Art, wie ich diese Stadt, deren Straßen jetzt

still waren, gesehen hatte, war von Anfang an durch meine Bekanntschaft mit dem Sikh gefärbt gewesen; ich hatte sie – ob in Verachtung oder in angestrengter Liebe unter dem Vorzeichen seines persönlichen Rassismus betrachtet, und das fand ich ebenso widerwärtig wie den Ausbruch von Gewalt, dessen Zeuge ich gewesen war.

Ich ließ den Rikschafahrer wenden und wieder zum Restaurant zurückfahren. Der Sikh war nicht mehr da, aber der Pandschabi stand mit einigen anderen, anscheinend Bekannten, an der Kasse. Sein Blick war wild vor Demütigung und Wut.

»Ich bringe Ihren Freund um!« schrie er mich an. »Morgen bringe ich diesen Sikh um!«

»Sie werden niemanden umbringen.«

»Ich bringe ihn um! Und Sie ebenfalls!«

Ich fuhr zurück zum Hotel. Das Telefon klingelte.

»Na, Sie Idiot?«

»Hallo.«

»Sie haben mich hängenlassen, als ich in Schwierigkeiten war. Und Sie wollen ein Freund sein! Wissen Sie, was ich von Ihnen halte? Sie sind ein dreckiges südindisches Schwein! Gehen Sie nicht schlafen. Ich komme gleich vorbei und verprügle Sie.«

Es kann kein weiter Weg gewesen sein, denn schon ein paar Minuten später klopfte er zweimal an die Tür, machte eine übertriebene Verbeugung und schwankte theatralisch herein. Wir sahen beide klarer als zuvor, aber unser Gespräch taumelte betrunken und verlogen zwischen Vorwürfen und Versöhnung hin und her. Wir hätten jederzeit wieder Freunde sein oder übereinkommen können, uns nie mehr zu sehen, und immer, wenn wir einer dieser beiden Möglichkeiten zuneigten, steuerte einer von uns dagegen. Wir hatten immer noch Interesse aneinander. Wir tranken Kaffee; unser Gespräch taumelte immer verlogener hin und her, und schließlich war auch dieses Interesse zerredet.

»Wir wollten einen Jagdausflug machen«, sagte der Sikh, als er sich verabschiedete. »Ich hatte etwas vor mit Ihnen.«

Es war ein guter Satz für einen Hollywood-Abgang. Vielleicht war er auch aufrichtig gemeint – ich wußte es einfach nicht. In Indien war die englische Sprache manchmal sehr irreführend. Ich war erschöpft; trotz all des Kaffees und der aufgesagten Dialoge war es ein abrupter Bruch gewesen. Ich fühlte mich erleichtert, aber auch traurig. Dieser Mann war mir mit Freundlichkeit und Großzügigkeit begegnet, und mir war eine gewaltige Fehleinschätzung unterlaufen.

Am nächsten Morgen war meine Angst ins Ungeheure gewachsen. Ich hatte Fotos von den Pandschab-Massakern im Jahr 1947 und von den großen Aufständen in Kalkutta gesehen; ich hatte von den Zügen – indischen Zügen – gehört, die Leichen über die Grenze fuhren; ich hatte die Grabhügel neben den Straßen im Pandschab gesehen. Dennoch hatte ich Indien bisher nicht als ein Land voller Gewalt betrachtet. Jetzt aber konnte ich die Gewalt geradezu riechen: Wie ein Schleier lag die Drohung jener Gewalt und Selbstquälerei, die ich auf den Fotos gesehen hatte, über der Stadt. Ich wollte sofort weg, doch die Plätze in Bussen und Zügen waren auf Tage im voraus reserviert.

Ich ging zu dem Konditor. Er war freundlich, herzlich. Er ließ mich an einem Tisch Platz nehmen; einer seiner Kellner brachte mir einen Teller der süßesten Süßigkeiten, und dann standen Herr und Diener da und sahen mir beim Essen zu. Indische Süßigkeiten! »Es ersetzt ihnen das Fleisch« – ein Satz von Kipling, der sich, vielleicht durch mein schlechtes Gedächtnis verändert, in meinem Kopf einnistete; und *Fleisch* war ein rohes, angsterfülltes Wort. Ich war dankbar für alles in dieser Stadt, das weich und schwach war und Süßes liebte, und zugleich fürchtete ich um es.

Am nächsten Abend stellte mir der Besitzer in seiner Konditorei einen Verwandten vor, der zu Besuch gekommen war. Der Verwandte zuckte zusammen, als er meinen Namen hörte. Konnte das sein? Er las gerade eines meiner Bücher und hatte angenommen, ich sei Tausende von Meilen entfernt; er hatte sich nicht träumen lassen, daß er mich in einer Konditorei im Basar einer unbedeutenden indischen

Stadt kennenlernen würde. Aber eigentlich hatte er sich mich älter vorgestellt. Ich war ja ein *baccha*, ein Junge! Wie auch immer – er hatte mich kennengelernt und wollte mir seine Wertschätzung zeigen. Ob ich ihm wohl verraten würde, in welchem Hotel ich wohnte?

Als ich abends die Tür zu meinem Zimmer öffnete, quoll beißender, weißer Qualm heraus. Es war kein Feuer. Der Rauch stammte von Räucherstäbchen. Ich mußte mir ein Taschentuch vor das Gesicht drücken, als ich Türen und Fenster aufriß, den Deckenventilator einschaltete und mit tränenden Augen wieder hinaus auf den Flur floh. Es dauerte Minuten, bis der Qualm sich verzogen hatte. Überall glommen dicke Räucherstäbchenbündel wie Holzkohlenglut; die Asche auf dem Boden sah aus wie Vogelkot. Mein Bett war mit Blumen bestreut, und auf dem Kopfkissen lag ein Blumenkranz.

10

AUSNAHMEZUSTAND

MASSIVE, GLEICHZEITIGE CHINESISCHE ANGRIFFE IN LADAKH UND
DEN NORDOSTPROVINZEN. Manche Zeitungsschlagzeilen klingen wie ein Jubelruf. Hier in Madras standen die Diener des
Hotels, in dem ich wohnte, auf den Fluren und Treppenab-
sätzen und lasen sich die neuesten Nachrichten vor, und in
der Mount Road hatten sich die arbeitslosen Jungen und
Männer, die meist vor dem Kwality Restaurant herumstan-
den und sich erboten, den Leuten, die zu Mittag gegessen
hatten, ein Taxi oder eine Scooter-Rikscha zu holen, um einen Mann geschart, der laut aus einer tamilischen Zeitung
vorlas. Auf dem Bürgersteig kochten Frauen Essen, das sie
für ein paar kleine Münzen an Arbeiter verkauften; in den
Seitenstraßen zogen und zerrten ächzende Männer mit nackten Oberkörpern zwischen Autos und Bussen ihre schwerfäl-
ligen Karren und verbargen ihre Anstrengung mit winzigen,
leichtfüßigen Schritten. Die Szene erschien wie ein Hohn auf
die Schlagzeile. Indien war zu einer modernen Kriegführung
gar nicht imstande. »Dieses Land, dem nur das Heilige Römische Reich gleichkam, wird mit Guatemala und Belgien
auf einer Stufe stehen!« So hatte Forsters Figur Cyril Fielding
vierzig Jahre zuvor gespottet, und nach fünfzehn Jahren Unabhängigkeit war Indien noch immer in vieler Hinsicht ein
Kolonialgebiet. Es brachte noch immer hauptsächlich Politiker und Reden hervor. Die »Industriellen« waren in erster Linie Kaufleute, Importeure einfacher Maschinen, Hersteller

von Lizenzprodukten. Die Verwaltung war noch immer unbeweglich. Sie trieb Steuern ein und sorgte für Ordnung, aber jetzt konnte sie auf die leidenschaftliche Begeisterung des Volkes nur mit Worten reagieren. Der Ausnahmezustand suchte noch nach Präzedenzfällen. Man wollte ein korrektes Gesetz zur Landesverteidigung erlassen, samt Anweisungen für den Umgang mit Gasmasken, Brandbomben und Handpumpen. Der Ausnahmezustand brachte Außerkraftsetzungen und Aufhebungen. Er brachte eine Pressezensur, die Gerüchten Vorschub leistete und Panik schürte. In den Zeitungen erschienen Slogans. Der Ausnahmezustand wurde zum Wort, zum englischen Wort. DAS IST DER TOTALE KRIEG stand auf der Titelseite der Wochenzeitung aus Bombay. »Was ich mit totalem Krieg meine?« antwortete der Beamtenanwärter auf die Frage der Prüfungskommission. »Ich meine damit einen Krieg, an dem die ganze Welt teilnimmt.« Die Nachrichten wurden schlechter. Es gab Gerüchte, man habe lediglich mit Messern bewaffnete Gurkha-Soldaten nach Ladakh verlegt und Männer in Overalls und Sportschuhen aus den Ebenen von Assam in die Berge der Nordostprovinzen geflogen. All die rasch aufbrausende Gewalt, zu der das Land fähig war, ballte sich zusammen; es lag ein Gefühl von Befreiung und Revolution in der Luft. Alles mögliche hätte geschehen können – wenn es nach dem Willen allein gegangen wäre, hätte man die Chinesen innerhalb einer Woche bis nach Lhasa zurückgeworfen. Doch von den Politikern kamen nur Reden, und die Verwaltung erließ bloß korrekte Ausführungsbestimmungen. Die berühmte Vierte Division wurde vernichtend geschlagen; die Demütigung von Indiens Armee, dem ganzen Stolz des Landes, war vollständig. Man hatte den Eindruck, daß das unabhängige Indien eine Ausgeburt von Worten war – »Warum haben wir für unsere Freiheit nicht *kämpfen* müssen?« – und nun in einem Schwall von Worten in sich zusammensackte. Die Magie des politischen Führers versagte, und nach und nach verwandelte sich die leidenschaftliche Begeisterung in Fatalismus.

Der chinesische Einmarsch war nun schon eine Woche her. Im Haus eines Freundes hatten sich ein Filmproduzent, ein Drehbuchautor, ein Journalist und ein Arzt zum Abendessen eingefunden. Bevor wir hineingingen, setzten wir uns auf die Veranda, und noch während ich dem Gespräch folgte, wußte ich, daß ich es später nicht überzeugend würde wiedergeben können. Manchmal schien es frivol und satirisch, dann wieder verzweifelt, dann wirklichkeitsfern. Die Grundstimmung war immer gedämpft. Die Chinesen würden ihren Vormarsch am Brahmaputra stoppen, sagte der Produzent, sie wollten lediglich die Annexion Tibets absichern. Er sagte das ganz kühl, und niemand stellte seine Behauptung in Frage, Indien bleibe gar nichts anderes übrig, als sich passiv zu verhalten. Dann entwickelte sich das Gespräch zu einer gutgelaunten Diskussion über Karma und den Wert des menschlichen Lebens, und bevor ich recht wußte, wie das geschehen war, sprachen wir wieder über die Situation an der Grenze. Man machte sich darüber lustig, wie unvorbereitet das Land gewesen war. Man gab niemandem die Schuld, man hatte keine eigenen Vorschläge – es wurde lediglich eine komische Situation beschrieben. Und wohin führte das? »Viele Leute wissen nicht«, sagte der Arzt, »daß es gefährlich ist, sich während einer Cholera-Epidemie impfen zu lassen.« Die Analogie lag auf der Hand: Das Land war unvorbereitet gewesen, und es wäre dumm, ja geradezu gefährlich, jetzt Vorbereitungen zu treffen. Die anderen nickten; der Filmproduzent wiederholte seine Meinung, daß der chinesische Vormarsch am Brahmaputra enden werde. Gandhi wurde erwähnt; doch wie hatte der Arzt von diesem Thema übergeleitet zu seinem Bekenntnis, er glaube an das Okkulte, und warum flocht er fast wie ein Argument die Behauptung ein, »die großen Heiler« hätten »ihre Kunst immer eingesetzt, um sich selbst zu retten«? Eine Weile drehte sich das Gespräch um Wunder. Die Tibeter, so erfuhr ich, müßten leiden, weil sie die Mantras vergessen hätten, mit denen sie ihre Feinde hätten vertreiben können. Ich musterte die Gesichter der Sprechenden. Sie schienen das ernst zu mei-

309

nen. Aber war es wirklich so? War ihre Unterhaltung nicht
vielleicht so etwas wie eine mittelalterliche intellektuelle
Übung, eine verdauungsfördernde Zerstreuung für südindische Brahmanen? Das Essen wurde aufgetragen, und nun
endlich kam man zu einem Schluß: Auch die Inder, hieß es,
hätten ihre Mantras vergessen; sie seien ihren Feinden hilflos ausgeliefert, und es gebe nichts, was man dagegen tun
könne. Damit war die Situation an der Grenze erledigt. Wir
gingen ruhig hinein und sprachen über andere Themen.

Das indische Leben, das indische Sterben ging weiter.

*Gesucht: Telugu-Frau unter 22, aus Brahmanen-, Vellanadu-, Nicht-
Kausiga-, Nicht-Gotram-Familie, zwecks späterer Heirat für jungen
Univers.-Absolventen mit Rs. 200/Monat*

Auf dem Grasstreifen vor dem Hotel, neben dem Abfallhau-
fen, in dem Frauen und Kühe täglich nach Bananenblättern
und Essensresten aus der Hotelküche stöberten, lag ein junger Hund im Sterben. Er bewegte sich nur auf einem kleinen
Fleck, als wäre er eingesperrt, und wurde von Tag zu Tag
schwächer. Eines Morgens schien er gestorben zu sein. Doch
dann kam eine Krähe, und der junge Hund hob den
Schwanz und ließ ihn wieder fallen.

*Hervorragende, bezaubernd schöne Bharatha-Natyam-Tänzerin mit
ausgezeichnetem Universitätsabschluß, aus sehr guter Familie, weltof-
fen, angenehmes Wesen, hellhäutig, schlank, groß, modern, 21 Jahre,
sucht zwecks Ehe Fabrikanten, Geschäftsmann, gutsituierten Grundbe-
sitzer, Arzt, Ingenieur oder leitenden Direktor. Nationalität, Kasten-
oder Religionszugehörigkeit kein Hinderungsgrund.*

Die Neuigkeiten aus Delhi blieben dieselben. Doch das Dee-
pavali-Fest stand bevor, und die Bettler schwärmten über die
Mount Road aus. Auf den ersten Blick wirkte der Junge
nicht wie ein Bettler. Er sah gut aus, und seine Haut hatte einen schönen Braunton. Er trug rote Shorts und hatte ein

weißes Tuch um die Schultern gelegt. Er erblickte mich, als ich aus dem Postamt trat. Wie einer, der sich plötzlich an seine Pflicht erinnert, lächelte er und entblößte einen monströs verkrüppelten rechten Arm. Es war eigentlich gar kein Arm, sondern sah vielmehr aus wie die Brust einer Frau, nur daß am Ende keine Brustwarze saß, sondern der Nagel eines winzigen Fingers.

Zum Vortrag im Haus der Triplicane Theosophical Society (Thema: »Unsere Führerin Annie Besant«) waren – den Sekretär und den Wachmann mit dem Haarknoten nicht gerechnet – acht Zuhörer erschienen. Die Rednerin war eine Kanadierin mittleren Alters. Sie stammte aus Vancouver. Das sei nicht so eigenartig, wie es scheine, sagte sie. Laut Annie Besant sei Vancouver in grauer Vorzeit ein Zentrum für das Okkulte gewesen. Zweifellos seien Annie Besants übernatürliche Fähigkeiten auf die Tatsache zurückzuführen, daß unter ihren Vorfahren Iren gewesen seien, und ein großer Teil ihres Wesens sei wohl durch das zu erklären, was sie in ihren früheren Leben gewesen sei. Annie Besant sei aber vor allem eine hervorragende Führerin gewesen, und es sei die Pflicht eines jeden Theosophen, ein Führer zu werden und Annie Besants Botschaft sowie ihre Bücher zu verbreiten. Die Theosophical Society stoße in letzter Zeit auf eine gewisse Gleichgültigkeit – darauf habe der Sekretär ja bereits hingewiesen –, und viele Menschen fragten sich sicher, warum Annie Besant, wenn sie wieder unter uns weile, nicht Mitglied der Theosophischen Society sei. Diese Frage sei jedoch unlogisch. Für Annie Besant gebe es keinen Grund, Mitglied der Theosophical Society zu sein. Sie habe ihre Arbeit für die Theosophical Society bereits in einem früheren Leben geleistet und leiste gegenwärtig, unter welchem Namen auch immer, gleichermaßen wichtige Arbeit auf einem anderen Gebiet. Zwei Männer unter den Zuhörern waren eingenickt.

Hundertfünfzig Kilometer weiter südlich, hinter den hohen, sauberen Mauern des Aurobindo Ashrams in Pondicherry, war man vollkommen gelassen. Aurobindo hatte Nehru 1950, im Jahr seines Todes, vor den expansionistischen Absichten »einer gelben Rasse« gewarnt; er hatte die Besetzung Tibets vorausgesehen und sie als ersten Schritt zum Versuch einer Eroberung Indiens bezeichnet. Es stand schwarz auf weiß in einer der zahlreichen Publikationen des Ashrams und war in den vergangenen Tagen sicher oft vorgezeigt worden: Die Empfangsdame schlug das Buch sofort auf der richtigen Seite auf.

Die erhöhte, mit Blumen bestreute Plattform, auf der der Meister das *samadhi* erlangt hatte, stand im kühlen, mit Fliesen ausgelegten Hof des Ashrams und war jetzt Ort gemeinsamer Meditation. Die »Mutter« lebte noch, allerdings inzwischen sehr zurückgezogen. Nur an wichtigen Jahrestagen gab sie *darshan*, das heißt, sie erschien, sie ließ sich sehen: an Aurobindos Geburtstag, dem Jahrestag ihrer Ankunft in Indien, und so weiter. Über Aurobindo wußte ich ein wenig. Er war fast ausschließlich in England erzogen worden; nach seiner Rückkehr nach Indien war er Revolutionär geworden; um sich der Festnahme zu entziehen, war er nach Pondicherry geflohen, das damals noch französischer Besitz gewesen war, und dort war er geblieben und hatte sich von der Politik abgewendet – ein verehrter heiliger Mann in einem immer größer werdenden Ashram. Von der »Mutter« dagegen wußte ich nur, daß sie Französin und eine Gefährtin Aurobindos war und daß sie im Ashram eine besondere Stellung innehatte. Für dreieinhalb Rupien kaufte ich in der Buchhandlung des Ashrams ein Buch mit dem Titel: *Letters of Sri Aurobindo on the Mother.*

FRAGE: *Habe ich recht, wenn ich glaube, daß sie als Individuum alle göttlichen Kräfte in sich verkörpert und die göttliche Gnade in immer stärkerem Maße auf der materiellen Ebene wirken läßt? Und daß ihre Verkörperung eine Gelegenheit für die ganze materielle Welt ist, sich zu verändern und zu verwandeln?*

ANTWORT: *Ja. Ihre Verkörperung gibt dem Erd-Bewußtsein Gelegenheit, das Supramentale in sich aufzunehmen und zuvor die Wandlung zu erfahren, die dazu erforderlich ist. Danach wird eine weitere Verwandlung durch das Supramentale erfolgen, doch es wird nicht das ganze Bewußtsein supramentalisiert werden – anfangs wird es eine neue Rasse geben, die den Übergeist besitzt, so wie der Mensch den Geist besitzt.*

Es wurden auch Fotografien verkauft, die Henri Cartier Bresson von der »Mutter« gemacht hatte. Sie zeigten eine Französin in fortgeschrittenem Alter, mit eckigem Gesicht und großen, leicht vorstehenden Zähnen. Sie lächelte; ihre Wangen waren voll und rund. Ein bestickter Schal bedeckte Kopf und Stirn bis kurz über die dunklen Augen, in denen nichts von der Heiterkeit der unteren Gesichtshälfte zu entdecken war. Der Schal war an ihrem Hinterkopf verknotet oder zusammengesteckt, und die Enden hingen zu beiden Seiten ihres Halses herab.

FRAGE: *Pourquoi la Mère s'habille-t-elle avec des vàtements riches et beaux?*
ANTWORT: *Avez-vous donc pour conception que le Divin doit àtre représenté sur terre par la pauvreté et la laideur?*

Aurobindo hatte ein »Licht« verströmt, ebenso wie es die »Mutter« tat. Aurobindos Licht war blaßblau gewesen – sein Leichnam hatte noch Tage nach seinem Tod geleuchtet. Das Licht der »Mutter« war weiß, manchmal golden.

Wenn wir vom Licht der Mutter oder von meinem Licht sprechen, so sprechen wir von einer besonderen okkulten Handlung – von bestimmten Lichtern, die der Übergeist emaniert. Dabei ist das Licht der Mutter das weiße, reinigende Licht, das erleuchtet, das die ganze Essenz und Kraft der Wahrheit herabholt und eine Wandlung möglich macht ...
Die Mutter hat keinerlei Einfluß darauf, ob jemand dieses Licht sehen kann oder nicht – ich glaube, es gibt zwanzig oder dreißig Menschen

im Ashram, die nach und nach und aus eigenem Vermögen imstande waren, dieses Licht wahrzunehmen. Das ist gewiß ein Zeichen, daß die Höhere Kraft (man mag sie supramental nennen oder nicht) beginnt, die Materie zu beeinflussen.

Auch die Organisation des Ashrams lag in den Händen der »Mutter«; eine Ungeduld, die gelegentlich in Aurobindos Antworten auf Fragen der Schüler durchschimmerte, deutete auf anfängliche Schwierigkeiten hin.

Bei der Organisation der Arbeit hat es früher eine ungeheure Vergeudung von Energie gegeben, weil Arbeiter und sadhaks sich über die Anweisungen der Mutter hinweggesetzt und nach eigenem Gutdünken gehandelt haben; dieser Mißstand wurde durch eine Neuorganisation weitgehend beseitigt.

Es ist ein Fehler zu glauben, ein ernstes Gesicht der Mutter deute auf ein Mißfallen oder einen Tadel für einen Fehler des sadhaks hin. Es ist vielmehr meist ein Zeichen der Versenkung oder der inneren Konzentration: Die Mutter hat deiner Seele eine Frage gestellt.

Die Mutter wußte zu dieser Zeit nicht, daß du mit T. gesprochen hattest. Die Verbindung, die du zwischen dieser Tatsache und deiner Annahme, sie sei mit dir unzufrieden, herstellst, existiert daher nicht. Daß die Mutter geheimnisvoll gelächelt habe, ist eine Ausgeburt deiner Phantasie – sie selbst sagt, sie habe mit größter Güte gelächelt.

Nicht weil deine Briefe voller Fehler sind, korrigiert die Mutter sie nicht, sondern weil ich nicht will, daß sie noch mehr Arbeit auf sich lädt. Sie hat schon jetzt nicht genug Zeit, sich nachts genügend auszuruhen, denn den größten Teil der Nacht verbringt sie mit dem Schreiben von Büchern und Berichten und der Beantwortung von Briefen, die in großer Zahl eintreffen. Und trotz dieses Einsatzes wird sie morgens nicht rechtzeitig fertig. Wenn sie zusätzlich alle Briefe von Menschen, die gerade erst angefangen haben, auf Französisch zu schreiben, korrigieren sollte, wäre sie ein bis zwei Stunden länger beschäftigt – dann wäre sie erst um 9 Uhr morgens fertig und

*würde um 10 Uhr 30 bereits herunterkommen. Darum versuche ich,
das einzudämmen.*

*Alle schlechten Gedanken über die Mutter, alle Unreinheiten, die in ihre
Richtung gedacht werden, können sie körperlich verletzen, denn sie hat
die sadhaks in ihr Bewußtsein aufgenommen. Sie kann diese Dinge
auch nicht zurücksenden, denn sie könnten die sadhaks verletzen.*

Auch wenn sich die »Mutter« inzwischen sehr zurückgezogen hatte, war ihre Hand in der Organisation des Ashrams
noch immer deutlich zu spüren. Aushänge am Schwarzen
Brett kommentierten den Ausbruch der Cholera in Madras –
die Ashrambewohner wurden aufgefordert, den Umgang mit
Menschen aus dieser Stadt zu meiden – und das ärgerliche
Geschwatze am Ashramtor; sie waren mit »M« unterschrie-
ben, einem energischen, flotten Zickzack. Und der Ashram
war nur ein Teil der Aurobindo Society. Pondicherry war
bereits mit Südindien verschmolzen; selbst die französische
Sprache schien verschwunden zu sein. Doch die zahlreichen
gepflegten Gebäude der Society vermittelten noch immer
den Eindruck einer französischen Kleinstadt, die an eine
tropische Küste verpflanzt worden war. Glatte Wände und
Fensterläden schützten vor dem Licht, das über der tosenden Brandung sehr grell war, und die Wände der Society
waren in den Farben der Society gestrichen. Sie schien das
einzige zu sein, was in Pondicherry florierte. Sie hatte De-
pendancen außerhalb der Stadt, sie besaß eigene Werkstät-
ten, eine Bibliothek, eine Druckerei. Sie war eine autarke
Organisation, die von ihren Mitgliedern effizient geführt
wurde. Deren Zahl konnte nur durch Rekrutierung in Indien
und im Westen vergrößert werden, denn die Mutter miß-
billigte, so hatte ich gehört, vor allem drei Dinge: Politik, Tabak und Sex. Die Kinder, die mit ihren Eltern in den Ashram
zogen, lernten, wenn sie älter wurden, ein Handwerk; ihre
Anführer trugen auffällige Uniformen, in deren sehr kurzen
Shorts ich einen französischen Einfluß zu erkennen glaubte.
Arbeit war wichtig, weil sie Meditation war, und der Kör-

per sollte nicht vernachlässigt werden. (Später, in Madras, erzählte mir ein Engländer, er sei in Pondicherry einer Gruppe von älteren Europäern auf Rollschuhen begegnet und ihnen bis zum Ashramtor gefolgt. Aber das war vielleicht nur eine Geschichte. Ich habe im Ashram nur einen einzigen Europäer gesehen. Er war barfuß und sehr rosig; er trug einen *dhoti* und eine indische Jacke, und der weiße Bart und das lange, weiße Haar verliehen ihm eine Ähnlichkeit mit dem toten Meister.) Dadurch, daß sie neue Anhänger von außerhalb rekrutierte, vermied die Society die Gefahr der geistigen Inzucht, und indem sie sich ihre entwickelten Talente zunutze machte, sorgte sie für ihr wirtschaftliches Wohlergehen.

Ihr amtierender Generalsekretär zum Beispiel war in Bombay ein Geschäftsmann gewesen, bevor er in den Ashram gezogen war und den Namen Navajata – der Neugeborene – angenommen hatte. Seine äußere Erscheinung hatte noch immer etwas von einem Geschäftsmann. Er hatte eine Aktentasche in der Hand und schien wenig Zeit zu haben. Doch er sagte, er sei nie glücklicher gewesen.

»Ich muß jetzt gehen«, sagte er. »Ich muß zur Mutter.«

»Sagen Sie, hat die Mutter eigentlich irgend etwas über die chinesische Invasion gesagt?«

»1962 ist ein schlechtes Jahr«, schnurrte er herunter. »1963 wird ebenfalls ein schlechtes Jahr. 1964 wird es anfangen, besser zu werden, und 1967 wird Indien ans Ziel gelangen. Aber jetzt muß ich gehen.«

Seit Wochen schon begegnete ich dem jungen Mann. Ich dachte, er sei ein Nachwuchsmanager aus Frankreich oder Italien. Er war groß und dünn, trug eine Sonnenbrille und eine Aktentasche und hatte einen schnellen, trippelnden Gang. Er wirkte immer zielstrebig und beschäftigt, aber es wunderte mich, daß er so viel Zeit zu haben schien: Ich sah ihn zu allen möglichen Tageszeiten an der Bushaltestelle stehen, ich sah ihn nachmittags im Museum, ich sah ihn abends bei Veranstaltungen mit klassischem, indischem

Tanz. Wir sahen uns oft auf der Straße. Und dann entdeckte
ich – dieser Aspekt des Geheimnisses wurde gelüftet, als wir
uns eines Morgens zu unserem beiderseitigen Erstaunen in
der obersten Etage des Hotels begegneten –, daß er das Zimmer neben meinem hatte.

Er irritierte und verwirrte mich. Aber auch ich störte ihn und
wußte es nicht einmal. In Madras lädt man nicht nach Hause
ein; man sucht, ganz gleich, wie bedeutend man ist, den
Gast in seinem Domizil auf. So saß ich denn jeden Tag stundenlang in meinem Hotelzimmer und empfing Besucher,
und die »Boys« brachten ständig neuen Kaffee. Ich glaube, es
war das Geräusch der Unterhaltungen und das Klirren der
Kaffeelöffel, das meinen Nachbarn schließlich weichmachte.
Eines Morgens traten wir gleichzeitig aus unseren Zimmern,
schlossen, ohne den anderen zu beachten, die Türen ab und
drehten uns um. Wir standen uns gegenüber. Und unvermittelt sprudelte ohne Einleitung, ohne Begrüßung ein
Schwall von Amerikanisch aus ihm heraus.

»Wie geht's Ihnen? Wie lange sind Sie schon hier? Mir geht's
schrecklich. Ich bin seit sechs Monaten hier und hab sechzehn Pfund abgenommen. Ich bin dem Lockruf des Orients
gefolgt, haha, und nach Indien gefahren, um die alte indische Philosophie und Kultur zu studieren. Was halten Sie
von diesem Hotel? Ich finde es *gruselig*.« Er zog die Schultern
hoch. »Dieses Essen.« Seine Lippen bewegten sich, er drückte mit der Hand gegen die Sonnenbrille. »Es macht mich
noch *blind*. Und dann die Leute. Die sind *verrückt*. Sie akzeptieren einen nicht. Helfen Sie mir. Bei Ihnen gehen den ganzen Tag Leute ein und aus. Ich nehme an, Sie kennen ein
paar Engländer hier. Erzählen Sie ihnen von mir. Stellen Sie
mich ihnen vor. Vielleicht nehmen sie mich in ihren Kreis
auf. Sie müssen mir helfen.«

Ich versprach, es zu versuchen.

Der erste, dem ich von meinem Nachbarn erzählte, sagte:
»Tja, ich weiß nicht. Ich habe die Erfahrung gemacht, daß
man Leute, die so gefühlsbedingte Dinge tun wie dem Lockruf des Orients zu folgen, am besten in Ruhe läßt.«

Nach diesem einen Versuch gab ich es auf. Und nun fürchtete ich, dem jungen Amerikaner zu begegnen. Doch das geschah nicht mehr. Wegen Überschwemmungen und Truppenbewegungen war die Verbindung zwischen Madras und Kalkutta lange eingestellt gewesen, aber nun verkehrten die Züge wieder.

Ladies stand in gelben Lettern auf manchen Wagen. Auf viele andere war mit Kreide *Military* geschrieben. Sie war kurios, diese Zugladung Soldaten, die durch all das Elend Indiens nordwärts zum Konfliktgebiet an der Grenze fuhr. Mit ihren olivgrünen Uniformen, ihrem guten Aussehen, ihren guten Manieren und ihren Offizieren mit Schnurrbärten und Stöckchen verwandelten sie die Bahnsteige, an denen wir hielten: Sie brachten ein dramatisches, ordnungsstiftendes Element hinein, und für sie selbst muß die vertraute, langsam zurückbleibende Ärmlichkeit tröstlich gewesen sein. Der dickliche, kleine Major in meinem Abteil, der seinen Wasservorrat in einer Champagnerflasche mitführte, war so still gewesen, als er sich auf dem Hauptbahnhof von Madras von Frau und Tochter verabschiedet hatte: Die drei hatten einfach schweigend nebeneinander gesessen. Doch jetzt, mit zunehmender Reisedauer, taute er auf und stellte mir die üblichen indischen Fragen: Woher kam ich, und was tat ich beruflich? Die Soldaten wurden ausgelassen. Einmal hielt der Zug neben einem Zuckerrohrfeld. Ein Soldat sprang aus dem Zug und schnitt mit dem Messer ein paar Stengel ab. Andere taten es ihm nach. Der wütende Bauer erschien. Geld wechselte den Besitzer, und als der Zug sich wieder in Bewegung setzte, hatte sich Zorn in Lächeln und Winken verwandelt.

Es war jetzt Nachmittag, und der Schatten des Zuges raste neben uns her. Sonnenuntergang, Abend, Nacht; ein trübe beleuchteter Bahnhof nach dem anderen. Es war eine Reise mit Indian Railways, aber was mir zuvor sinnlos vorgekommen war, erschien nun gefährdet und schützenswert; und als wir uns im milden Licht eines Wintermorgens dem grünen Bengalen näherten, das ich schon lange hatte sehen wollen, wurde ich Indien und den Indern gegenüber nachsichtiger. Ich hatte zuviel als selbstverständlich vorausgesetzt. Unter den bengalischen Passagieren, die zugestiegen waren, befand sich ein Mann, der über seinem *dhoti* ein braunes Tweedjackett und einen langen Wollschal trug. Die lässige Eleganz der Kleidung paßte zu seinem fein geschnittenen Gesicht und seiner entspannten Haltung. Aus dem Elend und dem menschlichen Verfall, aus den Ausbrüchen von Barbarei brachte Indien so viele schöne, edle Menschen von ausgesuchter Höflichkeit hervor. Es brachte zuviel Leben hervor und leugnete daher den Wert des Lebens, und doch erlaubte es so vielen die Möglichkeit zu einer einzigartigen Entfaltung menschlicher Fähigkeiten. Nirgendwo sonst waren Menschen so hochentwickelt, so vollendet und individualistisch, nirgendwo sonst boten sie sich so vorbehaltlos und mit solcher Selbstgewißheit dar. Mit Indern zu sprechen war der reine Genuß der menschlichen Natur – jede Begegnung war ein Abenteuer. Ich wollte nicht, daß Indien unterging; schon allein der Gedanke daran war schmerzhaft.

In dieser Stimmung war ich, als ich durch Kalkutta spazierte, den »Alptraum« von Mr. Nehru, die »elendeste Stadt der Welt«, wie eine amerikanische Zeitschrift geschrieben hatte, den »Pestmoloch«, wie ein anderer amerikanischer Autor sich ausgedrückt hatte, das – laut einem WHO-Bericht – letzte Verbreitungsgebiet der asiatischen Cholera, eine Stadt, die für zwei Millionen Menschen gebaut worden war und nun auf ihren Bürgersteigen und in ihren *bastees*, ihren Slums, sechs Millionen beherbergte.

»*Chuha*«, sagte der Kellner im Bahnhofsrestaurant von Howrah freundlich und zeigte mit dem Finger. »Da, eine Ratte.« Das rosige, haarlose Tier krabbelte, kaum beachtet von dem assamesischen Soldaten und seiner Frau, die schmatzend Reis und Fischcurry aßen, über den gefliesten Boden und verschwand in einem Rohr in der Wand. Das verhieß größeres Grauen. Aber auf die rote Backsteinstadt jenseits der Howrah Bridge hatte mich nichts, was ich gehört oder gelesen hatte, vorbereitet. Ohne die Verkaufsstände und die Rickschas und die weiß gekleidete, eilige Menschenmenge hätte man auf den ersten Blick glauben können, ein zweites Birmingham vor sich zu haben; und im Zentrum sah es bei Sonnenuntergang aus wie in London: der neblige, baumbestandene Maidan war der Hyde Park, Chowringhee eine Mischung aus Oxford Street, Park Lane und Bayswater Road, mit Neonreklamen, die im Dunst diffus leuchteten und auf Bars, Coffee Houses und Flugreisebüros hinwiesen, und der Hooghly, majestätischer und schlammiger als die Themse, war nicht weit entfernt. Auf einer hohen, von Scheinwerfern beleuchteten Plattform auf dem Maidan stand hoch aufgerichtet, in einem dunklen Anzug, der ehemalige Oberbefehlshaber, General Cariappa, und hielt in Hindi mit Sandhurst-Akzent eine Ansprache vor einer kleinen, gelassen wirkenden Menschenmenge. Er sprach über den chinesischen Einmarsch. Ringsumher rumpelten die spitznasigen, schlachtschiffgrauen Straßenbahnen von Kalkutta mit weniger als fünfzehn Kilometern pro Stunde dahin. An ihren Ein- und Ausstiegen hingen Trauben von weißgekleideten Männern. Ganz unerwartet und zum erstenmal in Indien befand ich mich hier in einer großen Stadt, einer unverkennbaren Metropole mit Straßennamen – Elgin Street, Lindsay Street, Allenby Street –, die in keinerlei Beziehung zu den Massen standen, welche sich in ihren Straßen drängten, eine Ungereimtheit, die sich noch verstärkte, als sich der Nebel zu Smog verdichtete und ich auf einer Fahrt zu einem Vorort qualmende Schlote zwischen Palmen sah.

Dies war die Stadt, die Zhou Enlai einem Basargerücht zufolge dem chinesischen Volk als Weihnachtsgeschenk versprochen hatte. Die indischen Marwari-Kaufleute, so hieß es, zogen bereits Erkundigungen über die Geschäftsaussichten unter chinesischer Herrschaft ein; dasselbe Gerücht wollte wissen, daß die Händler in Madras trotz ihrer Abneigung gegen Hindi bereits dabei waren, Chinesisch zu lernen. Die Moral war schlecht; in Assam war die Verwaltung zusammengebrochen, und man hörte Geschichten von Panik und überstürzter Flucht. Doch das allein erklärte noch nicht die Traurigkeit dieser Stadt. Kalkutta war tot – mit oder ohne die Chinesen. Die Teilung des Landes hatte die Stadt der Hälfte ihres Hinterlandes beraubt und ihr eine gewaltige Zahl entmutigter Flüchtlinge aufgebürdet. Selbst die Natur wandte sich gegen sie: Der Hooghly verschlammte. Doch auch Kalkuttas Herz war gestorben. Mit ihrem billigen Geglitzer, ihrem Schmutz und ihrem schmutzigen Geld, ihrer Überbevölkerung und Erschöpfung symbolisierte diese Stadt die ganze Tragödie Indiens und das schreckliche Scheitern Englands. Hier hatte es einst so ausgesehen, als würde die anglo-indische Begegnung Früchte tragen. Hier hatte die indische Renaissance begonnen: Sehr viele, die sich in der indischen Reformbewegung einen Namen gemacht haben, stammen aus Bengalen. Aber hier hatte die Begegnung auch mit einem beiderseitigen Rückzug geendet. Eine gegenseitige Befruchtung hatte nicht stattgefunden, und die Energie der Inder kehrte sich gegen sich selbst. Einst war Bengalen in seinen Ideen und in seinem Idealismus Indiens Avantgarde gewesen, doch heute, nur vierzig Jahre später, war Kalkutta selbst für Inder ein Schreckenswort, das Bilder von Menschenmassen, Cholera und Korruption heraufbeschwor. Kalkuttas ästhetische Impulse waren nach wie vor spürbar – die bengalischen Souvenirs und sogar das allerorten angebotene »Kunsthandwerk« der Flüchtlinge verrieten ein ansprechendes Gefühl für Ausgewogenheit –, doch sie ließen den allgemeinen Verfall nur um so stärker hervortreten. Es gab hier keine großen Führer und bis auf den Regisseur Ray und den Fotografen Janah auch keine großen Namen mehr. Kalkutta hatte sich aus dem indischen Experiment zurückgezogen, und die Inder zogen sich, einer nach dem anderen, eine Region nach der anderen, ebenfalls zurück. Die Engländer, die diese Stadt erbaut hatten, waren von jeher auf Distanz zu ihrer Schöpfung gegangen und hatten überlebt. Ihre Niederlassungen in Chowringhee machten

noch immer gute Geschäfte, und für die indischen Erben der
toten indischen Renaissance, die nun in ihren klimatisierten
Büros saßen, bedeutete die Unabhängigkeit nicht mehr als
die Möglichkeit, sich wie die Briten von Indien zurückzuziehen. Was war dann aber das Indien, das zurückblieb und
um das man sich so sorgte? War es vielleicht bloß ein Wort,
eine Idee?

Vom Zug aus betrachtet, bestand Durgapur, die neue Stahl-
stadt, aus einem ausgedehnten Muster von Lichtpünktchen.
Ich trat auf den Gang und betrachtete sie, bis sie verschwanden. So wenig Hoffnung – man konnte sich leicht vorstellen,
daß diese Lichter erloschen. Bomdi-la fiel in dieser Nacht,
Assam war schutzlos. Mr. Nehru spendete den Bürgern dieses Bundesstaates einen Trost, der bereits nach hilfloser Bei-
leidsbekundung klang. In Varanasi stiegen tibetische Flüchtlinge aus. Auf ihren breiten, rotwangigen Gesichtern lag
lächelnde Verwunderung; niemand sprach ihre Sprache,
und sie standen unsicher neben ihren Kisten, fremdartig in
ihren dicken, braun verschmutzten Mänteln und Wickelklei-
dern, mit ihren langen Haaren, Hüten und Stiefeln. Das Hotel war leer, der Inlands-Flugverkehr war eingestellt worden.
Der junge Hoteldirektor in seinem dunklen Anzug und die
uniformierten Hoteldiener standen schweigend und untätig
auf der Veranda. In mir regte sich der Basargeist, der Geist
des Kriegsopportunismus. Ich blieb auf der Treppe stehen
und feilschte. Der Erfolg stieg mir zu Kopf. »Und darin ist
der Kaffee zum Frühstück eingeschlossen«, sagte ich. »Ja«,
antwortete der Direktor traurig, »darin ist der Kaffee eingeschlossen.«
Das Cantonment, wo früher die englischen Offiziere und
Verwaltungsbeamten gewohnt hatten, war verlassen, und
man konnte sich leicht vorstellen, ein Besetzer zu sein. Doch
in der Stadt deutete nichts auf eine Tragödie hin. Auf den
ghats war Holz gestapelt, in bunte Tücher gewickelte Leich-
name lagen auf mit Blumen bestreuten Bahren am Ganges-
ufer und warteten unscheinbar auf ihre Einäscherung, und

hinter gelegentlich auflodernden Flammen, die eigenartig alltäglich wirkten und in dem vom Fluß reflektierten gleißenden Licht kaum zu sehen waren, saßen lächelnd und schwatzend die Hinterbliebenen. Auf den steilen, mit großen Buchstaben beschrifteten *ghats* mit ihren Stufen und Plattformen drängten sich die Menschen wie zur Ferienzeit an einem Strand. Die Frommen standen im Wasser, entspannten sich unter einem Sonnenschirm oder lauschten einem Pandit, der die Schriften auslegte; junge Männer machten Gymnastikübungen. Hinter den hohen, weißen *ghats* am Flußufer, in den sich dunkel zwischen massiven Mauern schlängelnden Gassen, die romantisch gewirkt hätten, wären da nicht die Kuhfladen gewesen, boten Straßenhändler Seide, Messing und Spielzeug aus Varanasi an, und in den Tempeln saßen junge, gewaschene und gekämmte Fremdenführer-Priester, kauten *pan* und verfluchten jeden, der ihnen kein Almosen gab.

Ich ging zum Nepalesischen Tempel, der, wie *Murray's Handbook* wußte, »durch erotische Schnitzereien entstellt ist; sie fallen allerdings nicht ins Auge, sofern man den Führer dazu bewegen kann, nicht auf sie hinzuweisen«. Der Führer war ein Jugendlicher mit einer langen Gerte; ich bat ihn, mich auf die Schnitzereien hinzuweisen. »Hier ein Mann und eine Frau«, leierte er. »Hier ein anderer Mann. Heißt Mr. Schnell, weil immer sagt: ›Schnell, schnell.‹« Ein Touristenwitz, dessen Derbheit mich nicht erbaute. Erotische Kunst ist ein heikler Genuß. Ich bedauerte, Murrays Rat nicht befolgt zu haben.

Beim Abendessen bat ich den traurigen jungen Hoteldirektor, die Radionachrichten einzuschalten. Sie waren so schlecht, wie sie nur sein konnten. Der Direktor hatte, korrekt selbst in seiner wachsenden Sorge, die Hände auf dem Rücken gefaltet und sah zu Boden. Der Ausdruck »chinesische Grenzwächter« ließ mich aufhorchen.

»Ich glaube, das ist Radio Peking.«

»Nein, das ist All-India-Radio. Ich höre nie einen anderen Sender.«

»Aber nur die Chinesen und Radio Pakistan sprechen von chinesischen Grenzwächtern.«

»Aber die Nachrichten sind auf Englisch. Und der Akzent … Und der Empfang ist so gut.«

Das stimmte: Der Sender kam klar und deutlich herein. Wir versuchten, Neu Delhi einzustellen, hörten aber nur Knakken und Rauschen und eine leiser werdende Stimme.

Und am nächsten Tag war alles vorüber. Die Chinesen riefen einen Waffenstillstand aus und versprachen, sich zurückzuziehen. Und wie durch einen Zauber begann das Hotel sich wieder zu füllen.

Die Kampfhandlungen waren eingestellt, aber der Ausnahmezustand dauerte an. Zu den Pflichten des Commissioners gehörte es, durch seinen Bezirk zu reisen, die Moral zu stärken und Spenden zu sammeln. Er hatte gerade eine Tour beendet, an deren Ende man ihm ein Album mit Fotos geschenkt hatte, auf denen er empfing oder empfangen wurde. Ich saß zusammen mit einigen jüngeren Beamten hinten in seinem Kombi und blätterte in dem Album. Wir fuhren über eine indische Landstraße, einen schmalen Metallstreifen zwischen zwei Streifen Erde, die von den Rädern der Ochsenkarren zu feinem Staub zermahlen worden waren. Es war indischer Staub: Er entstellte die Bäume zu beiden Seiten der Straße, er überpuderte hundert Meter weit die Felder zu beiden Seiten der Straße. Und an den Haltepunkten im Staub erwarteten uns regelmäßig Empfangskomitees, Girlanden, Gymnastikdarbietungen und Proben des örtlichen handwerklichen Könnens.

Der Commissioner legte Wert auf Seife und Schuhe, und überall, wo wir ausstiegen, standen bärtige moslemische Schuhmacher neben ihren Schuhen und Seifensieder neben ihren schweren, unförmigen Seifenstücken. Eines Abends beim Essen erklärte der Commissioner, der einen dunklen Anzug trug, warum ihm Seife und Schuhe so wichtig waren. Seine Stimme bekam etwas Zärtliches. Seine Tochter, sagte er, gehe in England zur Schule. Durch das Fernsehen oder aus irgendeinem Schulbuch hätten ihre Klassenkameradinnen erfahren, es gebe in Indien keine Kleinstädte; die Menschen lebten nicht in Häusern und hätten weder Schuhe noch Seife. »Stimmt das, Daddy?« hatte das besorgte Kind gefragt. Und so wurden die Handwerker seines Bezirks nun angehalten, Schuhe und Seife herzustellen. Manchmal durchbrach der Commissioner bei einem Empfang den Kreis der Honoratioren und begrüßte die Kinder der Ärmsten, die auf der anderen Seite der Straße standen. Manchmal übte er dann das Vorrecht des Commissioners aus, nahm einige Stücke Seife von dem Tisch, auf dem sie ausgestellt waren, und verteilte sie an die Kinder, während Fotografen an neue Alben dachten und Bilder knipsten.

Es war eine schnelle Tour. Ich fand es bemerkenswert, daß ein so großer, unbedeutender und trostloser Bezirk über eine so gute Organisation verfügte und daß hinter diesen Staubwolken tatsächlich Menschen lebten, die trotz mangelnder Unterstützung und schlechter Materialien handwerkliche Qualitäten bewiesen. Ich wäre gern länger geblieben und hätte Hoffnung geschöpft, doch dafür war keine Zeit. Es waren zu viele Erzeugnisse ausgestellt. Ich saß auf der Rückbank des Kombis und war bei jedem Halt der letzte, der ausstieg, und oft waren der Commissioner und seine Begleiter schon wieder beim Wagen und warteten auf mich, bevor ich den ersten Stand in Augenschein genommen hatte: Da ich als letzter ausstieg, mußte ich als erster wieder einsteigen.

Die Versammlungen dauerten länger. Magere Jungen in Unterhemden und Shorts waren in der Sonne angetreten, um ihre Gymnastikübungen vorzuführen. Torbögen mit der Hindi-Aufschrift »WILLKOMMEN« waren aufgebaut. Dem Commissioner wurden Blumenkränze umgehängt. Ein indischer Politiker nimmt die überreichten Kränze sogleich wieder ab und übergibt sie einem Assistenten; diese Annahme und sofortige Zurückweisung einer Ehrenbezeigung entspricht verfeinerter indischer Art. Der Commissioner nahm die Blumenkränze nicht ab. Ein Ringelblumenkranz nach dem anderen wurde ihm umgelegt, so daß die Blumen ihm schließlich bis zu den Ohren reichten und er von hinten wie eine ungewöhnlich bewaffnete Gottheit aussah: In einer Hand hielt er eine brennende Zigarre, in der anderen einen Tropenhelm. Sein Assistent war stets in seiner Nähe. Er trug die Zigarrenkiste seines Herrn und war gekleidet wie ein Mogul-Höfling: So hatten die Engländer versucht, ihre Vorgänger herabzusetzen.

Im geschmückten Zelt saßen die Bauern auf Matten. Für die Beamten waren Stühle und ein Tisch aufgestellt worden. Namen wurden verlesen, und die Bauern erhoben sich einer nach dem anderen, traten vor den Commissioner, verbeugten sich und überreichten ihm Rupienscheine für den Nationalen Verteidigungsfond. (Ein Beamter sagte mir, in diesem Gebiet seien die Einlagen in den Nationalen Sparfonds im selben Maße zurückgegangen wie die Einzahlungen in den Nationalen Verteidigungsfond gestiegen seien.) Einige Frauen brachten schüchtern ihren Schmuck. Manchmal kam auf einen aufgerufenen Namen keine Reaktion; dann wurden in allen Ecken des Zeltes Erklärungen laut: ein Todesfall von Mensch oder Tier, eine Krankheit, eine plötzlich notwendig gewordene Reise. Das Geld auf dem Teller wuchs zu einem wackligen Haufen und wurde von allen mit Nonchalance behandelt.

Dann hielt der Commissioner eine Ansprache. Der Ausnahmezustand sei keineswegs aufgehoben, die Chinesen stünden noch immer auf Indiens heiliger Erde. Zu lange sei den Menschen in Indien Frieden und Gewaltlosigkeit gepredigt worden – nun sei es an der Zeit, sie aufzurütteln. Der Commissioner versuchte es, indem er zunächst an den Patriotismus der Bauern appellierte und dann das Wesen der chinesischen Bedrohung analysierte. Nach allen indischen Maßstäben waren die Chinesen unrein. Sie aßen Rindfleisch – das war für die Hindus. Sie aßen Schweinefleisch – das war für die Moslems. Sie aßen Hundefleisch – das war für alle. Sie aßen Katzen, Ratten, Schlangen. Die Bauern blieben ungerührt, bis der Commissioner seinen letzten Trumpf ausspielte und die Hindu-Göttin der Zerstörung anrief.

Der Commissioner hatte einen Einpeitscher, einen hochgewachsenen, älteren Mann in einem alten, zweireihigen, grauen Anzug. Er trug eine Brille und einen Tropenhelm, das Gegenstück zu dem, den der Commissioner in der Hand gehabt hatte, und kaute unaufhörlich *pan*; sein Mund war groß und hatte fleischige, rot verfärbte Lippen, und sein Gesicht war ausdruckslos – er sah aus, als würde er ununterbrochen Zahlen im Kopf addieren. Wie ein kleiner Beamter rückte er seine Brille zurecht, trat ans Mikrofon und blieb stumm stehen. Plötzlich öffnete er den riesigen roten Mund, so daß man Zahnfüllungen und zerkaute Betelnußstücke erkennen konnte, und schrie: »*Kali Mata ki* –«

»*Jai!*« riefen die Bauern. Ihre Augen leuchteten, und das Lächeln verschwand nicht von ihren Gesichtern. »Lang lebe Mutter Kali!«

»Was habt ihr gesagt?« fragte der Begleiter des Commissioners. »Ich habe nichts gehört.« Das war sein Text, den er bei jeder Versammlung aufsagte. »Wir wollen es nochmal probieren, und diesmal will ich euch laut und deutlich hören. *Kali Mata ki* –«

»*Jai! Jai! Jai!*«

Einmal, zweimal, dreimal wurde die Göttin angerufen, mit wachsender Begeisterung. Dann drehte sich der Assistent abrupt um, kehrte zu seinem Platz zurück und setzte sich entschlossen wieder hin. Er legte sich den Tropenhelm auf die Knie, starrte geradeaus, bewegte *pan* kauend Kiefer und Lippen und schien sogleich wieder ins Kopfrechnen versunken.

Wenn das Publikum zu klein war, zeigte der Commissioner sein Mißfallen, indem er sich weigerte zu sprechen oder weiterzufahren. Beflissen schwärmten Beamte und Polizisten aus, holten Bauern von den Feldern und aus den Häusern und ließen Schulkinder antreten. Für die abendlichen Konzerte jedoch war immer ausreichend Publikum vorhanden. Regional bekannte Sänger kauten *pan* und sangen Eigenkompositionen über die chinesische Invasion in Mikrofone, die mit Taschentüchern umwunden waren, um sie vor *pan*-Spritzern zu schützen. Es gab Sketche über die Notwendigkeit zu sparen, mehr Nahrungsmittel zu produzieren, Geld in den Nationalen Verteidigungsfond einzuzahlen und Blut zu spenden. Ein- oder zweimal zeigte ein ehrgeiziger Bühnenautor einen örtlichen Helden, der im Kampf gegen die Chinesen fiel, und es war deutlich, daß keiner der Dorfbewohner wußte, wie Chinesen eigentlich aussahen.

Vom Zug oder von einer staubigen Straße aus betrachtet, schien Indien nur Mitleid zu heischen. Das war ein billiges Gefühl. Vielleicht hatten die Inder recht: Gerade ein so angestrengt aufrechterhaltenes Mitleid wie meines nahm vielen die menschliche Würde. Es schuf eine Distanz, es erlaubte mir, bei diesen Konzerten, diesen schlichten Manifestationen menschlicher Würde, Überraschung und Rührung zu empfinden. Wut, Mitleid und Verachtung waren Aspekte ein und desselben Gefühls, und sie waren wertlos, weil sie nicht von Dauer waren. Nur wenn ich die Verhältnisse akzeptierte, würde ich einen Schritt weiterkommen.

Wir befanden uns nun in einem Gebiet, das, obwohl es sich äußerlich nicht von den anderen Gebieten unterschied, für die Tapferkeit seiner Soldaten berühmt war. Lag das an einer in uralter Zeit erfolgten Blutsmischung, die sich aufgrund bestimmter Kastenregeln erhalten hatte? An einem hartnäckigen rajputischen Einfluß? Indien war voll von solchen Rätseln. Hier konnte das Zelt die Menge nicht fassen. Einige hatten Uniformen und Orden angelegt. Der Einpeitscher winkte sie heraus und setzte sie auf eine Bank am Rand des Zeltes, doch ein oder zwei gingen während der Ansprache des Commissioners langsam auf der Straße auf und ab. Bis jetzt waren die Leute ein wenig irritiert und verärgert gewesen, weil man sie von den Feldern und aus der Behaglichkeit ihrer Häuser geholt hatte, doch dieses Publikum war vom ersten Augenblick an konzentriert und gespannt. Die Veteranen sahen den Commissioner aufmerksam an, und ihre

Gesichter reagierten auf jedes Argument, das er vorbrachte. Die Chinesen aßen Schweinefleisch. Stirnen wurden gerunzelt. Die Chinesen aßen Hunde. Die Mienen wurden finsterer. Die Chinesen aßen Ratten. Augen weiteten sich, Köpfe fuhren hoch, als hätte man sie geschlagen.

Kaum hatte der Commissioner seine Ansprache beendet, da löste sich aus der Menge ein Mann und warf sich weinend vor ihm zu Boden.

Die anderen Dorfbewohner lehnten sich zurück und lächelten.

»Steh auf, steh auf«, sagte der Commissioner, »und sag mir, was du auf dem Herzen hast.«

»Sie wollen, daß ich kämpfe, und ich will ja auch kämpfen. Aber wie soll ich das tun, wenn ich und meine Familie nichts zu essen haben? Wie kann ich kämpfen, wenn ich mein Land verloren habe?«

Das Publikum begann zu kichern.

»Du hast dein Land verloren?«

»Ja, bei der Flurbereinigung.«

Der Commissioner sprach mit dem Einpeitscher.

»All mein gutes Land haben sie einem anderen gegeben«, klagte der Mann. »Nur das schlechte durfte ich behalten.«

Einige der Veteranen lachten.

»Ich werde mich darum kümmern«, sagte der Commissioner. Die Menge ging auseinander. Der klagende Mann verschwand, die spöttischen Kommentare über seinen Ausbruch verstummten, und wir begaben uns zum Dorfvorsteher, einem Mann von wenig Worten, um Tee zu trinken.

An diesem Abend gab es ein weiteres Konzert. Es war vom Dorflehrer organisiert worden. Kurz vor dem Ende kam er und sagte, er habe ein Gedicht geschrieben, das er gerne vortragen werde, wenn der Commissioner es erlaube. Der Commissioner nahm die Zigarre aus dem Mund und nickte. Der Lehrer verbeugte sich und begann mit leidenschaftlicher Intonation und heftigen Gesten zu rezitieren. Die einfachen Hincireime sprudelten hervor, als wären sie gerade erst entstanden, und der Lehrer steigerte sich in Begeisterung hinein und kam zum Höhepunkt und Ende, wo er die Namen der Prinzipien nannte, die die Welt regieren sollten:

... satya ahimsa.

Er verbeugte sich abermals und wartete auf Beifall.

»*Satya ahimsa!*« donnerte der Commissioner und ließ den beginnenden Applaus verstummen. »Bist du verrückt? Wahrheit und Gewaltlosigkeit? Willst du das auch noch predigen, wenn die Chinesen deine Frau vergewaltigen? Habe ich denn den ganzen Nachmittag umsonst geredet? Hier haben wir ein klassisches Beispiel für unsauberes Denken.«

Der Dichter, der sich noch immer verbeugte, sank ein Stück in sich zusammen. Der Vorhang fiel rasch.

Der arme Kerl! Er hatte eine so schöne Abendunterhaltung vorbereitet. Er hatte die antichinesischen Sketche und die Lieder über Mutter Indien geschrieben, doch bei dem Gedicht, das er selbst vortragen wollte, waren ihm die Pferde durchgegangen. Jahrelang hatte er Gedichte über Wahrheit und Gewaltlosigkeit vorgetragen und war dafür belobigt worden. Die Gewohnheit hatte gesiegt, und das hatte zu seiner öffentlichen Schande geführt.

Ein paar Wochen später fuhr Mr. Nehru nach Lucknow. Auf dem Asphalt des Flughafens verbeugte er sich sechsundvierzigmal und ließ sich von den sechsundvierzig Ministern des Bundesstaates sechsundvierzig Blumenkränze umlegen. Das jedenfalls war die Geschichte, die ein Beamter in Lucknow mir erzählte. Er war ein wenig verstimmt. Die Stadtverwaltung hatte die Anweisungen zum Zivilschutz, die aus Delhi gekommen waren, ernstgenommen. Man hatte Verdunkelung angeordnet, Luftschutzübungen abgehalten und Gräben ausgehoben – man hatte eine Menge vorzuweisen. Doch Mr. Nehru war nur verärgert gewesen. All diese Gräben, hatte er gesagt, seien reine Zeitverschwendung.

In gewisser Weise war der Ausnahmezustand vorüber.

11

DAS DORF DER DUBES

Der Ausnahmezustand war vorüber, ebenso wie mein Jahr in Indien. Der kurze Winter neigte sich rasch seinem Ende zu; es war nicht mehr angenehm, in der Sonne zu sitzen, und der Staub würde sich erst in der Monsunzeit legen. Einen Ort hatte ich noch zu besuchen, doch die Lust darauf war mir vergangen. Indien hatte mich nicht in seinen Bann geschlagen. Es war das Land meiner Kindheit geblieben, ein Land der Dunkelheit; wie die Pässe im Himalaya verschloß es sich um so mehr, je weiter ich mich von ihm entfernte, und verwandelte sich wieder in ein mythisches Land. Es schien in eben jener Zeitlosigkeit zu existieren, die ich mir in meiner Kindheit vorgestellt hatte und in die ich, wie ich wußte, auch in Indien nicht eindringen konnte.

In diesem Jahr hatte ich nicht gelernt, die Verhältnisse zu akzeptieren. Ich hatte gelernt, daß ich von Indien getrennt war, und hatte mich mit der Rolle des Kolonialbewohners ohne Vergangenheit, ohne Ahnen zufriedengegeben. Nur aus Pflichtgefühl fuhr ich in diese Kleinstadt in Uttar Pradesh, die nicht einmal über Ruinen verfügte und nur durch ihre Rückständigkeit und eine Episode in Buddhas Leben eine gewisse Berühmtheit erlangt hatte. Nur aus Pflichtgefühl fuhr ich nach zwei Tagen der Unschlüssigkeit, der Untätigkeit und des Lesens eine Landstraße entlang, auf der außer mir lauter Bauern unterwegs waren, die sich um gummibereifte Fahrzeuge nicht kümmerten, und gelangte in das

Dorf, das der Vater meiner Mutter vor über sechzig Jahren verlassen hatte.

In manchen Regionen des Westens und der Mitte Indiens fragt man sich, wo die wimmelnden Millionen geblieben sind. Es gibt so wenige Ortschaften, und das braune Land sieht so unfruchtbar und verlassen aus. Doch hier war das Wunder anders geartet. Das Land war flach. Der Himmel war hoch, blau und vollkommen undramatisch; unter diesem Himmel wirkte alles verkleinert. Wohin man auch sah, lag ein niedriges, im Staub halb verborgenes Dorf, das ein Teil der Erde zu sein schien und sich kaum von ihr abhob. Jeder kleine Staubwirbel verriet einen Bauern, und nirgends war das Land still.

An einer Kreuzung nahmen wir jemanden mit, der sich uns als Führer zur Verfügung stellte, und bogen auf einen Fahrdamm aus reinem Staub ab. Rechts und links des Weges standen alte, hohe Bäume. Zweifellos hatte mein Großvater seine Reise unter ihnen angetreten. Gegen meinen Willen war ich beeindruckt. Für uns hatte dieses Land aufgehört zu existieren. Nun war es so gewöhnlich. Mehr wollte ich eigentlich gar nicht sehen. Ich hatte Angst vor dem, was ich finden würde, und es gab Zeugen. Unser Führer war sowohl von meiner Mission als auch von der unerwarteten Jeep-Fahrt begeistert. »Das nicht, und das auch nicht«, rief er, während ein Dorf nach dem anderen in unserem Staub verschwand. Schließlich zeigte er mit dem Finger: Dort, zu unserer Rechten, war das Dorf der Dubes.

Es lag weit vom Fahrdamm entfernt und war anders als alles, was ich mir vorgestellt hatte. Ein großer Mangohain verlieh ihm etwas Pastorales, und von den dunkelgrünen Blättern hoben sich rein und weiß zwei Türme ab. Ich wußte von diesen Türmen und freute mich, sie zu sehen. Mein Großvater hatte versucht, der Familie, die er zurückgelassen hatte, wieder zu Rang und Namen zu verhelfen. Er hatte ihr Land zurückgekauft und Geld für den Bau eines Tempels gespendet. Man hatte jedoch keinen Tempel gebaut, sondern nur drei Schreine. Armut, Unzuverlässigkeit, hatten wir in Trinidad gedacht. Aber wie beruhigend diese Türme nun von der Straße aus wirkten!

Wir stiegen aus dem Jeep und stapften über bröckelige Erde. Die hohen, verzweigten Mangobäume warfen Schatten auf einen künstlichen Teich, und der Erdboden in diesem Hain war mit Lichtflecken gesprenkelt. Ein Junge kam aus einem Haus. Bis auf den *dhoti* und die Kastenschnur war sein magerer Körper nackt. Er musterte mich mißtrauisch – unsere Gruppe war groß und wirkte furchterregend offiziell –, doch als der Beamte, der mich begleitete, erklärte, wer ich war, versuchte der Junge zuerst, mich zu umarmen, und wollte dann meine Füße berühren. Ich konnte mich losmachen, und er führte uns durch das Dorf und erklärte mir die komplizierte Verwandtschaftsbeziehung zwischen ihm und meinem Großvater und mir. Er wußte alles über meinen Großvater. Für dieses Dorf hatte das alte Abenteuer seine Bedeutung behalten: Mein Großvater war weit übers Meer gefahren und hatte *barra paisa*, viel Geld, verdient.

Ein Jahr zuvor wäre ich von dem, was ich sah, noch entsetzt gewesen. Doch mein Blick hatte sich verändert. Dieses Dorf wirkte ungewöhnlich wohlhabend, es war geradezu malerisch. Viele Häuser waren aus Backsteinen, manche standen auf Plattformen, manche hatte geschnitzte Türen und Ziegeldächer. Die Straßen waren sauber und gepflastert; für das Vieh gab es einen Wassertrog aus Beton. »Ein Brahmanendorf, ein Brahmanendorf«, flüsterte der Beamte. Die Frauen waren unverschleiert und schön, ihre Saris schlicht und weiß. Sie betrachteten uns ohne Scheu. Sie hatten die Gesichtszüge der Frauen in meiner Familie. »Brahmanenfrauen«, flüsterte der Beamte. »Sehr furchtlos.«

Das Dorf bestand aus Dubes und Tiwaris, allesamt Brahmanen, allesamt miteinander verwandt. Ein Mann, der nur einen Lendenschurz und seine Kastenschnur trug, wusch sich, indem er sich mit Wasser aus einem Messingkrug übergoß. Wie elegant seine Haltung, wie vollendet sein schlanker Körper war! Wie hatte sich inmitten von Überbevölkerung und Verfall diese Schönheit erhalten? Sie waren Brahmanen;

sie zahlten weniger Pacht als jene, die sich weniger leisten
konnten. Doch die Region war »reich an Brahmanen«, wie
der *Gazeteer* schrieb; sie machten zwölf bis fünfzehn Prozent
der Hindubevölkerung aus. Vielleicht war das auch der
Grund, warum es kein gemeinsames Dorfleben zu geben
schien, obwohl doch alle miteinander verwandt waren. Wir
ließen die Backsteinhäuser hinter uns und blieben zu meiner
Enttäuschung vor einer kleinen, strohgedeckten Hütte stehen. Hier wohnte Ramachandra, das gegenwärtige Oberhaupt des Zweiges der Dubes, zu dem mein Großvater gehört hatte.
Er war nicht zu Hause. Ach, riefen die Männer und Jungen,
die uns begleitet hatten, warum hatten wir uns ausgerechnet
diesen Tag ausgesucht? Aber die Schreine, sie würden mir
die Schreine zeigen. Ich sollte sehen, wie gut man sich um
sie gekümmert hatte; ich sollte den Namen meines Großvaters sehen, der dort eingemeißelt war. Sie schlossen die vergitterten Türen auf. Die Statuen der Gottheiten waren frisch
gewaschen und trugen saubere Kleider, sie waren mit frischer Sandelholzpaste bestrichen, und die Blumen, die man
als morgendliche Opfergabe vor sie gelegt hatte, waren
noch nicht verwelkt. Mein Geist übersprang Jahre, mein Gefühl für Zeit und Entfernung schien sich aufzulösen: Vor mir
standen genaue Repliken der Statuen, die ich aus dem Gebetsraum im Haus meines Großvaters kannte.
Eine alte Frau klagte.
»Welcher Sohn? Welcher?«
Es dauerte einige Sekunden, bis ich merkte, daß die alte Frau
Englisch sprach.
»Jussodra!« sagten die Männer und machten ihr Platz. Sie
hockte auf den Fersen und rutschte auf mich zu; sie weinte
und krächzte auf Englisch und Hindi. Ihr blasses Gesicht
wirkte rissig wie getrockneter Schlamm, ihre grauen Augen
waren trüb.
»Jussodra wird Ihnen alles über Ihren Großvater erzählen«,
sagten die Männer.
Auch Jussodra war in Trinidad gewesen; sie hatte meinen

Großvater gekannt. Wir wurden von dem Schrein zur Hütte geführt. Dort mußte ich mich auf ein mit Schnüren bespanntes Bettgestell setzen, über das man eine Decke gebreitet hatte. Jussodra hockte zu meinen Füßen, sagte den Stammbaum meines Großvaters auf, erzählte von seinen Abenteuern und weinte, während der Beamte übersetzte. Seit sechsunddreißig Jahren lebte Jussodra in diesem Dorf, und in dieser Zeit hatte sie ihre Geschichte zu einem flüssigen indischen *khisa*, einem Märchen, aufpoliert. Wahrscheinlich kannten die anderen Dorfbewohner die Geschichte bereits, aber alle hörten feierlich und aufmerksam zu.

Als junger Mann (sagte Jussodra) verließ mein Großvater dieses Dorf und ging nach Varanasi, um zu studieren, wie es Brahmanen seit unvordenklichen Zeiten tun. Doch mein Großvater und seine Familie waren arm und die Zeiten schwer; möglicherweise gab es sogar eine Hungersnot. Eines Tages lernte mein Großvater einen Mann kennen, der ihm von einem weit entfernten Land namens Trinidad erzählte. In Trinidad lebten indische Arbeiter, die Lehrer und Pandits brauchten. Der Lohn war gut, Land war billig, und eine freie Überfahrt ließ sich arrangieren. Der Mann, der meinem Großvater davon erzählte, wußte, wovon er sprach. Er war ein *arkatia*, ein Mann, der Arbeitskräfte anwarb; wenn die Zeiten gut waren, vertrieb man ihn aus manchen Dörfern mit Steinwürfen, doch nun waren die Leute bereit, ihm zuzuhören. Und so verpflichtete mein Großvater sich für fünf Jahre und fuhr nach Trinidad. Er wurde natürlich kein Lehrer, sondern Arbeiter in einer Zuckerfabrik. Er bekam ein Zimmer und zu essen und darüber hinaus noch zwölf Annas, also vierzehn Pence, pro Tag. Das war eine Menge Geld und galt in diesem Teil Indiens noch heute als guter Lohn – doppelt soviel, wie die indische Regierung für Hilfsarbeiten in Katastrophengebieten zahlte. Mein Großvater verdiente sich noch etwas hinzu, indem er abends die Aufgaben eines Pandits übernahm. In Varanasi ausgebildete Pandits waren in Trinidad eine Seltenheit, und seine Dienste waren sehr gefragt. Selbst der Sahib in der Fabrik hatte Achtung vor ihm und sagte eines Tages: »Sie sind ein großer Pandit. Können Sie mir helfen? Ich will einen Sohn.« – »Na gut«, sagte mein Großvater, »ich werde dafür sorgen, daß Sie einen Sohn bekommen.« Und als die Frau des Sahibs einen Sohn gebar, war der Sahib so glücklich, daß er zu meinem Großvater sagte: »Sehen Sie diese dreißig *bighas* Land? Das Zuckerrohr, das dort steht, gehört Ihnen.« Mein Großvater ließ es ernten und verkaufte es für zweitausend Rupien. Dieses Geld war der Grundstock für seine Geschäfte. Erfolg gesellte sich zu Erfolg. Eines Tages kam ein wohlhabender Mann, der schon lange in Trinidad lebte, zu meinem Großvater und sagte: »Ich beobachte Sie schon seit einiger Zeit und bin überzeugt, daß Sie es noch weit bringen werden. Ich habe eine Tochter, die ich Ihnen zur Frau geben will. Sie bekommen einen Hektar Land dazu.« Mein Großvater hatte kein Interesse. Da sagte der Mann: »Ich gebe Ihnen zusätzlich einen Einspänner. Den können Sie vermieten und noch mehr Geld verdienen.« Also heiratete mein Großvater. Seine Geschäfte gingen gut. Er baute zwei Häuser. Bald war er reich genug, um in dieses Dorf zurückzukehren und zehn Hektar Land, das seiner Familie gehört hatte, zurückzukaufen. Danach fuhr er wieder nach Trinidad. Aber er war ein rastloser Mann und beschloß, noch einmal nach Indien zu reisen. »Komm bald wieder«, sagte seine Familie zu ihm. (Jussodra sagte diese Worte auf Englisch, ebenso wie vorher das Wort *buggy*, Einspänner.) Doch mein Großvater sah Trinidad nie wieder. Im Zug von Kalkutta hierher wurde er krank und schrieb seiner Familie: »Die Sonne geht unter.«

Die Geschichte war zu Ende. Jussodra weinte und weinte. Niemand rührte sich.

»Was soll ich jetzt tun?« fragte ich den Beamten. »Sie ist sehr alt. Würde es sie kränken, wenn ich ihr Geld anbieten würde?«

»Im Gegenteil, es würde sie sehr freuen«, sagte er. »Geben Sie ihr etwas Geld und sagen Sie ihr, sie soll für eine *kattha*, eine Schriftlesung, sorgen.«

Ich tat, was er gesagt hatte.

Fotografien wurden hervorgeholt, die für mich ebenso alt und vergessen waren wie die Götterbilder meiner Erinnerung; und wieder war es für mein Zeit- und Ortsgefühl verwirrend, sie in die Hand zu nehmen und inmitten dieses riesigen Landes, in dem ich an keinerlei vertrauten Punkten verankert war und mich so schnell verirren konnte, den roten Stempel des Fotografen aus Trinidad zu sehen – die Adresse war so leicht zu entziffern, und die Farbe leuchtete vor der verblassenden, sepiabraunen Figur, die in meiner wiedererweckten Erinnerung bereits unwiederbringlich verblaßt war und zu einer Welt der Vorstellungen gehörte, nicht aber zu einer Wirklichkeit wie dieser.

Ich war widerstrebend zu ihnen gekommen. Ich hatte wenig erwartet, und ich hatte mich gefürchtet. Alles Häßliche ging nur von mir aus.

Noch jemand wollte mich sehen. Es war Ramachandras Frau; sie erwartete mich in der Hütte. Ich ging hinein. Eine weißgekleidete Gestalt verbeugte sich vor mir; die Frau umfaßte meine Füße, die noch in derben Schnürstiefeln steckten, und begann zu weinen. Sie weinte und wollte nicht loslassen.

»Was soll ich tun?« fragte ich den Beamten.

»Nichts. Gleich wird jemand kommen und ihr sagen, daß das keine Art ist, einen Verwandten zu empfangen, und daß sie Ihnen etwas zu essen anbieten soll. So gehört es sich nämlich.«

Und so geschah es.

Aber: etwas zu essen! Ich war überwältigt von diesem Dorf, doch meine koloniale Vorsicht legte ich trotzdem nicht ab. Sie hatte mich auch davon abgehalten, den Inhalt meiner Taschen in Jussodras traurige, faltige Hände zu legen. Jetzt erinnerte sie mich an den Rat des Commissioners: »Wenn es gekocht ist, können Sie's riskieren. Aber trinken Sie nie auch nur einen Schluck Wasser.« Allerdings war er in diesem Land aufgewachsen. Also sagte ich, daß ich nichts essen dürfe. Ich sei ein bißchen krank und müsse eine Diät einhalten.

»Wasser«, sagte Ramachandras Frau, »du mußt wenigstens etwas Wasser trinken.«

Der Beamte sagte: »Sehen Sie das Feld da? Das sind Erbsen. Fragen Sie sie, ob sie ein paar davon haben können.«

Wir aßen jeder eine Erbsenschote. Ich versprach, noch einmal zu kommen; die Männer und Jungen begleiteten uns zum Jeep, und dann fuhren wir auf der Straße zurück, die für mich jeden Schrecken verloren hatte.

Abends, im Hotel, schrieb ich einen Brief. Dieser Tag hatte mir ein so ungewöhnliches Abenteuer beschert. Die Zeit hatte sich verzerrt: Immer wieder erfüllte es mich mit Verwunderung, daß ich mich zu dieser Stunde in dieser Stadt, in diesem Hotel aufhielt. Es war tatsächlich ein indisches Dorf gewesen, in dem ich diesen Bildern, diesen Fotografien, diesen Brocken Trinidad-Englisch begegnet war. Das Schreiben ließ meine freudige Erregung nicht abklingen. Es setzte nicht einzelne Erinnerungen, sondern eine ganze, längst vergessen geglaubte Stimmung frei. Als der Brief zu Ende geschrieben war, ging ich zu Bett. Dann hörte ich ein Lied, ein Duett – zunächst schien es ein Teil meiner Erinnerung, ein Teil der wiedererlebten Stimmung zu sein. Doch ich träumte nicht, ich war wach. Die Musik erklang wirklich.

> Tumhin ne mujhko prem sikhaya,
> Soté hué hirdaya ko jagaya.
> Tumhin ho roop singar balam.*

Es war Morgen. Das Lied kam von einem Laden gegenüber. Es war ein Lied aus den späten dreißiger Jahren. Ich hatte es

---

* Du hast meiner Liebe einen Sinn gegeben,
Du hast mein schlafendes Herz geweckt.
Meine Schönheit bist du, Geliebte(r), du bist mein Schmuck.
   (Die Übersetzung ins Englische stammt von meinem Freund Aley Hasan von der indischen Abteilung der BBC.)

seit Jahren nicht mehr gehört und bis zu diesem Augenblick vergessen. Ich wußte nicht einmal, was die Worte bedeuteten, aber das hatte ich ja noch nie gewußt. Diese Musik war reine Stimmung, und in diesem Augenblick zwischen Schlafen und Wachen hatte sie einen anderen Morgen in einer anderen Welt heraufbeschworen, und das setzte sich fort. Als ich an diesem Tag durch den Basar ging, sah ich das Harmonium, das kaputt und unbenutzt im Haus meiner Großmutter gelegen hatte, Teil einer unwiederbringlich verlorengegangenen Vergangenheit. Ich sah die Trommel, die Druckmodeln, die Messinggefäße. Immer wieder hatte ich das Gefühl, daß die Zeit sich auflöste, und empfand eine beunruhigende und erhebende Verwunderung über die Tatsache, daß ich körperlich existierte.

Beim Barbier, wo ich mich rasieren ließ und vergeblich um heißes Wasser bat, legte sich meine Erregung. Ich wurde wieder zum ungeduldigen Reisenden. Die Sonne stand hoch am Himmel; die leichte morgendliche Kühle war sengender Glut gewichen.

Ich kehrte zu meinem Hotel zurück. Vor meiner Tür saß ein Bettler.

»Kya chahiye?« fragte ich in meinem schlechten Hindi. »Was wollen Sie?«

Er sah auf. Bis auf einen Haarknoten war sein Kopf kahlrasiert, sein Gesicht sah aus wie ein Totenschädel, seine Augen funkelten. Meine Ungeduld verwandelte sich in Unruhe. Mönch, dachte ich, Mönch. Ich hatte *Die Brüder Karamasow* gelesen.

»Ich bin Ramachandra Dube«, sagte er. »Ich habe dich gestern nicht gesehen.«

Ich hatte mir einen Mann vorgestellt, der weniger hilfsbedürftig, weniger hinfällig war. Der Versuch eines Lächelns machte seinen Gesichtsausdruck nicht herzlicher. In seinen Mundwinkeln hatte sich weißer, klebriger Speichel gesammelt.

Im Hotel wohnten einige Beamtenanwärter. Drei von ihnen erklärten sich bereit zu dolmetschen.

»Ich habe den ganzen Tag nach dir gesucht«, sagte Ramachandra.

»Sagen Sie ihm, daß ich ihm für seinen Besuch danke«, sagte
ich, »aber das wäre gar nicht nötig gewesen. Ich habe den
Leuten im Dorf doch gesagt, daß ich noch einmal komme.
Fragen Sie ihn, wie er mich gefunden hat. Ich habe keine
Adresse hinterlassen.«

Er war ein paar Kilometer gelaufen und hatte dann den Zug
in die Stadt genommen. Dort war er zur Verwaltung gegangen und hatte nach dem Beamten gefragt, der den Mann aus
Trinidad begleitet hatte.

Während die Beamtenanwärter übersetzten, lächelte Ramachandra. Ich sah jetzt, daß sein Gesicht nicht das eines Mön-
ches, sondern das eines Unterernährten war; seine Augen
glänzten krank, und er war furchtbar dünn. Er hatte einen
großen, weißen Sack dabei, den er mit Mühe auf meinen
Tisch hob.

»Ich habe dir etwas Reis vom Land deines Großvaters mitgebracht«, sagte er. »Und *prasad*, Opfergaben vom Schrein
deines Großvaters.«

»Was soll ich tun?« fragte ich die Beamtenanwärter. »Ich
brauche keine dreißig Pfund Reis.«

»Er will gar nicht, daß Sie alles behalten. Nehmen Sie nur ein
paar Körner. Und das *prasad*.«

Ich nahm ein paar Körner von dem schlechten Reis und das
prasad – klumpige, graue Zuckerklümpchen – und legte sie
auf den Tisch.

»Ich habe den ganzen Tag nach dir gesucht«, sagte Ramachandra.

»Ich weiß.«

»Ich bin gelaufen, dann bin ich mit dem Zug gefahren, und
dann bin ich in der Stadt herumgelaufen und habe nach dir
gefragt.«

»Es war sehr freundlich von dir, daß du dir diese Mühe gemacht hast.«

»Ich will, daß du kommst. Ich will, daß du in meine bescheidene Hütte kommst und etwas ißt.«

»Ich werde in ein paar Tagen wieder ins Dorf kommen.«
»Ich habe den ganzen Tag nach dir gesucht.«
»Ich weiß.«
»Ich will, daß du in meine Hütte kommst. Ich will mit dir sprechen.«
»Wir werden miteinander sprechen, wenn ich ins Dorf komme.«
»Ich will, daß du kommst. Ich will mit dir sprechen. Ich habe dir wichtige Dinge zu sagen.«
»Wir werden sprechen, wenn die Zeit gekommen ist.«
»Gut. Ich werde jetzt gehen. Ich habe den ganzen Tag nach dir gesucht. Ich habe dir etwas zu sagen. Ich will, daß du in meine Hütte kommst.«
»Ich kann nicht mehr«, sagte ich zu den Beamtenanwärtern. »Sagen Sie ihm bitte, daß er gehen soll. Danken Sie ihm und so weiter, aber er soll gehen.«
Einer der Anwärter übersetzte das und flocht dabei Höflichkeitsfloskeln ein.
»Ich muß dich jetzt verlassen«, antwortete Ramachandra. »Ich muß vor Einbruch der Dunkelheit wieder im Dorf sein.«
»Ja, ich verstehe, daß du vor Einbruch der Dunkelheit wieder zu Hause sein mußt.«
»Aber wie soll ich im Dorf mit dir sprechen?«
»Ich werde einen Dolmetscher mitbringen.«
»Ich will, daß du in meine bescheidene Hütte kommst. Ich habe den ganzen Tag nach dir gesucht. Im Dorf sind zu viele Leute Wie soll ich dort mit dir sprechen?«
»Warum kannst du nicht im Dorf mit mir sprechen? Können wir ihn nicht irgendwie hinausbugsieren?«
Sie schoben ihn zur Tür.
»Ich habe dir Reis vom Land deines Großvaters mitgebracht.«
»Danke. Es wird bald dunkel.«
»Ich will mit dir sprechen, wenn du kommst.«
»Wir werden miteinander sprechen.«
Die Tür wurde geschlossen. Die Beamtenanwärter verließen mich Ich legte mich unter den Deckenventilator auf das

341

Bett. Dann ging ich unter die Dusche. Ich trocknete mich gerade ab, als ich an dem vergitterten Fenster ein Kratzen hörte.

Es war Ramachandra. Er stand auf der Veranda und versuchte zu lächeln. Ich holte keinen Dolmetscher. Ich brauchte keinen, um zu verstehen, was er sagte.

»Ich kann im Dorf nicht mit dir sprechen. Dort sind zu viele Leute.«

»Wir werden im Dorf miteinander sprechen«, sagte ich auf Englisch. »Geh jetzt nach Hause. Du reist zuviel.« Durch Gebärden gab ich ihm zu verstehen, er solle vom Fenster weggehen. Dann zog ich schnell die Vorhänge zu.

Es vergingen einige Tage, bevor ich mich entschloß, das Dorf noch einmal zu besuchen. Die Fahrt nahm keinen guten Anfang. Es gab Schwierigkeiten mit dem Wagen, und so konnten wir erst am Nachmittag losfahren. Wir kamen nur langsam voran. Es war Markttag in der kleinen Stadt, und die abenteuerliche Fahrweise der vielen Ochsenkarren stellte eine echte Gefahr dar. Mal fuhren sie auf der rechten Straßenseite, mal wechselten sie unvermittelt nach links, und immer waren sie in einer Staubwolke verborgen. Der Staub war dicht und allgegenwärtig; er verhüllte Bäume, Felder und Dörfer. Es gab Verkehrsstaus, bei denen sich die Karren hoffnungslos ineinander verkeilten, doch auch dann blieben die Treiber so ungerührt wie ihre Ochsen.

An der Kreuzung der beiden Landstraßen herrschte das reine Chaos. Ich atmete Staub ein. Ich hatte Staub in den Haaren, Staub im Hemd und ekelhafterweise Staub unter den Fingernägeln. Wir hielten an und warteten darauf, daß sich der Stau auflöste. Dann verschwand unser Fahrer und nahm den Zündschlüssel mit. Es war sinnlos, nach ihm zu suchen – wir wären nur in Staubwolken herumgeirrt. So blieben wir also im Jeep sitzen und drückten hin und wieder auf die Hupe. Eine halbe Stunde später kehrte unser Fahrer zurück. Seine Wimpern, sein Schnurrbart und die geölten Haare waren vom Staub blondiert, doch er lächelte feucht und triumphierend: Es war ihm gelungen, etwas Gemüse zu kaufen. Als wir die Dammstraße erreichten, war es später Nachmittag. Die Sonne ging unter und verwandelte den Staub in Wolken aus purem Gold, so daß jeder im Dorf von einer goldenen Aura umgeben war. Das Land barg für mich keinen Schrecken, keine Überraschung mehr. Ich hatte das Gefühl, es gut zu kennen. Dennoch blieb ein gewisses Unbehagen: In diesem Dorf lebte Ramachandra.

Er erwartete mich bereits. Er trug nicht mehr das weiße Gewand, das er im Hotel angehabt hatte, sondern nur einen *dhoti* und die Kastenschnur, und es tat mir fast weh, seinen mageren, ausgezehrten Körper zu sehen. Sobald er meiner gewahr wurde, nahm er eine Haltung ekstatischer Verehrung ein: den rasierten, glänzenden Kopf mit starrem Blick zurückgeworfen, den Mund, in dessen Winkeln sich weißer Speichel abgesetzt hatte, resolut geschlossen, die beiden dürren Arme erhoben. Es hatte sich bereits Publikum eingefunden, und er demonstrierte seinen Besitzanspruch auf mich. Erst nach Sekunden gelang es ihm, sich zu entspannen.

»Er sagt, daß Gott Sie zu ihm geschickt hat«, sagte mein Freund, der Beamte.

»Wir werden sehen.«

Der Beamte wandelte diese Bemerkung in eine förmliche Begrüßung um.

»Würden Sie gerne in seine Hütte kommen und etwas essen?«

»Nein.«

»Sie müssen wenigstens einen Schluck Wasser trinken.«

»Ich bin nicht durstig.«

»Sie weisen seine Gastfreundschaft zurück, weil er arm ist.«

»Wenn er es unbedingt so sehen will ...«

»Nur einen Happen zu essen.«

»Sagen Sie ihm, daß es schon spät ist. Sagen Sie ihm, daß Sie nach den veruntreuten Geldern aus dem Nationalen Verteidigungsfonds forschen müssen, von denen Sie mir erzählt haben.«

»Er sagt, daß Gott Sie heute zu ihm geschickt hat.«

»Ich glaube, ich werde mir das nicht mehr lange anhören. Fragen Sie ihn, was er von mir will.«

»Er sagt, er wird es Ihnen erst sagen, wenn Sie in seiner bescheidenen Hütte etwas gegessen haben.«

»Sagen Sie ihm Lebwohl.«

»Er glaubt, daß Sie ein wenig Abgeschiedenheit zu schätzen wissen.«

Er führte uns durch seine Hütte in einen kleinen, mit Steinen ausgelegten Innenhof, wo seine Frau, die bei meinem vorigen Besuch meine Schuhe umklammert und geweint hatte, mit züchtig verhülltem Kopf in einer Ecke saß und tat, als scheuerte sie einige Messinggefäße.

Ramachandra ging auf und ab. Dann: Ob ich nicht doch etwas essen wolle?

Der Beamte übersetzte mein Schweigen.

Es sei wirklich sehr bemerkenswert, sagte Ramachandra, daß ich gerade jetzt ins Dorf gekommen sei. Zufällig sei er nämlich in gewissen Schwierigkeiten. Er wolle einen kleinen Rechtsstreit anfangen, doch ein Prozeß, in dem gerade ein Urteil ergangen sei, habe ihn zweihundert Rupien gekostet, und nun habe er kein Geld mehr.

»Aber damit ist das Problem doch gelöst. Er soll den neuen Prozeß einfach vergessen.«

»Wie denn? Dieser neue Prozeß betrifft Sie.«

»Mich?«

»Es geht um das Land Ihres Großvaters, das Land, auf dem der Reis gewachsen ist, den er Ihnen mitgebracht hat. Darum hat Gott Sie geschickt. Das Land Ihres Großvaters umfaßt inzwischen nur noch siebeneinhalb Hektar, und einiges davon wird ihm weggenommen werden, wenn er diesen neuen Prozeß nicht führt. Und wenn das geschieht, wer soll sich dann um die Schreine Ihres Großvaters kümmern?«

Ich riet Ramachandra, den Prozeß und die Schreine zu vergessen und sich statt dessen auf die siebeneinhalb Hektar Land zu konzentrieren. Das sei eine Menge Land, siebenein-

halb Hektar mehr, als ich besäße, und er könne viele Bei-
hilfen von der Regierung bekommen. Das wisse er, sagte er
nachsichtig. Aber sein Körper – er zeigte mir nicht ohne
Stolz seinen langen, mageren Rücken – sei kraftlos; er führe
das Leben eines Asketen und verbringe täglich vier Stunden
damit, sich um die Schreine zu kümmern. Und er wolle diesen neuen Prozeß führen. Außerdem: Was sei aus siebeneinhalb Hektar schon herauszuholen?
Unser Gespräch drehte sich im Kreis. Der Beamte war keine
große Hilfe; er milderte meine Schärfe durch Höflichkeit.
Daß ich rundweg ablehnte, half gar nichts, sondern ermunterte Ramachandra nur, wieder von vorn zu beginnen. Es
half nur eins: Ich mußte einfach aufstehen und gehen. Und
das tat ich schließlich unvermittelt. Viele Männer und Jungen aus dem Dorf folgten mir zum Mangohain.
Ramachandra hielt mit mir Schritt. Er wünschte mir Lebwohl und demonstrierte bis zur letzten Sekunde seinen Besitzanspruch auf mich. Ein Mann, der offensichtlich sein
Kontrahent war und kräftiger, stattlicher und würdiger
wirkte, überreichte mir einen Briefumschlag und zog sich
wieder zurück; die Tinte auf dem Umschlag war noch
feucht. Ein Junge kam zum Wagen gerannt. Er stopfte sich
im Laufen das Hemd in die Hose und fragte, ob wir ihn in
die Stadt mitnehmen könnten. Während Ramachandra mir
seine Prozeßstrategie erklärt und sein Gegner den Brief geschrieben hatte, war dieser Junge nach Hause gelaufen, hatte
sich gewaschen, angezogen und sein Bündel gepackt; seine
Kleider waren sauber, seine Haare noch feucht. Mein Besuch
hatte die Brahmanen zu fieberhafter Aktivität angetrieben.
Man hatte zuviel erwartet; ich fühlte mich überfahren; ich
wollte mich dieser Situation so schnell wie möglich entziehen.
»Sollen wir ihn mitnehmen?« fragte der Beamte und wies mit
dem Kinn auf den Jungen.
»Nein. Der Faulpelz soll ruhig laufen.«
Wir fuhren los. Ich winkte nicht. Die Scheinwerfer des Jeeps
bohrten zwei getrennte Strahlenbündel in den sich langsam

setzenden Staub des Tages, der, von unserem Wagen aufge-
wirbelt, die verstreuten Lichter des Dorfes verdunkelte.
So endete es, in Sinnlosigkeit und Ungeduld, mit unnötiger
Grausamkeit, Selbstvorwürfen und Flucht.

FLUCHT

Wenn man nach einem Jahr auf Reisen vor dem Abendessen gepackt und dann zu Abend gegessen hat, wenn man um zehn Uhr am Schalter der Fluggesellschaft steht, wo der dekorative kleine Springbrunnen abgestellt und das türkis gekachelte Bassin leer und verschmutzt ist, wo der wie ein Flügel geformte Schalter unbesetzt ist und kein Mensch sich für das Durcheinander der Hochglanzbroschüren interessiert, wo Emigranten aus dem Pandschab niedergedrückt auf ihren Bündeln in einer Ecke neben der Gepäckwaage sitzen; wenn man um elf Uhr am Flughafen ist, weil die Maschine um Mitternacht geht, und wenn man dann bis nach drei Uhr morgens warten muß und in diesem Zeitraum mehrmals den Schrecken einer indischen öffentlichen Toilette ausgesetzt war, lernt man innere Unruhe, Verzweiflung und schleichende Abstumpfung kennen. Man kommt an einen Punkt, an dem man die Nacht abschreibt und nur noch auf den Morgen wartet. Die Minuten dehnen sich; die gestrige Nacht liegt viel weiter zurück als vierundzwanzig Stunden. Man sieht unglaublich klar, muß aber ständig blinzeln. Was man vor wenigen Minuten getan hat, erscheint einem losgelöst und undeutlich und ist, wenn man sich daran erinnert, Gegenstand stummer Verwunderung. So verblaßte Indien bereits am Flughafen. In diesen Stunden wurde seine Realität ausgelöscht, bis zwischen ihm und mir mehr als Raum und Zeit lagen.

Im Flugzeug fiel ein Stück Papier auf meinen Schoß. Über der Lehne des Sitzes vor mir erschienen lange blonde Haare und ein großes, blaues Augenpaar, und von hinten spürte ich Tritte von winzigen Füßen. »Kinder!« rief der Amerikaner mittleren Alters neben mir und erwachte aus einem gurtgesicherten Schlaf. »Wo nehmen die bloß all diese Kinder her? Wieso müssen diese Kinder überhaupt fliegen? Warum habe ich das Pech, jedesmal, wenn ich an Bord eines Flugzeugs einschlafe und wieder aufwache, Kinder zu sehen? Soll ich Ihnen mal sagen, was ein Freund von mir im Flugzeug zu einem Kind gesagt hat? ›Hör mal, Kleiner, warum gehst du nicht raus und spielst ein bißchen?‹ Hör mal, Kleine, warum gehst du nicht raus und spielst draußen mit deinem bunten Papier?« Augen und Haare verschwanden hinter der Rückenlehne. »Dieses Kind hinter mir fängt sich gleich eine! Der kleine Scheißkerl tritt mir in die Nieren. Sir! Madam! Würden Sie bitte besser auf Ihr Kind aufpassen? Es ... stört ... meine *Frau!*« Seine Frau lag entspannt neben ihm. Ihr Rock war über ihr nicht mehr junges Knie gerutscht, auf dem der Strumpf Falten warf. Auf ihrem Gesicht lag ein Lächeln; sie schlief.

Ich fand keinen Schlaf. Ich spürte nur die anhaltende Stumpfheit, die durch das Brausen der Turbinen noch verstärkt wurde. Mehrmals ging ich zur Toilette, um mich mit dem Eau de Cologne der Fluglinie zu erfrischen. Die Pandschabis am hinteren Ende waren wach und verbreiteten einen durchdringenden Geruch – einer von ihnen hatte sich bereits auf den blauen Teppich übergeben. Das Licht war gedämpft. Die Nacht war lang. Wir flogen gegen die Zeit, in einen zurückweichenden Morgen. Doch schließlich brach der Tag an, und als wir in Beirut landeten, war es, als wären wir nach einer Zauberreise mit allen dazugehörigen Strapazen in einer neuen, funkelnden Welt angekommen. Es hatte geregnet, und der Asphalt der Rollbahn glänzte kühl. Dahinter lag eine Stadt, von der man wußte, daß es eine Stadt war, voller Männer, die so stark und unversehrt waren wie jene, die in Overalls Gangways und Elektrowagen für das

Gepäck herbeifuhren: Männer, die körperliche Arbeit verrichteten und dennoch in ihrem Gang, ihren kräftigen Körpern und ihren Fertigkeiten einen überheblichen Stolz zum Ausdruck brachten. Indien gehörte der Nacht an: eine tote Welt, eine lange Reise.

Der Flughafen von Rom, noch immer Morgen. Die Boeings und Caravelles standen kreuz und quer durcheinander wie Spielzeuge. Und in der Halle des Flughafengebäudes ging eine uniformierte junge Frau auf und ab. Sie trug eine Jokkeymütze, was für mich eine neue Mode war; sie trug Stiefel, ebenfalls etwas Neues. Ihr Make-up war extravagant, sie verlangte Beachtung. Wie sollte ich meine Abneigung erklären, mein Gefühl, daß die neue Welt, in die man mich so geschwind gebracht hatte, falsch und unbedeutend war? Wie sollte ich – und sei es nur vor mir selbst – zugeben, daß dieses Gefühl berechtigt war? Dieses Leben bekräftigte nur jenen anderen Tod, doch jener Tod ließ dieses Leben verlogen erscheinen.

Am späten Nachmittag war ich in Madrid, der elegantesten aller Städte. Hier wollte ich zwei, drei Tage verbringen. Das letztemal war ich zehn Jahre zuvor, als Student, in Madrid gewesen. Vielleicht hätte ich hier in mein altes Leben zurückfinden können. Ich war Tourist und ungebunden, ich hatte Geld. Aber ich hatte auch eine wichtige Erfahrung gemacht – Indien lag nur vierundzwanzig Stunden hinter mir. Es war eine Reise gewesen, die ich nicht hätte machen sollen – sie hatte mein Leben in zwei Stücke gebrochen. »Schreib mir, sobald du wieder in Europa bist«, hatte ein indischer Freund gesagt. »Ich will deine Eindrücke, solange sie noch ganz frisch sind.« Ich weiß nicht mehr, was ich ihm schrieb. Es war kraß und unzusammenhängend, aber wie alles, was ich über Indien schrieb, bannte es keinen einzigen Geist.

Während meiner letzten Woche in Delhi hatte ich einige Zeit in Stoffgeschäften verbracht. Als ich in Madrid ankam, hatte ich ein braun eingeschlagenes, mit Hindi-Zeichen bedrucktes Päckchen mit ein paar Metern Stoff dabei. Er war das Geschenk eines Architekten, den ich kennengelernt hatte.

Zwei, drei Tage nach unserer ersten Begegnung hatte er mir, um mir seine Freundschaft zu beweisen, einen Gefallen getan, und ich hatte mich revanchiert. Das gehörte zu der Liebenswürdigkeit, die wie alles andere ein Teil Indiens war. Er hatte mich zum Flughafen gefahren und meinen Ärger über die Verspätung des Fluges ertragen. Wir hatten Kaffee getrunken, und bevor er gegangen war, hatte er mir das Päckchen gegeben. »Sie müssen mir versprechen, daß Sie sich daraus ein Jackett machen lassen, sobald Sie wieder in Europa sind«, hatte er gesagt.

Das tat ich nun, und vor all die verworrenen Eindrücke eines ganzen Jahres schob sich die frische Erinnerung an einen Freund und sein Geschenk, ein Stück indischen Stoff.

Einige Tage später, in London, stellte ich mich zum erstenmal wieder einer Kultur, deren ganzes Trachten – nach den Schaufensterauslagen und Reklamebildern zu urteilen – dahin ging, Heime zu schaffen: lauter säuberlich getrennte, beheizte Zellen. Ich ging eine Straße hinunter, die von solchen Zellen gesäumt war, vorbei an Gärten, die nach einem harten Winter arg mitgenommen waren, und versuchte, ein positives Gefühl zu dieser Stadt zu finden, in der ich gelebt und gearbeitet hatte. Konfrontiert mit der Leere in mir, mit dem Gefühl, mich verirrt zu haben, hatte ich einen Traum. Ein Stück steifer, neuer Stoff lag vor mir, und ich wußte, daß er sich von selbst auflösen würde, wenn es mir nur gelänge, ein kleines, genau bemessenes Stück, einen ganz bestimmten Teil des Stoffs, herauszuschneiden. Und die Auflösung würde sich vom Stoff über den Tisch, über das Haus, über die ganze Welt ausbreiten, *bis der Bann restlos gebrochen war.* Das waren die Worte, die mir durch den Kopf gingen, als ich über den Stoff strich und ihn nach Hinweisen absuchte, die es, wie ich wußte, gab und die zu finden mein sehnlichster Wunsch war, die ich aber, wie ich ebenfalls wußte, nie finden würde.

Die Welt ist Illusion, sagen die Hindus. Wir sprechen von Verzweiflung, doch wahre Verzweiflung ist zu tief für Worte. Erst jetzt, als meine Erfahrungen in Indien vor dem Hinter-

grund meiner eigenen Heimatlosigkeit klarere Konturen bekamen, erkannte ich, wie sehr ich mich in den vergangenen
Monaten dieser totalen indischen Negation genähert und sie
zur Grundlage meiner Gedanken und Gefühle gemacht
hatte. Doch mit dieser Erkenntnis entzog sie sich mir bereits,
denn ich lebte in einer Welt, in der Illusion nur eine Vorstellung sein kann, nicht etwas, das man in den Knochen spürt.
Ich empfand sie als eine Wahrheit, die ich niemals angemessen würde formulieren können und die ich niemals wieder-
finden würde.

Februar 1962 – Februar 1964